ちくま学芸文庫

ニューメディアの言語

デジタル時代のアート、デザイン、映画

レフ・マノヴィッチ

堀 潤之 訳

書房

THE LANGUAGE OF NEW MEDIA

by

Lev Manovich

Copyright © Massachusetts Institute of Technology, 2001

Japanese translation published by arrangement with

The MIT Press through

The English Agency (Japan) Ltd.

ノーマン・クライン／ピーター・ルネンフェルド／ヴィヴィアン・ソブチャクへ

目 次

ニューメディアの言語
デジタル時代のアート，デザイン，映画

序　文

　私が最初にレフ・マノヴィッチに出会ったのは３年前，彼がリゾームのメーリングリストにメッセージを投稿したときだった。件名は「全体主義的なインタラクティヴィティについて」。次の一節がとりわけ私の注意を引いた。「西洋のアーティストはインターネットを，階層秩序を壊し，芸術を人民にもたらす申し分ない道具とみなしている。逆に私は，ポスト共産主義の主体として，インターネットをスターリン時代の共同住宅だとみなさざるをえない。プライバシーがなく，万人が万人を監視し，トイレやキッチンなどの共用部分にいつでも行列ができているような」。ロシアの共同住宅としてのインターネットというマノヴィッチのイメージは，私がその頃，あるアーティストとモスクワで１カ月の共同生活を過ごしたところだったため，なおのこと真に迫ってきた。私はまた，ウェブデザイナーとして仕事をしていたベルリンから，ニューヨークに引っ越したばかりだった。インターネットは，物質的な意味では，共通のツールとプロトコルを持ったグローバルに均質なネットワークだし，おそらく他のどんなテクノロジーよりも経済と文化のグローバリゼーションに寄与している。他方で私がベルリンでの体験から教えられたのは，インターネ

ットはそれでも，世界のどこにいるかによって千差万別の意味合いを持つということだった。マノヴィッチがこの主題にもたらした展望は，1990年代半ばにコンピュータとネットワークを取り入れたときにたいていのアメリカ人（私自身も含めて）が持っていた熱意がグローバルな状況ではなかったということを思い起こさせる，身が引き締まるような忠告だった。

マノヴィッチが「全体主義的なインタラクティヴィティについて」を書いたとき，リゾームのメーリングリストでは，ある議論が盛り上がっていた。ヨーロッパ人たち——テクノロジー的には遅れを取ったかもしれないが，理論ということになると切れ味があった——が攻めに回っており，われらが「カリフォルニア・イデオロギー」（『WIRED』誌によって広まった，素朴な楽観主義，テクノ・ユートピア主義，新たなリバタリアニズムの政治の致死的な組み合わせ）のことでアメリカ人たちを批判していた。賛成と反対がはっきりと分かれたこの議論のただ中で，マノヴィッチの宿なしの声，イデオロギー的な両極どちらの「生きられた経験」も持っている人物の声は，実に爽快だった。彼はレオニード・ブレジネフのロシアという超現実的な世界から，ウォルト・ディズニーのカリフォルニアというハイパーリアルな世界に行き着くという軌跡をたどっていた。ロシアで育ち，高等教育を合衆国で終え，以来ずっと当地で生活と仕事をしてきた彼は，彼の言うところの「ポスト共産主義の主体」の目で世界を見ているが，同じ

くらいの正確さでもって，新世界の眼鏡もかけていると言えるのかもしれない。

　映画理論，美術史，文学理論を学び，彼自身，アーティスト，商業的なデザイナー，アニメーター，プログラマーとしてニューメディアの分野で働いてきたマノヴィッチは，理論的かつ実践的な仕方でニューメディアに取り組んでいる。こうした複数の水準でのハイブリッド性——同時にポスト共産主義者にして後期資本主義者であり，学術的であると同時に応用的でもある——は，彼の着想に豊かさと複雑さを添えているが，それは一方ではテクノ・ユートピアンたちによって，他方では象牙の塔に籠もる理論おたくによって牛耳られている分野においては，少なからず異例なことだ。ニューメディアに対する私自身の関心は，インターネット，および芸術制作の道具と空間としてのそのポテンシャルに集中していた。芸術はつねにテクノロジーと緊密に結びついてきたし，アーティストはつねに，新しいテクノロジーが現れる際にそれを真っ先に取り入れる者たちのうちに数えられてきた。私たちは新しいテクノロジーをもてあそんで，それに何ができるのかを確かめ，エンジニアが決して考えつかなかったことをさせようとする。新しいテクノロジーの意味するところを理解し，その効果について考察し，限界を超えるところまで押しやり，壊してしまおうとする。だが，ある種のテクノロジーは，他のテクノロジーよりも，アーティストにとってずっと大きな見込みがあるようにみえる。インターネットには，新しい

種類の共同制作，民主主義的な配布，参加型の体験を可能にするポテンシャルがとりわけ漲っている。

　まさにこうした新しさのおかげで，ニューメディアは，文化の制作者が仕事をするにあたって興味深い場所となっている。ニューメディアは，実験と探究のための変化してやまないフロンティアを体現している。ニューメディアはそれに先立つ旧来のメディアという観点から理解される一方で，それでも，少なくともある程度は，伝統的な制約から解き放たれているのだ。新しい道具の作動の仕方を理解しなければならないため，革新が必要とされるし，新参者の精神のようなものが促される。ニューメディアは，革新的な人物，偶像破壊者，危険を冒す者たちを引きつける。その結果，最も燃えたぎっている創造的精神の一部が，ほとんど理解不能な新しいテクノロジーをいじくり回して時を過ごすのだ。その意味で，今日のニューメディアのアーティストは，1970年代初頭のヴィデオ・アーティストと多くの共通点を持っている。マノヴィッチは，《リトル・ムーヴィーズ》や《フロイト‐リシツキー・ナヴィゲータ》といったネットベースのプロジェクトで，ニューメディア・アートにも重要な貢献をした。ニューメディアは，まさにその新しさのせいで，確立した機関やその官僚機構からは，実際上，わずかに手が届かないところにある。ネットアートはその典型的な例だ。1990年代末の数年間には，美術館もアートの媒体としてのネットを理解し始めて，ネットベースの作品の収集，委嘱，展示に着手し

たが，美術館の関心を引くアーティストのほとんどは，ギャラリーと美術館という母体の外側で名をなしたのである。1990 年代後半のネットアートのコミュニティは，ギャラリーでのお喋りとすぐに売れるものを生み出す能力が相変わらず成功のための主たる決定因であるようなアート界の残りの部分とは著しく異なった，起業家的な実力主義というアナーキズム的な性質を持っていた。

　だが，この自由には代償が伴っている。ギャラリーと美術館は停滞気味のようにみえるかもしれないが，解釈という重要な機能を果たしている。批評家や観客の注目を集め，作品を歴史的コンテクストに位置づけ，私たちが作品それ自体を体験し，考察するための時間と空間を配分する。芸術制作におけるテクノロジー的なフロンティア——美術館も踏むを恐れるところ——では，批評的な対話がますます重要になる。だが，ニューメディアはその新しさのために，それについて書いたり，少なくとも何か有用なことを言うのがとりわけ難しい。ほとんどの書き手は，未来学に陥ったり，事実無根の理論にはまり込んでしまったりする。それだけに，レフ・マノヴィッチによる本書はいっそう異例であり，重要である。ニューメディアの視覚的美学を初めて詳細かつ包括的に分析した本書は，ニューメディアを視覚文化史のうちに位置づけ，ニューメディアと旧来の諸形態の間の関連性と差異をはっきりさせている。ニューメディアの美学の起源を，絵画，写真，映画，テレビのうちに見出しながら，マノヴィッチはデジタル画像，ヒ

ューマン・コンピュータ・インターフェース，ハイパーメ
ディア，コンピュータゲーム，合成，アニメーション，テ
レプレゼンス，仮想世界に目を向ける。その際に彼は，映
画理論，文学理論，社会理論を，幅広く，想像力豊かに利
用する。同じく重要なことに，彼は自分がニューメディア
のテクノロジーやコンピュータ・サイエンスを使って仕事
をした体験を活用して，ニューメディアを旧来のメディア
から区別する根本的な諸原則を並べてみせる。分析に際し
ては，彼はアートと大衆文化の双方における個別のオブジ
ェクトを詳細に読解してみせる。続く各章は，その深さと
幅の広さでかけがえのないものであり，学者のみならず，
みずからの実践の歴史と理論をよりよく理解しようとする
アーティストやデザイナーの興味も惹くだろう。

　コンピュータゲームの理論と文化についての最近の会議
で，あるパネリストが次のような挑発的な質問をした。
「映画ができたばかりの頃，すでにその媒体の言語を定義
づけるような影響力のある作品があったとするなら，なぜ
私たちはD・W・グリフィスの『国民の創生』に匹敵す
るようなコンピュータゲームを目にしていないのか？」。
答えはもちろん，私たちはそれをもう目にしているという
ものだ。問題はそのことをどう認識するかなのだ。そのた
めには，ニューメディアの言語の歴史と理論を築き上げる
必要がある。この草分け的な仕事で，レフ・マノヴィッチ
は，その目的に向けた根本的な概念的作業を相当にやり遂
げたのである。

マーク・トライブ

Rhizome.org 創設者

ニューヨーク・シティ

プロローグ──ヴェルトフのデータセット

　ロシアの監督ジガ・ヴェルトフが1929年に完成させた
アヴァンギャルドの傑作『カメラを持った男』は，ニュー
メディアの言語の案内役となるだろう。このプロローグ
は，同作品から取られた多数の静止画像で成り立ってい
る。それぞれの静止画像には，ニューメディアのある特定
の原則を要約するような文章の引用が付けられている。ブ
ラケット内の数字は，引用元のページを指す。本プロロー
グはこうして，本書の主な着想のいくつかに対する視覚的
な索引の機能を果たすだろう。

1 [198-199] 映画の誕生から 100 年が経過して，映画的なやり方で世界を見て，時間を構造化し，物語を語り，経験と経験を結びつけることは，コンピュータ・ユーザーがあらゆる文化的データにアクセスし，それとインタラクトする際の基本的な手段となった。その点で，コンピュータは，視覚的なエスペラント語としての映画という約束——グリフィスからヴェルトフに至るまで，1920 年代の多くの映画作家と批評家の心を奪った目標——を成就している。実際，今日では何百万人ものコンピュータ・ユーザーが，同じコンピュータ・インターフェースを使って互いにコミュニケーションを取っている。しかも，映画の場合，たいていの「ユーザー」は映画的言語を理解できても，それをしゃべる（つまり，映画を作る）ことができないのに対して，コンピュータ・ユーザーは皆，インターフェースの言語をしゃべることができる。誰もがインターフェースの能動的なユーザーであって，インターフェースを使ってメール送信，ファイル編成，多種多様なアプリケーションの実行などといった多くの仕事を成し遂げているのである。

2 [208-209] ヴァーチャル・カメラの制御がゲームのコンソールという ハードウェアそのものに組み込まれたことは，真に歴史的な 出来事である。ヴァーチャル・カメラの指揮を執ることは，主人公のア クションの制御と同じくらい重要となっている。(…)[コンピュータゲームでは]映画的知覚はそれ自体で主題として機能しており，1920 年代の「新しい視覚」の運動（モホリ゠ナジ，トロチェンコ，ヴェルトフほか）の回帰をほのめかしている――その運動もまた，写真や映画のカメラの新たな移動性を前景化し，慣例にとらわれない視点をその詩学の主要な部分にしていたのだった。

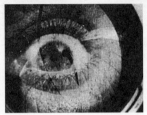

3 [327-328] 編集，あるいはモンタージュは，見せかけの現実を作り出すための 20 世紀の鍵となるテクノロジーである。映画の理論家たちは何種類ものモンタージュを区別してきたが，デジタル合成に至るシミュレーションのテクノロジーの考古学を略述するという目的のために，2 つの基本的な技法を区別するにとどめたい。第一の技法は時間的なモンタージュであり，別々の現実が時間的に連続した瞬間を形成する。二番目の技法はショット内モンタージュであり，第一の技法とは逆に，別々の現実が単一の画像内のどこかしらの部分を形成する。（…）その例としては，（…）1920 年代のアヴァンギャルドの映画作家たちが用いた画像の重ね合わせや複数のスクリーン（ヴェルトフの『カメラを持った男』における重ね合わされた画像や，アベル・ガンスが 1927 年に『ナポレオン』で行った三面スクリーンなど）（…）が挙げられる。

4 ［329］ヴェルトフが理論化しているように，映画は，現実には決して存在しない対象を観客に提示することによって，·モンタージュを介してそのインデックス的な性質を克服することができるのだ。

5 [345] デジタル合成は，継ぎ目のない仮想空間を作り出すために用いられるのが普通だが，それだけが唯一の目標である必要はない。異なる世界どうしの境界部分は消去されなくてもよいし，異なる空間どうしは遠近法やスケールや照明の面で調和させられなくてもよい。個々のレイヤーが単一の空間に溶け込んでいくのではなく別々のアイデンティティを保つこともありうるし，異なる世界どうしが単一の世界を形成することなく意味論的に衝突することもありうるのだ。

6 [371] ベンヤミンが外科医になぞらえるカメラマンは、「対象が織りなす網の目のなかへと深く入り込んでゆく」。彼のカメラは、「対象からその覆いを取り去る」ためにズームするのだ。カメラは、それが獲得した新たな移動性のおかげで——その移動性は『カメラを持った男』のような映画で称揚されている——、どこにでも存在することができ、その超人的な視覚を用いて、どんな対象にもクロースアップすることができる。(…)

[371] 何枚もの写真が1冊の雑誌や1本のニュース映画の中に集められると，それぞれの対象が持っている大きさも一回的な場所も捨て去られる——そのようにして，「事物の普遍的な平等性」に対する大衆社会の要求に応じているのだ。

7 [374-375] 近代化は，物理的な空間や物質の分裂，すなわち元々の対象や関係よりも互いに交換可能で流動的な記号を特権視するプロセスを伴っている。(…) 近代化の概念は，ベンヤミンによる映画の説明にも，ヴィリリオによる遠距離通信の説明にも，同じようにうまく当てはまる——後者は，対象を流動的な記号へと変化させるという絶え間ないプロセスのさらに進んだ段階であるにすぎない。以前は，さまざまな物理的な場所の出会いが，1冊の雑誌の見開きページや，1本のニュース映画の中で起こっていたのに対して，いまやそれが1枚の電子画面で起こる。

8 ［433］合成画像は誰の視覚なのだろうか？ それはコンピュータの視覚であり，サイボーグや自動制御のミサイルの視覚である。それは将来の人間の視覚——コンピュータグラフィックスによって拡張され，ノイズを取り払われたときの人間の視覚——をリアリズム的に表象したものなのである。それはデジタル・グリッドの視覚である。コンピュータ生成による合成画像は，現実の粗悪な表象ではなく，別種の現実のリアリズム的な表象なのだ。

9 [503] グリーナウェイだけでなく，ジガ・ヴェルトフもまた，20世紀の主要な「データベース映画作家」とみなすことができる。『カメラを持った男』は，おそらく，近代のメディア芸術におけるデータベース的想像力の最も重要な例だろう。

10 [505-506] ニューメディアのオブジェクトが階層的な複数の水準を含んでいるのと同じように（インターフェース－コンテンツ，オペレーティング・システム－アプリケーション，ウェブページ－HTMLコード，高級プログラミング言語－アセンブリ言語－機械語），ヴェルトフの映画作品は少なくとも3つの水準を含んでいる。第一の水準は映画作品のための素材を撮影するカメラマンの物語だ。第二の水準は，完成した映画作品を映画館で見ている観客のショットから成る。第三の水準は，映画作品そのものであり，モスクワ，キエフ，リガで記録され，起床，仕事，余暇の活動という，ある1日の経過に沿って配列されたフッテージから成っている。この第三の水準がテクストだとすれば，他の2つの水準はそのメタテクストとみなすことができる。

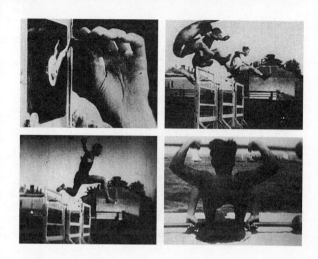

11 [507]「通常」のアヴァンギャルド映画が，主流映画の言語とは違ったある一貫した言語，すなわち繰り返し用いられるいくつかの技法一式をなお提示しているとしたら，『カメラを持った男』は明瞭に定義された言語のようなものに到達することは決してない。

[507] むしろ，この作品が提示するのは，諸々の技法，あるいは現代の言語を用いるなら，映画の新たな語り方としての「諸効果」が，飼い馴らされることなく，見たところ無限に解き放たれていくさまである。

12 [509-510] そして，だからこそヴェルトフの映画作品が，ニューメディアにとってとりわけ重要なのである。彼の作品は，諸々の「効果」を意味のある芸術言語に変化させる可能性の証明である。ホイットニーのコンピュータ・フィルムやミュージック・ヴィデオでは効果が単なる効果であるのに対して，ヴェルトフの手にかかると効果が意味を獲得するのはいったいなぜなのか？　それは，ヴェルトフの作品では，諸々の効果がある特定の議論──すなわち，ヴェルトフが「映画−眼」という言葉で要約しているような，映像を手に入れ，操作するための新たな技法を，世界の解読のために用いることができるという議論──に動機づけられているからだ。映画が進んでいくにつれて，ありのままのフッテージは操作されたフッテージに道を譲る。より新しい技法が次々に登場し，映画の終わりにはジェットコースターのような強度──映画術の正真正銘の乱舞──に達する。それはヴェルトフが映画−眼の発見を私たちに向けて再演しているかのごとくであり，彼とともに私たちもカメラがもたらす可能性の全領域を徐々に実感するようになる。ヴェルトフの目標は，私たちを彼の見方と考え方に誘い込むこと，彼が映画のための新しい言語を発見するにつれて覚えた興奮を共有させることだ。この徐々に発見していくという過程は，映画作品の主たるナラティヴであり，それは発見されたもののカタログを通じて語られている。こうして，ヴェルトフの手にかかると，このデータベースという通常は静的で「客観的」な形態が，動的で主観的なものになる。より重要なのは，ニューメディアのデザイナーやアーティストたちがなお学ばなければならないある事柄──データベースとナラティヴをどのよう

に混ぜ合わせて，新たな形態を作り出すかということ——を，ヴェルト
フが達成できているということである。

13 [542] MTV が体現する現代の視覚文化を映画のマニエリスム的な段階とみなせるとすれば——その洗練された撮影，演出，編集の技法を自意識過剰なまでに見せびらかし，それ自体として誇示しているという意味で——，ヴァリツキーのフィルムは，もうすでに過ぎ去った映画の古典的時代に対する別の回答を提示している。このメタフィルムでは，映画装置の一部であるカメラが主人公となっている（その点で，《森》はまた別のメタフィルムである『カメラを持った男』と結びつく）。

14 [566-567]（…）ヴェルトフはボードレールの遊歩者と今日のコンピュータ・ユーザーの中間に位置している。もはや単に街路を歩く歩行者ではないが，データマイニングのアルゴリズムで武装して，純粋なデータにズームするような，ギブソンのデータ・カウボーイではまだないのである。ヴェルトフは，「映画 – 眼によるインターフェース」と呼びうるものについて研究する過程で，人間の視覚の限界であると思えた事柄を乗り越えるための方法を体系的に試みた。カメラを建物の屋上や走行中の車に据え付けたり，フィルムの速度を遅めてみたり速めてみたり，いくつもの画像を時間と空間の中で一緒に重ね合わせたりしたのである（時間的モンタージュと，ショット内モンタージュ）。『カメラを持った男』は，1920 年代の都市生活や，諸々の映画技法や，視覚的認識論の新たなオペレーション群のデータベースであるだけでなく，人間による物理的空間の単なる航行を相踰えて超え出ることを目指す新しいインターフェース・オペレーション群のデータベースでもあるのだ。

15 [629] デジタル革命によってもたらされた一つの全般的な効果は，アヴァンギャルドの美学的戦略が，コンピュータ・ソフトウェアのコマンドやインターフェース関連のメタファーのうちに埋め込まれるようになったことである。要するに，アヴァンギャルドはコンピュータのうちに物質化されるようになったのである。デジタル映画のテクノロジーが，まさしくその好例である。コラージュというアヴァンギャルド的な戦略が，「カット＆ペースト」のコマンドという，デジタル・データについて実行しうる最も基本的なオペレーションとして再登場し，フィルムにペイントを施すという考え方が映画編集ソフトウェアのペイント機能に埋め込まれるようになり，アニメーション，印刷された文章，実写のフッテージを組み合わせるというアヴァンギャルド的な措置が，アニメーション，タイトル生成，ペイント，合成，編集システムがオールインワンのパッケージに集約されるという事態のうちに繰り返されているのだ。

16 [645] 映画がループという形態から誕生したということは，映画史で少なくとも一度は再演された。『カメラを持った男』のあるシークェンスで，ヴェルトフは走っている自動車の後部に立つカメラマンを見せる。彼は自動車によって前に運ばれながら，カメラのハンドルをクランクで回す。ハンドルの円環状の運動によって作り出されたループ，反復が，一連の出来事を生み出す——それはきわめて初歩的なナラティヴだが，同時に本質的に近代的なナラティヴでもある。

17 [647-648] ループは，コンピュータ時代にふさわしい新たなナラティヴの形態たりうるだろうか？ ループが生み出したのは，映画だけでなく，コンピュータ・プログラミングでもあることを思い起こすのは有意義である。プログラミングには，「if/then」や「repeat/while」といった制御構造を通じて，データの直線的な流れを変更することが付きものだが，ループはそのような制御構造の最も初歩的なものだ。(…) コンピュータ・プログラミングの実践が示しているように，ループと逐次的な進行が互いに排他的であるとみなす必要はない。コンピュータ・プログラムは，最初から最後まで，一連のループを実行することによって進行する。

18 [656-657] 空間的モンタージュは，伝統的な映画における時間的モンタージュの代替案であり，時間的モンタージュの伝統的で逐次的な様態を空間的な様態に置き換えるものだ。フォードの組み立てラインは，生産過程を一連の単純な活動の逐次的な繰り返しに分解することを当てにしていた。コンピュータ・プログラミングも，同じ原則によって可能になった。コンピュータ・プログラムは，タスクを一連の基本的なオペレーションに分割し，それが一度に一つずつ実行されていく。映画もまた，そのような工業生産の論理に従った。映画は他のあらゆる叙述の様態の代わりに，逐次的なナラティヴ──すなわち，一度に一つずつ画面に登場するショットの組み立てライン──を採用した。このタイプのナラティヴは，ヨーロッパの視覚文化で何世紀にもわたって顕著な役割を演じてきた空間的なナラティヴとはとりわけ相容れないことが分かった。

19 [660] ゼロックス社のパロアルト研究センターがアルト・ワークステーションを開発して以来，GUIは複数のウィンドウを使ってきた。動画像に基づく文化的諸形態が，最終的にはそれに似た慣習を採用するようになるだろうと考えるのはもっともであろう。(…) コンピュータ・ベースの映画は，最終的には同じ方向性をたどるのかもしれない——とりわけ，ひとたび通信帯域幅の制約が消え去って，ディスプレイの解像度が2000年の時点で標準的な1Kや2Kから，4K，8K，さらにはそれ以上にまで大幅に増大するならば。私は，次世代の映画——**ブロードバンド映画**，あるいは**マクロ映画**——の言語には，複数のウィンドウが加わると思っている。

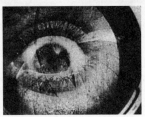

20 [665-666] HCIがコンピュータ・データへのインターフェースであり，書物が文章へのインターフェースだとすれば，映画は3D空間で展開されている出来事へのインターフェースとみなすことができる。ちょうど以前の絵画がそうだったように，映画は目に見える現実のありふれた画像——室内，風景，人間の登場人物——を，矩形のフレームに配列されたかたちで提示してくれる。こうした配列の美学は，極端な希薄さから極端な濃密さまでさまざまである。(…) こうした「絵画的な陳列」の濃密さを，現代の情報の表示の濃密さと関連づけるには，ちょっと飛躍するだけで十分だ——たとえば，ウェブポータルは何十ものハイパーリンクされた要素を含んでいることもあるし，一般向けのソフトウェア・パッケージも同じく何十ものコマンドを一度にユーザーに提供している。

謝　辞

　スペシャル・サンクス——MIT 出版の編集担当者ダグ・セリーの支援と絶え間ない激励によって本書が可能となった。MIT 出版の他の皆さんも専門知識と情熱をこの企画にもたらしてくれた。マーク・トライブは，草稿全体を読んで，数多くの示唆を与えてくれた。タールトン・ギレスピーは，最終段階での編集にあたって計り知れないほどの助力を与えてくれた。アラ・エフィモヴァには，色々とお世話になった。ロシェル・ファインスタインは，私のミューズの役目を果たしてくれた。

　本書は，ニューメディアの芸術と理論に傾倒しているすべての友人，同僚，機関なしには存在しないだろう。進行中のやり取り，知的および精神面での支援に対して，彼ら全員に感謝したい。

　啓発的な仕事場を提供してくれたことに対して，モンドリアン・ホテル（ウェスト・ハリウッド，ロサンゼルス），ザ・スタンダード（ウェスト・ハリウッド，ロサンゼルス），フレッド・シーガル（ウェスト・ハリウッド，ロサンゼルス），デルマープラザ（デルマー，カリフォルニア），ジターノ（ノリータ，ニューヨーク市），スペース・アンタイトルド（ソーホー，ニューヨーク市），王立図書館（ストックホル

ム），デ・ヤーレン（アムステルダム）。

カリフォルニア大学サンディエゴ校視覚芸術学科，ストックホルム大学映画研究学科，利用者中心のインターフェース設計センター（王立工科大学，スウェーデン）には行政上の支援を受けた。

ワード・プロセッサー：Microsoft Word
ウェブブラウザ：Netscape Navigator, Internet Explorer
お気に入りのサーチエンジン：www.hotbot.com
お気に入りの動画フォーマット：QuickTime
HTMLエディタ：Netscape Communicator, Macromedia Dreamweaver
OS：Windows 98
ハードウェア：ソニー PCG-505FX ラップトップ
携帯電話：ノキア

　本書の編集は主として 1998 年 7 月と 1999 年 11 月の間に，カリフォルニア州ラ・ホーヤとデルマー，ロサンゼルス，ニューヨーク，ストックホルム，ヘルシンキ，アムステルダムで行われた。

　本書のかなりの部分は書き下ろしだが，いくつもの既発表の論文の素材を利用した。論文の一部だけが最終的な原稿に入ったこともあるし，1 本の論文の各部分が最終的に本の別々の章に収められた場合もあれば，論文全体があるセクションの基礎になった場合もある。次のリストに，本

書の素材として用いた論文を挙げる。その多くは転載され、他の言語に翻訳された。ここで列挙するのは、英語で最初に出版されたものである。また、私は何年にもわたって、Nettime[1] と Rhizome[2] という、ニューメディアの芸術、批評、政治についての議論に捧げられた2つの重要なインターネット上のメーリングリストに、自分が新たに書いたものを何であれ投稿するのを常としてきた。この習慣によって、私は自分の仕事についてのフィードバックをすぐさま受けることができたし、また、私の仕事に関心を持つコミュニティを与えられた。したがって、ほとんどの論文は、まず2つのメーリングリストに載り、それから雑誌やアンソロジー、あるいはインターネット・ジャーナルといったより伝統的な印刷媒体に掲載された。

"Assembling Reality: Myths of Computer Graphics." In *Afterimage* 20, no. 2 (September 1992): 12-14.

"Paradoxes of Digital Photography." In *Photography After Photography*, edited by Hubertus v. Amelunxen, Stefan Iglhaut, Florian Rötzer, 58-66 (Munich: Verlag der Kunst, 1995).

"To Lie and to Act: Potemkin's Villages, Cinema and Telepresence." In *Mythos Information: Welcome to the Wired World. Ars Electronica 95*, edited by Karl Gerbel and Peter Weibel, 343-353 (Vienna and New York: Springer-Verlag, 1995).

"Reading Media Art." (In German translation) in *Media-gramm* 20 (ZKM/Zentrum für Kunst und Medientechnologie Karlsruhe, 1995): 4-5.

"Archeology of a Computer Screen." In *NewMediaLogia* (Moscow: Soros Center for the Contemporary Art, 1996).

"Distance and Aura." In _SPEED_: Technology, Media, Society 1.4 (http://www.arts.ucsb.edu/~speed/1.4/), 1996.

"Cinema and Digital Media." In *Perspektiven der Medienkunst/Media Art Perspectives*, edited by Heinrich Klotz (Stuttgart: Cantz Verlag, 1996).

"What is Digital Cinema?" In *Telepolis* (www.ix.de/tp) (Munich: Verlag Heinz Heise, 1996).

"The Aesthetics of Virtual Worlds: Report from Los Angeles." In *Telepolis* (www.ix.de/tp) (Munich: Verlag Heinz Heise, 1996).

"On Totalitarian Interactivity." In RHIZOME (http://www.rhizome.com), 1996.

"Behind the Screen/Russian New Media." In *art/text* 58 (August-October 1997): 40-43.

"Cinema as a Cultural Interface." In W3LAB (http://gsa.rutgers.edu/maldoror/techne/w3lab-entry.html), 1998.

"Database as a Symbolic Form." In Rhizome (www.rhizome.com), 1998.

"Navigable Space." (In German translation) in *Onscreen / Offscreen: Grenzen, Übergänge und Wandel des filmischen Raumes*, edited by Hans Beller, Martin Emele and Michael Schuster (Stuttgart: Cantz Verlag, 2000).

"Cinema by Numbers: ASCII Films by Vuk Ćosić." In *Vuk Ćosić: Contemporary ASCII* (Ljubljana, Slovenia: Galerija Š. O. U. Kapelica, 1999). (http://www.vuk.org/ascii/)

"New Media: A User's Guide." in *Net_Condition: Art and Global Media*, edited by Peter Weibel and Timothy Druckrey (Cambridge, Mass.: MIT Press, 2001).

原註
1. http://www.nettime.org
2. http://www.rhizome.org

イントロダクション
Introduction

個人的な年代記

　モスクワ，1975 年。私は画家になるという野心を持っているが，数学系（マテマチーチェスカヤ）の高校に入学する。そこでは，通常のカリキュラムに加えて，計算法とコンピュータ・プログラミングの課程がある。プログラミングの課程は 2 年間続くが，その間，私たちがコンピュータを目にすることは一度もない。教師は黒板を使って，コンピュータ・プログラミングの概念を説明する。私たちはまず最初に，1950 年代後半にソ連で作り出されたコンピュータ言語を学ぶ。その言語には，「ピース 1」（「ミール 1」）という，すばらしく冷戦的な名前が付いている。後に，より標準的な高水準言語である ALGOL 60 を学ぶ。2 年間にわたって，私たちはノートにコンピュータ・プログラムを書き，教師がそれを採点し，添削して——ループ文の終わりがない，変数が宣言されていない，セミコロンを忘れている——，返却する。2 年間の課程の終わりに，私たちは——たった一度だけ——データ処理センターに連れて行かれる。そこに入るには，通常は許可が必要だ。私は自分のプログラムをコンピュータに入力するが，作動しない。それ以前にコンピュータのキーボードを見たことがなかったので，ゼロを入力しなければならないときにいつも O（オー）という文字を使ったためだった。

　やはり 1975 年，私は古典的なデッサンの個人授業を受け始め，こちらも 2 年間続く。モスクワ建築大学の入学試験には，志願者が古代の胸像のデッサンを 8 時間で仕上げ

なければならないという試験がある。最高の成績を収めるためには、元の石膏像に似ていて、遠近法のみならず陰影法も完璧であるようなデッサンを描かなければならない。ということはつまり、あらゆる影と面が陰影法を通じて完璧に定義され、その結果、元々それらを定義するために用いた線が消え去るということだ。画板の前で過ごした数百時間は、成果を上げる。試験のときに、ありうる8つの石膏像のうち、ヴィーナスの頭部という最も難しいものを割り当てられたにもかかわらず、私はAを取る。ヴィーナスの頭部がより難しいのは、ソクラテスなどの男性頭部の石膏像と違って、はっきりとした切子面がなく、スプライン曲線のモデリング・プログラムで描かれたかのように、面がなめらかに合わさっているからである。あとで知ったのだが、コンピュータ科学者たちは1970年代に同じ問題に、つまり3Dオブジェクトの陰影のあるなめらかな画像をどのようにコンピュータ上に作り出すかという問題に取り組んでいた。いまなお使われている標準的なレンダリングのアルゴリズムは、ユタ大学で1975年に作り出されたのだ——私がデッサンの授業を始めたのと同じ年のことである[1]。

　ニューヨーク、1985年。早朝、私はマンハッタンのミッドタウンで、テクトロニクスのターミナルの前に座っている。映画とテレビ向けの3Dコンピュータ・アニメーション制作専門の、世界でも最初期の会社であるデジタル・エフェクツ社で、ちょうど夜勤を終えたところだった（こ

の会社は『トロン』を手がけ，すべてのキー局に向けてコンピュータ・アニメーションを制作していた）。私の仕事は，アニメーションの計算に使われるハリス500というメインフレーム，およびアニメーションを35ミリフィルムに出力するのに使うディコメド社のフィルム・レコーダーを制御するPDP-11をオペレートすることだ。数カ月後，私はAPL（高水準プログラミング言語の一つ）で書かれたこの会社専売のコンピュータグラフィックスのソフトウェアを理解できるようになり，私が手がける最初の画像に取り組み始める。私は古代の胸像の合成画像を作りたいのだが，その作業は不可能であると判明する。このソフトウェアは，立方体，円柱，球といった基本的な幾何学的形態から3Dオブジェクトを作り出すことしかできない——そのため，私はそうした基本的な形態から作られた構成物で我慢せざるをえない。テクトロニクスは，ラスターではなくベクトルのターミナルだった。つまり，画面がリアルタイムで更新されないのだ。プログラムに変更を加えたり，単に視点を変えたりするたびに，私はエンターキーを押して，コンピュータが1本ずつ線を引き直すのを待つ。コンピュータなら数秒でできるのに，なぜ自分は何年間もかけて遠近法で画像を描くことを学ばなければならなかったのか，と思う。私が作成した画像はいくつか，ニューヨークのコンピュータアートの展覧会に出品される。だが，時代はポストモダニズムの真っ盛り。美術マーケットが盛り上がっていて，ニューヨークの若いアーティストたちの絵は数万ドル

で売れるが，美術界はコンピュータアートにはほとんど興味を持っていない。

　リンツ，オーストリア，1995年。私は世界で最も有名な，年に一度のコンピュータアートの祭典，アルス・エレクトロニカに来ている。この年，アルス・エレクトロニカは「コンピュータグラフィックス」のカテゴリーを打ち切り，それを「ネットアート」のカテゴリーに置き換えて，現代の文化とメディアの発展が新たな段階に入ったという合図を送る。コンピュータは，1960年代初頭から制作ツールとして使われてきたが，いまや万能メディア機械——制作のためだけでなく，保存と配布のためにも使われるツール——となったのである。ワールドワイドウェブがこの新しい状況にはっきりとした形を与え，他方，言葉の次元では，1990年頃に「デジタル・メディア」という用語が「コンピュータグラフィックス」とともに使われるようになるときに，その事実が事実として受け入れられる。同時に，コンピュータは既存の文化的諸形態に加えて，ウェブサイト，コンピュータゲーム，ハイパーメディアのCD-ROM，インタラクティヴ・インスタレーションといったひとつながりの新しい諸形態——要するに，「ニューメディア」——を迎え入れ始めた。しかも，1985年には，単にコンピュータ画面に陰影のある立方体の画像を置くためだけに，専門のコンピュータ言語で長いプログラムを書かなければならなかったのに対して，その10年後には，通常のPCで作動し，精密な人物像や頭部を含む多数のレデ

ィメイドの3Dモデルを伴った，いくつもの安価な，メニューベースの3Dソフトウェア・ツールから選択をすることができるのである。

1995年について他に何を言いうるだろうか？　私が生まれたソヴィエト連邦はもう存在しない。その消滅とともに，何十年にもわたって東側でも西側でもクリエイティヴな想像力を活気づけていた緊張状態——自由と監禁，インタラクティヴィティとあらかじめの決定，西側の大量消費と東側の「精神性」——が消えてなくなる。それに代わるものは何か？　大量消費，商業的な文化（ステレオタイプとごく限られたクリシェに基づいた文化），空間，時間，未来といった基本的なカテゴリーに対する権利を主張する巨大企業（マイクロソフトの「今日はどこに行きたい？」という広告，24時間を1000のスウォッチ「ビート」に分割する，スウォッチの「インターネット・タイム」，AT&Tによる「できるようになります」の広告），そして「グローバリゼーション」（少なくとも「精神性」と同じくらいとらえどころのない用語）の勝利である。

私は1995年にサンクトペテルブルクを訪れ，「第三の現実を求めて」という小さなコンピュータアートの祭典に参加するが，そのとき興味深いパフォーマンスを見る。これはグローバリゼーションのよくできたたとえ話かもしれない。他の催しと同じく，パフォーマンスもプラネタリウムで行われる。プラネタリウムの支配人は，誰もがそうだったように，ロシアの新経済秩序（あるいはその欠如）の中

で生計を立てざるをえず，会議の主催者たちにプラネタリウムを貸し出したのだ。惑星や恒星の模型がしかるべく描かれている黒い半球状の天井の下で，一人の若いアーティストが丹念に抽象絵画を描いている。おそらく私が受けたのと同じ古典的なやり方で訓練を受けた彼は，ポロックとは似ても似つかない。慎重に，几帳面に，彼は目の前のカンバスに注意深く絵筆を入れる。彼の手には，任天堂のデータグローブが装着されている。1995年には西側ではありふれたメディア・オブジェクトだが，サンクトペテルブルクで目にするのは珍しい。このデータグローブは，モスクワのとある研究所のラボで組み立てられた小型の電子シンセサイザーに手の動きを伝える。そのシンセサイザーから流れる音楽は，男女2人のダンサーにとっては伴奏となる。イザドラ・ダンカン風の衣裳をまとった2人は，即興で「モダンダンス」を踊るが，それを目前にする年長の観客は，見たところすっかり困惑している。古典的な芸術，抽象，任天堂のデータグローブ。電子音楽と20世紀初頭のモダニズム。ヴェネツィアと同じように過去に取り憑かれている古典的な都市のプラネタリウムでの仮想現実（VR）についての議論──西側からやって来た私にとっては相容れない歴史的・概念的な層が一緒くたに合成されていて，任天堂のデータグローブは混合物のうちの一つの層にすぎない。

　1995年までに到来したものには，インターネットもある──グローバリゼーションの最も物質的で目に見える徴

候だ。そして，90年代の終わりには，徐々に進んでいる文化のコンピュータ化が，最終的には文化のすべてを変容させるということも明らかになるだろう。そういうわけで，土台と上部構造という古いマルクス主義のモデルを引き合いに出しながら，次のように言うことができるだろう。1950年代以降，現代社会の経済的な土台がサービスと情報の経済に転換し始めて，1970年代にはいわゆるポスト産業社会（ダニエル・ベル），その後には「ネットワーク社会」（マヌエル・カステル）になったとするなら，1990年代には上部構造がそうした変化のインパクトにまともにさらされ始めているのだ，と[2]。1980年代のポストモダニズムが，まだ到来していないそのような転換——まだ弱々しく，無視することもできた転換——の最初の徴候であるとすれば，1990年代には，文化がe文化に，コンピュータが文化の万能の運び手に，メディアがニューメディアに，それぞれ急速に変容したので，私たちは自分たちの使っているカテゴリーとモデルを再考することを求められているのである。

　年は2005年……。

現在の理論

　1895年，1897年，あるいは少なくとも1903年に，誰かが映画という新しい媒体（メディウム）の出現が持つ根本的な重要性を認識して，包括的な記録を作っていたらよかったのにと思う——観客へのインタヴューとか，年ごとに発展していく

ナラティヴの戦略や，舞台背景画法や，カメラの位置の体系的な説明とか，出現しつつある映画言語が同時代の多種多様な大衆的娯楽と取り結んでいる関係の分析といった記録である。残念ながら，そのような記録は存在しない。代わりに残されているのは，新聞記事，映画の発明者たちの日記，映画上映の番組表，その他諸々の断片といった，行き当たりばったりの，むらのある形で配布された一連の歴史的サンプルである。

　今日，私たちは新しい媒体の出現を目の当たりにしている——デジタルコンピュータというメタ媒体である。映画が生まれつつあった100年前とは違って，私たちはこのニューメディア革命の重要性を十分に意識している。だが，残念ながら，未来のコンピュータ・メディアの理論家と歴史家たちの元に残されることになるものは，映画の最初の数十年間における新聞記事や映画の番組表に相当するものと大差ないのではないか。彼らが知ることになるのは，現代の分析的なテクストはコンピュータによる文化の奪取の重要性を認識しているけれども，概して，現在の記録と理論というよりは，未来についての思弁を含んだものであるということだ。未来の研究者は，理論家たちが旧来の文化的諸形態を分析する経験を豊富に持ち合わせていたのに，なぜコンピュータ・メディアの記号論的コード，伝達の様態，観客の受容パターンを記述しようとしないのか，不思議に思うことだろう。映画がそれに先立つ文化的諸形態（パノラマ，光学玩具，のぞきからくり）からどのようにして

登場したのかを苦労して再構成したのに，なぜ彼らはコンピュータ・メディアの言語について，それがまさに生まれつつある瞬間に，つまりそれを形作っている以前の文化的諸形態がまだはっきりと目に見え，識別もでき，まだ一貫性のある言語へと溶け込んでいないときに，似たような系譜を打ち立てようとしなかったのか，と尋ねるかもしれない。マルチメディア・インターフェースのアイコンやボタンが一般的な慣習になって，そのために目に見えない状態になる以前，仕上がったばかりの絵のまだ乾いていない絵の具のようなものだったとき，理論家たちはどこにいたのか？ 《ミスト》のデザイナーたちがコードをデバッグしたり，グラフィックスを8ビットに変換したり，Quick-Timeのクリップを操作していたとき，理論家たちはどこにいたのか？ あるいは，ネットスケープ社の20歳かそこらのプログラマーが，口からチューインガムを取り出し，缶からぬるいコーラをすすり――彼は商品出荷の〆切に間に合わせようと，16時間ぶっ通しでコンピュータに向かっていたのだ――，ついにそのファイルサイズを小さくできたことに満足して，夜空を横切って動く星の短いアニメーションを保存した歴史的な瞬間には？ このアニメーションはNetscape Navigatorの右上の隅に現れることになり，これまでの動画像のシークェンスのうち最も広く見られるものとなる――ソフトウェアの次のリリースまでの間だが。

　以下に書かれるのは，現在の記録にして理論たらんとす

る試みである。ちょうど映画史家たちが映画の最初の数十年間に映画言語がどのように発展したかを跡づけたのと同じように，私はニューメディアの言語の発展を駆り立てている論理を記述し，理解しようとする（ただし，私はニューメディアの単一の言語があると主張しているわけではない。私は「言語」を包括的な用語として，ニューメディアのオブジェクトのデザイナーたちがデータを組織したり，ユーザーの体験を構造化したりする際に用いている多様ないくつもの慣習を指し示すものとして使っている）。この比較をもう少し押し進めて，ちょうど映画言語が 1910 年代にその「古典的」な形態を獲得したのと同じように，この新しい言語がすでに最終的な安定した形態を獲得するところまで近づきつつあるのかどうかと推測してみたくなる。そうでないならば，未来のコンピュータ・メディアの言語が今日使われているものとすっかり異なったものになるという意味で，1990 年代はむしろ 1890 年代に似ているのかもしれない。

　現在がこれほど急速に変わりつつあるようにみえるときに，現在を理論化することは道理にかなっているのだろうか？　これはヘッジされた賭けなのだ。後に続く発展によって，私の理論的な予測が正しいことが分かれば，私の勝ちだ。だが，たとえコンピュータ・メディアの言語が，本書の分析が示唆するのとは異なった方向に発展したとしても，本書はこれまでに実現されていなかった諸々の可能性，およびいまは私たちの目に見えているが，後に想像すらできなくなるような地平の記録となるだろう。

私たちはもはや映画史を，単一の可能な言語へと直線的
に発達していくものであるとか，完璧な迫真性に向けて進
歩していくものであるとは考えていない。それどころか，
私たちは映画史を，別個の，同じくらい表現力豊かな複数
の言語の継起であるとみなすようになった——それぞれの
言語が独自の美学的な変数を持ち，各々がそれに先立つ言
語が持っていた可能性の一部を堰き止める（この文化の論
理は，トーマス・クーンによる科学のパラダイムの分析と似て
いなくもない[3]）。それと同じように，コンピュータ・メ
ディアの歴史におけるどの段階も，独自の未来像とともに，
独自の美学的な機会——要するに，独自の「研究パラダイ
ム」——を差し出しているのだ。本書で私がやりたいの
は，ニューメディアの最初の10年間における「研究パラ
ダイム」を，それが目に見えない状態になる前に記録する
ということである。

ニューメディアをマッピングする——方法

　私はニューメディアの言語の分析を，近代・現代の視覚
文化とメディア文化の歴史の中に置くことによって進め
る。ニューメディアはどのような仕方で旧来の文化的形態
と言語に頼っており，またそれらと断絶しているのか？
ニューメディアのオブジェクトが現実のイリュージョンを
作り出したり，観客に向き合ったり，空間と時間を表象し
たりするやり方の何が独特なのか？　オールドメディアの
慣習と技法——矩形のフレーム，移動性を持った視点，モ

ンタージュなど——は，ニューメディアではどう作動して
いるのか？　コンピュータ・ベースの新しいメディア創造
の技法と，それ以前の表象とシミュレーションの技法を結
びつける考古学を打ち立てるとしたら，本質的な歴史的断
絶をどこに位置づければよいのだろうか？

　こうした問いに答えるために，私はウェブサイト，
仮想世界[4]，マルチメディア，コンピュータゲーム，イ
ンタラクティヴ・インスタレーション，コンピュータ・ア
ニメーション，デジタルヴィデオ，映画，ヒューマン・コ
ンピュータ・インターフェースといった，ニューメディア
のあらゆる領域に目を向ける。本書は主に理論的・歴史的
な議論に重きを置いているが，多くの鍵となるニューメデ
ィアのオブジェクト——《ミスト》や《ドゥーム》，『ジュ
ラシック・パーク』や『タイタニック』といったアメリカ
の商業的古典から，ART+COM，アンチロム，jodi.org，
ジョージ・ルグラディ，オリア・リアリーナ，ジェフリ
ー・ショー，タマシュ・ヴァリツキーといった国際的なニ
ューメディアのアーティストたちや集団の作品に至るまで
——の分析もする。

　文化のコンピュータ化は，コンピュータゲームや仮想世
界といった新しい文化的形態の出現につながるだけでな
く，写真や映画などの既存の文化的形態を定義し直してい
るので，私はコンピュータ革命が視覚文化全般に与えた影
響についても調査を行う。コンピュータ・ベースのメディ
アへの転換は，静止画像と動画像の性質をどのように定義

し直しているのか？　コンピュータ化は，私たちの文化が
使用する視覚言語にどのような影響を及ぼしているのか？
どんな新しい美学的な可能性が，利用可能なものになって
いるのか？

　こうした問いに答える際に私が利用するのは，美術，写
真，ヴィデオ，テレコミュニケーション，デザインの歴
史，そして最後にもう一つ重要な例を出すなら，20 世紀
の鍵となる文化的形態である映画の歴史である。映画の理
論と歴史は，私がニューメディアに目を向ける際の主要な
概念的レンズとして役に立つ。本書で探究するトピック
は，以下の通りである。

- 映画史とニューメディアの歴史の並行関係
- デジタル映画のアイデンティティ
- マルチメディアの言語と 19 世紀の前 – 映画的な文化的
  諸形態の関係
- 映画と比較した場合の，ニューメディアにおける
  画 面，移動性を持ったカメラ，モンタージュの機能
- ニューメディアとアヴァンギャルド映画の歴史的なつな
  がり

本書では，映画理論だけでなく，人文科学（美術史，文学
理論，メディア・スタディーズ，社会理論）とコンピュー
タ・サイエンスの両方から理論的ツールを引き出してい
る。本書の全般的な方法は，「デジタル・マテリアリズム」

と呼べるかもしれない。それは何らかのアプリオリな理論を上から押しつけるよりも、ニューメディアの理論を一から築き上げるもので、コンピュータのハードウェアとソフトウェア、そしてコンピュータ上で文化的オブジェクトを作る際のオペレーションを精査して、新たな文化的論理の作動を明るみに出そうとするものだ。

　ニューメディアについて書かれたものは、たいてい、未来についての推測であふれている。それに対して、本書は現在まで実際に発展してきた限りでのニューメディアを分析しつつ、ニューメディアのアーティストやデザイナーたちにとっての、これから探究されるべき複数の方向性を指し示している。本書で展開されるニューメディアの理論が、現在を理解するための助けとしてだけでなく、実践的な実験に向けたグリッドとしての役割も果たすことを私は願っている。たとえば、「文化的インターフェースの言語」のセクションは、ニューメディアのオブジェクトのインターフェースが、どのようにして、印刷、映画、ヒューマン・コンピュータ・インターフェースという3つの文化的伝統によって形作られつつあるかを分析しているが、すでにニューメディアで用いられているそのような伝統にみられる諸要素を記述することで、私は、まだ実験の対象になっていない他の諸要素やその組み合わせを指さしているのだ。「合成」のセクションは、いくつかの新しい種類のモンタージュを概説することで、実験に向けたもう一群の方向性を提供している。さらに別の方向性が「データベー

ス」で論じられている。私はそのセクションで，ニューメディアのナラティヴは，コンピュータのデータベースが差し出す構成面・美学面での新たな可能性を探っていくことができると示唆している。

　本書は未来予測を行っていないが，それでもニューメディアがどのように発展していくのかについての暗黙の理論を含んでいる。ニューメディアをより広範な歴史的パースペクティヴに置くことの利点は，ニューメディアを現在の状態に至らしめた長大な軌跡が見え始めてくるということであり，私たちはその軌跡に基づいて未来を推定することができるのだ。「ニューメディアの諸原則」では，モジュール性，自動化，可変性，トランスコーディングという，私の考えではしだいにニューメディアの発展を形作りつつある4つの主要なトレンドを記述している。

　もちろん，それらのトレンドをやみくもに受け入れる必要はない。ニューメディアの言語の進化を形作っている論理を理解することで，私たちは別の選択肢を発展させることもできる。ちょうどアヴァンギャルド映画作家が，映画史を通じて，その媒体のある特定のナラティヴと視聴覚の体制に対する別の選択肢を提供してきたのと同じように，今日，アヴァンギャルドなニューメディア・アーティストの務めは，コンピュータ・メディアの既存の言語の別の選択肢を提供することである。このことは，「主流」の言語がいまどのように構造化されており，時間が経つにつれてどのように進化していくかについての理論を手にしている

場合に，よりうまく成し遂げられるだろう。

ニューメディアをマッピングする——構成

　本書は，ニューメディア・スタディーズ（「デジタル・ス
タディーズ」と呼ばれることもある）という出現しつつある
分野への貢献を目指して，この分野のありうべき姿を描い
た仮想の地図を提供する。ちょうど文学理論の教科書なら
ばナラティヴや声についての章を含み，フィルム・スタデ
ィーズの教科書ならば撮影と編集を論じるのと同じよう
に，本書はニューメディアの理論に特有の新しいカテゴリ
ーの数々を定義し，洗練させることを求めている。

　私は本書をいくつかの章に分けた。各章では，鍵となる
概念や問題を一つずつ取り上げている。前の方の章で発展
させられた概念は，後々の章で行われる分析の構成要素と
なる。章の順番を決めるにあたって，私はフィルム・スタ
ディーズ，文学理論，美術史といった，ニューメディアに
関連するすでに確立した分野の教科書を検討した。映画の
教科書であれば，映画のテクノロジーから始まって，映画
のジャンルで終わるのと同じように，本書はニューメディ
アの物質的な基盤からその諸形態へと進んでいく。

　本書で用いる「ボトムアップ」のアプローチと，コンピ
ュータ・ソフトウェアの構成との類似性を指摘することも
できるだろう。プログラマーの書くコンピュータ・プログ
ラムは，一連の翻訳過程を経る。高水準コンピュータ言語
は実行可能なコードにコンパイルされ，今度はそのコード

がアセンブラによってバイナリー・コードに変換されるのだ。私はこの順番を逆にたどって，バイナリー・コードの水準からコンピュータ・プログラムの水準へと進み，その後，それらのプログラムによって駆動されるニューメディアの諸々のオブジェクトの論理の考察へと移行する。

1. 「ニューメディアとは何か？」——デジタル媒体それ自体，その物質的・論理的な構成。
2. 「インターフェース」——ヒューマン・コンピュータ・インターフェース，オペレーティング・システム（OS）。
3. 「オペレーション」——OS上で実行されるソフトウェア・アプリケーション，そのインターフェースと典型的なオペレーション。
4. 「イリュージョン」——外観，ソフトウェア・アプリケーションを使って作り出されたデジタル画像の新しい論理。
5. 「フォーム」——ニューメディアのオブジェクト全般を組織するために一般的に用いられる慣習。

最終章「映画とは何か？」は，本書の始まりを反映している。第1章では，ニューメディア特有の原則とされているものの多くが，すでに映画に見出せると指摘している。続く各章でも，ニューメディアを分析するための手段として，映画の歴史と理論を使い続けている。ニューメディア

の異なる水準——インターフェース，オペレーション，イリュージョン，フォーム——を論じた後，私は自分の概念的なレンズをひっくり返して，コンピュータ化がどのように映画を変えたかに目を向ける。私はデジタル映画を動画像の歴史の中に置くことによって，そのアイデンティティとは何かを分析し，コンピュータ化が映画の言語の発展のためにどのような新しい機会を差し出しているかを論じる。

　同時に，最終章は本書全体の「ボトムアップ」の軌跡を続けてもいる。第5章がウェブサイト，ハイパーメディアのCD-ROM，仮想世界といった，いずれもコンピュータの「子供」であるような新しい文化的オブジェクトの構成に目を向けているとすれば，第6章は映画という，厳密な意味でのコンピュータ文化のいわば「外側」に存在するより古い文化的形態に，コンピュータ化がどのような影響を及ぼしているかを考察しているのである。

　各章は短いイントロダクションで始まる。そこでは一つの概念を議題に乗せて，個々のセクションで展開される議論を要約している。たとえば，第2章「インターフェース」は，ニューメディアにおけるインターフェースという概念の重要性についての一般的な議論から始まり，次いで第2章の2つのセクションでは，ニューメディアのインターフェースのさまざまな側面——それが他のメディアの慣習に頼っているということと，ユーザーの身体とインターフェースの間の関係——に目を向ける。

用語——言語，オブジェクト，表象

　本書のタイトルには**言語**という言葉が含まれているが，だからといって私は，ニューメディアを理解するにあたって記号論の構造主義的な段階に立ち戻る必要があると示唆したいわけではない。しかし，ニューメディアおよびサイバーカルチャー研究が，たいてい社会学的，経済的，政治的な次元に焦点を合わせているとすれば，私にとって重要なのは，**言語**という言葉を使って，本書の焦点がそのような研究とは違った部分——ニューメディアにおいて出現しつつある諸々の慣習，繰り返し出てくるデザインパターン，鍵となる諸形態——にあることを示すことだった。**言語**の代わりに，**美学**や**詩学**という言葉を使うことも考えたが，最終的にはそうしないことにした。**美学**は，芸術と大衆文化，美しいものと醜いもの，価値あるものと取るに足らぬものといった，私が避けたいと思っている一連の対比をほのめかす。**詩学**にも望ましくないコノテーションがある。1960年代の理論家たちは，1910年代のロシア・フォルマリストたちの研究課題を継続して，**詩学**を，物語文学のような特定の芸術の特殊な性質を研究することと定義した。たとえば文学研究者のツヴェタン・トドロフは，『詩学入門』（1968年）でこう書いている。

　　特定の作品の解釈と対比した場合，それ［詩学］は意味を名指そうとはせずに，個々の作品の誕生を司るような一般的法則の知識を目指している。だが，心理学や社会

学といった科学と対比すると，詩学はそのような法則を文学それ自体の内部に探し求めている。したがって，詩学とは，同時に「抽象的」にして「内在的」な，文学へのアプローチなのである[5]。

そのような「内在的」なアプローチとは対照的に，私はニューメディアの慣習，要素，形態がニューメディア特有のものだとは主張しないし，他から分離してそれらだけに目を向けるのが有用だとも考えていない。それどころか，本書はニューメディアを，以下のような，過去と現在の他のいくつかの文化領域との関連で位置づけることを目指している。

- 他の諸芸術とメディアの伝統——それらの視覚言語，および情報を組織し，観客の体験を構造化するための戦略。
- コンピュータ・テクノロジー——コンピュータの物質的な特性，現代社会でのコンピュータの用いられ方，コンピュータのインターフェースの構造，鍵となるソフトウェア・アプリケーション。
- 現代の**視覚文化**——ファッションと広告，スーパーマーケットの商品と美術品，テレビ番組と広告バナー，オフィスとテクノクラブといった私たちの文化のさまざまな視覚の現場の内的な構成，イコノグラフィー，イコノロジー，および観客の体験。
- 現代の**情報文化**。

「情報文化」という概念——これは私が作った用語だ——は，もう一つのすでにおなじみの視覚文化という概念に対応するものとみなしうる。この概念が含むのは，さまざまな文化の場所やオブジェクトにおける情報の提示の仕方である——道路標識，空港や鉄道駅のディスプレイ，テレビ画面上のメニュー，テレビニュースのグラフィック・レイアウト，書籍や新聞や雑誌のレイアウト，銀行やホテルや他の商業的・娯楽的空間のインテリア・デザイン，飛行機や自動車のインターフェース，そして最後にもう一つ重要な例を出すなら，コンピュータ・オペレーティング・システム（Windows, Mac OS, UNIX）とソフトウェア・アプリケーション（Word, Excel, PowerPoint, Eudora, Navigator, RealPlayer, FileMaker, Photoshop など）のインターフェースなどである。視覚文化との並行関係を押し広げるなら，情報文化には，情報の組織と検索のための諸々の歴史的な方法（イコノグラフィーの類似物である）と，ユーザーが情報オブジェクトと情報の表示に対して取るインタラクションのパターンも含まれている。

　注釈を施すべきもう一つの言葉は，オブジェクトである。本書全体を通じて，私は**製品**とか，**芸術作品**とか，**インタラクティヴ・メディア**とか，他のありうる用語ではなく，**ニューメディアのオブジェクト**という用語を使っている。ニューメディアのオブジェクトとは，デジタルの静止画像，デジタル合成されたフィルム，3D の仮想環境，コンピュータゲーム，独立したハイパーメディア DVD，ハ

イパーメディア・ウェブサイト，あるいはウェブ全般であ
りうる。そのため，この用語は，あらゆるメディア・タイ
プ，あらゆる構成形態，あらゆるスケールを通じて当ては
まるような，ニューメディアの一般的な諸原則を記述しよ
うとする私のねらいにぴったりなのだ。私が**オブジェクト**
という用語を使うのは，私の関心がニューメディアのアー
トだけではなく，文化一般にあることを強調するためでも
ある。さらに，**オブジェクト**は，コンピュータ・サイエン
スおよびコンピュータ産業における標準的な用語であり，
C++ や Java といったオブジェクト指向のプログラミング
言語，オブジェクト指向のデータベース，そして Micro-
soft Office 製品で使われる〈オブジェクトのリンクと埋め
込み〉（OLE）といったテクノロジーにおいて，モジュー
ル的な性質を強調するために使われている。したがって，
この言葉は，コンピュータ・サイエンスの用語とパラダイ
ムを取り入れて，コンピュータ化された文化の理論を打ち
立てるという私の目的にも役に立つ。

　さらに私は，1920 年代のロシア・アヴァンギャルドの
芸術家たちが**オブジェクト**という言葉を使うときに付きま
とうコノテーションを活性化させたいと思っている。ロシ
ア構成主義者と生産主義者たちは，通例，自分たちの創作
物を芸術作品ではなく**オブジェクト**（事物，構 成 物，
物 体）と呼んだ。バウハウスにおいて彼らに相当する人
たちもそうだったように，彼らは美術館や個人のコレクシ
ョンのために一つしかない作品を生み出す美術家にとどま

るよりは，インダストリアルデザイナー，グラフィックデザイナー，建築家，服飾デザイナーの役割を引き受けることを望んだ。**オブジェクト**は，伝統的な芸術家のスタジオよりも工場や産業的な大量生産の方を指し示すとともに，この芸術家たちがみずからの作品に持ち込みたいと思っていたような労働の合理的な組織やエンジニアリングの効率性という理想をほのめかしていた。

　ニューメディアのオブジェクトの場合，こうしたコノテーションはどれも引き合いに出すに値する。ニューメディアの世界では，芸術とデザインの間にはせいぜい不鮮明な境界があるにすぎない。一方で，多くのアーティストは商業的なデザイナーとして生計を立てている。他方で，職業的なデザイナーは概して，体系的な実験に携わることによって，また新しい標準や慣習を作り出すことによって，ニューメディアの言語を真に押し進めている人たちである。二つ目の，産業的な生産というコノテーションも，ニューメディアに当てはまる。ニューメディアの多くのプロジェクトは，大人数のチームによって組み立てられる（ただし，古典的ハリウッド時代のスタジオシステムとは対照的に，単独の作り手や，小さなチームの場合もよくある）。一般向けのゲームやソフトウェア・アプリケーションといった多くのニューメディアのオブジェクトは，何百万個も売れる。ニューメディアの分野を大産業と結びつけているもう一つの特徴は，さまざまなハードウェアとソフトウェアの規格を厳守しなければならないということである[6]。

最後に，最も重要なこととして，私が**オブジェクト**という言葉を使うのは，1920 年代のアヴァンギャルドが実践した研究所での実験という概念を再活性化するためだ。今日，より多くのアーティストがニューメディアに向かいつつあるのに，その諸要素や，構成，表現，生成に関する基本的な戦略を体系的に，研究所でやるように研究する気のある者はほんのわずかしかいない。とはいえ，まさにそのような種類の研究こそ，1920 年代のロシアとドイツのアヴァンギャルドな芸術家たちがヴフテマス[7]やバウハウスのような場所で，写真，映画，新しい印刷テクノロジー，電話通信といった当時のニューメディアを調査する際に引き受けていたものなのだ。今日，「インタラクティヴなCD-ROM」を作ったり，長編「デジタル・フィルム」を制作したりするという目先の誘惑にあらがって，その代わりに，ニューメディアにおいて何がショットや，文や，語や，さらには文字に対応するのかを決めることに集中的に取り組むことができているわずかな者は，驚くべき発見の数々によって報われている。

　本書全体で使われていて，注釈が必要な三番目の用語は，**表象**〔representation〕である。この用語を使う際，私は最近の数十年間にわたって人文科学で発展させられてきたような，文化的オブジェクトの機能についての複雑でニュアンスに富んだ理解を引き合いに出したいと思っている。ニューメディアのオブジェクトは，文化的オブジェクトである。したがって，どんなニューメディアのオブジェ

クトでも——ウェブサイトであれ，コンピュータゲームで
あれ，デジタル画像であれ——，何らかの外部の指示対象
——つまり，物理的に存在するオブジェクト，他の文書に
提示されている歴史的な情報，文化全般あるいは特定の社
会的集団によって現在使われている諸々のカテゴリーの体
系——を表象するとともに，その構築を助けていると言え
る。どんな文化的表象の場合でもそうであるように，ニュ
ーメディアの表象も否応なく偏っており，他の特徴を顧み
ずに物理的現実のいくつかの特徴だけを，あるいはたくさ
んの世界観のうちの一つ，他にも数多くあるなかでの一つ
の可能なカテゴリーの体系を，表象／構築する。本書で
は，ソフトウェアのインターフェース——オペレーティン
グ・システムおよびソフトウェア・アプリケーションの両
方のインターフェース——が表象としても機能していると
示唆することで，このような議論をさらに一歩進めてみる
つもりだ。つまり，ソフトウェアのインターフェースは，
データを特定の仕方で組織することで，世界と人間主体の
特定のモデルを特権視しているのだ。たとえば，今日一般
に用いられている2つの主要なコンピュータ・データの組
織の仕方——階層型のファイルシステム（1984年のMacin-
tosh以降のグラフィカル・ユーザー・インターフェース）と
「フラット」な，非階層型のハイパーリンクのネットワー
ク（1990年代のワールドワイドウェブ）——は，世界を，2
つの根本的に異なる，実のところ対立したやり方で表象し
ている。階層型のファイルシステムの想定によれば，世界

は論理的・階層的な秩序に還元することができ，そこでは
どのオブジェクトにも個別の明確に定義された場所があ
る。ワールドワイドウェブのモデルは，あらゆるオブジェ
クトは他のどんなオブジェクトとも同じ重要性を持ってお
り，あらゆるものが他のあらゆるものと結びついている，
あるいは結びつきうると想定している。諸々のインターフェー
スも，伝統的に特定の芸術やメディア・テクノロジー
に結びつけられてきた特定のデータアクセスの様式を特権
視している。たとえば，1990年代のワールドワイドウェ
ブは，データ組織の基本的なユニットとして，ページを前
景化していたのに対して（そのページがどのメディア・タイ
プを含んでいるかに関わりなく），アクロバットのソフトウェ
アは，テキストベースの文書に「ヴィデオ再生」のメタ
ファーを適用した。このように，インターフェースはより
古い文化的形態やメディアの「表象」として機能してお
り，そのうちのあるものを顧みずに，別のあるものを特権
視するのである。

　ニューメディアの言語を記述する際に，私は**表象**という
用語を他の用語と対立させて使うのが有益であると悟っ
た。それがどの用語に対立させられているかによって，**表
象**の意味は変化する。そうした対立は本書のさまざまなセ
クションで導入されているので，ここで要約しておこう。

1. **表象**——シミュレーション（「画面とユーザー」のセクシ
ョン）。ここでは，**表象**は，ポスト・ルネサンスの絵画，

映画，レーダー，テレビといったさまざまな画面のテクノロジーを指している。私は**画面**を，ある仮想世界を枠で囲んだ矩形の表面，観客の視界を完全に防ぐことなく，観客のいる物理的世界内に存在するような表面と定義している。**シミュレーション**は，観客を完全に仮想の世界内に没入させることを目指すテクノロジー——バロックのイエズス会教会，19世紀のパノラマ，20世紀の映画館——を指している。

2. **表象——制御**（「文化的インターフェースの言語」のセクション）。私はここで，イリュージョンをもたらすフィクションの世界の表象としての画像と，ユーザーにコンピュータの制御を認める制御盤<ruby>コントロールパネル</ruby>のシミュレーションとしての画像（たとえば，さまざまなアイコンやメニューを伴ったGUI）を対立させている。後者のような新しいタイプの画像は，〈インターフェースとしての画像〉と呼べるだろう。表象と制御の対立は，深さと表面の対立，つまり，イリュージョン的な空間への窓としてのコンピュータ画面とフラットな制御盤<ruby>コントロールパネル</ruby>としてのコンピュータ画面との対立に対応している。

3. **表象——行動**（「テレアクション」のセクション）。これは，イリュージョンを作り出すために用いられるテクノロジー（ファッション，リアリズム絵画，ディオラマ，軍事用の囮，映画のモンタージュ，デジタル合成）と，行動することを可能にするため，つまり，見る者が表象を通じて現実を操作できるようにするために用いられる表象のテクノロジ

ー（地図，建築図面，X線，テレプレゼンス）の間の対立である。私は後者のテクノロジーによって生み出される画像を，〈道具としての画像〉と呼んでいる。

4. **表象——通信**（「テレアクション」のセクション）。これは，表象のテクノロジー（映画，オーディオとヴィデオの磁気テープ，デジタル・ストレージの各種フォーマット）と，リアルタイムの通信テクノロジー，つまり，テレ〔遠隔〕で始まるあらゆるもの（電報，電話，テレックス，テレビ，テレプレゼンス）の間の対立である。表象のテクノロジーは，伝統的な美学的オブジェクト，つまり空間や時間の中に固定され，みずからの外側にある何らかの（複数の）指示対象を指し示すようなオブジェクトを見込んでいる。ニューメディアは，人どうしの遠距離通信や，何のオブジェクトも生み出さないような**遠隔文化**の諸形態一般の重要性を前面に押し出しているため，私たちは，文化とオブジェクトが伝統的に同一視されてきたこと自体を再考せざるをえなくなっている。

5. **視覚的なイリュージョニズム——シミュレーション**（「イリュージョン」の章のイントロダクション）。**イリュージョニズム**はここでは，「画面とユーザー」のセクションで使われた際の表象とシミュレーションという用語の両方を指している。したがって，イリュージョニズムは，遠近法絵画，映画，パノラマなどといった，現実の視覚的な類似物を作り出すことを目指す諸々の伝統的な技法やテクノロジーを組み合わせたものである。**シミュレーション**は，視覚

的な外観を超えた，現実の他の側面——物理的なオブジェクトの動き，自然現象において時間の経過とともに生じる形状の変化（水面，煙），人間の動機，行動，発話，言語理解——をモデル化するさまざまなコンピュータの方法を指している。

6. **表象——情報**（「フォーム」の章のイントロダクション）。この対立は，ニューメディアのデザインにおける2つの対立する目標を指している。すなわち，伝統的なフィクションに似た，想像上のフィクションの世界にユーザーを没入させることと，大量の情報への効率的なアクセスをユーザーに与えること（たとえば，サーチエンジン，ウェブサイト，オンライン百科事典）である。

原註

1. Bui Tuong Phong, "Illumination for Computer Generated Pictures," *Communication of the ACM*, 18, no. 6 (June 1975): 311-317.

2. Daniel Bell, *The Coming of Post-Industrial Society* (New York: Basic Books, 1973)〔ダニエル・ベル『脱工業社会の到来——社会予測の一つの試み』上・下，内田忠夫ほか訳，ダイヤモンド社，1975年〕; Manuel Castells, *The Rise of the Network Society* (Cambridge, Mass.: Blackwell, 1996).

3. Thomas S. Kuhn, *The Structure of Scientific Revolutions*, 2nd ed. (Chicago: University of Chicago Press, 1970).〔トーマス・クーン『科学革命の構造［新版］』青木薫訳，みすず書房，2023年〕

4. 仮想世界という言葉を私はコンピュータによって生成された3Dのインタラクティヴな環境という意味で使っている。この定義はコンピュータに

よる既存の 3D 環境の全範囲に当てはまる——ヘッドマウントディスプレイとフォトリアリズム的なグラフィックスを特徴とする高性能の仮想現実（VR）〔ヴァーチャル・リアリティ〕，アーケードや CD-ROM やオンラインのマルチプレイヤー・コンピュータゲーム，QuickTime の VR ムービー，VRML（仮想現実モデリング言語）によるシーン，The Palace や Active Worlds などのグラフィカルなチャット環境などである。

　　仮想世界はコンピュータ文化の全域で重要なトレンドとなっており，ヒューマン・コンピュータ・インターフェースとコンピュータ・ネットワークの新たな標準になることを一貫して約束している（この約束がおそらく決して果たされない理由をめぐる議論については，「航行可能な空間」のセクションを見よ）。たとえば，シリコングラフィックス社は映画『ジュラシック・パーク』で売り出された 3D ファイル・システムを開発した。ソニーはパーソナル・コミュニケーターの MagicLink のインターフェースとして，部屋の画像を使った。アップルの短命に終わった eWorld は，都市のスケッチでユーザーを待ち受けた。ウェブデザイナーたちはよくインターフェースのメタファーとして，建物の画像，空から見た都市景観，地図を用いる。ソニーのヴァーチャル・ソサイエティ・プロジェクト（www.csl.sony.co.jp/project/VS/）の研究者たちの言葉を借りれば，「私たちは，未来のオンライン・システムは，高度なインタラクション，マルチメディアのサポート，そして最も重要なこととして，共有された 3D 空間をサポートする能力によって特徴づけられることになるだろうと確信している。私たちのヴィジョンでは，ユーザーは単にテキストベースのチャット・フォーラムにアクセスするだけでなく，3D の世界に入って，そこでその世界や，世界内の他のユーザーたちとインタラクトすることができるようになるだろう」。

5. Tzvetan Todorov, *Introduction to Poetics*, trans. Richard Howard (Minneapolis: University of Minnesota Press, 1981), 6.

6. ソフトウェアの規格の例としては，UNIX，Windows，Mac OS といったオペレーティング・システム，ファイル・フォーマット（JPEG，MPEG，DV，QuickTime，RTF，WAV），スクリプト言語（HTML，Java スクリプト），プログラミング言語（C++，Java），通信プロトコル（TCP/IP），HCI の慣習（たとえば，ダイアログ・ボックス，コピー＆ペーストのコマンド，ヘルプ・ポインター），それから 10 年以上にわたって使われていた 640 対 480 ピクセルの画像サイズといった，成文化していな

い慣習などがある。ハードウェアの規格には，保存メディアのフォーマット（ZIP，JAZ，CD-ROM，DVD），ポートの種類（シリアル，USB，FireWire），バス構造（PCI），RAM の種類などがある。

7. ヴフテマスとは，1920 年代のモスクワの芸術およびデザインの学校で，ほとんどの革新派のアヴァンギャルドな芸術家たちを結びつけており，ドイツのバウハウスに相当するものとして機能した。

第 1 章　ニューメディアとは何か？
What Is New Media ?

ニューメディアとは何か？　この問いかけにはまず，一般向けの出版物で通常このトピックのもとに論じられるカテゴリーを列挙することで答えられるだろう。ニューメディアとは，インターネット，ウェブサイト，コンピュータ・マルチメディア，コンピュータゲーム，CD-ROM，DVD，仮想現実<ruby>ヴァーチャル・リアリティ</ruby>などのことである，と。だが，それですべてなのだろうか？　デジタルヴィデオで撮影され，コンピュータ・ワークステーションで編集されたテレビ番組はどうなのか？　あるいは，3Dアニメーションとデジタル合成を用いた長編映画はどうなのか？　それらもニューメディアであると考えるべきなのか？　写真，イラスト，レイアウト，広告といった画像，あるいは画像と文章の合成物が，まずコンピュータで作成され，それから紙に印刷された場合はどうなのか？　どこで止めるべきなのだろうか？

　こうした例から分かるように，一般的な理解では，ニューメディアは，制作よりも配布・展示のためにコンピュータを用いることとみなされている。したがって，コンピュータ上で配布される文章（ウェブサイトや電子ブック）はニューメディアとみなされるのに対して，紙で配布される文章はそうではない。同様に，CD-ROMに入れられて，閲覧するのにコンピュータが必要な写真はニューメディアとみなされ，同じ写真でも本に印刷されていればそうではない。

　この定義を認めるべきなのだろうか？　コンピュータ化

が文化に及ぼした影響を全般的に理解したいのであれば，この定義はあまりに限定的だと思われる。メディアの配布・展示のための機械としてのコンピュータを，メディアの制作ツールとしてのコンピュータや，メディアの保存装置としてのコンピュータよりも特権視すべき理由はどこにもない。いずれの使い方も同程度に，現存する文化的諸言語を変化させるかもしれないし，文化を現状のままにとどめておくのかもしれない。

　しかし，後者のシナリオはありそうにない。より可能性が高いのは，ちょうど14世紀の印刷機や19世紀の写真が近代の社会と文化の発展に革命的なインパクトを与えたのと同じように，今日私たちはニューメディアによる革命の真っ只中にいるということ，つまり，文化がことごとく，コンピュータを媒介にしてなされる制作，配布，コミュニケーションの形態へと転換しつつあるということだ。この新しい革命は，これまでの革命よりも大きな変化をもたらすと言ってよいだろう。私たちは，新しい革命が与える最初の影響をようやく記録し始めているところなのだ。実際，印刷機の導入は，メディアの配布という，文化的コミュニケーションの一つの段階にだけ影響を及ぼしたにすぎない。同じく，写真の導入は，静止画像という，文化的コミュニケーションの一つのタイプに影響を及ぼしたにすぎない。それに対して，コンピュータによるメディアの革命は，獲得，操作，保存，配布といったコミュニケーションの全段階に影響を及ぼし，また文章，静止画像，動画像，

音声，空間的な構築物といったあらゆるタイプのメディア
に作用するのである。

　この根本的な転換が与える影響を描き出す作業に，どの
ように着手すればよいのだろうか？　メディアの記録，保
存，創造，配布のためにコンピュータを用いることで，メ
ディアはどのような仕方で「新しい」ものになっているの
だろうか？

　「メディアはどのように新しくなったのか」というセク
ションでは，ニューメディアが，コンピュータ計算とメ
ディア・テクノロジーという２つの別々の歴史の軌跡が収斂
する地点であることを示す。両方とも1830年代に，バベッ
ジの解析機関とダゲールのダゲレオタイプとともに始ま
る。最終的には，20世紀半ばに，数字データの計算をよ
り効率的に遂行するために，現代のデジタルコンピュータ
が開発される。ちなみにそれは，20世紀初頭以来，会社
や行政機関で幅広く用いられていた数多くの機械式タビュ
レータや計算機を引き継ぐものだった。こうした動きと並
行して，私たちは近代のメディア・テクノロジーの出現に
立ち会う。写真の感光板，フィルム・ストック，蓄音機の
レコードといったさまざまな物質的形態を使って，画像，
画像の連続物，音声，文章を保存できるようになったので
ある。この２つの歴史が総合されるとどうなるのか？　既
存のあらゆるメディアが，コンピュータを通じてアクセス
可能な数字データに翻訳されるのである。その結果が，ニ
ューメディアである——グラフィックス，動画像，音声，

形状，空間，文章は，計算可能となった。すなわち，それらはどれも，別のコンピュータ・データの集合から成っているというだけのことなのだ。「ニューメディアの諸原則」では，こうしたメディアの新しい状態が主にどのような帰結をもたらすかに目を向ける。インタラクティヴィティやハイパーメディアといったおなじみのカテゴリーに焦点を合わせる代わりに，私は別のリストを提案する。そのリストは，ニューメディアのあらゆる原則を，5つの原則──数字による表象，モジュール性，自動化，可変性，文化的トランスコーディング──に還元する。最後のセクション「ニューメディアとは何でないか」では，しばしばニューメディア特有とされる他の諸原則を扱い，それらの諸原則が，映画などの旧来の文化的形態とメディア・テクノロジーにおいてすでに作動していたこと，したがって，それ自体としては，ニューメディアをオールドメディアから区別するには不十分であることを示す。

メディアはどのように新しくなったのか

　1839年8月19日，パリの〔フランス〕学士院の建物は，ルイ・ダゲールが発明した新しい複製プロセスの公式説明を聞きにやって来た物見高いパリジャンたちでいっぱいだった。すでにディオラマによって有名だったダゲールは，この新しいプロセスを**ダゲレオタイプ**と呼んだ。同時代の記事によれば，「数日後，光学器械商の店はダゲレオタイプの器具を熱心に求めるアマチュアたちで混み合っていた。至る所で，カメラが建物に向けられた。誰もが自室の窓からの眺めを記録したがっていた。運が良ければ，初めての試みでも，空を背景にした屋上のシルエットを得ることができた[1]」。メディアへの熱狂が始まっていた。5カ月も経たないうちに，この技法の解説書が，バルセロナ，エディンバラ，ナポリ，フィラデルフィア，サンクトペテルブルク，ストックホルムなど，世界中で30種類以上も出版された。大衆の想像力を最初に支配していたのは，建築物や風景のダゲレオタイプだったが，このプロセスにいろいろな技法上の改良が加えられた後，2年後には，肖像

写真館が至る所にオープンした——このニューメディアの機械に自分の写真を撮ってもらうために，皆がそこに殺到した[2]。

1833年に，チャールズ・バベッジは，みずから「解析機関」と名づけた装置の設計に取りかかった。この機関には，現代のデジタルコンピュータにみられる主な特徴がほとんど含まれている。パンチカードを用いてデータと命令の両方が入力され，その情報は機関のメモリに保存される。バベッジが「ミル」と呼んでいた処理装置は，データに基づいて演算を行い，その結果をメモリに書き込む。最終的な結果は，プリンターに出力されることになっていた。解析機関は，どんな数学的な演算でもできるように設計されていた。カードから送り込まれてくるプログラムに従うだけでなく，中間結果に基づいて次にどの命令を実行するかも決められた。しかし，ダゲレオタイプとは対照的に，解析機関の複製品は1台も完成しなかった。現実を複製するための近代のメディア・ツールであるダゲレオタイプの発明がただちに社会にインパクトを与えたのに対して，コンピュータのインパクトはまだ見られなかったのである。

興味深いことに，バベッジは，情報の保存のためにパンチカードを用いるというアイデアを，プログラム制御で動くそれ以前の機械から借用した。1800年頃，J・M・ジャカールは，穿孔された紙のカードによって自動的に制御される織機を発明した。この織機は，入り組んだ具象的な画

像を織りなすために用いられ，そのような画像の中にはジャカールの肖像もあった。このいわばグラフィックス専門のコンピュータのようなものが，解析機関という数字による計算のための汎用コンピュータに取り組むバベッジに着想を与えたのである。バベッジの支持者にして最初のコンピュータ・プログラマーであるエイダ・オーガスタが言ったように，「解析機関は，ちょうどジャカールの織機が花や葉っぱを織りなすように，代数のパターンを織りなす[3]」。このように，プログラム制御による機械は，実は，数を処理するようになる前から，すでに画像の合成を行っていたのである。ジャカード織機と解析機関の結びつきは，コンピュータの歴史家たちが重視するようなものではないが——なぜなら，彼らにしてみれば，コンピュータによる画像の合成は，現代のデジタルコンピュータの何千もの応用の仕方のうちの一つを表すにすぎないのだから——，ニューメディアの歴史家にとっては非常に意味深長である。

この2つの軌跡——近代のメディアの発展とコンピュータの発展——がほぼ同時期に始まっていることは，驚くべきことではないだろう。メディア機械と計算機械は，近代の大衆社会を機能させるためにどちらも必要なものだった。同じ文章や画像や音声を多数の市民に行き渡らせる能力——そのようにして同じイデオロギー的な信念を持たせるのだ——は，市民の出生の記録，職歴，医療歴，犯罪歴をたえず見逃さずにいる能力と同じくらい必要不可欠なこ

とだった。写真，映画，オフセット印刷機，ラジオ，テレビが前者を可能にしたのに対して，コンピュータは後者を可能にした。マスメディアとデータ処理は相補的なテクノロジーである。両者は同時に出現し，並行して発展していくことで，近代の大衆社会を可能にしているのだ。

　長い間，この２つの軌跡は並行して走っていながら，その道筋が交わることはなかった。19世紀と20世紀初頭を通じて，数多くの機械式・電気式のタビュレータや計算機が開発された。それらはしだいに高速になり，より広範囲にわたって用いられるようになった。こうした動きと並行して，私たちは，写真の感光板，フィルム・ストック，蓄音機のレコードなどのさまざまな物質的形態のうちに，画像，画像の連続物〔シークエンス〕，音声，文章を保存できる近代のメディアの出現に立ち会う。

　この共通の歴史をさらにたどってみよう。1890年代に，静止した写真が動くようになったとき，近代のメディアはさらなる一歩を踏み出した。1893年１月，最初の映画撮影所であるエディソンの「ブラック・マリア」で，20秒の短編映画の制作が開始され，専用のキネトスコープ・パーラーで上映された。２年後には，リュミエール兄弟が新しい映画撮影用カメラ／映写機の混合物〔シネマトグラフを指す〕を，まずは科学に関わる観客に，その後，1895年12月にはお金を払った一般客に見せた。１年と経たぬうちに，ヨハネスブルク，ボンベイ，リオデジャネイロ，メルボルン，メキシコシティ，大阪の観客は，このニュー

メディアの機械に服従し，それに抗しがたい魅力を覚えた[4]。シーンはしだいに長くなり，カメラの前の現実の演出や，その後に行われるサンプル群の編集はより複雑になり，プリントの本数も増大した。シカゴやカルカッタで，ロンドンやサンクトペテルブルクで，東京やベルリンで，そして何千ものより小規模な場所で，映画作品がもたらす画像は，映画館の観客に落ち着きを与えたものだった――彼らが映画館の外で直面していたのは，ますます高密度の情報環境，彼ら自身のサンプリングおよびデータ処理システム（つまり，彼らの脳）によってはもはや適切に取り扱えないような環境だった。映画館という薄暗い安らぎの間に定期的に旅することは，近代社会の主体にとってごくありふれた生存術となった。

　1890年代は，メディアの発展にとってだけでなく，コンピュータ計算にとっても決定的な10年間だった。もし一人一人の脳が，処理すべき情報量に圧倒されていたとするなら，法人や政府についても同じことが言えた。合衆国の国勢調査局は，1887年に，まだ1880年の国勢調査で得た数字を解析していた。1890年の調査では，国勢調査局はハーマン・ホレリスが設計した電気式のタビュレーティング・マシンを採用した。あらゆる人物についての収集データがカードに打ち込まれた。4万6804人の国勢調査員が，総計6297万9766人の住民についての書式を完成させた。ホレリスのタビュレータは，計算機械のビジネス利用の道を開いた。次の10年間で，電気式のタビュレータ

は，保険会社，公益企業，鉄道事務局，経理部の標準的な設備となった。1911年，ホレリスのタビュレーティング・マシン社は，他の3社と合併して，コンピューティング・タビュレーティング・レコーディング社になり，1914年，トーマス・J・ワトソンが社長に選出された。10年後，取引高は3倍になり，ワトソンは会社を「インターナショナル・ビジネス・マシーンズ・コーポレーション」，つまりIBMに改名した[5]。

　20世紀に入ってから，メディアとコンピュータ計算の歴史にとって鍵となる年は1936年である。イギリスの数学者アラン・チューリングが，「計算可能数について」と題された発展性のある論文を書いたのである。彼はその中で，のちに発明者の名にちなんで「万能チューリング機械」と名づけられる汎用コンピュータの理論的な記述を提示した。たった4つの演算しかできなかったにもかかわらず，この機械は人間のなしうるどんな計算でも実行でき，他のどんな計算機械でも模倣できた。この機械は，エンドレス・テープ上の数字を読み書きすることで作動した。テープはどの段階にあっても前に進められ，次のコマンドを引き出し，データを読み込み，あるいは結果を書き込んだ。その設計図は，思わず疑ってしまうほど，フィルムの映写機に似ている。これは偶然なのだろうか？

　「運動を書くこと」を意味するシネマトグラフという言葉を信じるなら，映画の本質は可視的なデータを物質的形態のうちに記録し，保存することにある。映画のカメラは

データをフィルムに記録し，映写機はそれを読み取る。この映画装置は，ある重要な点でコンピュータに類似している。つまり，コンピュータのプログラムとデータもまた，何らかの媒体に保存されなければならないのだ。だからこそ，万能チューリング機械は映写機に似ている。それはフィルムのカメラ兼映写機のようなものであって，エンドレス・テープに保存されている命令とデータを読み込み，テープの他の場所に書き込むのだ。実を言えば，適切な保存媒体の発展と，データをコード化する方法は，映画とコンピュータのいずれの前史においても重要な部分を成している。周知のように，映画の発明者たちは，最終的にはセルロイド片に記録された離散的な画像を用いることにし，コンピュータの発明者たちは，最終的にはデータをバイナリー・コードとして電子的に保存することにした——コンピュータには，はるかに高速なアクセスと，データをすばやく読み書きする能力が必要とされたためである。

　メディアとコンピュータ計算の歴史は，ドイツの技術者コンラート・ツーゼが，ベルリンに住む両親のアパートの居間でコンピュータを組み立て始めたときに，さらに絡み合うことになった——チューリングが発展性のある例の論文を書いたのと同じ年の出来事である。ツーゼのコンピュータは，最初の作動するデジタルコンピュータであり，彼のもたらした新機軸の一つは，コンピュータのプログラム制御のために穿孔されたテープを用いることだった。ツーゼが使用したテープは，実際に，廃棄された 35 ミリ映画

のフィルムだった[6]。

　このフィルムの残存している断片のなかには，室内のショットを映した元々のフレームに，バイナリー・コードがパンチされているものがある。典型的な映画のシーン——部屋の中で2人の人物が何らかの活動に打ち込んでいる——が，コンピュータの一連のコマンドの支持体になっているのだ。この映画のシーンに含まれている何らかの意味や感情は，データ・キャリヤとしての新しい機能に拭い取られている。近代のメディアは感覚可能な現実のシミュレーションを作り出すと謳ってきたが，その主張も同じく撤回され，メディアは情報のキャリヤとしての元々の状態に還元され，それ以上でもそれ以下でもなくなっているのだ。エディプス・コンプレックスのテクノロジー版リメイクで，息子が父親を殺害するのである。映画の図像的コードが廃棄されて，より効率的なバイナリー・コードに道を譲る。映画はコンピュータの奴隷となる。

　だが，これはまだ物語の終わりではない。私たちの物語には，新たな展開がある——しかも，めでたい展開が。図像的コードにバイナリー・コードを奇妙な仕方で重ね合わせたツーゼのフィルムは，半世紀後に生じることになる収斂を予期している。2つの別々の歴史の軌跡が，ついに合流するのである。メディアとコンピュータ——ダゲールのダゲレオタイプとバベッジの解析機関，リュミエールのシネマトグラフとホレリスのタビュレータ——が，一つに溶け合う。既存のあらゆるメディアが，コンピュータを通じ

てアクセス可能な数字データに翻訳されるのである。その結果，グラフィックス，動画像，音声，形状，空間，文章は計算可能に，すなわち単なるコンピュータ・データの集合になる。要するに，メディアはニューメディアになるのである。

この出会いは，メディアとコンピュータそれ自体のアイデンティティをどちらも変化させる。コンピュータは，もはや単なる計算機や，制御機構や，コミュニケーション装置ではなく，メディア・プロセッサーになる。かつては，コンピュータは数字の列を読み込んで，統計の結果や弾道を出力することができた。今では，コンピュータはピクセルの値を読み込んで，画像をぼかしたり，そのコントラストを調整したり，それがある物体の輪郭を含んでいるかどうかをチェックすることができる。こうしたより低次のオペレーションに基づいて，さらに大がかりなオペレーションを実行することもできる——画像データベースを検索して，インプットされたものに構図や内容面で類似した画像を探し出したり，映画作品のショットの変化を検出したり，背景や俳優をきちんと含んだ映画のショットそのものを合成したりするといったような。歴史的にループして，コンピュータはその起源に戻った。コンピュータはもはや，単に数字を処理するのに適した解析機関であるにとどまらず，ジャカールの織機，すなわち，メディアを合成・操作する機械になったのである。

ニューメディアの諸原則

　メディアのアイデンティティの変化は，こうしたコンピュータのアイデンティティの変化よりもずっと劇的だった。以下，オールドメディアとニューメディアの主な違いのうちのいくつかを要約する。違いを列挙するにあたって，私はなるべく論理的な順番に並べようとした。つまり，後ろの３つの原則は，最初の２つの原則に従属している。これは公理系の論理に似ていなくもない——その論理においては，いくつかの公理が出発点とみなされ，それに基づいてさらに定理が証明されるからだ。

　ニューメディアのあらゆるオブジェクトが，この諸原則に従っているわけではない。これらの原則は，絶対的な法則としてではなく，コンピュータ化を遂げた文化の全般的な傾向とみなされるべきものだ。コンピュータ化が文化のより深い層に作用していくにつれて，これらの傾向もますますはっきりしてくるだろう。

1. 数字による表象

　ニューメディアのあらゆるオブジェクトは，コンピュータ上でゼロから作り出される場合でも，アナログ・メディアの入力源から変換される場合でも，デジタル・コードから成り立っている。つまり，それらは数字によって表象されている。この事実は，次の2つの主な帰結をもたらす。

1. ニューメディアのオブジェクトは，形式的に（数学的に）記述することができる。たとえば，何らかの画像や形状は，数学的な関数を用いて記述できる。
2. ニューメディアのオブジェクトは，アルゴリズムに基づいた操作をしやすい。たとえば，適切なアルゴリズムを適用すれば，写真から自動的に「ノイズ」を取り除いたり，コントラストを改善したり，さまざまな形状の境目を突き止めたり，比率を変えたりすることができる。要するに，メディアがプログラム可能になるのである。

　ニューメディアのオブジェクトは，コンピュータ上で作られる場合は，最初から数字という形で生じるが，さまざまな形態のオールドメディアから変換されることも多い。ほとんどの読者はアナログ・メディアとデジタル・メディアの違いを理解しているだろうが，用語と変換過程それ自体に関して，いくつかの注記を加えておくべきだろう。この変換過程がまず想定しているのは，データが元々連続的であること，つまり，「尺度となる座標軸ないし次元が，明

白に不可分のユニットによって構成されているのではない[7]」ということである。連続的なデータを数字による表象に変換することを，**デジタル化**と呼ぶ。デジタル化は，サンプリングと量子化という2つの段階から成る。まず第一に，データから**サンプル**が取られる——デジタル画像の表象のためにピクセルの格子を用いるといったように，たいてい一定の間隔が置かれる。サンプリングの頻度のことを**解像度**と呼ぶ。サンプリングは連続的なデータを**離散的**なデータ，すなわち，人間，本のページ，ピクセルといったはっきり区別できるユニット内に出現するデータに変える。第二に，それぞれのサンプルは**量子化**される。つまり，定められた範囲（たとえば，8ビットのグレイスケールの画像の場合，0から255）から引き出された数字の値が割り当てられる[8]。

　オールドメディアのなかには，写真や彫刻のように真に連続的なものもあるが，ほとんどのメディアは連続的なコーディングと離散的なコーディングを組み合わせている。たとえば，映画のフィルムがそうだ。それぞれのコマを見れば連続的な写真だが，時間がいくつものサンプル（コマ）に分割されている。ヴィデオはもう一段階先に進んでいる。コマを垂直の次元に沿ってさらにサンプリングしているからである（走査線）。同様に，ハーフトーン・プロセスを用いてプリントされた写真は，離散的・連続的な表象を組み合わせている。そのような写真は，多数の整然としたドット（つまり，サンプル）によって構成されている

が，それぞれのドットの直径や面積は連続的に変化する。

　この最後の例がはっきり示しているように，近代のメディアはいくつかの水準の離散的な表象を含む一方で，サンプルが量子化されることは決してない。まさにそのサンプルの量子化こそ，デジタル化が達成した決定的な段階である。だがここで，なぜ近代のメディア・テクノロジーは離散的な部分を含むことが多いのか，という疑問が生じてくるだろう。現代の記号論の重要な想定として，コミュニケーションは離散的なユニットを要請するという考えがある。離散的なユニットなくして，言語は存在しない。ロラン・バルトが述べたように，「言語とは，いわば，現実を分割するところのものである（たとえば，色彩の連続的なスペクトルは，言葉の上では一連の不連続な用語に還元される）[9]」。どんなかたちのコミュニケーションでも離散的な表象を要請するという想定をする際，記号論者たちは人間の言語をコミュニケーション・システムの範例であるとみなした。人間の言語は，ほぼあらゆる段階で離散的である。私たちは 文 で話すが，文は語から作られ，語は形
センテンス
態素で構成される，というように。こうした想定に従うならば，文化的コミュニケーションにおいて用いられているメディアにも，離散的な水準があると思えるかもしれない。最初は，この理論はうまくいくようにみえる。なるほど，映画は人間生活の連続的な時間を離散的なコマに，デッサンは目に見える現実を離散的な線にサンプリングし，写真も印刷されれば離散的なドットにサンプリングされ

る。しかし、この想定はどんな場合でも通用するわけではない。たとえば、写真はいかなる明白なユニットも持っていない（実際、記号論は1970年代に言語学的なバイアスのために批判され、離散的な意味のユニットという言語に基づくモデルが適用できない多くの種類の文化的コミュニケーションがあることは、ほとんどの記号論者の認めるところとなった）。より重要なのは、近代のメディアにおける離散的なユニットは、形態素が意味を担っているのとは違って、通常、意味のユニットではないということだ。映画のコマも、ハーフトーンのドットも、映画や写真がそれを見る者に作用する仕方と何の関係も持っていないのである（ただし、メディアの「物質的」なユニットをしばしば意味のユニットにする現代美術やアヴァンギャルド映画の場合を除いて──ロイ・リキテンスタインの絵画や、ポール・シャリッツの映画を考えてみよ）。

　近代のメディアにいくつかの離散的な水準がある理由として最も有望なのは、それが産業革命の最中に出現したからというものだ。19世紀には、工場制度として知られる新しい生産の組織の仕方が、しだいに熟練工による労働に取って代わった。それが古典的な形態に達したのは、1913年にヘンリー・フォードが自分の工場に最初の組み立てラインを設置したときだった。組み立てラインは、2つの原則に従っている。第一の原則は、パーツの標準化であり、これは19世紀の軍服の生産ですでに利用されていた。第二の、より新しい原則は、生産過程を一連の単純で、反復

的で，継起的な活動に分割することだった。そのような活動を遂行する労働者たちは，全過程に熟達している必要もなかったし，容易に交代させることもできた。

　近代のメディアが工場の論理に従っていることは，驚くべきことではない。単に，ハリウッド映画の撮影所や，アニメーション・スタジオや，テレビ番組の制作にみられるような分業という観点からだけでなく，物質的な組織化という水準においてもそうなのだ。1880年代の自動植字機の発明は，出版を産業化する一方で，活字のデザインおよびフォント（の数と種類）の標準化につながった。1890年代には，映画が，（写真を介して）自動的に生み出された画像と機械式のプロジェクターを組み合わせた。そのため，画像の諸次元（大きさ，コマの縦横比，コントラスト）と時間的なサンプリング・レートを共に標準化しなければならなくなった。もっと前の1880年代には，最初のテレビ・システムが，すでに時間と空間双方におけるサンプリングの標準化を行っていた。こうした近代のメディア・システムは，ひとたび新しい「モデル」（1本のフィルムや，1枚の写真や，1本の音声録音テープ）が導入されれば，そのマスターから非常に多くのまったく同一のメディア・コピーが生み出されるようになるという点でも，工場の論理に従っていた。ニューメディアはどうなのかと言えば，後述のように，これとはまったく異なるポスト産業社会の論理――大規模な標準化ではなく，個人によるカスタマイゼーションの論理――に従っている，いやそれどころか，実際には

その先を行っているのである。

2. モジュール性

　この原則は「ニューメディアのフラクタル的構造」とも呼べるだろう。尺度が異なってもフラクタルが同じ構造を保つように，ニューメディアのオブジェクトもどこまでも同じモジュール的な構造を保つ。メディアの諸要素は，それが画像や音声や形状であろうと，何らかの振る舞いであろうと，離散的なサンプル（ピクセル，ポリゴン，ボクセル，キャラクタ，スクリプト）を収集したものとして表される。これらの諸要素は，組み合わされてより大きな尺度のオブジェクトとなるが，それでも各要素は別々のアイデンティティを保ち続ける。そうしたオブジェクトそのものが，さらに大きなオブジェクトに結合されることもあるが，やはりそれぞれの独立性が失われることはない。たとえば，Macromedia Director というよく使われているソフトウェアでオーサリングされたマルチメディアの「ムービー」は，静止画像や，QuickTime のムービーや，音声が何百も合わさってできていることもあるが，それらは別々に保存されており，実行時にロードされる。あらゆる要素が独立して保存されているため，各々の要素にいつでも修正を加えることができ，しかも Director で作った「ムービー」そのものは変更する必要がない。そして，これらの「ムービー」を組み合わせて，より大きな「ムービー」を作ることもできる，という具合に延々と続く。モジュール

性のもう一つの例は，Microsoft Office のアプリケーションで用いられる「オブジェクト」という概念である。「オブジェクト」は書類に挿入しても（たとえば，メディア・クリップをワード書類に挿入しても），独立性を保ったままなので，その「オブジェクト」を作成した元のプログラムを使えば，いつでも編集することができるのだ。モジュール性のさらにもう一つの例は，HTML 書類の構造である。テキストを除けば，それはいくつもの別々のオブジェクトによって成り立っており——GIF や JPEG の画像，メディア・クリップ，仮想現実モデリング言語（VRML）によるシーン，Shockwave や Flash のムービー——，いずれもローカルに，そして／あるいはネットワークに，独立して保存されている。要するに，ニューメディアのオブジェクトは独立したパーツから成り，それぞれのパーツもまた，より小さな独立したパーツから成っている，という具合に続き，ついには最も小さな「原子」——ピクセル，3D のポイント，またはテキストの文字記号——の水準に至るのである。

ワールドワイドウェブ全体もまた，完全にモジュール的である。それは非常に多くのウェブページから成り，それぞれのページも今度はまた別々のメディア要素から成っている。どの要素も，いつでもそれ自体としてアクセスすることができる。通常，私たちはそれらの諸要素を対応するウェブサイトに属するものとみなしているが，それは商業的なウェブブラウザによって強化された単なる慣習にすぎ

ない。アーティストのマーチェイ・ヴィジネフスキーによるブラウザの netomat は，ある特定のメディア・タイプの要素（たとえば，画像だけ）をさまざまなウェブページから抜き出し，引用元のウェブサイトを特定せずに，それらを一緒に表示することで，ウェブの根本的に離散的かつ非階層的な組織を強調している。

フラクタルのメタファーを用いることに加えて，ニューメディアのモジュール性と構造化コンピュータ・プログラミングの類似点を指摘することもできる。1970 年代に標準的になった構造化プログラミングでは，自己完結した小さなモジュール群を書き（さまざまなコンピュータ言語で，**サブルーチン，ファンクション，プロシージャ，スクリプト**と呼ばれる），それらを組み合わせて，より大きなプログラムとする。多くのニューメディアのオブジェクトは，実際には，構造化プログラミングのスタイルに従うコンピュータ・プログラムである。たとえば，ほとんどのインタラクティヴなマルチメディア・アプリケーションは，Macromedia Director の Lingo〔というスクリプト言語〕で書かれている。Lingo で書かれたプログラムは，ボタンをクリックするといった，繰り返し行われるさまざまなアクションを制御するスクリプトを定義する。そして，それらのスクリプトが組み合わされて，より大きなスクリプトとなる。コンピュータ・プログラムではないニューメディアのオブジェクトの場合でも，やはり構造化プログラミングとの類似を指摘できる。というのも，オブジェクト全体の構

造に影響を及ぼすことなく，オブジェクトの各パーツにアクセスしたり，それを修正・置換したりできるからである。しかし，この類似には限界がある。コンピュータ・プログラムのある特定のモジュールを削除してしまったら，プログラムは作動しないだろう。それに対して，伝統的なメディアの場合と同じように，仮にニューメディアのオブジェクトのパーツを削除しても，それが無意味なものになるわけではない。それどころか，ニューメディアがモジュール的な構造をしているからこそ，そのようなパーツの削除や置き換えがとりわけ容易になっているのだ。たとえば，HTML 文書は，それぞれが HTML コードの行によって表されたいくつもの別々のオブジェクトから成っているので，削除や置き換え，あるいは新しいオブジェクトの追加がとても簡単にできる。それと同じように，Photoshop では通常，デジタル画像のパーツが別々のレイヤーに置かれているので，それらのパーツはボタンをクリックするだけで削除したり，置き換えたりすることができる。

3. 自動化

　数字によるメディアのコーディング（原則 1）と，メディア・オブジェクトのモジュール的構造（原則 2）によって，メディアの創造，操作，アクセスに関わる多くのオペレーションが自動化されるようになる。そのため，創作過程から人間の意図を取り除くことが，少なくとも部分的には可能になった[10]。

以下に述べるのは，コンピュータのユーザーが，テンプレートや単純なアルゴリズムを使って，メディア・オブジェクトを修正したり，ゼロから作り出したりするといった，メディアの創造におけるいわゆる「低次」の自動化のいくつかの実例である。そうした技術は十分に安定したものであるため，画像編集，3D グラフィックス，ワープロ，グラフィック・レイアウトなどの商用ソフトウェアのほとんどに含まれている。まず，Photoshop などの画像編集プログラムでは，画像をスキャンするときに，コントラストの範囲を改善したり，ノイズを除去したりすることで自動的に画像を補正できるし，フィルター機能も付いているため，単に色彩を変化させることから，あたかもファン・ゴッホやスーラなどの著名な画家が描いたように画像全体を変えることに至るまで，画像を自動的に修正することもできる。また，樹木や風景や人物像などの 3D オブジェクトや，火や滝といった複雑な自然現象のすぐに使える精密なアニメーションを自動的に生成できるコンピュータ・プログラムもある。ハリウッド映画では，鳥の群れ，蟻の集団，群衆などは，AL（人工生命〈アーティフィシャル・ライフ〉）ソフトウェアで自動的に作り出されている。ワープロ，ページレイアウト，プレゼンテーション，ウェブ作成のプログラムには，文書のレイアウトを自動的に作り出すことのできる「エージェント」が付属している。執筆ソフトの助けを借りれば，ユーザーは，ある文学ジャンルの高度に形式化された慣習を使いながら物語を作り出すことができる。最後

に，これは自動化されたメディア生成の最もありふれた経験かもしれないが，多くのウェブサイトは，ユーザーがサイトに到達したときに，その場で自動的にウェブページを生成している。データベースから集めた情報を，包括的なテンプレートやスクリプトを使って整形しているのである。

　研究者たちは，メディアの創造におけるいわゆる「高次」の自動化にも取り組んでいる。そのような自動化のためには，生成されつつあるオブジェクトにどんな意味が埋め込まれているのか——つまり，そのオブジェクトの意味論——を，コンピュータがある程度まで理解することが欠かせない。この研究は，人工知能（AI）というより大きなプロジェクトの一角を占めるものとみなせるだろう。周知のように，AIのプロジェクトは，1950年代に着手されて以来，ほんの限られた成功にしか達しなかった。それに応じて，意味論を理解することが欠かせないメディア生成についての作業も研究段階にとどまり，商用ソフトウェアにはめったに取り入れられていない。1970年代からは，コンピュータが詩やフィクションを生成するために用いられることもよくあった。1990年代になると，インターネットのチャットルームをよく訪れる人は，「ボット」——人間の会話をシミュレートするコンピュータ・プログラム——をよく見かけるようになった。ニューヨーク大学の研究者たちは，「ヴァーチャル俳優」が何人か出演して，ユーザーの取るアクションにリアルタイムで応答して，自分たちがどのように振る舞うかを調整するような

「ヴァーチャル演劇」を設計した[11]。MIT メディアラボは，メディアの創造・使用における「高次」の自動化を扱ったいくつものプロジェクトを開発した――たとえば，脚本を渡されると，自動的にアクションを追って，ショットをフレームに収める「スマート・カメラ[12]」，生き物のようなキャラクターとユーザーがインタラクトする仮想環境のALIVE[13]，コンピュータが生き物のようにしゃべるキャラクターとしてユーザーの前に登場するような新しい種類のヒューマン・コンピュータ・インターフェースなどである。キャラクターはコンピュータによってリアルタイムで生成され，ユーザーと自然言語でコミュニケーションを取る。そして，ユーザーの感情的な状態を推測し，それに応じてインタラクションのスタイルを調整しようとするのである[14]。

　しかし，平均的なコンピュータ・ユーザーが1990年代にニューメディアのどの領域でAIに出会ったかと言えば，それはヒューマン・コンピュータ・インターフェースではなく，コンピュータゲームだった。ほとんどすべての商用ゲームには，「AIエンジン」と呼ばれる構成部分があった。それは，ゲームのコンピュータ・コードのうち，キャラクターを制御する部分のことである――カーレース・シミュレーションの運転手たち，《コマンド＆コンカー》のようなストラテジーゲームにおける敵の軍勢，《クエイク》のようなファースト・パーソン・シューター〔一人称視点のシューティングゲーム〕において一騎打ちの闘いを挑

んでくる攻撃者たちなどである。AIエンジンは、人間の知性をシミュレートするにあたって、何らかのルールに基づくシステムから神経回路網（ニューラル・ネットワーク）に至るまで、多様なアプローチを用いる。コンピュータゲームのキャラクターは、AIのエキスパートシステムにも似て、明確に定義されているとはいえ制限された何らかの領域（たとえば、ユーザーを攻撃するといった）に関してだけ専門知識を持っている。だが、コンピュータゲームはコード化の度合いが高く、また厳密にルールに基づいているため、ゲームのキャラクターはとても効果的に機能する。つまり、キャラクターは、前方に走ったり、弾丸を撃ったり、何らかの物体を拾ったりといった数少ない事柄には効果的に反応するが、ユーザーがキャラクターにやらせることができるのはそういったことだけなのだ。キャラクターは他に何もできないが、ゲームをしているユーザーにはそれを試す機会は与えられない。たとえば、格闘技の戦闘ゲームでは、私は敵に質問などできないし、敵が自分に話しかけてくると思うこともない。私にできるのは、ボタンをいくつか押して敵を「攻撃」することだけであって、そのようなコード化の度合いが高い状況であれば、コンピュータはとても効果的に私に「反撃」を加えることができる。要するに、コンピュータのキャラクターが知性と技能を示すことができるのは、ひとえに、私たちとキャラクターのあいだにどんなインタラクションが可能かということに関して、プログラムが厳しい制限を課しているからなのだ。言い換えれば、コ

ンピュータが知性を装うことができるのは，私たちがコン
ピュータとコミュニケーションを取る際に，私たち自身の
ごくわずかな部分だけを用いるように仕組まれているから
にすぎない。たとえば，1997 年の SIGGRAPH（ACM〔ア
メリカ計算機学会〕のコンピュータグラフィックス分科会）の
会議で，私は架空のスポーツの試合をする VR シミュレー
ションで，人間の相手とも，コンピュータ制御のキャラク
ターとも戦ったが，私の敵はどれもこれも，VR ディスプ
レイのいくつかのピクセルを覆う単なる染みのようなもの
に見えた。この解像度では，誰が人間で，誰が人間ではな
いのかに，まったく何の違いもなかった。

　メディアの創造における「低次」と「高次」の自動化の
ほかに，ますます自動化が進行しているメディア使用の領
域として，メディアへのアクセスが挙げられる。厖大な量
のメディア素材——たとえば，ストック・エージェンシー
やグローバル・エンターテイメント複合企業のデータベー
スに保存されている「メディア資産」や，多数のウェブサ
イトを通じて配布されているパブリックな「メディア資
産」がその典型である——の保存・アクセスの手段がコン
ピュータに転換したために，メディア・オブジェクトをよ
り効率的に分類・検索する方法を見出さなければならなく
なったのである。ワープロや，他のテキスト処理ソフトに
は，以前から，特定の文字列を検索したり，文書に自動的
に索引を付けたりする機能が備わっていた。オペレーティ
ング・システムの UNIX にも，テキストファイルを検

索・フィルターする強力なコマンドがある。1990年代になって，ソフトウェアのデザイナーたちは，メディアの一般ユーザーも同じことをできるようなソフトを提供し始めた。ヴィラージュ社は，多数の画像のなかから視覚的に類似した画像内容を検索できるヴィラージュVIR画像エンジンと，ヴィデオファイルに索引を付け，検索することのできる一連のヴィデオ検索ツールを発表した[15]。1990年代末にはすでに，ウェブ上の主なサーチエンジンに，画像，ヴィデオ，オーディオといった特定のメディアでインターネットを検索するオプションが含まれていた。

インターネットは，1個の巨大な分散型メディア・データベースとみなせるが，新しい情報社会の基本的な状況を具体化したものでもあった。つまり，あらゆる種類の情報がありあまっているということである。そのような状況に対する一つの回答として，適切な情報を自動的に検索するように設計されたソフトウェアの「エージェント」という考え方が広まった。フィルターの役割を果たして，ユーザーが基準を与えるとごく少量の情報を引き渡すエージェントもあれば，他のユーザーたちの専門知識を活用して，彼らの選別や選択をたどれるようにするエージェントもある。いくつか例を挙げれば，MITのソフトウェア・エージェント・グループが開発したエージェントには，インターネット上のディスカッションやウェブページといった「時間が経つにつれて集積されていくテキストの中で，トレンド，テーマ，トピックを抽出・追跡する」バズウォッ

チ〔BUZZwatch〕や、「現在地から先回りして偵察を行い、ユーザーが関心を持っているかもしれないウェブページを見つけることによって、ワールドワイドウェブのブラウジングを補助するユーザー・インターフェース・エージェント」であるレティシア〔Letizia〕、そして「他人の残した情報を利用して、自分で好きなように動き回れるように手助けをする」フットプリントなどがある[16]。

　20世紀末までに、1枚の画像にせよ何にせよ、ニューメディアのオブジェクトをどのように作り出すかということはもはや問題ではなくなった。その代わり、すでにどこかに存在するオブジェクトをどのように見つけるかということが新たに問題となったのである。ある特定の画像を手に入れたい場合、それはすでに存在しているかもしれない――とはいえ、既存のものを見つけるよりも、新しいものをゼロから作った方が簡単かもしれない。19世紀以降、近代社会は、写真機、フィルム撮影機、テープレコーダー、ヴィデオレコーダーなどといった、メディアを自動的に創造するテクノロジーを開発してきた。そうしたテクノロジーのおかげで、150年にわたって、空前の量のメディア素材――写真のアーカイヴ、フィルム・ライブラリー、オーディオ・アーカイヴ――が蓄積されてきた。それがメディアの発展の次なる段階につながった。蓄積された素材を保存し、組織化し、それに効率よくアクセスする新しいテクノロジーへの欲求が生まれたのである。そのような新しいテクノロジーは、いずれもコンピュータに基づく――

メディア・データベースも，ハイパーメディアや，階層的なファイルシステムそのものといったメディア素材の組織化のための他の方法も，テキスト処理ソフトも，内容に基づいた検索のためのプログラムも，どれもそうである。このように，メディアへのアクセスの自動化が，最初の写真が撮られたときに始まったプロセスの次なる論理的段階になった。ニューメディアの出現は，新しいオブジェクトを作り出すことと同じくらい，既存のメディア・オブジェクトにアクセスし，それを再利用することに関心を持つ，こうしたメディア社会の第二段階に符合しているのである[17]。

4. 可変性

　ニューメディアのオブジェクトは一度限りで固定されているものではなく，潜在的には無限の異なるヴァージョンで存在しうるものである。これは，メディアの数字によるコーディング（原則1）と，メディア・オブジェクトのモジュール的構造（原則2）のもう一つの帰結である。

　オールドメディアの場合は，人間の作り手がいて，文章の要素，視覚的要素，そして／あるいは聴覚的要素を手作業で集め，特定の構成やシークェンスに仕上げている。そのようなシークェンスは何らかの素材に保存され，その順番は一度決めたら変えることができなかった。マスターからは多数のコピーを複製することができたが，産業社会の論理に見事に対応して，どの複製もまったく同じものだっ

た。それに対して，ニューメディアを特徴づけるのは，可変性である（ニューメディアに関してしばしば用いられるその他の用語のうち，**変更可能**や**流動的**といった用語も，**可変的**の適切な同義語となるかもしれない）。ニューメディアのオブジェクトは，まったく同じ複製物ではなく，概して多くの異なったヴァージョンを生み出す。そして，それらのヴァージョンは，人間の著者が一から十まで作ったのではなく，部分的にはコンピュータが自動的に組み立てていることも多い（ウェブデザイナーが作ったテンプレートを使って，ウェブページがデータベースから自動的に生成されるという例を，ここでも引き合いに出せるだろう）。このように，可変性の原則は自動化と密接に結びついている。

　可変性はまた，モジュール性なくしては不可能でもある。メディアの諸要素は何らかの固定された媒体にではなくデジタル的に保存されるため，それぞれが別々のアイデンティティを維持しており，プログラムによって制御すれば多数のシークェンスを組み立てることができる。それに加えて，メディアの諸要素そのものも離散的なサンプルに分割されているため（たとえば，1枚の画像はピクセルの配列として表される），その場（オンザフライ）で作成とカスタマイズができる。

　このように，ニューメディアの論理は，ポスト産業的な論理，すなわち「オンデマンドの生産」と「ジャストインタイムの出荷」という，それ自体，製造・流通のあらゆる段階にコンピュータおよびコンピュータ・ネットワークを用いることで可能になった論理に対応している。その際，

実は「文化産業」（テオドール・アドルノが1930年代に造り出した用語）こそが，他のほとんどの産業の先を行っている。買い手がショールームで欲しい車の特徴を正確に決め，スペックを工場に送り，数時間後に車を受け取るというアイデアは夢にとどまっているが，コンピュータ・メディアの場合は，そのような即時性が現実のものになっている。というのも，ショールームとして使われるのも，工場として使われるのも同じ機械であり――つまり，メディアの生成と表示を行うのは同じコンピュータであり――，しかも，メディアは物質的な対象としてではなく，電線を通じて光速で送信可能なデータとして存在しているので，ユーザーのインプットに応じて作られたカスタマイズされたヴァージョンは，ほぼ即時に引き渡されるのだ。こうして――同じ例を使い続けるならば――，ウェブサイトにアクセスすると，サーバーはただちにカスタマイズされたウェブページを組み立てるのである。

次に挙げるのは，可変性の原則のいくつかの特殊なケースである（以下のほとんどは，後の章でさらに詳しく論じるつもりである）。

1. メディアの諸要素は，メディア・データベースに保存されている。このデータベースを元に，解像度や，形式および内容の異なる多様なエンドユーザー向けのオブジェクトが，前もってあるいはオンデマンドで生成される。一見したところ，これは可変性の原則をある特定のテクノロジ

ーに基づいて実施しているだけのことに思えるかもしれないが、「データベース」のセクションで示すように、コンピュータ時代には、データベースはそれ自体、文化的形態として機能するようになっている。それは世界と人間の経験のある特定のモデルを提供し、また、ユーザーがそれに含まれるデータを構想する仕方に影響を及ぼしてもいる。

2.「内容」（データ）のレベルと、インターフェースのレベルを分けることができるようになった。同じデータから、いくつもの異なったインターフェースを作り出すことができるのである。ニューメディアのオブジェクトとは、1個のマルチメディア・データベースに対する、2つ以上のインターフェースのことであると定義できる[18]。

3. コンピュータ・プログラムは、ユーザーについての情報を、メディアの構成を自動的にカスタマイズするためにも、要素そのものを作り出すためにも使うことができる。例を挙げよう。ウェブサイトは、ハードウェアやブラウザの種類や、ユーザーのネットワークアドレスについての情報を使って、ユーザーが見るサイトを自動的にカスタマイズする。コンピュータを使ったインタラクティヴ・インスタレーションは、ユーザーの身体の動きについての情報を使って、音声や形状や画像を生成したり、人工的な生物の振る舞いを制御したりする。

4. こうしたカスタマイゼーションの特殊なケースが、分岐型のインタラクティヴィティである（「メニュー・ベースのインタラクティヴィティ」と呼ばれることもある）。この用

語は，ユーザーが訪れるかもしれないオブジェクトが全体として枝分かれする樹木の構造を形作っているようなプログラムを指す。ユーザーは，ある特定のオブジェクトに行き着くと，プログラムから提示された選択肢のなかから選択ができ，選択された値に応じて，樹木のある特定の枝に沿って進んでいくのである。この場合，プログラムが用いる情報は，ネットワークアドレスや身体の位置ではなく，ユーザーの認知過程のアウトプットである。

5. **ハイパーメディア**もまた，ニューメディアの構造として普及している。これは概念的には分岐型のインタラクティヴィティに近い（というのも，諸要素はたいてい枝分かれする樹木の構造によって結びついているからだ）。ハイパーメディアでは，文書を形作るマルチメディアの要素どうしはハイパーリンクを介して結びついているため，諸要素と構造は互いに独立している——伝統的なメディアのように，物理的に組み込まれているわけではない。ワールドワイドウェブとは，諸要素がネットワーク中に配布されているような，ハイパーメディアの特殊な仕方での実施である。ハイパーテキストとは，テキストという1種類のメディア・タイプだけを用いるハイパーメディアの特殊なケースである。この場合，可変性の原則はどのように作動しているのだろうか？　私たちは，ハイパーメディアの文書を通り抜けていくあらゆる可能な道筋を，その異なるヴァージョンとみなすことができるのだ。リンクをたどっていくことで，ユーザーは任意の文書から，ある特定のヴァージョン

を引き出すのである。

6. コンピュータ文化において，同じメディア・オブジェクトの異なるヴァージョンが生成されるありふれたやり方として，他にも**定期的な**アップデートによるものがある。たとえば，最近のソフトウェア・アプリケーションでは，インターネットで定期的にアップデートを確認し，アップデートをダウンロードおよびインストールすることが可能になっている——時には，ユーザー側が何も行動を起こさなくても。たいていのウェブサイトもまた，手作業で，あるいは自動的に，サイトを動かしているデータベース内のデータに変更が加えられたときに，定期的にアップデートされる。こうした「アップデート可能性」という特徴のとりわけ興味深いケースは，株価や天気のように，情報を絶え間なくアップデートするサイトである。

7. 可変性の原則の最も基本的なケースとしては，同じメディア・オブジェクトの異なるヴァージョンが，多様なサイズや詳細度で生成されうるという，**スケーラビリティ**もある。スケーラビリティの原則について考えるときには，地図のメタファーが役に立つ。ニューメディアのオブジェクトを物理的な土地とするなら，そのオブジェクトの異なったヴァージョンは，さまざまな縮尺で生成されたその土地の地図のようなものだ。選ばれた縮尺に応じて，地図はその土地の細部を教えてくれることもあれば，そうでもないこともある。実際，ニューメディアのオブジェクトの異なったヴァージョンは，厳密に言って，それぞれ量的に異

なっている。つまり，それぞれに存在する細部の総量によって異なっている。その例としては，フルサイズの画像と，Photoshop によって自動的に生成されるそのアイコンや，フルテキストと，Microsoft Word の「自動要約」コマンドによって生成されるより短いヴァージョンや，Word の「アウトライン」コマンドを使って生成される異なったヴァージョンなどが挙げられる。アップルの QuickTime フォーマットでは，ヴァージョン 3（1997 年）以降，1 本の QuickTime ムービーの中に，サイズの異なるいくつもの異なったヴァージョンを埋め込むことができるようになった。ウェブユーザーがムービーにアクセスすると，接続のスピードに応じていずれかのヴァージョンが自動的に選ばれるのだ。「距離化」や「詳細度」と呼ばれる，概念的にこれとよく似た技法は，VRML〔仮想現実モデリング言語〕によるシーンのようなインタラクティヴな仮想世界で用いられている。デザイナーは同じオブジェクトのモデルをいくつか作成するのだが，それぞれのモデルは徐々に細部が大雑把になっている。ヴァーチャル・カメラがそのオブジェクトの近くにあるときは，細部を描き込んだモデルが使われ，オブジェクトが遠くにあるときは，いずれにせよ見られることのない細部の不必要な計算をしなくても済むように，プログラムは詳細さにおいて劣るヴァージョンを自動的に代用するのである。

　ニューメディアでは，同じオブジェクトに基づいて，互

いにより本質的な仕方で異なる複数のヴァージョンを作成することもできる。その場合，縮尺の異なる地図との比較はもう役に立たない。一般的に使われているソフトウェア・パッケージのコマンドのうち，そのような質的に異なるヴァージョンの作成がなされる例としては，Photoshop 5の「ヴァリエーション」と「レイヤーの調整」や，Wordの「スペリングと文法」コマンドの「ライティング・スタイル」のオプションが挙げられる。インターネットではもっと多くの実例が見つかる。1990年代半ばから，インターネットでは，ウェブサイトの別ヴァージョンをいくつか作るのが一般的になっている。接続スピードの速いユーザーは豊かなマルチメディアのヴァージョンを選択できるのに対して，接続スピードの遅いユーザーは余計な部分を削ったヴァージョンを選択して，よりすばやくロードすることができるのである。

　ニューメディアの芸術作品のなかでは，デイヴィッド・ブレアの《WAXWEB》が，スケーラビリティの原則をよりラディカルに実施している。これは1時間のヴィデオ・ナラティヴを「脚色」したウェブサイトである。ユーザーは，ナラティヴとのインタラクションの最中に，表象のスケールをいつでも変更できる——画像ベースでムービーの概略を見ることから始まって，脚本全体を読んだり，ある特定のショットを見たり，あるいはそのショットに基づくVRMLによるシーンを見るといったことまでできるのだ[19]。スケーラビリティの原則を使用してオールドメディ

アのオブジェクトの劇的なまでに新しい体験を作り出す方法のもう一例として，スティーヴン・マンバーがヒッチコックの『鳥』をデータベースで動くようにした表象が挙げられる。マンバーのソフトウェアは，この映画のあらゆるショットごとに1枚のスチル写真を生成し，次いで自動的に全スチル写真を組み合わせて，セルごとに1個ずつショットを置いた長方形のマトリックスを作り出す。その結果，エディソンによる初期のキネトスコープの円筒で行われていた過程にも似て，時間が空間化される。映画作品を空間化することによって，その作品が孕んでいる別の時間的構造を研究することができるのだ──これはそれ以外のやり方では難しいだろう。《WAXWEB》の場合と同じように，ユーザーは表象のスケールをいつでも変更することができ，映画全体から，ある特定のショットまでを見ることができる。

　以上のことからも分かるように，可変性の原則が有用なのは，一見しただけでは関連性がないようにみえるニューメディアの多くの重要な特徴を結びつけられるからである。とりわけ，分岐型（あるいはメニュー型）のインタラクティヴィティやハイパーメディアといった一般によく知られたニューメディア構造は，可変性の原則を具体的に適用した特定の例とみなすことができる。分岐型のインタラクティヴィティの場合，ユーザーはすでに生成されている諸要素にどのような順番でアクセスするかを決めるにあたって積極的な役割を演じる。これは最も単純な種類のイン

タラクティヴィティだが，より複雑な種類のインタラクティヴィティも可能であり，その場合は，ユーザーがプログラムとどうインタラクションするかに応じて，諸要素とオブジェクト全体の構造の両方が，その場で変更されるか，あるいは生成される。そのような実施の仕方を開かれたインタラクティヴィティと呼んで，それを閉じられたインタラクティヴィティ——固定した分岐構造内に配列された固定した要素を用いるインタラクティヴィティ——と区別できるだろう。開かれたインタラクティヴィティは，手続き型およびオブジェクト指向型のコンピュータ・プログラミング，AI〔人工知能〕，AL〔人工生命〕，神経回路網といった多様なアプローチを用いて実施することができる。

　インタラクションの間中，ずっと変わることのない何らかの核や，構造や，プロトタイプが存在する限りにおいて，開かれたインタラクティヴィティも，可変性の原則の部分集合とみなすことができる。ここで，ウィトゲンシュタインの家族的類似性の理論——後に認知心理学者たちが発展させて，プロトタイプ理論とする——との有用な類似性を指摘することができる。家族においては，何人もの親戚が似たような目鼻立ちをしているが，かといって家族の誰一人として，特徴的な顔の造作のすべてを持ち合わせていることはない。それと同じように，プロトタイプ理論によれば，自然言語の多くの単語の意味は，論理的な定義ではなく，何らかのプロトタイプへの近さから引き出される。

　一般によく知られたもう一つのニューメディアの構造，

つまり**ハイパーメディア**も，より一般的な可変性の原則の
特殊なケースとみなすことができる。ハラースとシュウォー
ツの定義によれば，ハイパーメディアのシステムは「情
報を含んだノードがリレーショナル・リンクによって相互
に連結されたネットワークを，ユーザーが作成，操作，そ
して／あるいは検査できるようにする[20]」。ニューメディ
アでは，個別のメディア要素（画像，テキストのページな
ど）はいつでも個別のアイデンティティを保っているので
（モジュール性の原則），それらを「ワイヤーでつなげて」2
つ以上のオブジェクトを作ることができる。ハイパーリン
クを付けるということは，そのような 配 線 を実現するあ
る特殊なやり方のことだ。ハイパーリンクは，2つの要素
間に結びつきを作り出す——たとえば，別のページにある
2つの単語のあいだに，あるページの文章と別のページの
画像のあいだに，同じページ内の2つの別の場所のあいだ
に。ハイパーリンクによって結びつけられる諸要素は，同
じコンピュータ上に存在することもあるだろうし，ワール
ドワイドウェブの場合のように，ネットワークで結びつけ
られた別のコンピュータ上に存在することもある。

　オールドメディアの諸要素が単一の構造のうちに
「物理的に組み込まれて」いて，もはやそれぞれ別々のア
イデンティティを維持していないのに対して，ハイパーメ
ディアでは諸要素と構造が互いに切り離されている。ハイ
パーリンクの構造——概して，枝分かれする樹木の構造
——は，文書に含まれた内容とは関係なく明示することが

できる。ノーム・チョムスキーの初期の言語学理論で記述されている自然言語の文法との類似性を指摘するなら[21]、ノードどうしの結びつきを明示するハイパーメディアの構造は、ある文の深層構造と比べることができ、だとすれば、ある特定のハイパーメディアのテキストは、自然言語のある特定の文と比べられる。コンピュータ・プログラミングとの対比もまた有用である。プログラミングでは、アルゴリズムとデータのあいだには明確な分離がある。アルゴリズムは、任意のデータに対して遂行されるべき一連の段階を明示する。同様に、ハイパーメディアの構造は、潜在的にはどのようなメディア・オブジェクトの集合にも適用可能な、一連のナヴィゲーションの道筋（すなわち、ノード間の結びつき）を明示するのである。

　可変性の原則は、メディア・テクノロジーの変化が、歴史的にみてどれほど社会の変化と相関してきたかをよく表してもいる。オールドメディアの論理が産業的な大衆社会の論理に対応していたとすれば、ニューメディアの論理は、体制順応よりも個性に価値を置くポスト産業社会の論理に適合する。産業的な大衆社会では、誰もが同じ商品を享受し、さらには同じ信念を共有するとされていた。これは、メディア・テクノロジーの論理でもあった。メディア・オブジェクトは、（ハリウッドのスタジオのような）メディア工場で組み立てられ、マスターからは無数のまったく同じコピーが作られ、全市民に配布された。放送、映画、印刷メディアは、どれもそうした論理に従っていた。

ポスト産業社会では，どの市民も自分用にあつらえられたライフスタイルを築き，多数の（だが決して無限ではない）選択から自分のイデオロギーを「選択」することができる。マーケティングはいまや，同じオブジェクトや情報を受け手の大衆に向けて押しつけるよりも，個々人を別々に標的にしようとしている。ニューメディア・テクノロジーの論理は，そのような新しい社会的論理を反映している。ウェブサイトを訪れる者は誰でも，データベースからその場で作り出される，自分用にあつらえられたヴァージョンのサイトを自動的に手に入れる。文章がどの言語で表示され，どのような内容や広告が表示されるのか——これらはどれもカスタマイズ可能である。『USA トゥデイ』の報道（1999 年 11 月 9 日）によれば，「雑誌の広告や，その他の現実世界の出版物の広告と違って，ウェブページの「バナー」広告は，ページを見るたびに変化する。しかも，ウェブサイトに広告を載せている企業のほとんどは，ネット上のあなたの動きを追跡し，あなたがどの広告を見たか，正確にいつそれを見たか，それをクリックしたかどうか，その時どこにいたか，そして直前に訪れたサイトは何かを「覚えて」おくのである[22]」。

　ハイパーテキストの読者は誰でも，ハイパーテキスト内のある特定の道筋を選択することによって，テキスト全体の自分自身のヴァージョンを手に入れ，それと同じように，インタラクティヴ・インスタレーションのユーザーは誰でも，作品の自分自身のヴァージョンを手に入れる等々

といったように，ニューメディア・テクノロジーは，唯一無二の個人たちによって構成されている理想的な社会というユートピアを最も完璧に実現したものとなる。ニューメディアのオブジェクトはユーザーたちに，彼らの選択——したがって，その根底にある思想と欲望——が，あらかじめプログラム化され，他人と共有されるものであるのではなく，唯一無二のものであることを保証する。私たち皆を同一のものにするという以前の役割を埋め合わせようとでもするかのように，ジャカード織機，ホレリスのタビュレータ，ツーゼの映画 - コンピュータの末裔は，いまや，私たちがみな唯一無二であることを納得させるために作動しているのである。

　ここで提示した可変性の原則は，アーティストにしてキュレーターのジョン・イッポリトが展開している「可変的メディア」の概念と似たところがあるが[23]，私は２つの重要な点で違いがあると考えている。第一に，イッポリトは可変性という言葉で最近のコンセプチュアルアートや一部のデジタルアートに共通する特徴を記述しているのに対して，私は可変性を，芸術のみならずあらゆるニューメディアの基本的な条件とみなしている。第二に，イッポリトは，アーティストが芸術作品のどんな次元でも——内容でさえも——変更できるというコンセプチュアルアートの伝統にしたがっている。それに対して，私は可変性という用語でメインストリーム・カルチャー主 流 文 化 の論理を考察しようとしているのだ。主流文化では，オブジェクトの複数のヴァージョンは何ら

かの明確な「データ」を共有している。この「データ」
——それは，よく知られた物語（『サイコ』）や，アイコン
（コカコーラのロゴ）や，キャラクター（ミッキーマウス）
や，有名なスター（マドンナ）であるかもしれない——
は，メディア産業では「財産（プロパティ）」と呼ばれている。たとえ
ば，マドンナがプロデュースしたあらゆる文化的産物は，
彼女の名前を介して自動的に結びつけられることになるだ
ろう。プロトタイプ理論を用いるなら，そのような財産は
プロトタイプとして機能しており，異なったヴァージョン
がそのプロトタイプから派生すると言える。さらに，何ら
かの「財産」に基づいて，いくつものヴァージョンが商業
的にリリースされるとき，通常，それらのヴァージョンの
一つが「データ」の源泉とみなされ，他のヴァージョンは
その源泉から派生したものとして位置づけられる。概し
て，オリジナルの「財産」と同じメディアで作られたヴァ
ージョンが源泉とみなされることが多い。たとえば，映画
スタジオが新作映画と同時に，映画に基づくコンピュータ
ゲーム，タイインの製品，映画のために書かれた音楽など
をリリースするとき，通常，映画作品が「基礎となる」オ
ブジェクトとして提示され，そこから他のオブジェクトが
派生する。そのため，ジョージ・ルーカスが『スター・ウ
ォーズ』の新作をリリースするときには，元々の財産——
つまり，元々の『スター・ウォーズ』三部作——が参照さ
れている。新作映画は「基礎となる」オブジェクトとな
り，同時にリリースされるその他のメディア・オブジェク

トはそのオブジェクトを参照する。逆に、《トゥームレイダー》のようなコンピュータゲームが映画にリメイクされる場合、元々のコンピュータゲームが、「基礎となる」オブジェクトとして提示される。

　私は可変性の原則をニューメディアのより基本的な諸原則——数字による表象と情報のモジュール性——から導き出しているが、この原則を、コンピュータがデータを定数ではなく変数として表すやり方——さらには、世界そのものをそのようにモデル化するやり方——の帰結とみなすこともできる。ニューメディアの理論家にして建築家のマーコス・ノヴァクが注目しているように、コンピュータ——そして、その結果としてコンピュータ文化——は、定数をことごとく変数で置き換える[24]。コンピュータ・プログラマーは、関数やデータ構造の設計時にはいつでも、定数よりも変数を使おうとする。ヒューマン・コンピュータ・インターフェースの水準でこの原則が意味しているのは、ユーザーがプログラムやメディア・オブジェクト——コンピュータゲームであれ、ウェブサイトやウェブブラウザであれ、オペレーティング・システムそれ自体であれ——のパフォーマンスを変更する多くのオプションを与えられているということだ。ユーザーは、ゲームのキャラクターのプロフィールを変えることもできれば、デスクトップにフォルダがどのように現れ、ファイルがどのように表示され、どのアイコンが使われるのか等々を変更することもできる。この原則を文化全般に適用するなら、文化的オブジェ

クトに唯一無二のアイデンティティを与えているどの選択も，潜在的にはつねに開かれたままであるということになるだろう。さまざまなメディアにおける文化的オブジェクトの次元をほんのいくつかだけ挙げるならば，大きさ，詳細度，フォーマット，色彩，形状，インタラクティヴな軌跡，空間を通り抜ける軌跡，持続，リズム，視点，特定のキャラクターの存在または不在，プロットの進展は，いずれも変数として定義することができ，ユーザーが自由に変更できるのである。

　私たちはそのような自由を望んだり必要としたりしているのだろうか？　インタラクティヴ映画制作の草分けであるグラハム・ワインブレンがインタラクティヴ・メディアに関して論じているように，選択を行うことは道義的責任を伴う[25]。そうした選択をユーザーに渡すことで，作者は世界とその中の人間の条件を表象する責任もユーザーに渡しているのだ（これに似ているのは，大企業が顧客処理のために電話を用いるか，ウェブベースの自動化されたメニュー・システムを用いるかということだ。企業は「選択」や「自由」の名の下にそのようなシステムに転じたが，この種の自動化の効果の一つは，労働が企業の社員から顧客へと渡されることである。以前は企業の社員とのインタラクションによって情報を得たり製品を買ったりしていた顧客は，いまや同じ結果を得るために，自分の時間とエネルギーを費やして，たくさんのメニューの間を航行（ナヴィゲート）しなければならないのだ）。定数から変数への転換，現代社会での生活の全領域における伝統から選択

への転換に伴う道徳的不安，さらにそれに付随して，そのような転換を描写しなければならない作家の不安は，現代アメリカの作家リック・ムーディのある短編を締め括る文章にうまく言い表されている（物語は彼の妹の死についてのものである[26]）。

　ぼくはもっと小説風にすべきだし，自分自身のことを隠すべきだ。ぼくは性格描写に伴う責任を考えるべきだし，彼女の2人の子供をひとまとめにするか，子供たちの性別を反対にするか，さもなくば変更しなければならないし，彼女のボーイフレンドを夫にすべきだし，ぼくの拡大家族の支流すべてを詳しく説明するべきだし（再婚や，内輪もめの駆け引き），あらゆる事柄を小説に書くべきだし，数世代にわたる小説にすべきだし，祖先たちを入れるべきだし（彼らは石工に新聞屋だ），技巧のおもむくままにうわべは格調高くすべきだし，出来事を整然と並べるべきだし，もっと後になってから書くべきだし，怒りが収まるまで待つべきだし，断片や，よき時代の単なる追憶や，後悔で，物語を取り散らかすべきではないし，メレディスの死をぶっきらぼうで切り離されたものではなく，均整のとれた説得的なものにすべきだし，思考できないものを思考しなければならないなんてこともなければ，苦しまなければならないこともないし，ここで彼女に直接呼びかけるべきだし（こんな風にぼくは君がいないのが寂しいのだ），ただ愛情からだけで

書くべきだし，この地上の風景の中のぼくたちの旅を安全なものにすべきだし，終わり方をもっとよくすべきだし，彼女の人生が短くて時には悲しかったと言うべきではないし，彼女には私と同じように悪魔が宿っていたと言うべきでもないのだ。

5. トランスコーディング

数字によるコード化とモジュールによる組織化という，ニューメディアの基本的で「物質的」な原則に始まって，私たちは自動化と可変性という，より「深く」，影響力も大きい原則に目を転じた。文化的なトランスコーディングという5番目にして最後の原則のねらいは，メディアのコンピュータ化がもたらした帰結のうち，私の考えでは最も本質的な帰結を記述することである。コンピュータ化がメディアをコンピュータ・データに変えるということは，すでに示唆した通りである。コンピュータ化されたメディアは，ある視点からすれば，人間のユーザーにとって意味をなすような構造的な組織を今なお示している——画像は識別可能な物体を扱い，テキストファイルは文法的に正しい文章から成り，仮想空間はなじみのあるデカルト的な座標系に沿って定義されている，等々。他方，別の視点からみれば，その構造はいまや，コンピュータによるデータの組織化という確立された慣習に従っている。そうした慣習の例としては，リスト，レコード，配列といったさまざまなデータ構造や，すでに言及したようなあらゆる定数の変数

への置き換えや，アルゴリズムとデータ構造の分離，モジュール性などが挙げられる。

　コンピュータによる画像はその好例である。それは表象のレベルでは人間の文化の側に属し，おのずと他の画像や，他の文化的な「意味素」や「神話素」との対話を始めるが，別のレベルでは，機械が読み込めるヘッダーに続いて，ピクセルの色彩の値を表す数字によって構成されるコンピュータ・ファイルである。このレベルでは，コンピュータ画像は他のコンピュータ・ファイルとの対話を始めるが，その対話の次元は，画像の内容や意味や形式上の特質ではなく，むしろファイルのサイズ，タイプ，使用されている圧縮の種類，ファイル・フォーマット等々に関わっている。要するに，このような次元は，人間の文化というよりは，コンピュータ自体の宇宙生成論（コスモゴニー）に属している。

　これと同じように，ニューメディア一般も，2つの異なるレイヤー——「文化的レイヤー」と「コンピュータのレイヤー」——から構成されているとみなせるだろう。文化的レイヤーに属するカテゴリーの例としては，百科事典と短編小説，物語とプロット，構図と視点，ミメーシスとカタルシス，喜劇と悲劇などが挙げられる。コンピュータのレイヤーに入るカテゴリーの例としては，プロセスとパケット（ネットワークを通じて送られるデータ・パケットの場合のような），検索とマッチング，関数と変数，コンピュータ言語とデータ構造などが挙げられる。

　ニューメディアはコンピュータ上で作られ，コンピュー

タを介して配布され、コンピュータ上に保存・アーカイヴ化されるのだから、コンピュータの論理はメディアの伝統的な文化的論理にかなりの影響を与えていると考えられる。つまり、コンピュータのレイヤーが文化的レイヤーに影響を及ぼすようになると考えてもよいだろう。コンピュータが世界をモデル化し、データを表現し、私たちにそのデータを操作させるやり方や、あらゆるコンピュータ・プログラムの背後にある主要なオペレーション（検索、一致、並べ替え、フィルターなど）や、HCI〔ヒューマン・コンピュータ・インターフェース〕に付随する諸々の慣習——要するに、コンピュータの存在論、認識論、語用論とでも呼べるもの——は、ニューメディアの文化的レイヤー——ニューメディアをどのように組織化するか、どんなジャンルが現れつつあるのか、どんな内容があるのかといったこと——に、影響を及ぼしているのである。

　もちろん、私が「コンピュータのレイヤー」と呼ぶものは、それ自体、固定されたものではなく、むしろ時間とともに変化するものである。ハードウェアとソフトウェアが発展し続け、コンピュータが新しい作業のために新しいやり方で使われるようになるにつれて、このレイヤーは絶え間なく変容する。メディア機械としてのコンピュータという新しい使い方がその好例だ。こうした使い方は、コンピュータのハードウェアとソフトウェアに、とりわけヒューマン・コンピュータ・インターフェースのレベルに影響を与えつつある。それはますます旧来のメディア機械と文化

的テクノロジー——VCR, テーププレーヤー, 写真のカメラ——のインターフェースに似てきているのだ。

　要するに, コンピュータのレイヤーと文化のレイヤーは, 互いに影響し合っている。別のニューメディアの概念を使って, 両者は互いに合成されつつあると言ってもいいだろう。この合成の結果として, 新しいコンピュータ文化が生じる。人間とコンピュータがそれぞれ持っている意味が混ざり合う, つまり人間の文化が世界をモデル化していた伝統的なやり方と, 世界を表象するコンピュータ独自の手段が混ざり合うのである。

　本書の全体を通じて, 私たちはトランスコーディングの原則が作動している多くの例に出会うことになるだろう。たとえば, 「文化的インターフェースの言語」では, 印刷されたページや, 映画や, 伝統的な HCI にみられる諸々の慣習が, ウェブサイト, CD-ROM, 仮想空間, コンピュータゲームのインターフェースとどのように相互作用しているかに注目するつもりだ。「データベース」のセクションでは, 元々はデータを組織し, それにアクセスするためのコンピュータ・テクノロジーであるデータベースが, どのようにそれ自体として新たな文化的形態になりつつあるかを論じるつもりだ。しかし, すでに論じたニューメディアの諸原則のいくつかは, トランスコーディングの原則の帰結と再解釈することもできる。たとえば, ハイパーメディアは, コンピュータ・プログラミングにとって本質的な, アルゴリズムとデータ構造の分離が文化にもたらした

効果の一つとして理解できる。アルゴリズムとデータ構造が互いに独立して存在するプログラミングの場合と同じように，ハイパーメディアでもデータはナヴィゲーション構造から分離している。同様に，ニューメディアのモジュール的な構造も，構造化コンピュータ・プログラミングにおけるモジュール性の効果とみなすことができる。構造化コンピュータ・プログラムがより小さなモジュール群から成り，それらが今度はさらに小さなモジュール群から成っているのとちょうど同じように，ニューメディアのオブジェクトもモジュール的な構造を持っているのである。

　ニューメディアの専門用語で，何かを「トランスコード」するとは，それを他のフォーマットに変換することを指す。文化のコンピュータ化は，あらゆる文化的カテゴリーおよび概念に関して，同様のトランスコーディングを徐々に達成している。つまり，文化的カテゴリーおよび概念は，意味そして／あるいは言語のレベルで，コンピュータの存在論，認識論，語用論から派生する新たなカテゴリーや概念に取って代わられているのだ。このように，ニューメディアは，文化を再概念化するという，より一般的なプロセスの先駆けとして振る舞っているのである。

　コンピュータの世界から文化全般への「概念の移し換え」のプロセスと，コンピュータ・データとしてのメディアという新たな状態があるとして，どのような理論的枠組みを使ってそれを理解できるだろうか？　ニューメディアとは，ある水準では，デジタル化されたオールドメ

ディアなので，メディア・スタディーズのパースペクティヴを使ってニューメディアに目を向けるのは適切であるようにみえる。ニューメディアと，印刷物や写真やテレビといったオールドメディアを比較してもいいかもしれない。どんな条件の下で配布と受容がなされ，どんなパターンで使用されているのか，またそれぞれのメディアの物質的な特性という点で，どんな類似性と差異があり，それらが美学的な可能性にどんな影響を及ぼしているのか，と問いかけてみてもいいかもしれない。

　こうしたパースペクティヴは重要であり，また本書でも頻繁に用いているが，それだけでは十分でない。このパースペクティヴでは，プログラム可能性という，ニューメディアの最も根本的で，歴史的に見ても先例のない特質に取り組むことができないのだ。ニューメディアを，印刷や写真やテレビと比較しても，話の全体像は決して分からないだろう。というのも，ニューメディアは，ある観点からすれば確かにもう一つのタイプのメディアだが，別の観点からすれば，単にある特定のタイプのコンピュータ・データ，すなわちファイルやデータベースに保存され，検索され，並び替えられ，アルゴリズムに従って実行され，出力装置に書き出されるものであるにすぎないからである。そのデータがピクセルを表し，装置がたまたま出力画面であることは，実は要点ではない。コンピュータはジャカード織機の役割を完璧に果たすかもしれないが，表面下ではそれは根本的にはバベッジの解析機関なのである――結局の

ところ，それこそが150年にわたってコンピュータのアイデンティティだった。ニューメディアはメディアに似ているかもしれないが，それは表面上そうであるにすぎない。

　ニューメディアは，メディア理論——その発端は，1950年代のハロルド・イニスや60年代のマーシャル・マクルーハンの著作にまでさかのぼることができる——の新たな段階を要求している。ニューメディアの論理を理解するには，コンピュータ・サイエンスに助けを求めなければならない。コンピュータ・サイエンスにこそ，プログラム可能となったメディアを特徴づけるような，新しい術語，カテゴリー，オペレーションが見つかるだろう。私たちは，メディア・スタディーズから，「ソフトウェア・スタディーズ」とでも呼びうる何かに移行している——メディア理論からソフトウェア理論に移行している。トランスコーディングの原則は，ソフトウェア理論について考え始める一つのやり方である。本書が試みる別のやり方は，コンピュータ・サイエンスから借りた概念を，ニューメディア理論のカテゴリーとして用いるということだ。すでに出した例としては，「インターフェース」や「データベース」がそれに当たる。最後にもう一つ重要な例を出すなら，コンピュータのハードウェアとソフトウェアの「物質的」および論理的な諸原則の分析に加えて，ヒューマン・コンピュータ・インターフェースや，ニューメディアのオブジェクトのオーサリングやアクセスのために使われるソフトウェア・アプリケーションのインターフェースに目を向けることもでき

るだろう。続く2つの章は，そのようなトピックに当てられる。

ニューメディアとは何でないか

　ニューメディアとオールドメディアの主な相違点を列挙したので，今度は他に相違点として挙げられそうなものに取り組んでみたい。ニューメディアとオールドメディアの違いについて広く受け入れられている観念のうち，いくつかのものを次に挙げる。これらを吟味してみることにしよう。

1.　ニューメディアとはデジタル的な表象に変換されたアナログ・メディアである。アナログ・メディアが連続的であるのに対して，デジタル的にエンコードされたメディアは離散的である。

2.　あらゆるデジタル・メディア（文章，静止画像，視覚的または聴覚的な時間のデータ，形状，3D空間）は，共通の同じデジタル・コードを使っている。そのため，さまざまなメディア・タイプを，一つの機械——つまり，マルチメディア表示装置として機能するコンピュータ——を用いて表示することが可能となった。

3. ニューメディアはランダムアクセスを考慮に入れている。フィルムやヴィデオテープがデータを逐次的に保存するのに対して、コンピュータの保存装置では、どんなデータ要素にも同じようにすばやくアクセスできる。

4. デジタル化によって情報の損失が起こることは避けられない。アナログ的な表象とは違って、デジタル的にエンコードされた表象には、ある一定量の情報が含まれている。

5. アナログ・メディアの場合、コピーするたびに質が低下するのに対して、デジタル的にエンコードされたメディアは、劣化を招くことなく無限にコピーできる。

6. ニューメディアはインタラクティヴである。オールドメディアでは、どのような順番で提示するかが固定されているのに対して、ユーザーはいまやメディア・オブジェクトとインタラクトすることができる。ユーザーはインタラクションの過程で、どの要素を表示するか、どの道筋をたどるかを選択でき、そのようにして唯一無二の作品を生成するのである。ユーザーはこうして作品の共著者になる。

ニューメディアとしての映画

　ニューメディアをより長期的な歴史的パースペクティヴに置けば、これらの諸原則の多くがニューメディアに特有のものではなく、より古いメディア・テクノロジーにも見出せることが分かるだろう。映画のテクノロジーを例に挙げながら、その事実を説明しよう。

1. ニューメディアとはデジタル的な表象に変換された
アナログ・メディアである。アナログ・メディアが連続
的であるのに対して，デジタル的にエンコードされたメ
ディアは離散的である。

　確かに，どんなデジタル的な表象も，一定数のサンプル
で構成されている。たとえば，デジタルの静止画像は，ピ
クセルのマトリックス——つまり，空間の二次元的なサン
プリング——である。しかし，〔アナログ・メディアである〕
映画は，最初からサンプリング——時間のサンプリング
——に基づいていた。映画は1秒に24回，時間をサンプ
リングした。だから，映画は私たちにニューメディアへの
準備をさせたと言えるだろう。あとは，すでに離散的なこ
の表象を取り上げて，それを数量化するだけでよかったの
だから。だが，それは機械的な一歩にすぎないのであっ
て，映画は連続的なものから離散的なものへというずっと
困難な概念的な断絶を成し遂げていたのだ。

　19世紀末頃に出現し，離散的な表象を用いたメディ
ア・テクノロジーは映画だけではない。映画が時間をサン
プリングしたとすれば，1907年に始まったファックスに
よる画像の伝送は二次元の空間をサンプリングした。さら
にそれ以前には，最初のテレビの実験（〔ジョージ・R・〕
カレー，1875年と〔パウル・〕ニプコウ，1884年）が，すで
に時間と空間をどちらもサンプリングしていた[27]。しか
し，こうした他のテクノロジーよりずっと早くから大衆的

な人気を博した映画は，視覚的なものの離散的な表象とい
う原則を初めて周知の事柄にしたのである。

2. あらゆるデジタル・メディア（文章，静止画像，視覚
的または聴覚的な時間のデータ，形状，3D空間）は，共通
の同じデジタル・コードを使っている。そのため，さま
ざまなメディア・タイプを，一つの機械——つまり，マ
ルチメディア表示装置として機能するコンピュータ——
を用いて表示することが可能となった。

コンピュータを使ったマルチメディアは1990年頃によ
うやくありふれたものになったが，映画作家たちはまるま
る1世紀にわたって，動画像，音声，文章（サイレント時
代の中間字幕であれ，後の時期のメインタイトル場面であれ）
を組み合わせてきた。したがって，映画は近代で最初の
「マルチメディア」だった。マルチメディア的な表示のさ
らに早期の例として，たとえば，文章，グラフィックス，
具象的な画像を組み合わせた中世の彩色写本の例を指摘す
ることもできるだろう。

3. ニューメディアはランダムアクセスを考慮に入れて
いる。フィルムやヴィデオテープがデータを逐次的に保
存するのに対して，コンピュータの保存装置では，どん
なデータ要素にも同じようにすばやくアクセスできる。

たとえば，映画作品がひとたびデジタル化され，コンピュータのメモリにロードされれば，どのフレームにも同じくらい容易にアクセスできる。したがって，映画が時間のサンプリングを行いながらも，依然として時間が直線的な順序に保たれていた（つまり，時間的に後続する瞬間が後続するフレームとなる）とすれば，ニューメディアはこの「人間中心的」な表象をすっかり放棄している——その結果，表象された時間を完全に人間の支配下に置くことになるのである。時間は二次元空間へと写像され，より容易に統御・分析・操作できるようになる。

　こうした写像（マッピング）は，19世紀の映画機械ですでに幅広く用いられていた。フェナキスティスコープ，ゾートロープ，ゾープラクシスコープ，タキスコープ，マレーの写真銃はすべて，少しずつ異なるいくつもの画像を円の周囲に配置するという，同じ原則に基づいていた。さらに印象的なのは，トーマス・エディソンの最初の映画装置の場合である。1887年に，エディソンと助手ウィリアム・ディクソンは，蓄音機の〔円筒式〕レコードというすでに折り紙付きのテクノロジーを採用して，動く写真（モーション・ピクチャー）を記録・表示するという実験を開始した。写真を記録するための特殊なカメラを使って，極小サイズのちっぽけな写真が，蓄音機の円筒とほぼ同じ大きさの円筒型のセルに螺旋状に配置される。円筒には4万2000枚の画像を収めることができたが，それぞれの画像はあまりにも小さい（幅32分の1インチ）ので，観客は顕微鏡で見なければならなかった[28]。こ

のメディアが保存できたのは，28分間だった──28分の連続した時間が，分解され，表面上に伸ばされ，二次元のグリッドに写像されたのだ（要するに，時間は，操作され，順序を変えられることへの準備ができていたのであり，それはやがて映画の編集者によって成し遂げられることになった）。

デジタルの神話

離散的な表象，ランダムアクセス，マルチメディア──これらの原則は，すでに映画に含まれていたのだから，ニューメディアをオールドメディアから分け隔てるのには役立たない。続けて，残りの原則を検討しよう。ニューメディアの多くの原則が実はさほど新しくないのだとすれば，デジタル的な表象という考えについてはどうだろう？　これは本当にメディアをラディカルに再定義するような唯一の考えなのだろうか？　しかし，答えはさほど単純なものではない。なぜなら，この考えは互いに関連のない3つの概念──アナログからデジタルへの変換（デジタル化），共通の表象コード，数字による表象──を包括する傘のようなものとなっているからだ。ニューメディアの何らかの特質がそのデジタルという状態に由来すると主張するときには，つねに，この3つの概念のうちのどれが作動しているのかを明記する必要がある。たとえば，さまざまなメディアを組み合わせて単一のデジタルファイルにできるのは，共通の表象コードを使用しているからだが，劣化を招くことなくメディアをコピーできるのは，数字による表象の効

果である。

　こうした曖昧さがあるので，本書ではデジタルという言葉をなるべく使わないようにする。私は「ニューメディアの諸原則」で，数字による表象こそが3つのうちで真に決定的な概念であることを示した。数字による表象は，メディアをコンピュータ・データに変換し，メディアをプログラム可能なものにする。そして実際，それこそがメディアの本性をラディカルに変化させるのである。

　それに対して，以下に示すように，デジタル化の概念からしばしば引き出されるニューメディアの諸原則なるもの——アナログからデジタルへの変換の結果として，情報の損失が起こるのが避けられないということ，デジタルによるコピーはオリジナルと同一であるということ——は，より綿密な調査には堪えない。すなわち，確かにそれらの原則はデジタル化の論理的な帰結ではあるが，現在使われている限りでの具体的なコンピュータ・テクノロジーには当てはまらないのである。

　4. デジタル化によって情報の損失が起こることは避けられない。アナログ的な表象とは違って，デジタル的にエンコードされた表象には，ある一定量の情報が含まれている。

　デジタル写真についての重要な研究『リコンフィギュアード・アイ』で，ウィリアム・ミッチェルはこの原則を以

下のように説明している。「連続的階調を持つ写真に含まれる情報の量は，はっきりどれだけと確定しているわけではなく，たいていは引き伸ばすとさらにディテールが現れてくる。ただし画面はぼやけ，粒子が目立つようになる（…）一方デジタル画像は，空間解像度と階調数の限界がはっきり定まっていて，情報量も確定している[29]」。論理的な観点からすれば，この原則は，デジタル的な表象という考えから正しく演繹される。デジタル画像は有限数のピクセルから成り，それぞれのピクセルは色彩や階調のはっきりした値を持っている。そして，ピクセルの数によって，画像が表象できるディテールの量が決まる。しかし実際には，この違いは重要ではない。1990年代末の時点で，安価な消費者向けスキャナーでさえ，1インチにつき1200や2400ピクセルという解像度で画像をスキャンすることができる。そのため，デジタルで保存された画像は，やはり有限数のピクセルで構成されているとしても，それほどの解像度があれば，伝統的な写真が持ち得たよりもずっと細かなディテールを含むことができる。このことは，「連続的階調を持つ写真に含まれる無限の情報量」と，デジタル画像に含まれる一定量のディテールのあいだの区別全体を無効にする。より適切なのは，画像にどれだけの情報量が含まれていれば，見る者にとって有益になりうるのか，という問いである。ニューメディアの最初の10年間が終わる頃には，テクノロジーはすでに，デジタル画像がかつて誰も望まなかったほど多くの情報をたやすく含みう

るような地点に到達していたのである。

　だが，デジタル画像制作のまさに本質そのものであるかにみえるピクセルに基づく表象でさえ，当然視はできない。コンピュータグラフィックスのソフトウェアのなかには，伝統的なピクセルのグリッドという主たる制限——つまり，解像度が一定であること——を回避してきたものもある。画像編集プログラムの Live　Picture は，ピクセルに基づく画像を一連の数学の方程式に変換する。おかげで，ユーザーは事実上無限の解像度を持つ画像で作業することができる。別の描画プログラム Matador では，ごく小さな画像——ほんの数ピクセルで構成されていることもある——に対して，それがあたかも高解像度の画像であるかのように描画することができる（それぞれのピクセルをさらに小さないくつものサブピクセルに分割することでそれができる）。どちらのプログラムでも，ピクセルはもはや「最後のフロンティア」ではなく，ユーザーにとってみれば，ピクセルは単に存在しない。テクスチャー・マッピングというアルゴリズムは，解像度が一定であるという観念を，別のやり方で無意味なものとしている。そのアルゴリズムはしばしば，同じ画像をいくつもの異なる解像度で保存する。レンダリングの最中に，任意の解像度のテクスチャー・マップが，その解像度に最も近い2つの画像を内挿することによって生み出されるのである（これに似た技法を用いる VR ソフトウェアも，単一のオブジェクトのいくつものヴァージョンをさまざまな詳細度で保存する）。最後に，いく

つかの圧縮技術は，ピクセルに基づく表象をすっかり排除して，その代わりにさまざまな数学的構築物（変換など）を介して画像を表象している。

5. アナログ・メディアの場合，コピーするたびに質が低下するのに対して，デジタル的にエンコードされたメディアは，劣化を招くことなく無限にコピーできる。

ミッチェルはこれを以下のように要約している。「アナログ画に含まれる空間と階調の連続的な変化は，厳密な複製を作ることが不可能なため，どこかに伝送したりコピーしたりすれば必ず劣化が生じる。（…）しかし，離散量の情報は厳密に複製することが可能で，オリジナルから1000世代を経たデジタル画像であろうと，その祖先のどの世代と比べてみても質の良し悪しではまったく区別がつかない[30]」。したがって，デジタル文化では，「画像ファイルは際限なくコピーでき，複写による質の低下も生じないため，オリジナルとコピーを区別するものは日付しかない[31]」。すべてその通りである——原則としては。しかし，現実には，伝統的な写真を複写するのと比べて，デジタル画像を複写する場合の方が，ずっと劣化が起こっているのである。1枚のデジタル画像は，何百万ものピクセルで構成されている。そのデータをすべて保存するには，コンピュータ内に相当のスペースを必要とするし，またネットワークを介して伝送するにも（テキストファイルと比べ

て）長い時間がかかる。そのため，デジタル画像の獲得，
保存，操作，伝送のために用いられるソフトウェアとハー
ドウェアは，一様に，**不可逆圧縮**――一部の情報を削除す
ることで，画像ファイルをより小さくする技術――に頼っ
ている。この技術の例としては，静止画像の保存のために
使われる JPEG フォーマットや，DVD にデジタルヴィデ
オを保存するために使われる MPEG が挙げられる。この
技術を使うということは，画質とファイルサイズの中間を
取るということだ――圧縮されたファイルのサイズが小さ
ければ小さいほど，情報を削除する際に導入された視覚的
な作為はより目に付きやすくなる。そうした作為は，圧縮
のレベルしだいで，ほとんど目立たない場合からきわめて
顕著である場合まで多岐にわたる。

このような状況は一過性のもので，より安価なコンピュ
ータ・ストレージとより高速なネットワークが一般化すれ
ば，不可逆圧縮は消滅するだろう，という主張がなされる
かもしれない。しかし目下のところ趨勢はまったく逆で，
不可逆圧縮がますます視覚的な情報を表象する際の基準に
なっているのだ。1 枚のデジタル画像がすでにたくさんの
データを含んでいるとすれば，もし動画像をデジタル形式
で生み出し，配布したかったら，データ量は劇的に増大し
てしまう（たとえば，1 秒のヴィデオは 30 の静止画像で構成
される）。何百ものチャンネルやヴィデオ・オンデマンド
のサービスを伴うデジタルテレビ，DVD やインターネッ
トによる標準的な長さの映画作品の配布，長編映画の完全

なデジタル処理によるポストプロダクション——こうした成果はすべて，不可逆圧縮によって可能になっている。ストレージ・メディアやコミュニケーションの帯域幅が進歩して，視聴覚データの圧縮の必要性がなくなるまでには，何年もかかるだろう。だから，不可逆圧縮は，1ビットの情報さえ決して失われることのないような，その他の点では純粋で完璧なデジタル世界における逸脱や欠陥というよりも，少なくとも当面は，コンピュータ文化の基盤そのものなのだ。したがって，コンピュータ・テクノロジーは，理論上，データの完璧な複製をもたらすとはいえ，現代社会におけるその実際の使われ方は，データの損失や，劣化や，ノイズによって特徴づけられているのである。

インタラクティヴィティの神話

　元々のリストのうちまだ残っているのは，インタラクティヴィティという原則だけになった。

　6．ニューメディアはインタラクティヴである。オールドメディアでは，どのような順番で提示するかが固定されているのに対して，ユーザーはいまやメディア・オブジェクトとインタラクトすることができる。ユーザーはインタラクションの過程で，どの要素を表示するか，どの道筋をたどるかを選択でき，そのようにして唯一無二の作品を生成するのである。ユーザーはこうして作品の共著者になる。

本書では，デジタルの場合と同じように，インタラクティヴという言葉を何らかの限定なしには使わないようにしている。理由は同じである——この概念はあまりにも大雑把なので，本当には役立たないように思えるのだ。

コンピュータ・ベースのメディアに関して言えば，インタラクティヴィティという概念は同語反復^{トートロジー}である。現代のHCIは，定義からしてインタラクティヴである。バッチ処理のような初期のインターフェースとは違って，現代のHCIでは，ユーザーは画面に表示される情報を操作することで，コンピュータをリアルタイムで制御することができる。ある対象がいったんコンピュータで表象されれば，それは自動的にインタラクティヴになるのだ。したがって，コンピュータ・メディアを「インタラクティヴ」と呼ぶのは無意味である——それは単に，コンピュータについての最も基本的な事実を述べることにすぎない。

私はこの概念を単独で引き合いに出すのではなく，さまざまな種類のインタラクティヴな構造やオペレーションを記述するために，メニュー・ベースのインタラクティヴィティ，スケーラビリティ，シミュレーション，〈インターフェースとしての画像〉，〈道具としての画像〉といった他のいくつかの概念を用いたい。「閉じられた」インタラクティヴィティと「開かれた」インタラクティヴィティの区別は，そのようなアプローチのほんの一例である。

ニューメディアのオブジェクトで用いられているさまざまなインタラクティヴ構造を具体的に記すのは比較的やさ

しいが，ユーザーがそれらの構造をどのように体験するか
を理論的に扱うのはずっと難しい。インタラクティヴィ
ティのこうした側面は，今なお，ニューメディアが提起した
理論的諸問題のうち最も難しいものの一つである。この問
題に完全に答えられるとは言わないにしても，ここではそ
の問題のいくつかの側面に取り組んでみたい。

　あらゆる古典的芸術は多くの点で「インタラクティヴ」
だし，近代の芸術はさらにその傾向が強い。文学の語りに
おける省略や，視覚芸術における対象のディテールの欠落
や，表象に関する他の「近道（ショートカット）」は，欠落した情報をユ
ーザーが補うことを要求する[32]。演劇と絵画もまた，演出
や構図という技法に頼りながら，見る者がある程度の時間
にわたって注意をどのように向けるべきかを編成し，表現
のさまざまな部分に焦点を合わせることを要求する。彫刻
と建築の場合，見る者は空間的構造を体験するために，身
体全体を動かさなければならない。

　近代のメディアと芸術は，これらの技法を一つ一つさら
に推し進め，見る者に新たな認知的・身体的な要求を課し
た。1920 年代以降，映画のモンタージュのような新しい
語りの技法によって，観客は互いに関連のない画像のあい
だの精神的なギャップをすばやく埋めることを強いられ
た。映画の撮影は，観客がフレーム内のある箇所から他の
箇所へと視線を移すよう，積極的に導いた。半抽象という
新たな表象の様式——それは写真とともに，近代の視覚文
化の「国際様式」となった——は，観者が，輪郭や，いく

つかの色彩の斑点や，直接的に表象されていない対象によって生じる影といったほんの最小限のものから，表象された対象を再構築することを要求した。ついには 1960 年代に，ハプニングやパフォーマンスやインスタレーションといった新たな形態の芸術が，未来派とダダがやめた地点からさらに継続して，芸術をあからさまに観客参加型のものにした——この転換が，1980 年代に登場したインタラクティヴなコンピュータ・インスタレーションの下準備をしたと言うニューメディアの理論家もいる[33]。

　「インタラクティヴ・メディア」という概念をもっぱらコンピュータ・ベースのメディアに関して使っていると，「インタラクション」を文字通りに解釈するという危険が生じるだろう。つまり，「インタラクション」を，ユーザーとメディア・オブジェクトの間の物理的なインタラクション（ボタンを押す，リンクを選択する，身体を動かす）と同一視してしまい，心理的なインタラクションを顧みなくなってしまうのである。何かを充填したり，仮説を立てたり，想起や識別したりする諸々の心理的な過程——これらはそもそもどんな文章や画像を理解するにも必要なことだ——が，客観的に存在するインタラクティヴなリンク構造と誤って同一視されてしまうのである[34]。

　この誤解は新しいものであるどころか，近代メディア史の構造的な特徴である。インタラクティヴィティを文字通りに解釈するということは，精神生活の外面化という，より広範な近代の潮流の最新の例なのである。精神生活を外

面化する過程では，写真や映画やVRといった近代のテク
ノロジーが主要な役割を果たしてきた[35]。19世紀以降，私
たちはフランシス・ゴルトン（彼は1870年代に合成写真を
発明した）からヒューゴー・ミュンスターバーグや，セル
ゲイ・エイゼンシュテインや，最近ではジャロン・ラニア
ーに至るまで，新しいメディア・テクノロジーを利用する
理論家たちが，テクノロジーによる精神の外面化・客体化
を繰り返し主張する場に立ち会ってきた。ゴルトンは，
「合成肖像画の方法によって得られる理想的な顔は，（…）
いわゆる抽象的観念と多くの共通点を持っているようにみ
える」と主張するにとどまらず，実際，抽象的観念を「累
積的観念」と名づけ直すことを提案した[36]。ハーヴァード
大学の心理学の教授にして，『映画劇——心理学的研究』
（1916）と題された最初期の映画理論書の著者であるミュ
ンスターバーグによれば，映画の本質はさまざまな精神の
機能をスクリーン上に再現したり「客体化」したりする力
にある。「映画劇は，外的世界の法則よりも，精神の法則
に従っている[37]」。1920年代に，エイゼンシュテインは，
映画は思考を外面化し，さらには制御するために使用され
うると考えた。この方向性の実験として，彼は大胆にもマ
ルクスの『資本論』のスクリーンへの脚色を構想した。
「『資本論』の内容（そのねらい）は，いまや定式化され
た。労働者に弁証法的な思考を教えることだ」と，1928
年4月，エイゼンシュテインは熱狂的に書き付けてい
る[38]。ソヴィエトの公式の哲学によって正典化された「マ

ルクス主義的弁証法」の原則に従って，エイゼンシュテインは観客にテーゼとアンチテーゼに視覚的に相当するものを与え，観客が次いでジンテーゼ——すなわち，エイゼンシュテインが前もってプログラムした正しい結論——に到達できるようにと計画した。

同様に，1980年代には，VRの草分けであるジャロン・ラニアーが，VRテクノロジーを，精神の過程を完全に客体化できるもの——さらに望ましくは，それが透けて見えるほどに精神の過程に溶け込むことができるもの——とみなした。彼は，VRテクノロジーが持っている可能性を記述するとき，内的な精神の機能，出来事，過程と，外的に提示される画像の間に区別をつけていない。ラニアーによれば，VRは次のような仕方で，人間の記憶の肩代わりをすることができるのだ。「あなたは自分の記憶を時間のなかに再生し，自分の複数の記憶を色々なやり方で分類することができる。人を見つけたり，道具を探したりすることができるように，行ったことのある経験上の場所へとさかのぼることもできるようになるだろう[39]」。ラニアーはまた，VRの行き着くところは「ポスト象徴的なコミュニケーション」の時代，言語や他のいかなる象徴も介することのないコミュニケーションの時代であるだろうと主張した。実際，誰もが「言語の牢獄」（フレドリック・ジェイムソン[40]）に閉じ込められることなく，究極的な民主主義の悪夢——どのコミュニケーション行為（ユルゲン・ハーバーマス[41]）もつねに理想的であるような，皆が共有する単

一の精神空間——のうちに幸せに生きることになるとしたら、言語的な象徴はどうして必要になるだろうか。ラニアーは、ポスト象徴的なコミュニケーションの機能の仕方の例を、次のように語っている。「あなたは誰か他の人が手に取れるカップを作り出せるんだ。それ以前にカップがなくてもね。「カップ」という言葉が書かれた図像を使う必要もない[42]」。かつての映画のテクノロジーの場合と同様、ここでは、意識の客体化と増大、理性の力の拡張という夢想が、言語や誤解が生じる以前の原始的で幸福な時代への回帰をテクノロジーのうちに見て取りたいという欲望と手を取り合っているのである。仮想現実の洞窟に閉じ込められ、言語を取り上げられたら、私たちは原始人の祖先たちのように、身ぶりや、身体の動きや、しかめ面によってコミュニケーションを取るようになるだろう……。

新しいメディア・テクノロジーは推論を外面化・客体化し、それを増大したり制御したりするために使用できると繰り返し主張されてきたが、その主張は、精神の表象と、ディゾルヴ、合成画像、編集されたシークェンスといった外面的な視覚効果に対するオペレーションとの間に同型性があるという想定に基づいている。そのように想定していた者には、近代のメディアの発明家や芸術家や批評家だけでなく、近代の心理学者もいた。フロイトから認知心理学に至る、精神を扱う近代の心理学の理論は、精神の過程と、テクノロジーによって生成された外面的な視覚的諸形態をたびたび同一視している。そういうわけで、『夢解釈』

(1900) のフロイトは，圧縮の過程を，フランシス・ゴルトンが行った手続きのうちとりわけ有名になったものと比較した——すなわち，家族の一人一人を写したネガを重ね合わせて一つのプリントを作ることで，家族の肖像を作るという手続きである[43]。同じ10年間に著述を行っていたアメリカの心理学者エドワード・ティチナーは，心理学の教科書で次のように書いて，抽象観念の性質についての議論の口火を切った。「抽象観念とは一種の合成写真のようなもの，つまり多くの個別の知覚や観念を重ね合わせることによって生じ，それゆえ共通する諸要素を鮮明に見せ，個々の諸要素をぼんやりと見せるような心的な画像であるという示唆がなされてきた[44]」。彼は続いて，この見方に対する賛否を検討する。このような比較を，ティチナーやフロイトや他の心理学者たちが，単にメタファーとして提示するのではなく，むしろ当然のこととみなしているのは驚くには当たらない——現代の認知心理学者も，自分たちの提示する色々な精神のモデルが，それが作られる場所であるコンピュータ・ワークステーションにあれほど似ているのはなぜかを問いただしていないのだから。言語学者のジョージ・レイコフは，「自然な推論は，画像を重ね合わせたり，スキャンしたり，部分に焦点を合わせたりするといった，画像に基づく無意識的かつ自動的な諸過程の少なくともいくつかを活用している[45]」と主張し，心理学者のフィリップ・ジョンソン＝レアードは，論理的な推論とは視覚的な諸モデルをスキャンするという問題であることを

示した[46]。このような考えは，テレビとコンピュータグラフィックスが登場する前にはありえなかっただろう。そうした視覚的テクノロジーがあるからこそ，スキャン，焦点化，重ね合わせといった画像に対するオペレーションが，ごく自然なものにみえるのである。

精神を外面化するというこの近代の欲望をどう考えればよいのだろうか？　その欲望は，近代の大衆社会が標準化を求めていたことと関係があるのかもしれない。臣民は標準化されなければならず，そのための手段もまた標準化される必要がある。だからこそ，内的で私的な精神の過程は客体化され，精神とは独立して操作，大量生産，標準化がたやすくできる外面的な視覚的諸形態と同一視される。私的で個人的なものは，公的なものに翻訳され，調整を受けるようになる。

かつては精神的過程であったもの，比類なく個人的な状態であったものが，いまや公的領域の一部となった。観察できない内的な過程や表象が，個人の頭から取り出され，外側に置かれたのだ――デッサンや，写真や，他の視覚的形態として。それらはいまや，公に論じられ，教育やプロパガンダに用いられ，標準化され，大量生産されうるようになった。私的だったものが公的になった。唯一無二だったものが大量生産されるようになった。個人の精神に隠されていたものが共有されるようになった。

インタラクティヴなコンピュータ・メディアは，精神のオペレーションを外面化・客体化するというこの潮流にぴ

ったり合っている。インタラクティヴ・メディアの基礎を成しているハイパーリンクの原則は，まさしく，しばしば人間の思考の中心を占めるとされる連想の過程を客体化している。内省，問題解決，想起，連想といった精神の諸過程は外面化され，リンクをたどったり，新しいページに移ったり，新しい画像やシーンを選んだりすることと同一視される。かつては，私たちはある画像を見ると，それを心の中でひそかに連想した他の画像と結びつけていた。今では代わりにインタラクティヴなコンピュータ・メディアが，他の画像に行き着くために画像をクリックするように求めてくる。かつては，物語の一文や詩の一行を読んで，他の行や画像や記憶のことを考えたものだった。今では，インタラクティヴ・メディアが，ハイライトされた文章をクリックして他の文章に行き着くように求めてくる。要するに，私たちはあらかじめプログラムされた，客観的に存在する連想をたどるように求められている。言い換えれば，フランスの哲学者ルイ・アルチュセールの「呼びかけ」という概念のアップデートしたヴァージョンとでも読解できるような事態が起こっていて，私たちは誰か他の人の精神の構造を自分自身のものと取り違えるように求められているのである[47]。

これは，認知的な労働に基づく情報時代にふさわしい新しい種類の同一化である。産業社会の文化的テクノロジー——映画やファッション——は，私たちが誰か他の人の身体的イメージに同一化することを求めていた。インタラク

ティヴ・メディアは，私たちが誰か他の人の精神構造に同一化することを求める。映画の観客——男性であれ女性であれ——が，映画スターの身体を渇望し，それを模倣しようとしていたとするなら，コンピュータ・ユーザーは，ニューメディアをデザインする者の精神の軌跡をたどるように求められているのである。

原註

1. Beaumont Newhall, *The History of Photography from 1839 to the Present Day*, 4th ed. (New York: Museum of Modern Art, 1964), 18 に引用〔バーモント・ニューホール『写真の歴史——1839年から現在まで』佐倉潤吾・永田一脩訳，白揚社，1956年，117頁〕。

2. Newhall, *The History of Photography*, 17-32.〔邦訳 116-122頁〕

3. Charles Eames, *A Computer Perspective: Background to the Computer Age* (Cambridge, Mass.: Harvard University Press, 1990), 18.〔チャールズ＆レイ・イームズ『コンピュータ・パースペクティブ——計算機創造の軌跡』和田英一監訳・山本敦子訳，ちくま学芸文庫，2011年，28頁〕

4. David Bordwell and Kristin Thompson, *Film Art: An Introduction*, 5th ed. (New York: McGraw-Hill, 1996), 15.〔デイヴィッド・ボードウェル／クリスティン・トンプソン『フィルム・アート——映画芸術入門』藤木秀朗監訳，飯岡詩朗・板倉史明・北野圭介・北村洋・笹川慶子訳，名古屋大学出版会，2007年〕

5. Eames, *A Computer Perspective*, 22-27, 46-51, 90-91.

6. Ibid., 120.

7. Isaac Victor Kerlow and Judson Rosebush, *Computer Graphics for Designers and Artists* (New York: Van Nostrand Reinhold, 1986), 14.

8. Ibid., 21.

9. Roland Barthes, *Elements of Semiology*, trans. Annette Lavers and Colin Smith (New York: Hill and Wang, 1968), 64.〔ロラン・バルト「記号学

の原理」,『零度のエクリチュール』所収, 渡辺淳・沢村昂一訳, みすず書房, 1971 年, 164 頁〕

10. 視覚的コミュニケーションのコンピュータによる自動化の特殊な事例に関しては, 以下でより詳しく論じた。"Automation of Sight from Photography to Computer Vision," in *Electronic Culture: Technology and Visual Representation*, ed. Timothy Druckrey and Michael Sand (New York: Aperture, 1996), 229-239 および "The Mapping of Space: Perspective, Radar, and 3D Computer Graphics," in *SIGGRAPH '93 Visual Proceedings*, ed. Thomas Linehan (New York: ACM, 1993), 143-147.

11. http://www.mrl.nyu.edu/improv/.

12. http://www-white.media.mit.edu/vismod/demos/smartcam/.

13. http://pattie.www.media.mit.edu/people/pattie/CACM-95/alife-cacm95.html.

14. MIT ラボのさまざまなグループがこの研究に携わった。たとえば, 身ぶりとナラティヴ言語グループのホームページを見よ。http://gn.www.media.mit.edu/groups/gn/.

15. http://www.virage.com/products を見よ。

16. http://agents.www.media.mit.edu/groups/agents/projects/.

17. 拙論 "Avant-Garde as Software," in *Media Revolution: Electronic Media in the Transformation Process of Eastern and Central Europe*, ed. Stephen Kovats (Frankfurt am Main: Campus Verlag, 1999), 48-61 を見よ。

18. 同じ文章に対して異なったマルチメディア・インターフェースを作り出すという実験については, 私の《フロイト‐リシツキー・ナヴィゲータ》(http://visarts.ucsd.edu/~manovich/FLN) を見よ。

19. http://jefferson.village.virginia.edu/wax/.

20. Frank Halasz and Mayer Schwartz, "The Dexter Hypertext Reference Model," *Communications of the ACM*, 37, no. 2 (February 1994): 30.

21. Noam Chomsky, *Syntactic Structures* (The Hague: Mouton, 1957).〔ノーム・チョムスキー『文法の構造』勇康雄訳, 研究社出版, 1963 年〕

22. "How Marketers 'Profile' Users," *USA Today*, November 9, 1999, 2A.

23. http://www.three.org を見よ。彼との会話によって, 私のアイデアはより明確になった。ジョンとの進行中のやり取りに感謝する。

24. Marcos Novak, lecture at "Interactive Frictions" conference, University

of Southern California, Los Angeles, June 6, 1999.

25. Grahame Weinbren, "In the Ocean of Streams of Story," *Millennium Film Journal* 28 (Spring 1995), http://www.sva.edu/MFJ/journalpages/MFJ28/GWOCEAN.HTML.〔グラハム・ワインブレン「物語の流れの海の中で」堀潤之訳、『InterCommunication』51号、Winter 2005、NTT出版、91-110頁〕

26. リック・ムーディの短編「悪魔学 (Demonology)」はまず文芸誌の *Conjunctions* に掲載され、*The KGB Bar Reader* に再録された。ここでは Vince Passaro, "Unlikely Stories: The Quiet Renaissance of American Short Fiction," *Harper's Magazine*, August 1999, 88-89 から引用した。

27. Albert Abramson, *Electronic Motion Pictures: A History of Television Camera* (Berkeley: University of California Press, 1955), 15-24.

28. Charles Musser, *The Emergence of Cinema: The American Screen to 1907* (Berkeley: University of California Press, 1994), 65.

29. William J. Mitchell, *The Reconfigured Eye* (Cambridge, Mass.: MIT Press, 1982), 6.〔ウィリアム・J・ミッチェル『リコンフィギュアード・アイ——デジタル画像による視覚文化の変容』伊藤俊治監修・福岡洋一訳、アスキー、1994年、5-6頁〕

30. Ibid., 6.〔邦訳6頁〕

31. Ibid., 49.〔邦訳48頁〕

32. エルンスト・ゴンブリッチは、視覚的な画像における欠落した情報を解読する際の「観者の貢献」を、次の古典的な著作で分析している。*Art and Illusion: A Study in the Psychology of Pictorial Representation* (Princeton, N. J.: Princeton University Press, 1960).〔『芸術と幻影——絵画的表現の心理学的研究』瀬戸慶久訳、岩崎美術社、1979年〕

33. コンピュータによるインタラクティヴ・アートの起源が、1960年代の新しい芸術形態のうちにあるとする考えは、以下の文献で探究されている。Söke Dinkla, "The History of the Interface in Interactive Art," ISEA (International Symposium on Electronic Art) 1994 Proceedings (http://www.uiah.fi/bookshop/isea_proc/nextgen/08.html); "From Participation to Interaction: Toward the Origins of Interactive Art," in *Clicking In: Hot Links to a Digital Culture*, ed. Lynn Hershman Leeson (Seattle: Bay Press, 1996), 279-290. また、Simon Penny, "Consumer Culture and the Technological Imperative: The Artist in Dataspace," in *Critical Issues in*

Electronic Media, ed. Simon Penny (Albany: State University of New York Press, 1993), 47-74 も見よ。

34. この議論は，どんな文化的テクストを理解する際にも積極的な精神過程が作動していることを強調する認知心理学のパースペクティヴに頼ったものである。フィルム・スタディーズにおける認知心理学的なアプローチの実例については，Bordwell and Thompson, *Film Art*〔ボードウェル／トンプソン『フィルム・アート』〕および David Bordwell, *Narration in the Fiction Film* (Madison: University of Wisconsin Press, 1985) を見よ。

35. この潮流をより詳しく分析したものとして，拙論 "From the Externalization of the Psyche to the Implantation of Technology," in *Mind Revolution: Interface Brain/Computer*, ed. Florian Rötzer (Munich: Akademie Zum Dritten Jahrtausend, 1995), 90-100 を見よ。

36. Allan Sekula, "The Body and the Archive," *October* 39 (Winter 1986), 51 に引用。

37. Hugo Münsterberg, *The Photoplay: A Psychological Study* (New York: D. Appleton, 1916), 97.〔ミュンスタアベルヒ『映画劇──その心理学と美学』久世昂太郎訳，大村書店，1924 年，99 頁〕

38. Sergei Eisenstein, "Notes for a Film of *Capital*," trans. Maciej Sliwowski, Jay Leyda and Annette Michelson, *October* 2 (Summer 1976), 10.

39. Timothy Druckrey, "Revenge of the Nerds: An Interview with Jaron Lanier," *Afterimage* (May 1991), 9.

40. Fredric Jameson, *The Prison-House of Language: A Critical Account of Structuralism and Russian Formalism* (Princeton, N. J.: Princeton University Press, 1972).〔フレドリック・ジェイムソン『言語の牢獄──構造主義とロシア・フォルマリズム』川口喬一訳，法政大学出版局，1988 年〕

41. Jürgen Habermas, *The Theory of Communicative Action: Reason and the Rationalization of Society* (The Theory of Communicative Action, vol. 1), trans. Thomas McCarthy (Boston: Beacon Press, 1985).〔ユルゲン・ハーバーマス『コミュニケイション的行為の理論』上・中・下，河上倫逸ほか訳，未來社，1985-87 年〕

42. Druckrey, "Revenge of the Nerds," 6.

43. *The Standard Edition of the Complete Psychological Works of Sigmund Freud*, ed. James Strachey, vol. 4, *The Interpretation of Dreams*

(*first part*) (London: Hogarth Press, 1953), 4: 293. 〔『フロイト全集5　夢解釈II』新宮一成訳，岩波書店，2011年，23頁〕

44. Edward Bradford Titchener, *A Beginner's Psychology* (New York: Macmillan, 1915), 114.

45. George Lakoff, "Cognitive Semantics," *Versus* 44/45 (1986): 149.

46. Philip Johnson-Laird, *Mental Models: Towards a Cognitive Science of Language, Inference, and Consciousness* (Cambridge: Cambridge University Press, 1983). 〔P・N・ジョンソン＝レアード『メンタルモデル——言語・推論・意識の認知科学』海保博之監修，AIUEO訳，産業図書，1988年〕

47. ルイ・アルチュセールは，イデオロギー的な呼びかけという影響力のある概念を，次の論文で導入した。"Ideology and Ideological State Apparatuses (Notes Towards an Investigation)," in *Lenin and Philosophy*, trans. Ben Brewster (New York: Monthly Review Press, 1971). 〔ルイ・アルチュセール「イデオロギーと国家のイデオロギー諸装置——探究のためのノート」西川長夫訳，『再生産について——イデオロギーと国家のイデオロギー諸装置』平凡社，2005年，319-378頁〕

第2章　インターフェース
The Interface

1984年,『ブレードランナー』の監督リドリー・スコットが, アップル・コンピュータの新しいMacintoshを紹介するコマーシャル制作のために雇われた。いま振り返ってみると, この出来事は歴史的な重要性に満ちている。ピーター・ルネンフェルドが指摘したように, 2年違いで発表された『ブレードランナー』(1982) とMacintoshのコンピュータ (1984) は, 20年後の今なお現代文化を規定し続けており, 私たちを彼の言うところの「永遠の現在」にはまり込ませている2つの美学をはっきりと示したものなのだ。その2つの美学のうちの一方は, 未来主義と荒廃, コンピュータ・テクノロジーとフェティシズム, レトロな様式とアーバニズム, ロサンゼルスと東京の組み合わせによってできた未来派的なディストピアだった。『ブレードランナー』が封切られて以来, そのテクノ・ノワールは, 無数の映画作品, コンピュータゲーム, 小説, そして他の文化的オブジェクトで繰り返されてきた。しかも, 続く数十年間で, いくつもの力強い美学的体系が, 個人のアーティストたち (マシュー・バーニーや森万里子) によっても, 商業文化全般 (1980年代の「ポストモダン」的なパスティーシュ, 1990年代のテクノ・ミニマリズム) によっても表明されてきたというのに, そのいずれも, 私たちが持っている未来のヴィジョンに対する『ブレードランナー』の影響力に異議を申し立てることはできなかったのである。

　『ブレードランナー』が暗くて, 荒廃した, 「ポストモダン」なヴィジョンを持っているのに対して, Macintoshが

広めたグラフィカル・ユーザー・インターフェース（GUI）は，明快さと機能性というモダニズムの価値観に忠実だった。ユーザーの画面を規定するのは直線と矩形のウィンドウであり，そのウィンドウにはさらに，グリッド状に配置されたより小さな矩形で表される個々のファイルが含まれていた。コンピュータとユーザーとのコミュニケーションは，矩形のボックスに含まれる，白地に黒のはっきりした文字を通じて行われた。GUI の後続のヴァージョンでは，色彩が付加され，ユーザーが多くのインターフェース要素の 外 観 をカスタマイズできるようになり，1984 年の最初のモノクロ・ヴァージョンが持っていた乏しさと大胆さがいくぶん弱められることになった。とはいえ，その独特の美学は，パームパイロットのような手持ちサイズの通信装置や，携帯電話や，カーナビゲーション・システムや，品質面で 1984 年の Macintosh の画面に比肩する小さな液晶ディスプレイを用いるその他の消費者向けの電子製品に，今なおみられるものだ。

　『ブレードランナー』同様，Macintosh の GUI も未来のヴィジョンをはっきりと示したのだが，そのヴィジョンは非常に異なるものだった。そこでは人間とそのテクノロジーによる創造物（コンピュータやアンドロイド）との境界線は明確に引かれ，荒廃も許されない。コンピュータでは，いったんファイルが作られると，それが消滅するのはユーザーが明確に削除を実行するときだけだ。しかも，そういう場合でさえ，削除された項目を回復できるのが普通であ

る。したがって，「肉体空間」^{ミートスペース}では思い出すのに努力が必要だが，サイバースペースでは忘れるのに努力が必要なのだ（もちろん，OSとアプリケーションは，作動中に絶えずさまざまなテンポラリファイルを作って書き込んでは削除しているし，RAMとハードディスク上の仮想メモリのファイル間でデータのやり取りをしているが，ユーザーはその活動のほとんどを目にすることがない）。

これまた『ブレードランナー』同様，GUIのヴィジョンも他の多くの文化領域に影響を与えるようになった。その影響は，純粋にグラフィカルなもの（たとえば，GUIの要素を印刷媒体やテレビのデザイナーが使用するなど）から，より概念的なものにまで及んでいる。1990年代にインターネットがしだいに普及していくにつれて，デジタルコンピュータの役割は，ある特定のテクノロジー（計算機，記号処理装置，画像処理装置など）であることから，文化全体にとってのフィルターへと転換した。つまり，ありとあらゆる種類の文化的・芸術的な産物が関わりを持つ，媒介の形態となったのである。ウェブブラウザのウィンドウが，いっせいに，映画のスクリーンやテレビ画面，アート・ギャラリーの壁面，図書館や本に取って代わるにつれて，新しい状況がはっきりしてきた。すなわち，文化全体が，過去のものも現在のものも，特殊なヒューマン・コンピュータ・インターフェースを持つコンピュータというフィルターにかけられるようになったのである[1]。

記号論の観点からすれば，コンピュータのインターフェ

ースは，文化的メッセージを多様なメディアで伝えるコードとして振る舞っている。インターネットを使うとき，アクセスするあらゆるもの——テキスト，音楽，ヴィデオ，航行可能な空間_{ナヴィガブル・スペース}——がブラウザ，次いで OS というインターフェースを通過する。文化的コミュニケーションでは，コードが中立的な移送のメカニズムにすぎないことはほとんどない。コードの助けを借りて伝達されるメッセージは，たいていその影響を受ける。たとえば，コードの影響によって，思い描きやすくなるメッセージもあれば，まったく考えることさえできなくなるメッセージもある。また，コードがそれに特有の世界のモデルや論理体系やイデオロギーを提供する場合もあり，そのコードに則って作られる文化的メッセージ，さらには言語全体は，コードに付随するモデルや体系やイデオロギーの制限を受けることになるだろう。現代の文化理論のほとんどが頼っているこれらの観念をひっくるめて，「コードの不透明性」の考えと呼ぶことにしよう。たとえば，20世紀半ばに評判となったサピア゠ウォーフの仮説によれば，人間の思考は自然言語のコードによって決定され，異なる自然言語の話者たちは，世界をそれぞれ異なって知覚し，思考するという[2]。サピア゠ウォーフの仮説は「コードの不透明性」の考えの極端な表明であり，通常，その考えはもっと穏やかなかたちで述べられる。だが，ヒューマン・コンピュータ・インターフェースの事例を考える際には，この考えの「強い」ヴァージョンを適用するのが理にかなっている。インター

フェースは，コンピュータのユーザーがどのようにコンピュータそれ自体を思い描くのかということを形作っているし，コンピュータを介してアクセスされた何らかのメディア・オブジェクトをどのように考えるかを決定している。インターフェースは，さまざまなメディアが元々それぞれに持っていた特徴を取り去ってしまい，インターフェースそれ自体に備わっている論理を押しつけるのだ。最終的には，コンピュータ・データを特定の仕方で組織することによって，インターフェースは異なる種類の世界のモデルを提供している。たとえば，階層型ファイルシステムは，世界が論理的な複数レベルの階層に組織化されうることを想定している。それに対して，ワールドワイドウェブのハイパーテキスト・モデルは，世界をメトニミーによって規定される非階層的なシステムとして配列している。要するに，インターフェースは，コンピュータ内部のデータへの透明な窓であるどころか，インターフェースそれ自体に含まれている強いメッセージをもたらすのである。

　インターフェースがそれ自体の論理をメディアに押しつけるやり方の一例として，現代の GUI 環境で実行されるどのソフトウェアにも標準で備わっている「カット＆ペースト」のオペレーションのことを考えてみよう。このオペレーションは，空間的メディアと時間的メディアの間の伝統的な区別を無意味なものとする。なぜなら，ユーザーは画像の一部も，空間の一領域も，時間的な構成物の一部も，まったく同じやり方でカット＆ペーストすることがで

きるからだ。このオペレーションは，大きさに関する伝統的な区別に対しても「盲目的」だ。ユーザーは，たった1ピクセルでも，1枚の画像でも，デジタル・ムービー全体でも，同じやり方でカット＆ペーストできるのだから。しまいには，このオペレーションは，メディア間の区別さえ無意味なものとする。「カット＆ペースト」は，文章にも，静止画像にも，動画像にも，音声にも，3Dオブジェクトにも，同じ仕方で適用できるからだ。

インターフェースは，さらにまた別の仕方でも，情報化社会で決定的な役割を演じるようになっている。情報化社会では，仕事と余暇の活動は，ますますコンピュータ使用を伴うようになっているだけでなく，同じインターフェースの周囲に集中している。「仕事」のアプリケーション（ワードプロセッサー，表計算プログラム，データベース・プログラム）も「余暇」のアプリケーション（コンピュータゲーム，情報系のDVD）も，同じGUIのツールとメタファーを使っている。そのような集中の最良の例は，オフィスでも家庭でも，仕事のためにも遊びのためにも使われるウェブブラウザである。情報化社会は，この点，仕事と余暇の領域がはっきりと分かれていた産業社会とは大いに異なっている。19世紀にカール・マルクスは，未来の共産主義国家が，近代的な仕事そのものに備わる高度に専門化・細分化された性質ともども，仕事と余暇の分割を克服することになるだろうと考えていた。マルクスにとっての理想的な市民は，朝は木を切り，昼は庭いじりをし，夜は作曲を

し“いることだろう。今日，情報化社会の主体は，典型的な一日の間に，さらに多くの活動に携わっている——データの入力と分析を行い，シミュレーションを実行し，インターネットで検索し，コンピュータゲームで遊び，ストリーミング・ヴィデオを見て，オンラインで音楽を聴き，株の取引を行うといったように。とはいえ，こうしたさまざまな活動をする際，ユーザーは，本質的には，いつも同じわずかなツールとコマンド——コンピュータ画面とマウス，ウェブブラウザ，サーチエンジン，そしてカット，ペースト，コピー，削除，検索といったコマンド——を使っているのだ。

　ヒューマン・コンピュータ・インターフェースが，情報化社会の主要な記号論的コードにしてそのメタツールになったとするなら，そのことは，文化的オブジェクト一般，とりわけ芸術的オブジェクトが機能する仕方に，どのような影響を及ぼしているのだろうか？　すでに記したように，コンピュータ文化では，同じ「内容」に対していくつもの異なるインターフェースを構築するのはごくありふれた事態となった。たとえば，同じデータが二次元のグラフとしても，インタラクティヴで航行可能な空間としても表現されうる。あるいは，あるウェブサイトでは，ユーザーはインターネット接続の帯域幅に応じて，そのサイトの異なるヴァージョンへと導かれることもある。こうした例を与えられると，ニューメディアの芸術作品もまた，内容とインターフェースという２つの別個のレベルを持っている

とみなしたくなるかもしれない。こうして，**内容と形式**，**内容と媒体**という旧来の二項対立は，**内容とインターフェース**という二項対立として書き直せるのかもしれない。だが，そのような対立を仮定すると，芸術作品の内容はその媒体（美術史的な意味での）やコード（記号論的な意味での）からは独立していることになってしまう。内容は，媒体から自由な理想化されたどこかの領域に置かれて，物質的に表現されるのに先立って存在しているものとされるのだ。そのような想定は，定量化されたデータを視覚化する場合には正しいし，明確に定義された図像的モチーフと再現表象の慣習に従う古典主義芸術にも当てはまる。だが，ちょうど近代の思想家が，ウォーフからデリダに至るまで，「コードの不透明性」の考えを強く主張したのと同じように，近代の芸術家も内容と形式は分離できないと考えていた。事実，1910 年代の「抽象」から 1960 年代の「プロセス」に至るまで，芸術家たちは，あらかじめ存在する何らかの内容を描くことなどできないという認識を確固たるものにするべく，諸々の概念や手続きを作り出し続けてきたのである。

　この点で，私たちは興味深いパラドクスに直面する。多くのニューメディアの芸術作品には，「情報の次元」と呼びうる次元がある——それはニューメディアの芸術作品が，ニューメディアのどんなオブジェクトとも共有している状態である。つまり，ニューメディアの芸術作品の体験には，定量化されたデータを検索し，それに目を向け，考

えをめぐらすことが含まれている。したがって，そのような芸術作品を引き合いに出す場合，内容とインターフェースのレベルを分けるのはもっともだ。だが同時に，ニューメディアの芸術作品には，より伝統的な「体験的」ないし美学的な次元もあり，それが単なる情報デザインではない芸術としてのステータスを正当化している。この次元に含まれるのは，作品内に分節化された空間，時間，表面のある特定の配置の仕方であり，ユーザーが作品とインタラクトするときに，時間の流れに沿って取る行動の特定の順序であり，特定の形式的，物質的，現象学的なユーザーの体験などである。そして，まさに作品のインターフェースこそが，その作品に特有の物質性とユーザー体験を作り出しているのだ。ごくわずかであってもインターフェースを変えることは，作品を劇的に変えることである。こうした見方からすれば，インターフェースを独立したレベル，恣意的に変えられるものとみなすと，ニューメディアの芸術作品が持っている芸術としてのステータスを消し去ってしまうことになる。

　内容とインターフェースの二項対立に関して，別の仕方でニューメディアのデザインと芸術の違いを考えることもできる。デザインとは逆に，芸術では内容と形式（ないしは，ニューメディアの場合，内容とインターフェース）の結びつきは動機づけられている。つまり，ある特定のインターフェースの選択は，作品の内容によって動機づけられているので，もはやインターフェースを独立したレベルとみな

せないほどなのだ。内容とインターフェースは一つの存在物のうちに融合し，もはや分解することができないのである。

　最後に，インターフェースに先立って内容が存在するという考えは，リアルタイムでダイナミックにデータを生成するニューメディアの芸術作品によって，さらに別の仕方で問題視される。メニューベースのインタラクティヴなマルチメディア・アプリケーションや，スタティックなウェブサイトでは，あらゆるデータは，ユーザーがそれにアクセスする以前にすでに存在しているが，ダイナミックなニューメディアの芸術作品では，データはその場で——ニューメディアの専門用語を用いるなら，実行時に——作られる。これは，手続き型のコンピュータグラフィックス，形式言語システム，AI〔人工知能〕やAL〔人工生命〕のプログラミングといった多種多様なやり方で達成されうるが，どの方法でも原則は同じである。つまり，プログラマーが何らかの初期条件，規則，手続きを設定し，それがデータを生成するコンピュータ・プログラムを制御するのである。目下の議論にとっては，こうしたアプローチのうち，ALおよび進化のパラダイムが最も興味深い。ALのアプローチでは，いくつかの単純なオブジェクト間の実行時における相互作用によって，複雑で全面的な振る舞いが出現する。そうした振る舞いは，コンピュータ・プログラムの実行中にのみ得られるものであり，前もって予見できない。進化のパラダイムの方は，画像や，何らかの形状や，

アニメーションや，他のメディア・データの生成に，進化論のメタファーを当てはめる。プログラマーが供給する初期データは，コンピュータが完全な表現型へと拡張させる遺伝子型として機能する。いずれの場合でも，芸術作品の内容は，芸術家／プログラマーとコンピュータ・プログラムの間の，あるいは，作品がインタラクティヴなものであれば，芸術家，コンピュータ・プログラム，ユーザーの三者間のコラボレーションの成果なのである。ニューメディアの芸術家たちのうち AL のアプローチを最も一貫して探究してきたのは，クリスタ・ソムラーとロラン・ミニョノーのチームである。2 人のインスタレーション作品《ライフ・スペイシーズ》では，ヴァーチャルな有機体が，訪問者の位置や動きやインタラクションに応じて，登場しては進化していく。芸術家／プログラマーのカール・シムズも，進化のパラダイムをメディア生成に当てはめることに関して重要な貢献をした。彼のインスタレーション作品《ガラパゴス》では，コンピュータ・プログラムが，繰り返し実行されるたびに，12 の異なるヴァーチャルな有機体を生成する。訪問者がいずれかの有機体を選ぶと，その有機体は生き延び，交合し，突然変異し，繁殖するのである[3]。AL や進化のアプローチを用いている市販品としては，《クリーチャーズ》シリーズ（マインドスケープ・エンターテイメント）のようなコンピュータゲームや，たまごっちのような「ヴァーチャル・ペット」の玩具などが挙げられる。

本書の準備をしていたとき，私はインターフェースのカテゴリーをめぐる議論を冒頭に持ってきて，その重要性を強調したいと考えていた。本章の2つのセクションは，このカテゴリーが提起するさまざまな論点の実例を挙げている——だが，それらの実例ですべてが論じ尽くされるわけではまったくない。「文化的インターフェースの言語」のセクションで，私は「文化的インターフェース」という用語を導入し，スタンドアロンのハイパーメディア（CD-ROMやDVDのタイトル）や，ウェブサイトや，コンピュータゲームや，コンピュータ経由で配布される他の文化的オブジェクトで使われている諸々のインターフェースを記述する。私が分析するのは，映画，印刷された言葉，汎用のヒューマン・コンピュータ・インターフェースという3つの文化的形態が，1990年代の文化的インターフェースの外観と機能性を形作るにあたってどのような貢献をしたのかということである。

　第二のセクション「画面とユーザー」で論じられるのは，コンピュータ画面という，現代のインターフェースの鍵を握る要素である。最初のセクション同様，私の関心は，コンピュータのインターフェースと，より古くからある文化的形態や言語や慣習との連続性を分析することにある。本セクションは，コンピュータ画面をより広範な歴史的伝統のうちに位置づけ，ルネサンス絵画の静的で，イリュージョン的な画像から，映画のスクリーンに投影される動画像を経て，レーダーやテレビのリアルタイムの画像

や，コンピュータ画面のリアルタイムでインタラクティヴ
な画像に至るまで，その伝統が展開していく際のさまざま
な段階をたどっていく。

文化的インターフェースの言語

文化的インターフェース

　ヒューマン・コンピュータ・インターフェース〔HCI〕という用語は，ユーザーがコンピュータとインタラクトするやり方を指す。HCIには，モニターやキーボード，マウスといった物理的な入出力装置も含まれるし，コンピュータ・データの組織の仕方を概念化するために用いられる一連のメタファーもその構成要素である。たとえば，アップルが1984年に導入したMacintoshのインターフェースでは，卓上に整頓されたファイルや紙挟みというメタファーが使われている。最後に，HCIには，データを操作するいろいろなやり方，つまり，ユーザーがHCI上で実行できる有意味な行動の文法も含まれる。現代のHCIが提供する行動の例としては，ファイルのコピー，名前の変更，削除や，ディレクトリの内容の列挙や，プログラムの起動と停止や，コンピュータの日付と時間の設定などが挙げられる。

　HCIという用語が作られたのは，コンピュータが主に

仕事用のツールとして使われていた時代だった。しかし，1990 年代にコンピュータのアイデンティティは変化した。90 年代初頭には，コンピュータはまだおおむね，タイプライターや絵筆や製図用定規をシミュレートしたものとみなされていた——言い換えれば，文化的コンテンツを生み出すために用いられるツールとみなされていたのであり，そのコンテンツはいったん作成されれば，印刷されたページや，フィルムや，写真のプリントや，電子的な録音といった適切なメディアに保存され，配布されることになる。それが同じ 90 年代の終わりにインターネットの使用がありふれた事柄になったとき，コンピュータはもはや単にツールにとどまらず，万能メディア機械——作り出すためだけでなく，あらゆるメディアを保存し，配布し，それにアクセスするために使用できるもの——という公的なイメージを持っていた。

あらゆる形態の文化の配布がコンピュータ・ベースになるにつれて，私たちはますます，文章，写真，映画，音楽，仮想環境といったすぐれて文化的なデータと「インターフェース」を介してつながるようになっている。要するに，私たちはもはやコンピュータにではなく，デジタル形式でエンコードされた文化とインターフェースを介して結びついているのだ。私は**文化的インターフェース**という用語を使って，人間 – コンピュータ – 文化のインターフェース——すなわち，コンピュータが私たちに文化的データを提示し，それとインタラクションできるようにするやり方

——を記述するつもりだ。文化的インターフェースに含まれるのは，ウェブサイトのデザイナーたちが用いるインターフェースや，CD-ROM や DVD のタイトル，マルチメディア百科事典，オンライン美術館やオンラインマガジン，コンピュータゲーム，さらに他のニューメディアを用いた文化的オブジェクトなどである。

1990 年代後半，たとえば 1997 年に，典型的な文化的インターフェースがどのようなものだったのかを思い出す必要があるならば，時間をさかのぼって行き当たりばったりにウェブページをクリックしてみよう。そうすれば，おそらく，グラフィック面で同年代の雑誌のレイアウトに似通ったものを目にすることになるだろう。ページを支配しているのは，見出しや，ハイパーリンクや，原稿のブロックなどの文章である。その文章の内側に，グラフィックスや，写真や，ひょっとしたら QuickTime ムービーや，VRML シーンといったメディア要素がいくつかある。ページには，ラジオボタンや，リストから項目を選べるプルダウン・メニューも含まれている。最後に，サーチエンジンがある。単語か句を打ち込んで，検索ボタンを押せば，コンピュータは入力に合致するものを見つけようとして，ファイルやデータベースを走査するだろう。

1990 年代のプロトタイプ的な文化的インターフェースの例をもう一つ挙げるとすれば，1990 年代の最もよく知られた CD-ROM である《ミスト》（ブローダーバンド，1993 年）をロードしてもよいかもしれない（あなたのコン

ピュータでそれがまだ動くとして)。《ミスト》の冒頭ははっきりと映画を思い起こさせるもので，クレジットがゆっくりと画面をスクロールし，雰囲気作りのための映画的なサウンドトラックが添えられている。次いで，コンピュータ画面には開かれた書物が示され，マウスのクリックを待ち構えている。今度は，Macintosh のインターフェースの見慣れた要素が姿を現し，《ミスト》が映画と書物の新たなハイブリッドであることに加えて，コンピュータ・アプリケーションでもあることを思い起こさせてくれる——画面上部にある標準的な Macintosh スタイルのメニューからの選択によって，音量や画質を調整できるのだ。最終的には，ゲームの内側に連れられていき，そこでも印刷された言葉と映画の相互作用が続く。ヴァーチャル・カメラがある島の画像をフレームに収め，それがディゾルヴしながら継起するのと同時に，あなたは書物や手紙と遭遇し続け，それが画面を乗っ取り，どうやってゲーム内を進んでいけばよいのか手がかりを与えてくれる。

　コンピュータ・メディアがコンピュータに保存された一連の文字（キャラクタ）と数字にすぎないとすれば，そのユーザーへの提示の仕方はたくさんある。とはいえ，あらゆる文化的言語の例に漏れず，そうした可能性のうち，歴史のある時点で実現可能なようにみえるのは，ほんのいくつかだけにすぎない。ちょうど 15 世紀初頭のイタリアの画家が非常に特殊な仕方——たとえば 16 世紀のオランダの画家とはかなり異なる仕方——でしか絵画を構想できなかったのと同

じように，今日のデジタルデザイナーやアーティストは，行動の文法やメタファーのあらゆる可能性から成るより大きな集合のうち，ほんの小さな部分だけを使っているにすぎない。

　なぜ，文化的インターフェース――ウェブページ，CD-ROM のタイトル，コンピュータゲーム――は，今あるような姿をしているのだろうか？　なぜ，デザイナーたちはコンピュータ・データをある種のやり方で組織し，他のやり方ではしないのか？　なぜ彼らは，あるインターフェースのメタファーを用いて，他のメタファーを用いないのか？

　私の考えでは，文化的インターフェースの言語は，ほとんど，他のすでになじみの文化的形態が持っている要素から作り上げられている。以下，そのような形態のうちの 3 つが，文化的インターフェースの言語に，最初の 10 年間――つまり 1990 年代――でどのような貢献をしたのかを探ってみたい。私が焦点を合わせる 3 つの形態は，先ほど論じた 1990 年代のプロトタイプ的なニューメディアのオブジェクトである《ミスト》の冒頭のシークエンスに姿を現している。それらは一つずつ，私たちの目の前で活性化されるのだ。最初の形態は映画であり，二番目は印刷された言葉，そして三番目は汎用のヒューマン・コンピュータ・インターフェースである。

　後ほど明らかになるように，私は「映画」と「印刷された言葉」という用語を省略法として使っている。これら

の用語は，映画作品や小説といった特定の対象ではなく，より大きな文化的伝統を表しているのである（「文化的形態」，「メカニズム」，「言語」，「メディア」といった用語を使うこともできるだろう）。そのため，「映画」には，移動性を持ったカメラ，空間表象，編集の技法，物語上の慣習，観客の活動——要するに，映画の知覚，言語，受容に関わるさまざまな要素——が含まれている。それらの要素は，何も20世紀のフィクション映画という制度だけに限って存在するわけではなく，パノラマや，幻燈スライドや，演劇や，他の19世紀の文化的形態のうちにすでに見つかるかもしれないし，同様に，20世紀半ば以降は，映画作品にだけでなく，テレビやヴィデオの番組にもみられるものだった。「印刷された言葉」の場合，私が言及しているのは，何世紀もかけて発展してきた一連の慣習（印刷術の発明以前のものさえある），今日では，雑誌から取り扱い説明書に至るまで，無数の形態の印刷物が共有している慣習——すなわち，1段ないし複数の段の文章を収めた矩形のページ，文章に囲まれた挿絵や他のグラフィックス，逐次的に連なっていくページ，目次や索引——でもある。

　現代のヒューマン・コンピュータ・インターフェースの歴史は，印刷された言葉や映画の歴史よりはずっと短いものだが，それでも歴史は歴史である。画面上のオブジェクトの直接的な操作，互いに重なり合うウィンドウ，アイコンによる表象，ダイナミックなメニューといった原理は，1950年代初頭から1980年代初頭まで数十年にわたって

徐々に練り上げられてきて，ついには Xerox Star（1981年）や，アップルの Lisa（1983年）や，最も重要なものとしてアップルの Macintosh（1984年）といった商業的なシステムの中に登場するようになった[4]。以来，そうした原理は，コンピュータをオペレートするための慣習として一般に容認されるようになると同時に，それ自体で一つの文化的言語となった。

映画，印刷された言葉，ヒューマン・コンピュータ・インターフェース——こうした伝統は，情報を組織してそれをユーザーに提示したり，空間と時間を相関させたり，情報にアクセスする最中の人間の経験を構造化したりする独自のやり方をそれぞれ発展させてきた。本文の記されたページと目次であるとか，移動性を持った視点を用いて航行できる，矩形のフレームで枠取られた 3D 空間であるとか，階層型のメニュー，変数，パラメータ，コピー／ペーストや検索／置換などのオペレーションといった 3 つの伝統に属する要素や，さらにまた別の要素が，今日の文化的インターフェースを形作っている。映画，印刷された言葉，それに HCI とは，情報組織のためのメタファーや戦略の 3 つの主要な貯蔵庫であり，文化的インターフェースの供給源となっているのだ。

これら 3 つの伝統がどれも同じ概念的な平面を占めているかのように扱うことには，ある利点——理論にとっての思いがけない贈り物——がある。それらが，いわば 2 種類の異なる文化的な種に属していると考えるのは至極当然

だ。HCIがどんな種類のデータを操作するのにも使える汎用ツールであるとすれば，印刷された言葉と映画は，どちらもより一般性が低く，ある特定の種類のデータ——印刷の場合は文章，映画の場合は3D空間で生じる視聴覚的な物語——を組織するための独自のやり方を提供する。HCIは機械をオペレートするための制御システムであるのに対して，印刷された言葉と映画は，文化的伝統であり，人間の記憶と経験を記録する独特のやり方であり，情報の文化的・社会的交換のためのメカニズムである。HCI，印刷された言葉，映画をひとまとめにすることによって，私たちは予想していた以上にこの三者に共通点があることに気づく。一方でHCIは，いまや半世紀にわたって私たちの文化の一部となっているため，すでに有力な文化的伝統にして，人間の記憶と経験を表象する独自のやり方を提供する文化的言語となっている。この言語は，階層的に組織された別個のオブジェクトというかたちで（階層型ファイルシステム），あるいはカタログ（データベース）や，ハイパーリンクを介して互いにリンクされた複数のオブジェクト（ハイパーメディア）として語る。他方で，印刷された言葉と映画も，歴史的に見れば特定の種類のデータに結びつけられてきたとはいえ，インターフェースとみなせるのだということが分かり始めている。各々が独自の行動の文法を持ち，独自のメタファーを伴い，ある特定の物理的なインターフェースを提供している。書物や雑誌は，別々のページから成る中身の詰まったオブジェクトで

あり，ページからページへと直線的に進んだり，個々のページに印を付けたり，目次を使ったりといった行動を伴う。映画の場合，その物理的なインターフェースは映画館の特殊な建築的配置であり，3D 仮想空間に向けて開いている窓がそのメタファーである。

今日，昔からある物理的な記憶装置──紙，フィルム，石，ガラス，磁気テープ──からメディアが「解放」されるにつれて，以前は内容と物理的に結びつけられていた印刷された言葉や映画というインターフェースも「解放」されるようになっている。デジタルデザイナーは，ページとヴァーチャル・カメラ，目次と画面，栞と視点を自在にミックスすることができる。もう特定の文章や映画作品に埋め込まれているわけではないので，こうした組織化の戦略の数々はいまや私たちの文化の中で自由に動き回っており，新たなコンテクストで利用できる。この点で，印刷された言葉と映画は，実際にインターフェースになったのである──ひと揃いのふんだんなメタファー，コンテンツ内を航行したり，データにアクセスし，それを保存したりするやり方に。コンピュータ・ユーザーにとっては，概念的にも心理的にも，それらの要素はラジオボタンや，プルダウン・メニューや，コマンドラインでのコールや，標準的なヒューマン・コンピュータ・インターフェースの他の諸要素と同じ平面上に存在しているのだ。

それでは，映画，印刷された言葉，HCI という３つの文化的伝統に備わっている諸要素のうちのいくつかを論じ

て，それらがどのように文化的インターフェースの言語を形作ってきたのかを見てみよう。

印刷された言葉

1980 年代に，PC と文書処理ソフトウェアがありふれたものになるにつれて，文章は大量にデジタル化された最初の文化的媒体となった。すでに 1960 年代，デジタル・メディアという概念が生まれる 25 年前に，研究者たちは人間によって書かれた著作——本，百科事典，技術論文，小説など——の全体をオンラインで利用可能にすることを考えていた（テッド・ネルソンのザナドゥ計画のことである[5]）。

　文章は，さまざまなメディア・タイプの中でも特異な存在であり，コンピュータ文化において特権的な役割を演じている。文章は一方ではメディア・タイプのうちの一つであるとともに，他方ではコンピュータ・メディアのメタ言語，つまり，3D オブジェクトの座標，デジタル画像のピクセル値，HTML でのページのフォーマット化といった，他のあらゆるメディアが表現される場としてのコードでもある。文章はまた，コンピュータとユーザーがコミュニケーションを取るための主要な方法でもある。ユーザーがシングルラインのコマンドを打ち込んだり，英語の部分集合で書かれたコンピュータ・プログラムを実行したりすると，コンピュータはエラーコードやテキストメッセージを表示することで応答する[6]。

　コンピュータがそのメタ言語として文章を使っていると

すれば，文化的インターフェースの方は，人間の文明が存在してからこの方ずっと発展させてきた文章編成の諸原則を受け継いでいる。そうした原則の一つが，ページ——すなわち，限られた量の情報を含み，何らかの順序でアクセスされるようにできていて，他のページと特殊な関係を持っている矩形の表面——である。現代のかたちのページが生まれたのは，キリスト教の時代の最初の数世紀間に，粘土板とパピルスの巻物が冊子本——書かれたページを集めて，一方の側を合わせて綴じたもの——に取って代わられたときだった。

　文化的インターフェースは，私たちが「ページというインターフェース」になじんでいることを当てにしつつ，その定義を拡張して，コンピュータが可能にした新たな概念を含めようとする。1984年，アップルはグラフィカル・ユーザー・インターフェースを導入して，互いが隠れるように積み上げられた，重なり合うウィンドウ——本質的には，本のページの集合——にデータを提示した。ユーザーはページとページの間を行ったり来たりするほか，個々のページ内をスクロールできた。こうして，伝統的なページはヴァーチャルなページとして定義し直されて，コンピュータ画面の限られた表面よりもずっと大きいこともある表面となるのである。1987年，アップルは人気を博したHyperCardというプログラムを導入した。このプログラムは，ページの概念を新たなやり方で拡張した。いまや，ユーザーはページ内にマルチメディア要素を含めるととも

に，ページどうしに，その順序にかかわらず，リンクを設けることができた。数年後，HTML のデザイナーたちは，分散型の文書——文書の異なる部分が，ネットワークでつながれた別のコンピュータ上に置かれているもの——を作成できるようにすることで，ページという概念をさらに拡張した。この発展とともに，ページがしだいに「ヴァーチャル化」していく長い過程は新たな段階に到達した。粘土板に書かれ，ほとんど不滅のものだったメッセージは，紙の上のインクに取って代わられた。今度はインクが，コンピュータ・メモリのビットに取って代わられて，それが電子的な画面の上に文字を作り出す。いまや，HTML によって，単一のページの諸部分を異なるコンピュータ上に置けるようになって，ページはさらに流動的で不安定なものになっているのだ。

　コンピュータ・メディアにおいてページという概念が発展していくさまを，別の仕方で読み解くこともできる——つまり，冊子本という形態の発展形としてではなく，古代エジプト，ギリシャ，ローマのパピルスの巻物のようなそれ以前の形態への回帰として。コンピュータ上のウィンドウや，ワールドワイドウェブのページに含まれているコンテンツをスクロールして見ていくことは，現代の本のページをめくるというよりは，巻物を広げることに似ている。1990 年代のウェブの場合，情報は一挙に与えられるのではなく，むしろ上から下に，逐次的にやって来るのだから，巻物との類似性はいっそう顕著である。

文化的インターフェースが，ページのさまざまな歴史的形態を一緒くたにしながら，ページの定義を拡張しているやり方の好例に，イギリスのデザイン集団アンチロムが1997年にホットワイアードのRGBギャラリーのために作ったウェブページがある[7]。このデザイナーたちが作ったのは，異なるフォントサイズで文章が書かれた矩形のブロックが，はっきりとした順序なしに配列された大きな表面だった。ユーザーは，好きな方向に動きながら，ブロックからブロックへと飛ばし読みするよう促される。文化が違えば読む向きも違うが，ここではそれが単一のページ内で組み合わされているのだ。

　ウェブページは1990年代半ばにはすでに多種多様なメディア・タイプを含んでいたが，本質的には伝統的なページのままだった。さまざまなメディア要素——グラフィックス，写真，デジタルヴィデオ，音声，3D世界——は，文章を含んだ矩形の表面の内部に埋め込まれていた。その限りで，典型的なウェブページは，概念的には新聞のページに似たものだった——新聞のページでも文章が支配的で，他の面へのリンクがあり，写真，デッサン，表，グラフが間に埋め込まれているのだから。VRMLの熱烈な支持者たちはこうした階層秩序（ヒエラルキー）を覆すことを望んで，ワールドワイドウェブが巨大な3D空間として描かれ，その内部に文章も含んだ他のあらゆるメディア・タイプが存在している，という未来を思い描いた[8]。だが，ページの歴史が何千年もの昔にさかのぼることを考えると，私はページが

そんなに早く消滅してしまうことはないと思う。

　ウェブページが新しい文化的慣習になっていくと，その支配的な立場をおびやかすような，アーティストたちによる2つのウェブブラウザが登場する——I/O/D集団によるWeb Stalker[9]（1997）と，マーチェイ・ヴィジネフスキーのNetomat[10]（1999）である。Web Stalkerは，ウェブのハイパーテキスト的な性質を強調し，標準的なウェブページではなく，そのページが含んでいるハイパーリンクのネットワークを描き出す。ユーザーが特定のページのURLを入力すると，Web Stalkerはそのページにリンクしているあらゆるページを折れ線グラフで表示するのだ。Netomatも同じく，ウェブにみられるページという慣習を退ける。ユーザーが単語や句を入力すると，それがサーチエンジンに渡される。そうするとNetomatは，見つかったページから，ページのタイトルや，画像や，音声や，ユーザーが指定する他の任意のメディア・タイプを抽出して，コンピュータ画面中に漂わせる。以上のことからも分かるように，どちらのブラウザもページのメタファーを退け，代わりに独自のメタファー——Web Stalkerの場合はリンク構造を示すグラフ，Netomatの場合は諸々のメディア要素の流れ——を使っている。

　1990年代のウェブブラウザや他の商業的な文化的インターフェースは，現代のページというフォーマットを維持し続けてきた一方で，文章を編成し，それにアクセスするための，書物の伝統にはほぼ前例のない新しいやり方——

すなわち，ハイパーリンクによる結びつき——に頼るよう
にもなった。ハイパーリンクの由来をたどって，トーラー
の解釈と脚注のような，かつての非逐次的な文章編成の形
態と実践にまでさかのぼりたくなるかもしれないが，実際
には両者は根本的に異なっている。トーラーの解釈と脚注
はどちらも，文章どうしの間に主人と奴隷の関係があるが，
HTML，またそれ以前にはHyperCardによってなさ
れるハイパーリンクによる結びつきの場合，そうした階層
秩序に基づく関係は想定されていない。ハイパーリンクに
よって結合される2つの出典は同じ重みを持っているの
で，どちらかがどちらかを支配するということはないの
だ。したがって，1980年代にハイパーリンクが受け入れ
られたことは，同時代の文化においてあらゆる階層秩序が
不信の目で見られたことや，根本的に異なる出典が単一の
文化的オブジェクト内で一緒くたにされるコラージュの美
学が好まれたことと相関しているのかもしれない。

　伝統的に，文章は人間の知識や記憶を符号化し，新たな
考え，世界の新たな解釈法，新たなイデオロギーを取り入
れさせるべく，読者を教育し，鼓舞し，納得させ，そその
かした。要するに，印刷された言葉は，修辞的な技巧と結
びついていたのである。おそらく，ハイパーメディアの新
たな修辞学を作り上げることも可能だろう。つまり，読者
の注意を議論からそらすためではなく（今日，多くの場合
にそうなっているわけだが），議論の有効性を読者にさらに
納得させるためにハイパーリンクを用いるのである。だ

が，ハイパーリンクの存在と流行そのものが，現代では修辞学の領域がたえず衰退していることを例証している。古代・中世の学者たちは，何百もの異なる修辞的な文彩を類別した。20世紀半ばに言語学者のローマーン・ヤーコブソンは，教鞭を執っていたMITで触れたコンピュータの二進法の論理や情報理論やサイバネティクスの影響を受けて，修辞学をラディカルに2つの文彩だけに還元した——メタファーとメトニミーである[11]。最後に1990年代には，ワールドワイドウェブにおけるハイパーリンクによる結びつきが，メトニミーという唯一の文彩だけを特権視して，他のあらゆる文彩を退けた[12]。ワールドワイドウェブ上のハイパーテキストは，読者を文章から文章へと無限に導いていく。コンピュータ・メディアの流布したイメージとして，人間の文化を1棟の巨大な図書館（これは何らかの整理の体系を含意する）や，1冊の巨大な本（これは物語的な進展を含意する）にすっかり押し込めるというものがあるが，むしろそれとは逆に，ニューメディアの文化を無限に続くフラットな平面とみなす方が正確だろう。そこでは，アンチロムがホットワイアードのためにデザインしたウェブページのように，個々の文章は特定の順序を持たずに置かれているのである。この比較をさらに広げるなら，ランダムアクセス・メモリ〔RAM〕——〔アンチロムという〕グループの名前の背後にある概念——もまた，階層秩序の欠如を含意していることに気づくだろう。つまり，RAMの任意の場所には，他のどの場所とも同じ速さでア

クセスできる。本，フィルム，磁気テープといった旧来の保存メディアでは，データが逐次的かつ直線的に組織され，そのため物語的あるいは修辞学的な経路が示唆されていたが，それとは対照的に，RAM はデータを「フラット化」する。論拠と実例，ある論点とそれに対立する論点を慎重に配置したり，提示のリズム（現代の言葉を使うなら，データ・ストリーミングのレート）を変化させたり，偽の道筋をシミュレートしたり，概念的なブレークスルーを劇的に提示したりすることによってユーザーを引きつけるのではなく，文化的インターフェースは，RAM そのものに倣って，ユーザーに対してあらゆるデータを一挙に浴びせかけるのである[13]。

　1980 年代に多くの批評家は，「ポストモダニズム」がもたらした主たる結果の一つを，空間化という結果——時間に対して空間を特権視し，歴史的な時間をフラット化し，大きな物語を拒否すること——であると評した。同じ 10 年間に発展したコンピュータ・メディアは，そのような空間化をいわば文字通りに成し遂げた。つまり，コンピュータ・メディアは，逐次的なストレージに代わってランダムアクセスによるストレージを，階層秩序に基づく情報の組織化に代わってフラット化されたハイパーテキストを，小説や映画の物語における心理的な動きに代わって空間内の物理的な運動を用いるようになった——コンピュータ・アニメーションによる無数のフライスルーや，《ミスト》や《ドゥーム》や他にも数え切れないほどあるコンピュータ

ゲームが示すように。要するに，時間は，フラットな画像や風景，つまり目を向けたり，その中を航行したりする対象となったのである。もしここで何らかの新しい修辞学や美学が可能であるとすれば，それは作家や演説者が時間を順序づけることよりも，空間的にさまようことといっそう関係が深いのかもしれない。ハイパーテキストの読者はロビンソン・クルーソーのようなもので，砂地を歩いて横切りながら，航海日誌や，腐った果物や，何に使ってよいのか分からない道具を拾い集めながら，コンピュータのハイパーリンクのごとく，たまたま見つけたオブジェクトからオブジェクトへと連なる痕跡を残していくのである。

映画

　印刷された言葉は，当初は文化的インターフェースの言語を支配していたが，今ではその重要性を失いつつある。その一方で，映画的な要素の役割が徐々に顕著になっている。これは，現代社会の一般的な趨勢が，情報を文章としてではなく，ますますタイムベースの視聴覚的な動画像のシークェンスというかたちで提示するようになっていることと一致している。新世代のコンピュータ・ユーザーとデザイナーはどちらも，印刷された文章よりもテレビが支配する豊かなメディア環境で育っているので，彼らが印刷の言語よりも映画的言語を好むのは驚くことではない。

　映画の誕生から100年が経過して，映画的なやり方で世界を見て，時間を構造化し，物語を語り，経験と経験を結

びつけることは，コンピュータ・ユーザーがあらゆる文化的データにアクセスし，それとインタラクトする際の基本的な手段となった。その点で，コンピュータは，視覚的なエスペラント語としての映画という約束——グリフィスからヴェルトフに至るまで，1920年代の多くの映画作家と批評家の心を奪った目標——を成就している。実際，今日では何百万人ものコンピュータ・ユーザーが，同じコンピュータ・インターフェースを使って互いにコミュニケーションを取っている。しかも，映画の場合，たいていの「ユーザー」は映画的言語を理解できても，それをしゃべる（つまり，映画を作る）ことができないのに対して，コンピュータ・ユーザーは皆，インターフェースの言語をしゃべることができる。誰もがインターフェースの能動的なユーザーであって，インターフェースを使ってメール送信，ファイル編成，多種多様なアプリケーションの実行などといった多くの仕事を成し遂げているのである。

　本来のエスペラント語は，真に一般的に普及することは決してなかった。それに対して，文化的インターフェースはあまねく用いられ，容易に習得されている。私たちが手にしているのは，文化的言語の歴史でこれまでに例のない状況である——つまり，比較的少人数のグループによってデザインされた言語が，ただちに何百万人ものコンピュータ・ユーザーに採用されているのだ。北カリフォルニアの20代のプログラマーが前日の晩になんとかまとめ上げた代物を，今日，世界中の人々が採用するなどということが

どうして可能なのか？　私たちは何らかの仕方で生物学的にそのインターフェース言語に「つながっている^{ワイヤード}」と結論づけるべきだろうか——ちょうど，ノーム・チョムスキーの独創的な仮説に従えば，私たちがさまざまな自然言語に「つながっている^{ワイヤード}」のと同じように？

　答えはもちろん，ノーだ。100年前の映画であろうと，今日の文化的インターフェースであろうと，ユーザーは新しい文化的言語を習得することができる。というのも，そうした言語は，それ以前の，すでになじみの文化的形態に基づいているからだ。映画の場合，その材料となった文化的形態には，演劇や，幻燈ショーや，他の19世紀の大衆娯楽の諸形態がある。文化的インターフェースの方は，映画や印刷された言葉といった旧来の文化的形態を利用している。前節では，印刷された言葉の伝統がインターフェースの言語を構造化しているいくつかのやり方について論じた。今度は映画の番だ。

　映画が文化的インターフェースに与えた影響のうち，最も重要と思われる事例から始めよう——移動性を持ったカメラのことだ。カメラ・モデルは，元はと言えばCAD〔計算機支援設計〕や，フライト・シミュレータや，コンピュータによる映画制作などのアプリケーション用に，3Dコンピュータグラフィックスのテクノロジーの一部として開発されたのだが，1980年代と1990年代になると，スクロールできるウィンドウや，カット＆ペーストのオペレーションと同程度にインターフェースの慣習の一角を占め

るようになった。つまり，三次元で表される任意のデータとインタラクトするための広く容認されたやり方となったのである。コンピュータ文化においては，文字通り一切合財が三次元で表されている——物理的なシミュレーションの結果，建築現場，新しい分子の図案，統計データ，コンピュータ・ネットワークの構造，等々。コンピュータ文化があらゆる表象と経験を徐々に空間化していくにつれて，それらはカメラがデータにアクセスする際の特定の文法に従属するようになる。ズーム，ティルト，パン，トラッキング——いまやこうしたオペレーションは，データ空間，モデル，オブジェクト，身体とインタラクトするために使われている。

　物理的な現実に向けられた映画のカメラという物理的な筐体の中への歴史的かつ一時的な「監禁」から引き離され，ヴァーチャル化されたカメラは，3D 空間に加えて，あらゆる種類のメディアと情報に対するインターフェースにもなる。一例として，主導的な地位にあるコンピュータ・アニメーションのソフトウェアであるエイリアス・ウェーヴフロント社の PowerAnimator[14] の GUI を検討してみよう。このソフトウェアのインターフェースの場合，各々のウィンドウには，表示されているのが 3D モデルなのか，グラフなのか，さらにはプレーンテキストなのかに関わりなく，〈ドリー〉，〈トラック〉，〈ズーム〉のボタンが含まれている。とりわけ重要なのは，ユーザーが文章に対しても，あたかもそれが 3D のシーンであるかのように

ドリーやパンをするものとされていることだ。このインターフェースでは，カメラがページを包摂してしまうことで，映画的な視覚が印刷の伝統を打ち負かしている。グーテンベルクの銀河系が，リュミエールの宇宙の部分集合にすぎないと判明するのである。

　文化的インターフェースのうちに存続している映画的知覚のもう一つの特徴は，表象された現実を矩形のフレームで切り取ることである[15]。映画それ自体，そのようなフレーミングを西洋絵画から受け継いでいる。ルネサンス以来，フレームは，それを越えて広がっているとされるより大きな空間への窓として機能してきた。その空間は，フレームの矩形によって，2つの部分——「画面内の空間」，つまりフレームの内側にある部分と，フレームの外側にある部分——に切り取られる。レオン・バッティスタ・アルベルティの有名な定式化では，フレームは世界に向けて開かれた窓として機能する。あるいは，フランスの映画理論家ジャック・オーモンと彼の共著者たちが行ったより最近の定式化では，「画面内の空間は通常，より大きな遠近法的空間に包含されているように受けとられ，画面に見えているのは一部分だけであっても，その周囲にはなお遠近法的な空間が広がっているようにみなされるのである[16]」。

　絵画や写真における矩形のフレームが，その外側に広がっているより大きな空間の一部を提示しているのと同じように，HCIにおけるウィンドウも，より大きな文書の一部を表示する。だが，絵画（そして後には写真）において

は，芸術家が選んだフレーミングが最終的なものであるのに対して，コンピュータ・インターフェースは，フレームの移動性という，映画によって導入された新たな発明の恩恵を受けている。ちょうど映画–眼（キノ・アイ）が，ある空間の周囲を動いて，その空間のさまざまな領域を明らかにすることができるように，コンピュータ・ユーザーもウィンドウが示すコンテンツ内をスクロールしていくことができるのだ。

　VRML によって作られた世界のような，画面を介したインタラクティヴな 3D 環境もまた映画の矩形のフレーミングを用いているのは驚くべきことではない。他の映画的視覚の諸要素，とりわけ移動性を持ったヴァーチャル・カメラにも頼っているからだ。しかし，仮想現実（ヴァーチャル・リアリティ）のインターフェースが，しばしばあらゆるインターフェースのうちで最も「自然」なものとして売り込まれるにもかかわらず，やはり同じフレーミングを使っているのは驚くべきことかもしれない[17]。映画の場合と同じように，VR のユーザーに提示される世界は矩形のフレームによって切り取られ，映画の場合と同様，そのフレームはより大きな空間の一部を表示し[18]，ヴァーチャル・カメラが動き回ってその空間のさまざまな部分を明らかにするのである。

　もちろん，いまやカメラはユーザーによって制御され，実際，ユーザー自身の視覚と同一視されている。それでも，VR において，仮想世界を矩形のフレームを通じて見て，そのフレームがつねにより大きな全体の一部だけを提示するということは決定的に重要だ。フレームが作り出す

のは，媒介されない視覚よりもずっと映画的知覚に近しいような，独特の瞬間的体験なのである。

インタラクティヴな仮想世界は，画面を介したインターフェースとVRインターフェースのどちらでアクセスされるかにかかわらず，しばしば，映画を必然的に引き継ぐものとして，つまり，映画が20世紀の鍵となる文化的形態だったのと同じように21世紀の鍵となる文化的形態になりうるものとして論じられる。そうした議論はたいてい，インタラクションとナラティヴの問題に焦点を合わせる。たとえば，21世紀の映画がどうなるかについての典型的なシナリオに含まれているのは，ユーザーがアバターで表され，フォトリアリズム的な3Dコンピュータグラフィックスで描かれた物語空間の「内側」に文字通り存在し，ヴァーチャル・キャラクターや場合によっては他のユーザーともインタラクトし，物語上の出来事の成り行きに影響をもたらすというような事態である。

このシナリオ，あるいはこれに類するシナリオが，本当に映画を拡張したものを表しているのか，それともむしろ即興劇や前衛劇といった演劇の伝統の延長線上にあるものとみなすべきなのかについては，議論が分かれるところだ。しかし，確実に言いうるのは，ヴァーチャル・テクノロジーが映画のものの見方や映画言語にますます強く依存するようになっているということだ。そのことは，商標を持った高価なVRシステムから，VRMLのような，もっと入手しやすい標準化されたテクノロジーへの移行と時を

同じくしている（以下に続く実例は，SGI 社の WebSpace Navigator 1.1[19] という特定の VRML ブラウザを参照しているが，他の VRML ブラウザも似たような特徴を持っている）。

VRML の世界の作り手は，世界と一緒にロードされるいくつかの視点を定義することができる[20]。それらの視点は，VRML ブラウザの特別なメニューに自動的に現れ，それによってユーザーは視点を一つ一つ切り替えていくことができる。映画の場合もそうだったように，存在論と認識論はつながっている。つまり，世界は特定の視点から見られるべくデザインされるのだ。このように，仮想世界のデザイナーは，建築家であるとともに撮影監督でもある。ユーザーはその世界を歩き回ることもできるし，さもなければ撮影監督がすでに最良の視点を選んでくれているという，なじみのある映画の観客の立場を引き受けて時間を節約することもできる。

VRML ブラウザで視点から視点へとどのように移行するかを制御する別のオプションも同じく興味深い。デフォルトでは，ヴァーチャル・カメラは現在の視点から次の視点へと，ドリーに乗っているかのように滑らかに進み，その動きはソフトウェアが自動的に計算する。「ジャンプ・カット」というオプションを選ぶと，最初の光景から次の光景にカットするようになる。どちらのモードも，明らかに映画に由来するものだ。どちらも，自分の力だけで世界を探険しようとするよりも効率的なのである。

VRML のインターフェースでは，自然はしっかりと文

化に包摂されている。眼は映画 - 眼（キノ・アイ）に従属し，身体はヴァーチャル・カメラの仮想的な身体に従属する。ユーザーは経路や視点を自由に選んで，自分で世界を調査することができるが，インターフェースの方は，カットや，あらかじめ計算されたドリーのような動きや，前もって選択された視点といった映画的な知覚を特権視しているのだ。

コンピュータ文化のうち，映画のインターフェースの文化的インターフェースへの変容が最も大胆に押し進められている領域は，コンピュータゲームである。1990 年代までに，ゲームデザイナーたちは二次元から三次元に移行し，映画言語をいよいよ体系的な仕方で組み込み始めていた。ゲームは，ムードを定め，舞台背景を据え，ナラティヴを導入するような，贅沢な映画的シークェンス（ゲームビジネスでは「シネマティックス」と呼ばれている）を目玉とし始めた。しばしばゲーム全体が，ユーザーからのインプットを要求するインタラクティヴな断片と，非インタラクティヴな映画的シークェンス——すなわち「シネマティックス」——との間を揺れ動くものとして構造化されるようになった。90 年代が進むにつれて，ゲームデザイナーたちはますます複雑な——そして，ますます映画的な——インタラクティヴ仮想世界を作っていく。ゲームはどんなジャンルのものでも，伝統的な映画から借用された映画撮影の技法に頼るようになった——カメラ・アングルや被写界深度を表現力豊かに使ったり，雰囲気作りのためにコンピュータ生成による 3D のセットに劇的な仕方で照明を当て

たりしたのである。90年代初頭には，多くのゲームで，《セブンス・ゲスト》（トライロバイト，1993）や《ヴォワイユール》（フィリップス・インタラクティヴ・メディア，1994）のように，俳優が出演するデジタルヴィデオが，2Dや3Dの背景に重ね合わされて用いられていたが，同年代末には，完全に合成によるキャラクターがリアルタイムで描かれるというやり方に転換していた[21]。ゲームデザイナーたちは，この転換によって，それ以前のデジタルヴィデオに基づく分岐型構造のゲームを越えて先に進めるようになった。起こりうるすべてのシーンを前もってヴィデオに録画しておかねばならなかったのに対して，リアルタイムで動かされる3Dのキャラクターは，勝手気ままに空間を動き回り，空間それ自体もゲームの最中に変化しうる（たとえば，プレイヤーがすでに訪れたエリアに戻れば，自分でさっき置いた物体が見つかる）。また，この転換によって仮想世界がいっそう映画的にもなった。キャラクターを周囲の環境と視覚的により巧みに統合できるようになったからである[22]。

コンピュータゲームが映画言語を使用し，さらには拡張するやり方のとりわけ重要な実例は，ダイナミックな視点の採用である。自動車や飛行機のシミュレータや，《鉄拳》（ナムコ，1994-）のような格闘ゲームでは，車の衝突や必殺打のような出来事が，自動的に異なる視点からリプレイされる。《ドゥーム》シリーズ（イド・ソフトウェア，1993-）や《ダンジョンキーパー》（ブルフロッグ・プロダク

ションズ，1997）といったゲームでは，ユーザーが，主人公の視点と上から下を見た鳥瞰図を切り替えられるようになっている。Active Worlds のようなオンライン仮想世界のデザイナーたちは，ユーザーに似たような権限を与えている。任天堂はさらに先に進んで，NINTENDO64 のジョイパッドのうち4つのボタンを，アクションの眺めの制御に割り振っている。《スーパーマリオ64》（任天堂，1996）のような任天堂のゲームでは，ユーザーはプレイの最中にカメラの位置を絶えず調整することができる。《トゥームレイダー》（アイドス・インタラクティヴ，1996）といった，ソニーのプレイステーション用のいくつかのゲームも，視点を変更するためにジョイパッドのボタンを使っている。《ミス──闇の破壊神》（バンジー，1997）などのゲームは，カメラを自動的に制御するために，AIエンジン（プレイヤーが遭遇する人間のキャラクターといった，ゲーム内のシミュレートされた「生命」を制御するコンピュータ・コード）を使っている。

　ヴァーチャル・カメラの制御がゲームのコンソールというハードウェアそのものに組み込まれたことは，真に歴史的な出来事である。ヴァーチャル・カメラの指揮を執ることは，主人公のアクションの制御と同じくらい重要となっている。ゲーム産業自体もその事実を認めている。たとえば，《ダンジョンキーパー》のパッケージで宣伝されている4つの主な特徴は，「パースペクティヴを切り替えろ」，「視野を回転させろ」，「友達と対戦せよ」，「隠しレベルを

暴き出せ」だが，そのうち最初の2つはカメラの制御に関わっている。この《ダンジョンキーパー》のようなゲームでは，映画的知覚はそれ自体で主題として機能しており，1920年代の「新しい視覚」の運動（モホリ＝ナジ，ロトチェンコ，ヴェルトフほか）の回帰をほのめかしている――その運動もまた，写真や映画のカメラの新たな移動性を前景化し，慣例にとらわれない視点をその詩学の主要な部分にしていたのだった。

　コンピュータゲームと仮想世界が，映画-眼の文法を，ソフトウェアとハードウェアの中に着実にエンコードし続けているという事実は，たまたま起こった出来事ではなく，1940年代以来の文化のコンピュータ化――つまり，あらゆる文化的なオペレーションの自動化――の全般的な軌跡と一致するものだ。この自動化は，基本的なオペレーションからより複雑なオペレーションへと徐々に進んでいく――画像処理やスペルチェックから，ソフトウェア生成によるキャラクター，3D世界，ウェブサイトまで。こうした自動化の副次的作用は，ひとたび特定の文化的コードが低レベルのソフトウェアやハードウェアに採用されると，それはもはや選択されたものではなく，疑う余地のないデフォルトの設定とみなされるということだ。画像処理の自動化の例を取り上げるなら，1960年代初頭，新興分野であるコンピュータグラフィックスは，一点透視図法を，まずは3Dソフトウェアに，後にハードウェアに直接組み込んだ[23]。その結果，線遠近法はコンピュータ・アニ

メーション，コンピュータゲーム，視　覚　化^(ヴィジュアライゼーション)，
VRML の世界のどの話であろうと，コンピュータ文化に
おけるデフォルトの視覚様式となった。いま私たちが立ち
会っているのは，視点という映画の文法をソフトウェアと
ハードウェアの中に移し換えるという，この過程の次なる
段階だ。ハリウッドの撮影術がアルゴリズムやコンピュー
タ・チップに移し換えられているために，空間化に委ねら
れたどんなデータとインタラクトする場合にも，その諸々
の慣習がデフォルトの方法となっているのだ（ロサンゼル
スで開催された 1997 年の SIGGRAPH では，ある報告者が，ハ
リウッド流の編集をマルチユーザーの仮想世界ソフトウェアに
組み込むことを呼びかけたのだが，そのようなことが実施され
れば，ユーザーによる他のアバター（たち）とのインタラク
ションは，会話を撮るための古典的ハリウッドの慣習を使って，
自動的に描かれることになるだろう[24]）。マイクロソフトの研
究者たちが執筆した 1996 年の論文「ヴァーチャルな撮影
監督——リアルタイムによる自動的なカメラの制御と指揮
のあり方」の言葉を用いるなら，研究の目標は，「映画制
作の発見的方法」をコンピュータのソフトウェアとハード
ウェアに移し換えつつ，「映画撮影の専門技術」をエンコ
ードすることである[25]。映画は，要素ごとに，コンピュー
タの中に注入されつつある——最初に一点透視図法，そし
て移動性を持ったカメラと矩形の窓，次いで映画撮影と編
集の諸々の慣習，さらには，もちろん，映画から借りてこ
られた演技の慣習に基づくデジタルの登場人物が注ぎ込ま

れ，それにメイキャップや，セットデザインや，ナラティヴの構造そのものが続く。映画はいまや，単にいくつかの文化的言語のうちの一つというよりも，文化的インターフェースそのもの，あらゆる文化的コミュニケーションのための道具箱となりつつあり，印刷された言葉をしのいでいる。

　20世紀の主要な文化的形態である映画は，コンピュータ・ユーザーの道具箱として新たな生命を見出した。映画的な仕方で知覚し，空間と時間を結合し，人間の記憶や思考や感情を表象する手段は，コンピュータ時代に生きる何百万もの人々にとって，仕事の様式にして生活様式となった。映画の美学的な戦略は，コンピュータ・ソフトウェアの基本的な組織化の原則となったのである。映画のナラティヴという虚構世界への窓は，データスケープへの窓となった。要するに，かつて映画だったものは，いまやヒューマン・コンピュータ・インターフェースとなったのだ。

　このセクションの締め括りとして，私はこうした道筋——重ねて言うならば，映画的知覚の諸要素と技法を，任意のデータに対するインターフェースとして使用できる脱コンテクスト化された一連の道具へと徐々に移し換えるという道筋——へのオルタナティヴをさまざまなやり方で差し出しているいくつかのアート・プロジェクトを論じてみたい。そのような移し換えの過程で，映画的知覚は，その元々の物質的な具現化（カメラやフィルム・ストック）からも，それが形成された歴史的コンテクストからも分離され

る。カメラは，映画においては有形の物体として機能し，それが見せてくれる世界と空間的にも時間的にも共存しているのに対して，〔コンピュータ上では〕いまや一連の抽象的なオペレーションになった。私が以下で論じるアート・プロジェクトは，映画的な視覚が具体的な世界から切り離されてしまうことを拒否し，カメラとそれが記録するものを仮想世界の存在論の一部とすることによって，知覚と具体的な現実を再び結びつけている。それらのプロジェクトが拒否するのは，コンピュータ文化による映画的な視覚の普遍化でもある——そのような普遍化は，（ポストモダンの視覚文化全般と同じく）映画をどんなインプットの処理にも用いることのできる道具箱や「フィルター」一式として扱う。それとは対照的に，これらのプロジェクトはそれぞれに何らかの独特な映画的戦略を用いており，その戦略はユーザーに示される特定の仮想世界に対して明確な関係を持っているのである。

ベルリンを拠点とするグループ ART＋COM のヨアヒム・ザウターとディルク・リューゼブリンクは，《過ぎ去った事物の不可視のかたち》で，ベルリンの歴史に関するデータにアクセスするためのじつに革新的な文化的インターフェースを考案した[26]。このインターフェースは，映画的な視覚による記録をその歴史的・具体的なコンテクストに置き返すことによって，映画をいわば脱ヴァーチャル化する。ユーザーは，ベルリンの 3D モデルの中を航行しているうちに，街路に横たわる細長い形態に出くわす。作家

たちが「フィルム・オブジェクト」と呼ぶそれらの形態は，都市の相当する地点で撮影されたドキュメンタリーのフッテージに対応している。それぞれの形態を作り出すにあたっては，元々のフッテージがデジタル化され，フレームが奥行き方向に次々に積み重ねられるのだが，正確な形態は元々のカメラの〔移動撮影やパンなどの〕パラメータによって決まる。ユーザーは，最初のフレームをクリックすることで，フッテージを見ることができる。フレームが次々に表示されていくと，形態はそれに応じて薄くなっていく。

　あらゆる文化的経験を空間化するというコンピュータ文化の一般的な傾向に従って，この文化的インターフェースも時間を空間化し，それを 3D 空間に置かれた形態として表象する。この形態は，本とみなすこともできる——個々のフレームが本のページのように次々と積み重ねられているのだから。カメラがたどった時間と空間の経路は，ページごとに読まれる本となる。カメラの視覚による記録は具体的なオブジェクトとなり，その視覚を生じさせた具体的な現実と空間を共有する。映画が固体化されているのだ。そのため，このプロジェクトは，映画のヴァーチャルな記念碑としても理解できる。（ヴァーチャルな）都市に置かれた（ヴァーチャルな）形態は，映画がデータの検索と使用のための道具箱ではなく，文化的表現を定義づけるような形式だった時代を思い起こさせる。

　ハンガリー生まれのアーティスト，タマシュ・ヴァリツ

キーは，コンピュータ・ソフトウェアによって押しつけられるデフォルトの視覚様式——つまり，一点透視図法——を公然と拒否する。《庭》(1992)，《森》(1993)，《道》(1994) というコンピュータ・アニメーションによる彼のフィルムは，それぞれ，特殊な遠近法のシステム——《庭》では水滴の遠近法，《森》では円柱の遠近法，《道》では逆遠近法——を用いている。このアーティストは，コンピュータ・プログラマーと共同で，こうした遠近法システムを実行するための特製の 3D ソフトウェアを作った。それぞれのシステムは，それが用いられるフィルムの主題と固有の関係を持っている。《庭》の主題は小さな子供の知覚であり，その子供にとって世界はまだ客観的な存在を持っていない。《森》では，移住に伴う精神的なトラウマが，カメラが森の中を果てしなくさまようことへと移し換えられるが，実のところ森は透明な円柱の集合にすぎない。最後に《道》では，ある西洋の主体の自立と孤立が，逆遠近法の使用によって伝えられている。

　《過ぎ去った事物の不可視のかたち》では，カメラによる記録が世界の中に置き直されているのに対して，ヴァリツキーのフィルムでは，カメラと世界は単一の全体へと溶け合わされている。ヴァリツキーは，みずからの作り出す仮想世界を単にさまざまな種類の遠近法に基づく投影に従わせているというよりは，世界それ自体の空間的な構造を変更したのだ。《庭》では，庭で遊ぶ子供が世界の中心となる。女の子が動き回るとき，周囲のあらゆる物体の実際

の幾何学が変容させられ，彼女が近づいていった物体がより大きくなるのだ。《森》の制作にあたっては，いくつかの円柱が互いの内側に置かれ，各々の円柱に木の写真が何度も繰り返し写像されている。フィルムで私たちが目にするのは，カメラがこの静止した果てしない森の中を複雑な空間的経路を描いて進んでいくさまだが，これは錯覚なのだ。実際には，カメラは確かに動いているのだが，各々の円柱が独自のスピードで回転しているため，世界の建築的構造もまた絶えず変化しており，その結果，世界そのものと，それについての私たちの知覚が溶け合わされているのである。

HCI——表象 対 制御

　ヒューマン・コンピュータ・インターフェースの発展は，ごく最近まで，文化的オブジェクトの配布とはほとんど関係してこなかった。1940 年代から 1980 年代初頭——つまり，現世代の GUI が開発され，それが PC の出現に伴って大衆消費市場に及んだ時代——までに，ヒューマン・コンピュータ・インターフェースが主として何に適用されたのかをたどれば，最も重要な事例のリストを作ることができる。そのリストは，武器や兵器システムのリアルタイムでの制御に始まり，科学的なシミュレーション，CAD〔計算機支援設計〕を経て，最終的には，プロトタイプ的なコンピュータ・ユーザーとしての秘書が行う事務作業——文書をフォルダにファイルし，ゴミ箱を空にし，文

書を作成・編集する（「ワード・プロセシング」）——にまで至る。今日では、コンピュータは、文化的データや文化的経験へのアクセス・操作のための非常に多様なアプリケーションを受け入れ始めているのに、そのインターフェースは今なお旧来のメタファーや行動の文法に頼っている。文化的インターフェースも、予想できるように、汎用 HCI の諸要素——文章や他の種類のデータを含んだスクロールできるウィンドウ、階層型のメニュー、ダイアログボックス、コマンドラインによる入力など——を使っている。たとえば、典型的な「アート・コレクション」の CD-ROM は、美術館の空間を航行可能な 3D レンダリングとして提示することで「美術館体験」を再現しようとする一方で、依然として階層型メニューに頼って、ユーザーがさまざまな美術館コレクションを切り替えられるようにしている。《過ぎ去った事物の不可視のかたち》の場合でさえ、旧来の文化的形態にも汎用の HCI にも直接的には由来しない「フィルム・オブジェクト」という独特のインターフェースの解決策を用いながら、デザイナーたちがベルリンのさまざまな地図を切り替えるためにプルダウン・メニューを使っているという点において、やはり HCI の慣習に頼っている。

　ジェイ・デイヴィッド・ボルターとリチャード・グルーシンは、ニューメディアの重要な研究書『リメディエーション』で、媒体を「再メディア化するもの」と定義している[27]。モダニズムの見方が、あらゆる媒体の本質的な特

性を定義しようとするのとは対照的に，ボルターとグルーシンは，すべてのメディアが「再メディア化」によって，つまり，内容と形式の両次元において他のメディアを翻訳し，作り替え，作り直すことによって作動していると述べる。ヒューマン・コンピュータ・インターフェースもまた媒体であると考えるのであれば，その歴史と現在の発展は明確にこのテーゼに合致する。ヒューマン・コンピュータ・インターフェースの歴史は，印刷されたページ，フィルム，テレビといった過去と現在の他のメディアの借用と再定式化，あるいはニューメディアの専門用語を使うなら，再フォーマット化の歴史である。だが，HCI のデザイナーたちは，他のたいていのメディアの慣習を借用してそれらを取捨選択して混ぜ合わせることに加えて，Macintosh が 卓 上 のメタファーを使ったことを始めとして，人間によって作られた物理的な環境の「慣習」を大いに借用してもいる。さらに，HCI は，それ以前のどの媒体にも増してカメレオン的で，コンピュータがある任意の時期にどのように使われているかに応じて，その外観を変化させ続ける。たとえば，1970 年代に，ゼロックス・パークのデザイナーたちが事務所のデスクをモデルにして最初の GUI を作ったのは，自分たちが設計していたコンピュータが事務所で使われることになると考えていたからだが，1990 年代にはコンピュータが主としてメディア・アクセスのための機械として用いられるようになったので，VCR やオーディオ CD プレイヤーの制御装置といったす

でになじみのメディア機器のインターフェースが借用されるようになった。

1990年代の文化的インターフェースは，概して，汎用HCIが提供する制御の豊富さと，本や映画のような伝統的な文化的オブジェクトがもたらす「没入」の体験のあいだにある険しい道を歩こうとする。現代の汎用HCIでは，Mac OSやWindowsやUNIXのどれでも，ユーザーはコンピュータ・データに対して複雑で精密な行動を行うことができる——ある対象についての情報を獲得し，それをコピーし，別の場所に移し，データ表示の仕方を変更する，等々。それに対して，従来の本や映画では，ユーザーは作者が構造を決めたある想像的宇宙の内側に位置づけられている。文化的インターフェースは，こうした2つの根本的に異なり，究極的には相容れないアプローチを調停しようとしているのだ。

一例として，文化的インターフェースがどのようにコンピュータ画面を概念化しているのか考えてみよう。汎用HCIの場合，ある種のオブジェクトが行動を受け付けるかどうか（ファイルを表すアイコンは行動を受け付けるが，デスクトップそのものは行動を受け付けない）は，ユーザーにはっきりと示されるのに対して，文化的インターフェースは概して，連続した表象領域内のハイパーリンクを隠す傾向にある（この技法は1990年代にはすでに広く受け入れられていたため，HTMLのデザイナーたちは「イメージマップ」〔1枚の画像の中に複数のリンクを設定すること〕という機能を作って早くからユーザー

に提供していた）。この領域は、さまざまな画像の二次元的なコラージュだったり、具象的な要素と抽象的なテクスチャーが混じり合ったものだったり、街路や風景などの空間をとらえた1枚の画像だったりする。ユーザーは試行錯誤して、領域全体にわたってクリックすることで、この領域にはハイパーリンクになっている部分もあるということに気づく。このような画面の概念は、2つの別個の絵画的慣習を組み合わせたものだ——画面がヴァーチャルな空間への窓として、つまり観者が覗き込むけれども働きかけはしない対象として機能する、旧来の西洋的な絵画的イリュージョニズムの伝統と、コンピュータ画面をはっきり定義された機能を持つ一連の制御装置に分割し、それによって画面を本質的にはヴァーチャルな計器盤として扱う、グラフィカルなヒューマン・コンピュータ・インターフェースというより最近の慣習との組み合わせなのだ。その結果、コンピュータ画面は、深さと表面、不透明性と透明性、イリュージョン的な空間としての画像と行動のための道具としての画像といった、いくつかの相容れない定義の闘争の場となっている。

　コンピュータ画面は、イリュージョン的な空間への窓としても、文章によるラベルとグラフィカルなアイコンを備えた平らな面としても機能する。このことは、17世紀のオランダ芸術における絵画の表面についての似たような了解と関連づけることができる。美術史家のスヴェトラーナ・アルパースは、古典的な研究『描写の芸術』で、当時

のオランダ絵画が，世界についての異なる種類の情報や知識を組み合わせることで，地図としても絵画としても機能していたさまを論じている[28]。

　文化的インターフェースがどのようにして，汎用 HCI の慣習と伝統的な文化的諸形態の慣習のあいだの妥協点を探ろうとしているのか，そのさらなる例を挙げよう。私たちは再び，緊張と闘争——この場合は，標準化とオリジナリティのあいだの緊張と闘争——にめぐり会う。現代の HCI の主たる原則の一つは一貫性の原則である。メニューや，アイコンや，ダイアログ・ボックスや，他のインターフェースの諸要素は，アプリケーションが違っても同じであるべきだとする原則のことだ。ユーザーは，どのアプリケーションにも「ファイル」というメニューが含まれているとか，虫眼鏡のようなアイコンに出会ったら文書をズームするのに使えるといったことを知っている。それに対して，現代の文化（その「ポストモダン」の段階を含む）は，オリジナリティを強調する。どの文化的オブジェクトも，その他のオブジェクトとは違うことになっているのであり，もし他のオブジェクトを引用しているのであれば，引用と明示しなければならないのだ。文化的インターフェースは，一貫性への要求とオリジナリティへの要求をどちらも受け入れようとする。たいていの文化的インターフェースには，「ホーム」「進む」「戻る」のアイコンといった，標準的な意味論に基づく同じひと揃いのインターフェース要素が含まれているが，どのウェブサイトや CD-

ROMもそれに固有の独自のデザインを施そうとするため，そうした要素はいつも製品ごとに違った仕方でデザインされている。たとえば，《ウォークラフトⅡ》（ブリザード・エンターテイメント，1996）や《ダンジョンキーパー》のような多くのゲームは，ゲームの中で描かれている想像的世界の雰囲気に合致するような「歴史がかった」装いをアイコンに与えている。

　文化的インターフェースの言語はハイブリッドなものであり，伝統的な文化的形態の慣習とHCIの慣習──没入的な環境と制御装置ひと揃い，標準化とオリジナリティ──を風変わりに，しばしばぎこちなく混ぜ合わせたものである。文化的インターフェースは，絵画，写真，映画，印刷されたページにおいて，目を向け，視線を投げかけ，読解する対象として──ただし，つねに一定の距離を置いて，干渉することなく──とらえられた表面の概念と，車や，飛行機や，他のどんな複雑な機械にもみられる制御盤に類似した，ヴァーチャルな制御盤としてのコンピュータ・インターフェースにおける表面の概念とのバランスを取ろうとしている[29]。最後に，さらに別の次元で，印刷された言葉の伝統と映画の伝統も互いに競い合っている。一方の伝統は，コンピュータ画面が密度の濃い，平らな情報表面となることを望むのに対して，他方の伝統は，それがヴァーチャルな空間への窓となることを強く要求するのである。

　1990年代の文化的インターフェースにみられるこうし

たハイブリッドな言語が，数ある歴史的な可能性のうちの一つを表しているにすぎないことを理解するために，まったく異なるシナリオを考えてみよう。文化的インターフェースは，可能性としては，標準的な HCI に備わっている既存のメタファーや行動の文法にすっかり頼ること――あるいは少なくとも，今以上に頼ること――もできるだろう。カスタマイズされたアイコンやボタンで HCI を「ドレスアップ」したり，画像の中にリンクを隠したり，情報をページの連なりや 3D 環境として組織化したりしなくてもよいわけだ。たとえば，文章を，カスタム設計されたアイコンによって連結されたページの連なりとしてではなく，単にディレクトリの中にあるファイルとして提示することもできる。だが，文化的オブジェクトを提示する際にこうした標準的な HCI を用いるという戦略には，めったに出会うことがない。実のところ，私が知っているプロジェクトのうち，やむを得ずではなく好き好んで，完全に意識して標準的な HCI を使っているようにみえるものはたった一つしかない――ヘラルト・ファン・デル・カープによる《BlindRom v.0.9》（オランダ，1993）と題された CD-ROM である。この CD-ROM には，「宛先不明の手紙」と題された見たところ標準的なフォルダが含まれている。フォルダ内には大量のテキスト・ファイルがある。ファイルを読むには，さらなる文化的インターフェースを身に着けたり，画像に隠されたハイパーリンクを探したり，3D 環境内を航行したりする必要はなく，ファイルを 1 個ずつ

Macintosh の標準的な SimpleText で開くだけでよい。この単純な技法はとてもうまく作動している。コンピュータ・インターフェースは，ユーザーの気持ちを作品の体験からそらすどころか作品の要となっているのだ。私はファイルを開きながら，新しい媒体のための新しい文学的形式——おそらくは，コンピュータの真の媒体，すなわちそのインターフェース——を目の当たりにしていると感じた。

　こうした例が示すように，文化的インターフェースは，ただ単に汎用 HCI を用いるよりもむしろ独自の言語を作り出そうとし，その過程で，HCI において発展したコンピュータ制御のためのメタファーや方法と，より伝統的な文化的形態にみられる慣習のあいだを取り持とうとする。確かに，どちらの極も，最終的にそれ自体で満足がいくことはない。武器の制御や，統計データの分析のためにコンピュータを用いることと，文化的な記憶，価値，経験を表象するためにコンピュータを用いることは別のことだ。計算機や，制御機構や，通信装置の役割を担うコンピュータのために開発されたインターフェースは，文化的な機械の役割を演じるコンピュータにとっては必ずしもふさわしくない。逆に，印刷された言葉や映画といった旧来の文化的形態にみられる既存の慣習を模倣するだけでは，コンピュータが差し出すあらゆる新しい能力——たとえば，データを表示・操作する際の柔軟性や，ユーザーによるインタラクティヴな制御や，シミュレーションを実行する能力など——を活かせなくなってしまうだろう。

今日，文化的インターフェースの言語はその初期段階にある——ちょうど，100年前に映画の言語がそうだったように。最終的な結果がどうなるのか，あるいはそもそもこの言語がすっかり安定化するのかどうかさえ分からない。印刷された言葉と映画は，最終的にはどちらも，長期間にわたってほとんど変化を受けることのない安定したかたちを取った。それには，生産および配布の手段に物質的な投資がなされたという理由もあっただろう。コンピュータ言語は，それがソフトウェアの中で実施されていることを考えれば，永久に変化し続けることもありうるだろう。だが，確信できることが一つある。私たちが立ち会っているのが，新しい文化的メタ言語——少なくともそれ以前の印刷された言葉や映画と同じくらいの重要性を持つことになるもの——の出現であるということだ。

画面とユーザー

　現代のヒューマン・コンピュータ・インターフェース
は，芸術とコミュニケーションに対して，根本的に新しい
可能性を差し出している。私たちは仮想現実のおかげで，
実在しない三次元空間を進んでいくことができる。また，
ネットワークに接続されたコンピュータ・モニターは，何
千マイルも離れた場所に入っていくことができる窓とな
る。最後に，マウスやヴィデオカメラの助けを借りて，コ
ンピュータが私たちを対話に引き込む知的存在に変わるこ
ともある。

　VR，テレプレゼンス，インタラクティヴィティは，デ
ジタルコンピュータという近年のテクノロジーによって可
能となった。しかし，それを現実のものとしているのは，
ずっと古くからあるテクノロジー——すなわち，画 面
——である。画面という，目から少し離れたところに置か
れた平らな矩形の表面に目を向けることによって，ユーザ
ーは仮想空間を航行したり，どこか別の場所に物理的に現
前したり，コンピュータそれ自体に呼びかけられるという

イリュージョンを体験するのだ。私たちの文化において，コンピュータがようやくこの10年間にありふれた存在になったとしたら，他方で画面は，ルネサンス絵画から20世紀の映画に至るまで，何世紀にもわたって，視覚的な情報を提示するために用いられてきた。

　今日，画面は，コンピュータと連結されることで，急速に，静止画像，動画像，文章といったあらゆる種類の情報に対する主要なアクセス手段になっている。私たちはすでに画面を使って日刊紙を読み，映画を見て，同僚や親類や友人たちと意見交換し，またきわめて重要なこととして，仕事をしている。私たちの社会がスペクタクルの社会なのか，それともシミュレーションの社会なのかは議論の余地があるだろうが，画面の社会であることは疑いない。画面の歴史にはどのような異なる段階があるのか？　観客が位置している物理的な空間，観客の身体，そして画面内の空間のあいだにはどのような関係があるのか？　コンピュータ・ディスプレイは，どのような仕方で画面の伝統を継続し，かつそれに異議申し立てをしているのだろうか？[30]

画面の系譜学

　画面を定義することから始めよう。近代の視覚文化は，絵画から映画まで，ある興味深い現象によって特徴づけられている——フレームに囲まれ，私たちの通常の空間内に置かれたもう一つの仮想空間，もう一つの三次元世界が存在するということである。まったく異なっていながらとも

かく共存している2つの空間が、フレームによって隔てられるのだ。この現象こそが、最も一般的な意味での画面、あるいは私がそう呼ぶところの「古典的な画面」を定義づけている。

　古典的な画面の特性とは何だろうか？　古典的な画面とは平らな矩形の表面であり、たとえばパノラマとは違って正面から見ることを意図されており、私たちの通常の空間——私たちの身体がある空間——に存在し、もう一つの空間への窓として機能する。この別の空間、つまり表象の空間のスケールは、概して、私たちの通常の空間のスケールとは異なる。このように定義すれば、画面という言葉で、ルネサンス絵画（先に言及したアルベルティの定式化を思い起こすとよい）も、現代のコンピュータ・ディスプレイも、同じくらいうまく言い表せる。〔画面の〕比率さえ、5世紀にわたって変化していない——典型的な15世紀の絵画と、映画のスクリーンと、コンピュータ画面の比率は似通っている。この点で、コンピュータ・ディスプレイの2つの主要なフォーマットに付けられた名前そのものが、絵画の2つのジャンルを指しているのは偶然ではない。つまり、水平のフォーマットは「風景画モード」と呼ばれるのに対して、垂直のフォーマットは「肖像画モード」と呼ばれるのである。

　100年前、新しいタイプの画面——それを私は「ダイナミックな画面」と呼ぶつもりだ——が一般的になった。この新しいタイプは、古典的な画面の特性のすべてを保ちつ

つ，新しい特性を付け加えている——つまり，時間の経過とともに変化していく画像を表示できるのだ。これは映画，テレビ，ヴィデオの画面である。ダイナミックな画面はまた，画像と観客のあいだにある種の関係——いわば，ある種の**鑑賞の体制**——をもたらしている。この関係は古典的な画面にも潜在的に含まれていたが，いまやそれが完全に表面化するのである。画面に示される映像は完全なイリュージョンと視覚的な充満を得ようと努め，他方，観客は信じまいという態度を保留し，画像と同一化することを求められる。実際の画面は，観客が存在する物理的空間内に置かれた限られた大きさの窓にすぎないが，観客はその窓の中に見えるものに完全に集中し，表象されているものに自分の注意を集め，外部の物理的空間を無視することを期待されるのだ。この鑑賞の体制は，絵画であれ，映画のスクリーンであれ，テレビ画面であれ，単一の画像が完全に画面を満たすことによって可能となっている。だからこそ，映画館で投影される映像がスクリーンの境とぴったり一致しないとき，私たちはあれほど不快感を覚えるのだ。イリュージョンが混乱させられ，表象の外部に存在するものを意識させられるからだ[31]。

　画面は，中立的な情報提示の媒体であるというよりも，むしろ攻撃的なものである。画面は，何であれそのフレームの外部にあるものをフィルターにかけ，遮蔽し，接収し，存在しないものとする。もちろん，こうしたフィルタリングの度合いは，映画を見る場合とテレビを見る場

合とで異なる。映画を見る場合，観客はスクリーン内の空間にすっかり没入することを求められる。テレビを見る場合（20世紀に行われていた仕方では），画面はより小さく，照明が点けられ，視聴者どうしの会話が許され，また見る行為はしばしば他の日常的な活動と組み合わされていた。それでもなお，全般的に言って，この鑑賞の体制は安定したものであり続けてきた——ごく最近までは。

この安定性は，コンピュータ画面の到来によって挑戦を受けてきた。まず一方で，コンピュータ画面は概して，単一の画像を見せるのではなく，いくつかの共存するウィンドウを表示する。実際，いくつかの重なり合うウィンドウの共存は，現代のGUIの根本的な原則だ。どの単一のウィンドウも，見る者の注意を完全に支配することはない。その意味で，一つの画面の中に共存するいくつかの画像を同時に観察できるということを，ザッピングという現象——見る者が複数の番組をたどることができるように，テレビのチャンネルをすばやく切り替えること——と比べてもよいだろう[32]。どちらの場合でも，見る者はもはや単一の画像に集中することがない（メイン画面の隅に置かれたより小さいウィンドウ内で2番目のチャンネルを見られるテレビもある。未来のテレビはコンピュータにおけるウィンドウのメタファーを採用することになるかもしれない）。ウィンドウ・インターフェースは，映画のスクリーンよりも，近代のグラフィック・デザインとより関係が深い——後者も，文章，画像，グラフィックの要素といった，相違しつつも同

程度に重要なデータの集積としてページを扱っている。

　他方で，VRとともに，画面はすっかり消滅する。VRは通常ヘッドマウントディスプレイを用いるが，その画像は見る者の視野を完全に満たす。見る者はもはや，少し離れたところから矩形の平らな表面，もう一つの空間への窓に目を向けているのではなく，いまやその別の空間内に完全に位置づけられている。あるいは，より正確を期すなら，2つの空間——現実の物理的空間と，仮想のシミュレートされた空間——が共存しているとも言える。かつては絵画の画面や映画のスクリーンに閉じ込められていた仮想空間は，いまや現実の空間を完全に取り囲んでいる。正面性，矩形の表面，スケールの差異は，いずれも消滅した。画面は消えてなくなったのである。

　ウィンドウ・インターフェースとVRのどちらの状況も，ダイナミックな画面が支配的だった歴史的な期間に特徴的な鑑賞の体制を攪乱する。画面に示される映像に対する観客の同一化に基づくこの体制は，映画においてその頂点に達した——映画はそのような同一化を可能にするために，スクリーンの大きさや，周囲の空間の暗さといった極端な手段に訴えた。

　こうして，映画とともに始まったダイナミックな画面の時代は，いまや終わろうとしている。そして，このように画面が消滅するからこそ——画面は，ウィンドウ・インターフェースでは多くのウィンドウに分割され，VRでは視野を完全に乗っ取る——，私たちは今日，画面を文化的カ

テゴリーとして認識し，その歴史をたどり始めることができるのだ。

　映画のスクリーンの起源はよく知られている。スクリーンの出現は，幻燈ショー，ファンタスマゴリア，エイドフュージコン，パノラマ，ディオラマ，ゾープラクシスコープのショーなど，18 世紀と 19 世紀の大衆的なスペクタクルや娯楽にまでさかのぼることができる。大衆は映画への準備ができており，ついに映画が登場したとき，それは大がかりな大衆的イベントだった。少なくとも 6 カ国の十数人もの人々が映画を「発明」したと主張したのは偶然ではない[33]。

　コンピュータ画面の起源はまた別の話だ。それが登場したのは 20 世紀半ばだが，ずっと後になるまで大衆の目に触れなかったし，またその歴史もいまだ書かれていない。こうした事実はいずれも，コンピュータ画面が出現した背景と関わっている。現代のヒューマン・コンピュータ・インターフェースにあっては他のどの要素もそうであるように，コンピュータ画面も軍事的利用のために開発された。コンピュータ画面の歴史は，大衆的な娯楽とではなく，軍事的な監視と関係しているのだ。

　近代の監視テクノロジーの歴史は，写真とともに始まる。写真の出現とともに，空中からの監視のために写真を使うことへの関心が出現したのだ。19 世紀の最も名高い写真家に数えられるフェリックス・トゥルナション・ナダールは，1858 年にフランスのビエーヴルの上空 262 フィ

ートで，写真感光板の露光に成功した。彼はすぐさま，写真による偵察を試みるようフランス軍に話を持ちかけられるが，その申し出を断った。1882 年には，無人の写真気球がすでに空に浮かんでおり，しばらくしてそこにフランスとドイツの写真ロケットが加わった。第一次世界大戦における唯一の新機軸は，空中カメラと，よりすぐれた空飛ぶプラットフォーム——飛行機——を組み合わせることだった[34]。

　次いで，レーダーが主要な監視テクノロジーとなった。レーダーは第二次世界大戦で大々的に用いられ，写真にまさる利点を提供した。以前であれば，軍の司令官は，パイロットが偵察任務から戻り，フィルムが現像されるまで待たなければならなかった。偵察の時点と出来上がった画像の引き渡しまでにどうしても遅れが生じてしまうので，写真の有用性は限られていた——写真が作られるまでに，敵の位置が変わってしまうかもしれないのだから。しかし，レーダーによって画像化は瞬時に行われるようになり，遅れは解消された。レーダーの有効性は，画像表示の新たな手段——つまり，新しいタイプの画面——と関係していた。

　写真と映画という画像化のテクノロジーについて考えてみよう。写真の画像は，単一の指向対象——その写真が撮られたときに，何であれレンズの前にあるもの——に対応した永続的な痕跡であり，また限られた観察の時間——露光時間——にも対応している。映画も同じ原則に基づく。いくつもの静止画像から構成される映画のシークェンス

は，個々の画像に含まれる指向対象の総和と露光時間の総和を表している。いずれの場合も，画像は一度限りで決定的に定着される。したがって，画面は過去の出来事を示すことしかできない。

レーダーの出現とともに，私たちは初めて，根本的に新しいタイプの画面の大がかりな使用を目にする（テレビも同じ原則に基づいているが，その使用が一般化するのはもっと後のことだ）──その画面は，ヴィデオ・モニター，コンピュータ画面，計器のディスプレイなど，現代の視覚文化を徐々に支配するようになる。こうした画面で新しいのは，画面内の画像が，指向対象にもたらされた変化を反映して──空間内での対象の位置であれ（レーダー），視覚的現実のいかなる変更であれ（ライヴ・ヴィデオ），コンピュータのメモリで変化するデータであれ（コンピュータ画面）──，リアルタイムで変化しうるという点である。画像がリアルタイムで絶え間なくアップデートされうる。これは古典的な画面とダイナミックな画面に続く，第三のタイプの画面，すなわちリアルタイムの画面である。

レーダーの画面は，指向対象を追跡しながら変化していく。だが，軍事的な偵察テクノロジーに付きものの時間的な遅れが解消されたように思える一方で，このリアルタイムの画面には，実は，新しい仕方で時間が入り込んでいる。旧来の写真的なテクノロジーでは，画像のあらゆる部分が同時に感光されるが，いまや画像は順次走査──レーダーの場合は円形走査，テレビの場合は水平走査──によ

って生み出される。したがって，画像内の異なる部分は，異なる時間的な瞬間と対応する。その点で，レーダーの画像はレコードに似ている——時間上の連続的な瞬間が，表面における円形のトラックになるからである[35]。

これが意味するのは，伝統的な意味での画像がもはや存在しないということだ！　だから私たちは単に習慣によって，リアルタイムの画面上に見るものをいまだ「画像」と呼んでいるのだ。私たちの見るものが静止画像のように見えるのは，単に，走査が十分に速く，時には指向対象が静止しているからにすぎない。とはいえ，そのような画像はもはや標準ではなく，まだそれにふさわしい用語のない，より一般的な，新しい種類の表象における例外なのである。

レーダーの原理とテクノロジーは，1930 年代にアメリカ合衆国，イギリス，フランス，ドイツの科学者たちによって独立して打ち立てられた。しかし第二次世界大戦が始まると，レーダー開発の継続に必要な財源があるのは合衆国だけになった。1940 年，MIT に科学者のチームが集められる。放射線研究所〔Radiation Laboratory〕——やがて「ラドラブ」〔Rad Lab〕と呼ばれるようになる——で働くためだった。研究所の目的は，レーダーの研究と製作だった。1943 年には，「ラドラブ」は床面積 115 エーカーを占め，ケンブリッジ最大の電話交換台を持ち，4000 人を雇用していた[36]。

写真に次いで，レーダーは敵の位置情報を集めるためのすぐれた方法を提供した。実のところ，レーダーはあまり

に多くの情報，一人の人間が処理できるよりも多くの情報を提供した。戦争初期の歴史を伝える映像資料では，巨大な，机ほどの大きさのイギリスの地図が置かれた中央司令室が示される[37]。飛行機の形をしたボール紙の小さな駒が地図上に配置され，実際のドイツ軍の爆撃機の位置を示す。数人の上級将校が地図を丹念に吟味する。その間，数十ものレーダー基地から情報が送られてくるにつれて，軍服姿の女性たちが長い棒を使ってボール紙の駒を動かし，しきりにその位置を変える[38]。

　レーダーによって集められた情報を処理・表示するもっと効率の良いやり方はないのだろうか？　まさにこの問題を解決するためのやり方として，コンピュータ画面，ならびに現代のヒューマン・コンピュータ・インターフェースの他のほとんどの主要な原理とテクノロジー——インタラクティヴな制御，3D ワイヤーフレームのグラフィックスのためのアルゴリズム，ビットマップ方式のグラフィックス——が開発されたのである。

　今度もまた MIT で研究が行われた。放射線研究所は終戦後に解体されたが，空軍はすぐに代わりとなる秘密研究所を作った。それがリンカーン研究所である。この研究所の目的は，SAGE——1950 年代半ばに設立されたアメリカの防空を制御する司令センターである「半自動式防空管制組織」〔Semi-Automatic Ground Environment〕——のための人間工学と新しい表示テクノロジーに関する研究を行うことだった[39]。コンピュータ・テクノロジーの歴史家ポー

ル・エドワーズは，SAGE の職務について次のように述べ
ている。その職務は「アメリカ合衆国の周囲にあるレーダ
ー基地を結びつけ，その信号を分析・解釈し，迫り来る敵
に有人の迎撃機を向かわせることだった。これは総合的な
システム，つまりその「人的要素」が機械化された探知・
決定・応答の回路にすっかり統合されるようなシステムに
なるはずだった[40]」。

　SAGE の創設とインタラクティヴなヒューマン・コンピ
ュータ・インターフェースの開発は，かなりの程度，ある
特定の軍事的な基本原則に由来するものだった。1950 年
代，アメリカ軍部は，ソヴィエトが合衆国に攻撃を仕掛け
るときには，多数の爆撃機を同時に送り込んでくるだろう
と踏んでいた。それゆえに，全米のレーダー基地から情報
を受け取り，数多くの敵の爆撃機を追跡し，反撃をうまく
調整することができるセンターの創設が必要不可欠である
と思われたのだ。コンピュータ画面や，現代のヒューマ
ン・コンピュータ・インターフェースの他の構成要素が存
在しているのも，この特定の軍事的認識のおかげなのだ
（ソ連に生まれて，現在，アメリカ合衆国でニューメディアの
歴史について研究している者としては，この歴史の一コマには
心底惹きつけられる）。

　このセンターの初期のヴァージョンは，「ケープコッ
ド・ネットワーク」と呼ばれていた。〔ケープ岬のある〕ニ
ューイングランド沿岸に置かれたレーダーからの情報を受
け取っていたからだ。このセンターは，MIT のキャンパ

スにあるバータ・ビルディングのすぐ脇で稼働していた。82 人の空軍将校はめいめい，ニューイングランド沿岸の概況と，主要なレーダーの場所を示した自分のコンピュータ・ディスプレイを監視した。将校は，動く飛行機を示すドットに気づくたびに，コンピュータに追跡を命じる。そのためには，将校は特殊な「ライトペン」でドットに触れるだけでよかった[41]。

このように，SAGE システムには，現代のヒューマン・コンピュータ・インターフェースの主な要素がすべて含まれていた。ライトペンは 1949 年に設計されたが，現代のマウスの先駆けとみなすこともできる。より重要なのは，SAGE では画面が単にリアルタイムで情報を表示するためだけでなく——レーダーやテレビではそうだったように——，コンピュータに指令を与えるためにも使われるようになったということだ。現実を反映した画像を表示する手段としてだけ機能するのではなく，画面は現実に直接影響を及ぼすための媒介物となったのである。

リンカーン研究所の研究員たちは，SAGE のために開発されたテクノロジーを使って，コンピュータからの情報の入出力手段としての画面に頼ったいくつものコンピュータグラフィックスのプログラムを作成した。たとえば，脳波の表示（1957），惑星と重力作用のシミュレーション（1960），2D の図面作成（1958）のためのプログラムなどである[42]。そのようなプログラムのうち最も有名なものが，「スケッチパッド」だった。クロード・シャノンの指導を

受ける大学院生アイヴァン・サザランドが 1962 年に設計したスケッチパッドは，インタラクティヴなコンピュータグラフィックスという考えを広く知らしめた。スケッチパッドでは，人間のオペレーターは，ライトペンで画面に触れることで，コンピュータ画面上に直接グラフィックスを作成することができた。スケッチパッドは，コンピュータとインタラクトするという新しいパラダイムの好例だった。画面上の何かを変化させることによって，オペレーターはコンピュータのメモリ内の何かを変化させるのだ。リアルタイムの画面はインタラクティヴになったのである。

　手短に言えば，以上がコンピュータ画面の誕生の歴史である。だが，コンピュータ画面が一般に広く使われるようになるのを待たずに，もう新しいパラダイムが出現した——つまり，画面のないインタラクティヴな 3D 環境のシミュレーションのことだ。1966 年に，アイヴァン・サザランドと彼の同僚たちが，VR のプロトタイプについての研究を開始したのだ。この業務の共同スポンサーとなったのは，ARPA〔高等研究計画局。1958 年に発足したアメリカ国防総省の研究開発促進部門〕と ONR〔海軍研究事務所。1946 年に海軍省のもとに設置された研究所〕だった[43]。

　サザランドは 1968 年に，「三次元表示の背後にある根本的な考え方とは，ユーザーの動きに応じて変化する遠近法画像を提供することである」と書いた[44]。コンピュータは，見る者の頭の位置を追跡し，コンピュータグラフィックスの画像の遠近法をそれに応じて調整した。表示装置(ディスプレイ)そのものは，こめかみの脇に取り付けられた 6 インチの長さ

238

のモニター2つで構成されており，映されている画像は見る者の視野に重ね合わされているようにみえた。

　画面は姿を消した。それは完全に視野を乗っ取ってしまったのだ。

画面と身体

　これまで，現代のコンピュータ画面の一つのありうる系譜を提示してきた。私が提示した系譜では，コンピュータ画面はインタラクティヴ型の画面を代表しているが，それはリアルタイム型の特殊なタイプであり，リアルタイム型はダイナミック型の特殊なタイプ，さらにダイナミック型は古典的なタイプの特殊なタイプである。私はこれらのタイプを論じるにあたって，次の2つの観念を頼りとした。第一に，時間性の観念——古典的な画面は静止した永続的な画像を表示し，ダイナミックな画面は過去の動画像を表示し，最後にリアルタイムの画面は現時点を示す。もう一つは，見る者がいる空間と表象の空間との関係である（私は画面を表象の空間への窓と定義したが，画面そのものは私たちの通常の空間に存在している）。

　今度は，画面の歴史に別の角度——つまり，画面とそれを見る者の身体の関係という角度——から目を向けてみよう。ロラン・バルトは，1973年に書かれた「ディドロ，ブレヒト，エイゼンシュテイン」で，画面の特徴を次のように記述している。

表象は模倣によってすぐさま定義されるわけではない。「現実的なもの」とか「本当らしいもの」とか「複写」といった観念を取り除いたとしても，ある主体（作者，読者，観客，あるいは窃視者）が視界にまなざしを向け，そこに自分の目（あるいは精神）が頂点をなすような三角形の底辺を切り取る限り，いつまでも表象が残るだろう。「表象のオルガノン」（今日，それを書くことが可能になったのは，**別の事態が起こりつつある**という察しがついているからだ）は，切り取りの至高性と切り取る主体の統一性を２つの土台とするだろう。（…）舞台，絵，ショット，切り取られた長方形こそが，演劇，絵画，映画，文学——つまり，**屈折光学に基づく芸術**とでも呼べるような，音楽以外のあらゆる芸術——を思考することを可能ならしめる**条件**なのである[45]。

バルトは線遠近法という特定の視覚的モデルに訴えかけてはいるものの，彼にとっての画面は，非視覚的な表象（文学）の機能にさえ及ぶような包括的な概念になっている。いずれにせよ，彼の概念は，絵画，映画，テレビ，レーダー，コンピュータ・ディスプレイといった，私がこれまで論じてきた表象の装置のあらゆるタイプを包括している。それぞれの装置で，現実は矩形の画面によって切り取られる——それは「縁のはっきりした，不可逆的で不変の，純粋な切り取りであり，周囲にあるものすべてを名づけられぬまま無へと押しやる一方で，その領野に入ってくるあら

ゆるものを本質へ，光へ，視界へと昇格させる[46]」。現実を同時に記号と無へと切り取ってしまうこの行為は，見る主体を二重化する。見る主体はいまや2つの空間に，つまり自分の現実の身体があるなじみ深い物理的空間と，画面内の画像というヴァーチャルな空間の両方に存在するのだ。この分裂はVRとともに表面化するが，絵画や，その他の**屈折光学に基づく芸術**にもすでに存在している。

画面によって焦点化され，統合された世界を支配する主体は，その代わりにどのような代償を払うのだろうか？

ピーター・グリーナウェイの1982年の映画『英国式庭園殺人事件』は，ある田舎の邸宅のデッサン一式を描くために雇われた建築画家の物語である。彼は，正方形のグリッドでできたごく単純な製図道具を使っている。映画全体を通じてたびたび，画家の顔がグリッド越しに見えるのだが，それは監獄の格子に似ている。あたかも，世界を捕まえようとして，それを表象装置（ここでは，遠近法に基づくデッサン）の中に不動化し固定しようとする主体が，みずからその装置に閉じ込められてしまったかのようだ。主体は監禁されている。

私はこのイメージを，画面を介した西洋の表象装置全般にみられると思われる傾向のメタファーとして取り上げている。その伝統においては，見る者がいやしくも画像を見るつもりであれば，身体は空間内に固定されていなければならない。ルネサンスの単眼の遠近法から近代の映画まで，ケプラーのカメラ・オブスクラから19世紀のカメ

ラ・ルシダまで，身体は静止したままでなければならないのだ[47]。

　身体の監禁は，概念的な水準でも文字通りの水準でも生じる。その両方の種類の監禁が，すでに最初の画面装置，すなわちアルベルティの遠近法的な窓とともに登場する。線遠近法の多くの解釈者たちによれば，その窓は世界を単眼によって——静止し，まばたきもせず，固定された単眼によって——見られたものとして提示する。ノーマン・ブライソンが記述しているように，遠近法は「〈一瞥〉の論理というよりは〈凝視〉の論理に従っていたため，それがもたらす視覚的なテイクは，永遠性を与えられ，一つの「視点」に還元され，脱身体化されていたのである[48]」。ブライソンは「画家のまなざしは，さまざまな現象の流れを止める。画家は持続の流動から外れた一つの視点，開示された存在の持つ永遠の瞬間にすえられた一つの視点から，視野を静かにじっと見すえるのである」と論じている[49]。それに応じて，この不動の静止した，非時間的な〈まなざし〉——生きた身体というよりも彫像のものであるような〈まなざし〉——に見られる世界の方も，同じく，不動で，物化され，固定され，冷たく死んだものとなる。画家が遠近法の糸の張られた幕を通してヌードを描くさまをとらえたデューラーの有名な版画を引き合いに出しながら，マーティン・ジェイは「物化する男のまなざし」が「その標的を石化させてしまい」，その結果，「大理石のようになめらかな裸体は，欲望を呼び覚ます力を奪われて

242

しまう」と記している[50]。同様に，ジョン・バージャーも，アルベルティの窓を「壁にはめこまれた金庫，見えるものが保管されている金庫」になぞらえている[51]。そして『英国式庭園殺人事件』に戻れば，画家は自分が描いている情景から，あらゆる動きを，どんな生命の徴候をも消し去ろうとする。

遠近法の〔補助〕器具を使う場合，主体の監禁は文字通りの意味でも生じる。遠近法が使われるようになるやいなや，芸術家や画家たちは，遠近法に基づく画像を作り出す際の骨の折れる手作業のプロセスを補助しようとした。そのために，16世紀から19世紀にかけて，多種多様な「遠近法器具」が作られた[52]。16世紀の最初の数十年間までに，デューラーはそうした器具をいくつも描写していた[53]。多種多様な器具が発明されたが，どのタイプのものであっても，芸術家は作画のプロセスの間中，不動のままとどまっていなければならなかった。

遠近法器具に加えて，多岐にわたる光学装置が，とりわけ風景の描写や地形測量の実施のために用いられた。一般に最も普及していた装置は，カメラ・オブスクラだった[54]。カメラ・オブスクラは文字通りには「暗い部屋」を意味し，それが拠って立つ前提は，何らかの対象や情景から発した光線が小さな孔を通り抜けると，それが交叉して反対側に再び出現し，スクリーンの上に画像を形成するというものだった。しかし，その画像が目に見えるようになるには，「対象のまわりの光量よりもかなり光量の低い部

屋にスクリーンが置かれる必要がある[55]」。こうして，カメラ・オブスクラの最初期の記述の一つ，キルヒャーの『光と影の大いなる術』（ローマ，1646）で，私たちは主体がちっぽけな部屋の中で画像を楽しんでいるさまを目にするのだが，スクリーン上の画像を見るために，彼がこの「暗い部屋」に自分を監禁しなければならなかったことは忘れがちだ。

　後になって，より小規模なテント型のカメラ・オブスクラ――言ってみれば，移動性を持った監獄――が普及するようになった。三脚に取り付けられた小さなテントで構成され，頂部には回転式の反射鏡とレンズが付いていた。画家は，必要不可欠な暗さを与えてくれるテント内に身を置いてから，何時間もかけて，レンズの投影する画像を念入りにトレースしたものだった。

　初期の写真にも引き続き，表象の主体と客体を監禁するという傾向があった。写真が発明されて最初の数十年間は，露光時間がかなり長かった。たとえば，ダゲレオタイプの工程の場合，太陽光の下で4分から7分，拡散光の下では12分から60分の露光時間を必要とした。そのため，カメラ・オブスクラに頼って作り出されたデッサンが，現実を静止した不動のものとして描いたのと同じように，初期の写真も，世界を安定した永遠で揺るぎないものとして表象した。そして，写真が生命体の表象に踏み出したときも，それらは不動化されなければならなかった。そういうわけで，肖像写真スタジオは例外なく種々の締め具を使っ

て，長い露光時間の間中，モデルの安定性を確保した。拷問器具を思い起こさせる鉄製の締め具が，主体——自分自身の画像を見るために，自発的に機械の囚人になった主体——をしっかりと所定の位置に保ったのである[56]。

19世紀末頃，写真の画像の石化した世界は，映画のダイナミックなスクリーンによって打ち砕かれた。ヴァルター・ベンヤミンは「複製技術時代の芸術作品」で，見えるものがもたらす新たな移動性に魅せられていると表明した。「酒場や大都市の街路，オフィスや家具つき部屋，駅や工場は，絶望的なまでにわれわれを取り囲んでいるように思われた。そこに映画がやって来て，この牢獄の世界を10分の1秒のダイナマイトで爆破した。その結果，われわれはいまや，飛び散った瓦礫のあいだで悠々と冒険旅行を行うのだ[57]」。

映画のスクリーンのおかげで，観客は自分の座席を離れることなく，さまざまな空間へ旅することができるようになった。映画史家のアン・フリードバーグの言う「移動性を持った仮想の視線」が作り出されたのだ[58]。しかし，その仮想の移動性は，代償として，観客の新たな，制度化された不動性をもたらした。世界中で，何百人もの囚人を収容できる巨大な監獄——すなわち，映画館——が建設されたのである。囚人たちはお互いにしゃべることも，座席を移ることもできなかった。ヴァーチャルな旅行に連れて行かれるあいだ，彼らの身体は集合的なカメラ・オブスクラの暗がりでじっとしていなければならなかった。

こうした鑑賞の体制が形成されるのと並行して，映画理論家たちが言うところの「原始的」な映画言語から「古典的」な映画言語への転換が生じた[59]。1910年代に生じたこの転換の重要な部分は，スクリーン上に表象されるヴァーチャルな空間の新たな機能の仕方に関わっていた。「原始的」な時期には，映画館の空間とスクリーン内の空間は，ちょうど劇場やヴォードヴィルの空間のように，明確に分けられていた。観客は映画のナラティヴがもたらすヴァーチャルな世界と自由にインタラクトしたり，行き来したり，それと心理的な距離を保ったりすることができた。それに対して，古典的な映画は，観客一人一人に別々の個人として呼びかけ，ヴァーチャルな世界のナラティヴの中に彼らを配置した。1913年に同時代人が記しているように，「［観客たちは］劇中のあらゆる段階で「垣根の節穴」を覗いているという立場に置かれるべきである[60]」。「原始的な映画は，観客が隔たった空間で起こるアクションを虚空を挟んで見るようにする[61]」のに対して，古典的な映画は，ヴァーチャルな空間内におけるショットごとの最良の視点という観点から観客の位置を定めている。

　このような状況はたいてい，観客がカメラの眼と同一化するという観点から概念化される。観客の身体が座席にとどまっている一方で，観客の眼は移動性を持ったカメラと結びつけられる。しかし，このことを別の仕方で概念化することもできる。つまり，カメラは実はまったく動いておらず，むしろ観客の眼と一致して，静止したままでいる。

その代わり，ヴァーチャルな空間が全体として，ショットごとにその位置を変えていると考えることもできるのだ。現代のコンピュータグラフィックスの語彙を用いるなら，このヴァーチャルな空間は，観客に最良の視点をもたらすべく，絶えず回転させられ，スケールを変えられ，ズームされていると言えるだろう。ストリップのごとく，空間はゆっくりと服を脱ぎ，向きを変え，色々な角度からみずからを見せ，じらし，前に歩み出たり後ずさりしたりしつつ，観客が次のショットを待たねばならなくなるように，つねに何かを覆われたままにしておく……。シーンが変わるたびに再び始まる誘惑のダンスである。観客がしなければならないのは，ただじっと動かないままでいることだけだ。

　映画理論家たちは，この不動性を，映画という制度の本質的な特徴とみなしてきた。アン・フリードバーグはこう書いている。「（映画の観客をプラトンの洞窟の囚人になぞらえた）ボードリーからマッサーにいたるまで誰もが指摘しているように，映画は客席に座っている観客の不動性を前提としている[62]」。映画理論家のジャン゠ルイ・ボードリーは，不動性が映画のイリュージョンの基礎であることをおそらく誰にも増して強調し，プラトンを引用する。「この地下室に，彼らは子供の頃から足も首も鎖でつながれている。だから動くことができないし，前にあるものだけを見ることができる。なぜならば鎖で後ろを振り向くことができないからである[63]」。ボードリーによれば，この不動

性および幽閉のおかげで，囚人／観客たちは表象を自分の知覚と取り違え，そのため両者の区別がつかない子供時代に退行できるのだという。ボードリーの精神分析的な説明に従えば，観客の不動性は，歴史的な偶然ではなく，映画的快楽の本質的な条件なのである。

アルベルティの窓，デューラーの遠近法器具，カメラ・オブスクラ，写真，映画——以上の画面を介したあらゆる装置で，主体は不動のままでいなければならない。実際，フリードバーグがするどく指摘しているように，モダニティにおいて画像がしだいに移動性を持つようになるにしたがって，観客もしだいに監禁されていくようになった。「視線の「移動性」が「仮想」のものになればなるほど——現 実_{リアリスティック}的な画像を描く（さらには撮影する）技術が発達するにつれ，照明の変化（さらには映画撮影技術）によって移動性が再現されるにつれ——ますます鑑賞者は不動で受け身の状態となり，その不動の身体の前に配置された仮 想 現 実_{ヴァーチャル・リアリティ}の装置を喜んで享受するようになったのである[64]」。

画面のない表象装置——すなわち，VR——の到来によって，この伝統には何が起こるのだろうか？　一方で，VRはこの伝統と根本的に断絶している。VRが築いているのは，見る者の身体と画像とのあいだの根本的に新しいタイプの関係である。映画では，移動性を持ったカメラが不動の観客とは独立して動くのに対して，観客はいまや，ヴァーチャルな空間での動きを体験するために，物理的な

空間で実際に動かなければならない。あたかもカメラがユーザーの頭に取り付けられているかのようだ。こうして，ヴァーチャルな空間で上を見るには，物理的な空間で上を見なければならないし，「ヴァーチャルに」足を踏み出すには，実際にも足を踏み出さなければならない，等々[65]。観客はもはや，自分にレディメイドの画像を差し出す装置によって束縛されたり，不動化させられたり，麻酔をかけられたりすることはない。観客はいまや，見るために作業をしたり，話したりしなければならないのだ。

それと同時に，VR は今までにないくらい身体を監禁する。このことは，1960 年代にサザランドと彼の同僚たちが設計した最初期の VR システムにはっきりと見て取れる。ハワード・ラインゴールドの書いた VR の歴史によれば，「サザランドは，双眼鏡にコンピュータの小さな画面をはめ込むことを提案し——1960 年代初頭には，このハードウェア作りの作業は決して容易ではなかった——，それによってユーザーの視点をコンピュータグラフィックスの世界の中に没入させようとした最初の人物だった[66]」。ラインゴールドはさらにこう書いている。

　　ユーザーの動きに応じてコンピュータ生成によるグラフィックスの外観を変化させるには，なんらかの視線追跡装置が必要になる。当時，ユーザーの視線の方向を安価かつ正確に測定できるのはメカニカルな装置だったし，HMD〔ヘッドマウントディスプレイ〕自体も重量級だっ

たから，サザランドの初代HMDは天井から吊されて，ユーザーの頭はその中にしっかりと固定されていた。ユーザーは自分の頭を，「ダモクレスの剣」のディスプレイとして知られていた金属製の仕掛けの中に突っ込んでいたのだ[67]。

ディスプレイは2本のチューブによって天井の軌道と結合され，「こうしてユーザーは物理的な意味で機械の捕虜となった[68]」。ユーザーは振り向くこともできたし，どの方向に頭を向けることもできたが，機械からはせいぜい数歩しか離れることができなかった。今日のコンピュータのマウスのように，身体はコンピュータに縛り付けられていた。実際，身体は，巨大なマウス，あるいはより正確には，巨大なジョイスティックにほかならぬもの——せいぜいマウスやジョイスティックにすぎないもの——に還元されたのだ。マウスを動かす代わりに，ユーザーは自分の身体の向きを変えなければならなかった。比較として他に思い浮かぶのは，19世紀後半にエティエンヌ゠ジュール・マレーが作った，鳥が翼を動かす回数を計る装置である。鳥はワイヤーで計測器具につながれていたのだが，そのワイヤーの長さでは，鳥は中空で羽ばたくことはできても，どこかに飛んでいくことはできなかった[69]。

　VRのパラドクス——つまり，VRの観客が，画像を見るために動くことを求められるとともに，物理的に機械に縛り付けられるということ——は，映画『バーチャル・ウ

ォーズ』(ブレット・レナード, 1992) の「サイバーセック
ス」のシーンで面白く脚色されている。そのシーンでは主
人公の男と女が同じ部屋にいて, それぞれが別々の円形の
骨組に固定されており, 身体はあらゆる方向に 360 度回転
できるようになっている。「サイバーセックス」が行われ
ているあいだ, カメラはヴァーチャルな空間 (つまり, 主
人公たちが見て, 体験しているもの) と物理的な空間をカッ
トバックする。サイケデリックなコンピュータグラフィッ
クスで描かれるヴァーチャルな世界では, 2 人の身体はあ
らゆる物理的法則を無視しながらモーフィングして溶け合
うのだが, 現実世界では 2 人とも自分自身の骨組の中でた
だ回転しているだけなのだ。

　パラドクスが極限に達するのは, VR のプロジェクトの
うち最も長期にわたるものの一つ, つまり合衆国空軍が
1980 年代に開発したスーパーコックピットにおいてであ
る[70]。飛行機の外側の地形とコックピット内の数十もの計
器盤を自分の目でたどる代わりに, パイロットは両方の種
類の情報をより効率的なやり方で提供してくれるヘッドマ
ウントディスプレイを装着する。以下に引用するのは, 雑
誌『エア & スペース』に掲載されたこのシステムの解説
である。

　　　自分の F–16C 戦闘機に乗り込むと, 1998 年を生きる
　　　この若き戦闘機パイロットは, プラグを差し込んだヘル
　　　メットの風防を下ろすだけで, 自機のスーパーコックピ

ット・システムを起動させた。外界を正確に模したヴァーチャルな世界が彼の眼前に現れる。自分だけが見える距離に焦点を合わせられた2つの小さなブラウン管によって，顕著な地表の起伏の概略が三次元で描き出される。(…) 彼が目指している方向は水平線上に置かれた数字の太い帯として，予測された飛行経路は無限の彼方へとつながる煌めくハイウェイとして表示されている[71]。

画面を介したほとんどの表象（絵画，映画，ヴィデオ）でも，典型的なVRのアプリケーションでも，物理的な世界とヴァーチャルな世界とは互いに関係を持たないのに対して，ここではヴァーチャルな世界がまさしく物理的な世界と同期している。パイロットは，表象装置をしっかりと――画面の歴史においてかつてないほどしっかりと――自分の身体に固定して，物理的な世界を超音速で通り抜けるべく，ヴァーチャルな世界で持ち場に着くのである。

表象 対 シミュレーション

これまでの議論を要約するなら，VRは身体を機械に固定することによって，見る者の不動性という画面の伝統を継続しているが，同時に，見る者が動くことを求められる点で，今までにない新しい状況を作り出している。その新しい状況が，歴史的にみて前例のないものなのか，それとも見る者の動きを促すオルタナティヴな表象の伝統の範囲

内に収まるものなのか尋ねてみてもよいだろう。

　私は画面についての議論を始めるにあたって，画面のフレームが，物理的な空間とヴァーチャルな空間という，異なったスケールを持つ2つの空間を隔てていることを強調した。その条件は必ずしも観客の不動性にはつながらないが，観客が何らかの動きをするのを思いとどまらせることは確かだ——ヴァーチャルな表象空間にいずれにせよ入れないのであれば，なぜ動く必要があろうか。このことは『不思議の国のアリス』で，アリスが異世界に入るためにちょうどいい大きさになろうと骨折るシーンでうまく表現されている。

　VRがその一部をなすオルタナティヴな伝統は，表象されたもののスケールが私たちの人間世界のスケールと同じであるがゆえに2つの空間がつながっている場合にはいつでも見出せる。これは画面に縛り付けられた表象の伝統というよりは，シミュレーションの伝統である。シミュレーションの伝統は，ヴァーチャルな空間と物理的な空間を分け隔てるのではなく，混ぜ合わせることを目指す。したがって，2つの空間は同じスケールを持ち，境界線は強調されず（表象の伝統においてそうであるように，矩形のフレームによって目立たせられることはない），観客は自由に物理的な空間を動き回ることができる。

　2つの伝統の異なる論理をさらに分析するために，両者の典型例——シミュレーションの伝統ではフレスコ画とモザイク，表象の伝統ではルネサンス絵画——を比べてみて

もよいだろう。前者が作り出すイリュージョンの空間は，画像の表面の背後から始まっている。重要なのは，フレスコ画とモザイク（それに加えて壁画）は，建築物から切り離せないということだ。言い換えれば，どこかに動かすことができない。それに対して，ルネサンス期に初めて登場する近代絵画は，本質的に移動性を備えている。壁に固定されていないので，どこにでも持って行くことができる（このような表象の新たな移動性を，あらゆる記号をできる限り流動的にする資本主義の傾向と結びつけて考えるのも魅力的だ）。

しかし同時に，ある興味深い転倒が生じる。それ自体では動かせないフレスコ画やモザイクとのインタラクションが観客側の不動性を想定していないのに対して，移動性のあるルネサンス絵画はそのような不動性を前提としているのだ。まるで，観客の監禁という事態は，画像が新たに移動性を持ったことの代償であるかのようだ。この転倒は，表象の伝統とシミュレーションの伝統の異なる論理と合致している。フレスコ画とモザイクは，それを取り巻く建築的な環境に物理的に組み込まれている（ハードワイヤード）からこそ，芸術家はヴァーチャルな空間と物理的な空間の連続性を作り出すことができる。それに対して，絵画は任意の環境に置くことができるがゆえに，そのような連続性がもはや保証されえないのだ。この新たな状況に応じて，絵画が提示するヴァーチャルな空間は，観客がその絵画を見ている物理的な空間とはっきり区別されるものとなっている。それと同時

に，絵画は遠近法モデルや他の技法を使って，観客と絵画が一体のシステムを形作るような仕方で観客を監禁する。したがって，観客は，シミュレーションの伝統では首尾一貫した単一の空間——物理的な空間と，それを継続するヴァーチャルな空間——内にいるのに対して，表象の伝統では二重のアイデンティティを持つ。つまり，物理的な空間と表象の空間に同時に存在するのだ。このような主体の分裂は，画像が新たな移動性を得るとともに，画像が位置している物理的な空間をシミュレートする必要なしにどんな任意の空間も表象できるようになったことに対する見返りなのだ。

　ルネサンス以降の文化では，表象の伝統が支配的になったとはいえ，シミュレーションの伝統も消滅したわけではなかった。それどころか，自然主義に取り憑かれていた19世紀は，蠟人形館や，自然史博物館のディオラマによって，シミュレーションを極限にまで押し進めた。シミュレーションの伝統の例としては，他にもオーギュスト・ロダンの《カレーの市民》のような等身大の彫刻がある。私たちはそのような彫刻を，宇宙の中心に人間を据えるルネサンス以降のヒューマニズムの一部だとみなしているが，実際には，私たちの世界をもう一つの世界——つまり，私たち自身の世界と並行して存在する大理石などの石材でできた石化した世界——と合体させる異星人にしてブラックホールなのだ。

　VRはシミュレーションの伝統を引き継いでいるが，あ

る重要な違いを導入している。以前は，シミュレーション
が描いていたのは，通常の空間とつながっており，それを
拡張した見せかけの空間だった。たとえば，壁画が作り出
していたのは，壁のところから始まっているようにみえる
偽の風景だった。VRの場合は，2つの空間に何のつなが
りもないか（たとえば，私は物理的な部屋の中にいて，ヴァー
チャルな空間は水中の景色であるなど），逆に両者がぴった
り一致するか（たとえば，スーパーコックピットのプロジェ
クト），どちらかである。いずれにせよ，実際の物理的な
現実は，等閑視され，退けられ，放棄されている。

　その点で，19世紀のパノラマは，古典的なシミュレー
ション（壁画，等身大の彫刻，ディオラマ）とVRの過渡期
的な形態とみなすことができる。VRと同じように，パノ
ラマも360度の空間を作り出す。見る者はその空間の中央
に位置づけられ，パノラマのさまざまな部分を見るべく，
中央の鑑賞エリアを動き回るように仕向けられる[72]。だ
が，壁画やモザイクが結局は現実の空間，物理的な行動の
空間の装飾として機能しているのとは違って，いまやパノ
ラマの物理的な空間はヴァーチャルな空間に従属してい
る。言い換えれば，中央の鑑賞エリアは，見せかけの空間
の続きだと考えられているのであって，かつてのようにそ
の逆ではない——だからこそ，そのエリアには通常，何も
ない。そのエリアが，戦場とか，パリの眺望とか，その他
パノラマが表す場所の続きであることを装えるように，そ
こには何もないのだ[73]。ここからはあともう一歩でVRに

行き着く——そこでは物理的な空間が完全に等閑視され，あらゆる「現実」の行動がヴァーチャルな空間で生じる。画面が消え去ったのは，その背後にあるものに乗っ取られたからにすぎないのだ。

では，VR を画面の伝統に結びつけていた，身体の不動化についてはどうなのか？　いかに印象的なものであれ，この不動化はおそらく，身体の監禁の長い歴史における最終幕を示している。私たちの周囲には，コミュニケーション装置——携帯電話や電子手帳，ポケットベルやラップトップ，ウェブサーフィンのできる電話や腕時計，ゲームボーイや他の手持ちのゲーム機など——がますます移動性を増し，小型化していく兆しがあふれている。VR 装置はいつかは，網膜に植え付けられ，ワイヤレスの伝送によってネットにつながったチップに還元されるかもしれない。その瞬間から，私たちは監獄を持ち運ぶことになるだろう——表象と知覚を心地よく混同するためではなく（映画ではそうだったのだが），つねに「通じて」おり，つねに接続しており，つねに「プラグでつながれて」いるために。網膜と画面とは溶け合うことになるだろう。

この未来派的なシナリオが現実になることはないかもしれない。私たちは今のところ，明らかに画面の社会に生きている。画面は至る所にある——航空会社の代理店，データ入力する事務員，秘書，エンジニア，医師，パイロットの使う画面から，ATM，スーパーのレジ，自動車の計器類の画面を経て，もちろんコンピュータの画面に至るま

で。画面は消え去るどころか，事務所や家庭を乗っ取りそ
うなくらいだ。コンピュータやテレビのモニターは，どち
らもますます大きく，フラットになりつつあるし，いつか
は壁一面の大きさになるだろう。レム・コールハースのよ
うな建築家は，ファサードが巨大スクリーンに転用された
『ブレードランナー』のような建物を設計している[74]。

　ダイナミックなものであれ，リアルタイムのものであ
れ，インタラクティヴなものであれ，画面は依然として画
面である。インタラクティヴィティ，シミュレーション，
そしてテレプレゼンス――数世紀前にもそうだったよう
に，私たちは今なお，自分の身体があるのと同じ空間に存
在し，もう一つの空間への窓として機能するフラットな矩
形の表面に目を向けている。私たちはまだ，画面の時代を
去ってはいないのである。

原註

1. スティーヴン・ジョンソンの *Interface Culture* (San Francisco: Harper One, 1997) は，コンピュータ・インターフェースの文化的重要性を主張している。

2. 「コードの不透明性」の考えに頼っている文化理論の他の例としては，ユーリー・ロトマンの二次モデリングシステムの理論，ジョージ・レイコフの認知言語学，ジャック・デリダのロゴス中心主義の批判，またマーシャル・マクルーハンのメディア論がある。

3. http://www.ntticc.or.jp/permanent/index_e.html.

4. Brad A. Myers, "A Brief History of Human Computer Interaction Tech-

nology," *ACM Interactions* 5, no. 2 (March 1998): 44-54.

5. http://www.xanadu.net.

6. HTML に代わるものとして推奨されている XML を使えば，どんなユーザーも自分自身でカスタマイズしたマークアップ言語を作ることができる。コンピュータ文化における次なる段階は，新しいウェブ文書のみならず，新しい言語を著すことを伴うのかもしれない。XML についてのさらなる情報については，http://www.ucc.ie/xml を見よ。

7. http://www.hotwired.com/antirom/index2.html.

8. たとえば，Mark Pesce, "Ontos, Eros, Noos, Logos," the keynote address for the International Symposium on Electronic Arts (ISEA), 1995, http://www.xs4all.nl/~mpesce/iseakey.html を見よ。

9. http://www.backspace.org/iod.

10. http://www.netomat.net.

11. Roman Jakobson, "Deux aspects du langage et deux types d'aphasies," in *Les Temps Modernes*, no. 188 (January 1962). 〔ローマン・ヤーコブソン「言語の二つの面と失語症の二つのタイプ」，田村すゞ子訳，『一般言語学』所収，みすず書房，1973 年〕

12. XML は，双方向リンクや，多方向リンクや，単一の点ではなくある範囲の文章へのリンクを含むことで，使用できるリンクの種類を多様化させている。

13. これが意味しているのは，新しいデジタルの修辞学が，ある特定の順序で情報を配置することよりも，提示される資料体全体（コーパス）のうちに含まれているものと含まれていないものを選択するということにこそ，より関係が深いということだろう。

14. http://www.sgi.com/pages/home/pages/products/pges/poweranimator_film_sgi/ を見よ。

15. ヴィヴィアン・ソプチャクは，*The Address of the Eye* で，現代の映画理論の根底にあるフレーム，窓，鏡という３つのメタファーについて論じている。フレームのメタファーは，近代絵画に由来し，意味作用に関心を寄せるフォーマリズムの理論の中心にある。窓のメタファーは，知覚という行為を強調するリアリズムの映画理論（バザン）の根底にある。リアリズムの理論は，映画のスクリーンを世界に向けて開かれた透明な窓として概念化する点で，アルベルティにならっている。最後に，鏡のメタファーは，精神分析的な映画理論の中心にある。このような区別の観点からすれ

ば，ここでの私の議論は窓のメタファーに関わるものだが，こうした区別
自体，映画とコンピュータ・メディアの関係，とりわけ映画のスクリーン
とコンピュータのウィンドウの関係についてさらに考えるにあたって，非
常に生産的な空間を開いている。Vivian Sobchack, *The Address of the
Eye: A Phenomenology of Film Experience* (Princeton, N. J.: Princeton
University Press, 1992) を見よ。

16. Jacques Aumont, Alain Bergala, Michel Marie, and Marc Vernet, *Aes-
thetics of Film*, trans. Richard Neupert (Austin: University of Texas
Press, 1992), 13.〔ジャック・オーモンほか『映画理論講義』武田潔訳，
勁草書房，2000年，23頁〕

17. VRのインターフェースと言うとき，私が意味しているのは，VRシス
テムで使用されているヘッドマウントあるいはヘッドカップルドのディス
プレイというごくありふれた形態である。VR人気が絶頂にあった頃に書
かれた，そうしたディスプレイについての一般向けの概観としては，
Steve Aukstakalnis and David Blatner, *Silicon Mirage: The Art and Sci-
ence of Virtual Reality* (Berkeley: Peachpit Press, 1992), 80-98を見よ。
より技術的な取り扱いについては，Dean Kocian and Lee Task, "Visually
Coupled Systems Hardware and the Human Interface," in *Virtual Envi-
ronments and Advanced Interface Design*, ed. Woodrow Barfield and
Thomas Furness III (New York: Oxford University Press, 1995), 175-
257を見よ。

18. さまざまなVRディスプレイの視野の詳細については，Kocian and
Task を見よ。システムが異なれば大幅に変わってくるとはいえ，1990年
代前半に入手できる商業的なヘッドマウントディスプレイ（HMD）の場
合，視野の典型的なサイズは30度から50度だった。

19. http://webspace.sgi.com/WebSpace/Help/1.1/.

20. Jed Hartman and Josie Wernecke, *The VRLM 2.0 Handbook: Build-
ing Moving Worlds on the Web* (Reading, Mass.: Addison-Wesley, 1996),
363を見よ。

21. 初期のトレンドの例としては，《リターン・トゥ・ゾーク》（アクティヴ
ィジョン，1993）や《セブンス・ゲスト》（トライロバイト／ヴァージ
ン・ゲームズ，1993)，後期のトレンドの例としては，《ソウルエッジ》
（ナムコ，1996）や《トゥームレイダー》（アイドス，1996）がある。

22. コンピュータゲームについての批評的な文献，とりわけその視覚言語に

ついての文献は，相変わらず不十分なままである。コンピュータゲーム史についての有益な事実，さまざまなジャンルの説明，デザイナーたちとのインタヴューは，Chris McGowan and Jim McCullaugh, *Entertainment in the Cyber Zone* (New York: Random House, 1995) に見られる。他の有益な情報源は，J.C. Herz, *Joystick Nation: How Videogames Ate Our Quarters, Won Our Hearts, and Rewired Our Minds* (Boston: Little, Brown, 1997) である。

23. 次第に自動化されていくものとしてのコンピュータ画像処理の歴史についてより詳しく論じたものとしては，拙論の "The Mapping of Space: Perspective, Radar, and 3D Computer Graphics" と "Automation of Sight from Photography to Computer Vision" を見よ。

24. パネル "Putting a Human Face on Cyberspace: Designing Avatars and the Virtual Worlds They Live In," SIGGRAPH '97, August, 7, 1997 での Moses Ma によるプレゼンテーション。

25. Li-wei He, Michael Cohen, and David Salesin, "The Virtual Cinematographer: A Paradigm for Automatic Real-Time Camera Control and Directing," SIGGRAPH '96 (http://research.microsoft.com/SIGGRAPH96/96/VirtualCinema.htm).

26. http://www.artcom.de/projects/invisible_shape/welcome.en を見よ。

27. Jay David Bolter and Richard Grusin, *Remediation: Understanding New Media* (Cambridge, Mass.: MIT Press, 1999), 19.

28. Svetlana Alpers, *The Art of Describing: Dutch Art in the Seventeenth Century* (Chicago: University of Chicago Press, 1983)〔スヴェトラーナ・アルパース『描写の芸術——一七世紀のオランダ絵画』幸福輝訳，ありな書房，1993 年〕，とくに「オランダ絵画における地図制作の影響」の章を見よ。

29. こうした歴史的な結びつきは，一般向けのフライト・シミュレータのゲームによって例証されている。そこでは，コンピュータ画面は，飛行機の制御盤——コンピュータ・インターフェースは，まさにその種の対象から出発して発展してきた——をシミュレートするために用いられている。現代の GUI の概念的な起源が伝統的な計器盤にあることは，〔重なり合うことのない〕タイル表示のウィンドウを用いた，1960 年代後半から 1970 年代前半にかけての最初のグラフィカルなコンピュータ・インターフェースに，よりはっきりと見て取ることができる。タイル表示のウィンドウによ

る最初のインターフェースは，1968年にダグラス・エンゲルバートによってデモンストレーションされた。

30. 私のここでの分析は，コンピュータ画面とそれに先立つ再現表象の慣習やテクノロジーとの連続性に焦点を合わせている。両者の差異を取り上げる別の解釈については，ヴィヴィアン・ソブチャク（Vivian Sobchack, "Nostalgia for a Digital Object: Regrets on the Quickening of Quick-Time," in *Millennium Film Journal*, no. 34（Fall 1999））とノーマン・ブライソン（Norman Bryson, "Summer 1999 at TATE," available from Tate Gallery, 413 West 14th Street, New York City）のすぐれた論文を見よ。ブライソンはこう書いている。「[コンピュータの]画面は遠近法による深さを提示することができるが，それは明らかに，アルベルティやルネサンスの窓とは違っている。その表面は，背後にある想像的な深さを前にして消失するということが決してしないし，本当に深さに通じてはいないのだ。だが，PCの画面は，モダニズムの画像のように振る舞うこともない。それは表面（あるいは，カンバスの上の顔料）の物質性を前景化することができない——なぜなら，変化する光の戯れ以外に，語るに足るほどの物質性がないのだから」。ソブチャクもブライソンも，伝統的な画像のフレームと，コンピュータ画面に備わる複数のウィンドウの違いを強調する。ブライソンは「基本的に，フレームの全秩序は廃棄され，重ね合わせやタイリング〔画面分割表示〕の秩序がそれに取って代わる」と述べている。

31. 2つの空間の境界線として機能するフレームが強調される度合いは，見る者がどの程度の同一化を求められているかと比例しているように思われる。したがって，同一化の度合いが元々非常に高い映画の場合，フレームは単独のオブジェクトとしてはまったく存在せず，スクリーンは単にその境界で終わるのに対して，絵画やテレビの場合，フレーミングはずっと顕著である。

32. ここで私は，アナトーリー・プロホロフが示唆するウィンドウ・インターフェースと映画におけるモンタージュとの類似に同意する。

33. これらの起源に関しては，たとえばC. W. Ceram, *Archaeology of the Cinema*（New York: Harcourt Brace and World, 1965）〔C・W・ツェーラム『映画の考古学』月尾嘉男訳，フィルムアート社，1977年〕を見よ。

34. Beaumont Newhall, *Airborne Camera*（New York: Hastings House, 1969）.

35. この類似は，単に概念的な類似にはとどまらない。1920年代末に，ジョン・L・ベアードは，テレビ信号を記録・再生する最初の方法である「フォノヴィジョン」を発明した。その信号は，レコードを作るのと非常に似通ったプロセスで，エディソンの蓄音機のレコードに記録された。ベアードは自分の記録装置を「フォノスコープ」と名づけた。Abramson, *Electronic Motion Pictures*, 41-42.

36. *Echoes of War* (Boston: WGBH Boston, 1989), videotape.

37. Ibid.

38. Ibid.

39. SAGEについては，初期のコンピュータ使用をめぐるポール・エドワーズのすぐれた社会史である *The Closed World: Computers and the Politics of Discourse in Cold War America* (Cambridge, Mass.: MIT Press, 1996)〔P・N・エドワーズ『クローズド・ワールド——コンピュータとアメリカの軍事戦略』深谷庄一監訳，日本評論社，2003年〕を見よ。彼の議論をより短くまとめたものとしては Paul Edwards, "The Closed World: Systems Discourse, Military Policy and Post-World War II U. S. Historical Consciousness," in *Cyborg Worlds: The Military Information Society*, eds. Les Levidow and Kevin Robins (London: Free Association Books, 1989) を見よ。また，Howard Rheingold, *Virtual Reality* (New York: Simon and Schuster, 1991), 68-93〔ハワード・ラインゴールド『バーチャル・リアリティ——幻想と現実の境界が消える日』沢田博監訳，田中啓子・宮田麻未訳，ソフトバンク出版事業部，1992年，63-101頁〕も見よ。

40. Edwards, "The Closed World," 142.

41. "Retrospectives II: The Early Years in Computer Graphics at MIT, Lincoln Lab, and Harvard," in *SIGGRAPH '89 Panel Proceedings* (New York: Association for Computing Machinery, 1989), 22-24.

42. Ibid., 42-54.

43. Rheingold, *Virtual Reality*, 105.〔邦訳118頁〕

44. Ibid., 104.〔邦訳117頁〕

45. Roland Barthes, "Diderot, Brecht, Eisenstein," in *Image/Music/Text*, trans. Stephen Heath (New York: Farrar, Straus and Giroux, 1977), 69-70.〔ロラン・バルト『第三の意味』沢崎浩平訳，みすず書房，1984年，144頁〕

46. Ibid.

47. 以下の部分で，私は画面を見る主体の不動性を表象の歴史という文脈で論じるが，この状況をコミュニケーションの歴史と関連づけることもできるだろう。古代ギリシャでは，コミュニケーションは人と人との口頭での対話として理解されていた。物理的な動きが対話と思考プロセスを刺激するとも考えられており，アリストテレスと彼の弟子たちは，哲学的問題を論じながら歩き回っていた。中世には，主体と主体との対話から，主体と情報記憶装置──つまり，書物──とのコミュニケーションへの転換が起こった。机に鎖で繋がれた中世の書物は，主体を空間内に「固定」する画面の先駆けとみなすことができる。

48. Martin Jay, "Scopic Regimes of Modernity," in *Vision and Visuality*, ed. Hal Foster (Seattle: Bay Press, 1988), 7 の要約による〔マーティン・ジェイ「近代性における複数の「視の制度」」，ハル・フォスター編『視覚論』所収，榑沼範久訳，平凡社ライブラリー，2007年，27頁〕。

49. Ibid., 7 に引用〔邦訳 27 頁〕。

50. Ibid., 8.〔邦訳 28-29 頁〕

51. Ibid., 9 に引用〔邦訳 30 頁〕。

52. 遠近法器具の概説については，Martin Kemp, *The Science of Art* (New Haven: Yale University Press, 1990), 167-220 を見よ。

53. Ibid., 171-172.

54. Ibid., 200.

55. Ibid.

56. ちなみに，麻酔学もほぼ同時期に登場している。

57. Walter Benjamin, "The Work of Art in the Age of Mechanical Reproduction," in *Illuminations*, ed. Hannah Arendt (New York: Schocken Books, 1969), 236.〔ヴァルター・ベンヤミン「技術的複製可能性の時代の芸術作品」『ベンヤミン・アンソロジー』山口裕之編訳，河出文庫，2011年，328-329頁〕

58. Anne Friedberg, *Window Shopping: Cinema and the Postmodern* (Berkeley: University of California Press, 1993), 2.〔アン・フリードバーグ『ウィンドウ・ショッピング──映画とポストモダン』井原慶一郎・宗洋・小林朋子訳，松柏社，2008年，3頁〕

59. たとえば，David Bordwell, Janet Staiger, and Kristin Thompson, *The Classical Hollywood Cinema* (New York: Columbia University Press, 1985) を見よ。

60. Ibid., 215 に引用。

61. Ibid., 214.

62. Friedberg, *Window Shopping*, 134.〔邦訳 170 頁〕彼女が参照しているのは，Jean-Louis Baudry, "The Apparatus: Metapsychological Approaches to the Impression of Reality in Cinema," in *Narrative, Apparatus, Ideology: A Film Theory Reader*, ed. Philip Rosen (New York: Columbia University Press, 1986)〔ジャン゠ルイ・ボードリー「装置——現実感へのメタ心理学的アプローチ」木村建哉訳，岩本憲児・武田潔・斉藤綾子編『「新」映画理論集成 2　知覚・表象・読解』フィルムアート社，1999 年，104-125 頁〕および Musser, *The Emergence of Cinema* である。

63. Baudry, "The Apparatus," 303 に引用〔邦訳 109 頁〕。

64. Friedberg, *Window Shopping*, 28.〔邦訳 35 頁〕

65. VR のシステムには，概して，動き回るための他のやり方も付加されている——たとえば，ジョイスティックのボタンを押すだけで，ある単一の方向に前進することができるといったような。しかしそれでも，方向を変えるためには，ユーザーはやはり身体の位置を変える必要がある。

66. Rheingold, *Virtual Reality*, 104.〔邦訳 116 頁〕

67. Ibid., 105.〔邦訳 119 頁〕

68. Ibid., 109.〔邦訳 124 頁〕

69. Marta Braun, *Picturing Time: The Work of Etienne-Jules Marey (1830-1904)* (Chicago: University of Chicago Press, 1992), 34-35.

70. Rheingold, *Virtual Reality*, 201-209.〔邦訳 247-257 頁〕

71. Ibid., 201 に引用〔邦訳 246-247 頁〕。

72. ここで私は「ファンタスマゴリア，パノラマ，ディオラマ——機械類を目に触れないようにした装置——は，観客が比較的動かないという特徴に依拠したもので」ある（Friedberg, *Window Shopping*, 23）〔邦訳 30 頁〕と述べるフリードバーグには同意しない。

73. 19 世紀のパノラマのなかには，中央の鑑賞エリアが，パノラマの主題と一致する乗り物のシミュレーション——船の一部といったような——で占められているものもあった。このような場合，ヴァーチャルな空間におけるシミュレーションが，物理的な空間を完全に乗っ取ったと言えるだろう。つまり，物理的な空間には，それ自体としてのアイデンティティがなく——何もないことといったようなミニマルで消極的なアイデンティティさえなく——，シミュレーションに完全に奉仕しているのである。

74. ここで参照しているのは，レム・コールハースによる，ドイツのカール
スルーエにある ZKM の新しい建物のための未実現のプロジェクトであ
る。Rem Koolhaas and Bruce Mau, *S, M, L, XL* (New York: Monacelli
Press, 1995)〔レム・コールハース『S, M, L, XL⁺——現代都市をめぐる
エッセイ』太田佳代子・渡辺佐智江訳，ちくま学芸文庫，2015 年〕を見
よ。

第3章　オペレーション
The Operations

「無垢な目」がどこにも存在しないように、「純粋なコンピュータ」も存在しない。伝統的な芸術家は、既存の文化的コードや言語や表象の図式といったフィルターを通して世界を知覚する。同様に、ニューメディアのデザイナーやユーザーも、いくつもの文化的なフィルターを通してコンピュータにアプローチする――前章で論じたのはその一部である。ヒューマン・コンピュータ・インターフェースは世界を独特なやり方でモデル化し、またそれ自身の論理をデジタルデータに押しつける。印刷された言葉や映画のような既存の文化的形態も、それぞれ情報の組織化のための強力な慣習を持ち込む。そうした形態は、さらにヒューマン・コンピュータ・インターフェースの慣習と相互作用して、私が「文化的インターフェース」と名づけたもの――つまり、文化的データを組織化する際のひと揃いの新しい慣習――を作り出す。最後に、画面のような構築物が、付加的な慣習のレイヤーを提供する。

　一連のフィルターというメタファーで想定されているのは、生のデジタルデータから特定のメディア・オブジェクトに至るまでの各段階で、創造的な可能性がどんどん制限されていくということだ。したがって、各段階は徐々により多くのことを可能にしているともみなせるわけで、その点に注意することも重要だ。つまり、メモリに保存された二進法の値をじかに取り扱うようなプログラマーは、これ以上ないほど「機械のすぐそばに」いることになるが、コンピュータに何をやらせるのにも永遠の時間がかかってし

まう。実際，ソフトウェアの歴史は，しだいに抽象度が上がっていく歴史である。プログラマーとユーザーは，ソフトウェアによって機械からしだいに引き離されることで，より迅速に目的を果たせるようになる。プログラマーは機械語からアセンブラへ，そこからさらに COBOL や FORTRAN や C 言語といった高水準言語や，Macromedia Director の Lingo や HTML など，特定領域でのプログラミング用に設計された超高水準言語へと移行していった。メディアのオーサリングのためのコンピュータ使用も，似たような道筋で発展した。1960 年代と 1970 年代にコンピュータを使って仕事をしていた少数のアーティストたちは，高水準コンピュータ言語でみずからプログラムを書かなければならなかったが，Macintosh 以降，たいていのアーティスト，デザイナー，それに時にはユーザーも，メニューベースのソフトウェア・アプリケーション——画像編集ソフト，描画・レイアウト用のプログラム，ウェブ編集ソフトなど——を使うようになった。このようにソフトウェアがより高水準の抽象へと発展していくことは，コンピュータの開発と使用を統御している全般的な軌道——つまり，自動化——と完全に一致している。

　本章では，ニューメディアの言語の記述にあたって，次の段階に進むつもりだ。私はまず最初にコンピュータ・データの諸特性を分析し（第 1 章），次いでヒューマン・コンピュータ・インターフェースに目を向けた（第 2 章）。このボトムアップの動きを続けて，本章ではインターフェ

ース上で実行されるテクノロジーのレイヤー——すなわち、アプリケーション・ソフトウェア——を取り上げる。ソフトウェア・プログラムは、ニューメディアのデザイナーやアーティストがニューメディアのオブジェクトを作ることを可能にすると同時に、コンピュータによって何ができるのかをめぐる彼らの想像力を形成するさらなるフィルターとして機能する。同様に、エンドユーザーがそうしたオブジェクトにアクセスするために使うソフトウェア——ウェブブラウザ、画像閲覧ソフト、メディアプレイヤーなど——も、ニューメディアとは何かについての彼らの了解を形成する。たとえば、Windows 98 の Windows Media Player や RealPlayer といったデジタルメディアプレイヤーは、VCR のようなリニアなメディア機械にみられるインターフェースを模倣しており、再生、停止、取り出し、巻き戻し、早送りといったコマンドを提供する。このようにして、ニューメディアにオールドメディアをシミュレートさせる一方で、ランダムアクセスのような新たな特性を隠してしまうのだ。

　私はここで、特定のソフトウェア・プログラムを分析するよりも、それらの多くに共通するより一般的な技法やコマンドを取り扱うつもりだ。ニューメディアのデザイナーは、取り扱う対象が定量的なデータであれ、文章であれ、画像やヴィデオや 3D 空間であれ、それらを組み合わせたものであれ、いつも同じ技法——コピー、カット、ペースト、検索、合成、変換、フィルターなど——を用いる。特

定のメディアに縛られないこうした技法の存在は，メディアがコンピュータ・データとしての身分を有していることのもう一つの帰結である。私は，コンピュータ・メディアを取り扱う際のこうした典型的な技法のことを，**オペレーション**と呼ぼうと思う。本章で論じるのは，選択，合成，テレアクションという3つのオペレーションの事例である。

オペレーションは，ソフトウェアに埋め込まれてはいるがそれに縛り付けられているわけではなく，コンピュータ内部だけでなくその外部の社会でも用いられている。オペレーションとは，コンピュータ・データを取り扱うやり方であるだけでなく，コンピュータ時代における全般的な作業の仕方にして，思考様式でも存在の仕方でもあるのだ。

ソフトウェアの利用・設計とより広範な社会のあいだのコミュニケーションは，双方向のプロセスである。ソフトウェアを使って作業をして，そこに埋め込まれたオペレーションを利用するにつれて，それらのオペレーションは，私たちが自分自身や他者や世界を理解する仕方の一部となる。コンピュータ・データを取り扱う際の戦略は，私たちの一般的な認識のための戦略になるのだ。それと同時に，ソフトウェアやヒューマン・コンピュータ・インターフェースの設計は，現代社会のより広範な社会的論理，イデオロギー，想像力を反映している。したがって，もし特定のオペレーションがソフトウェア・プログラムを支配していることが分かれば，それが文化全般でも作動していると考えてよいだろう。本章で選択，合成，テレアクションとい

う３つのオペレーションを論じる際，私はこの一般的なテーゼを特定の事例を使って明らかにするつもりである。ソフトウェアとハードウェアに埋め込まれていて，現代文化全般においても作動しているオペレーションの他の事例には，**サンプリングとモーフィング**がある[1]。

すでに触れたように，産業社会と情報化社会の違いとして，後者においては仕事でも余暇でも同じコンピュータ・インターフェースが用いられることが挙げられる。こうした仕事と余暇のより緊密な新しい関係は，作者と読者（あるいはより一般的に，文化的オブジェクトの生産者とそのユーザー）のより緊密な関係があって初めて完全なものとなる。それが意味するのは，ニューメディアが生産者とユーザーの違いをすっかり崩しているとか，あらゆるニューメディアのテクストがロラン・バルトの言う「書きうるテクスト」を具現しているといったことではなく，産業社会から情報化社会へ，オールドメディアからニューメディアへの転換にあたって，生産者とユーザーの重なり合いが際立って大きくなっているということだ。同じことは，両方のグループが用いるソフトウェアや，それぞれの技能と専門的知識や，典型的なメディア・オブジェクトの構造や，両者がコンピュータ・データに対して行うオペレーションについても言える。

ソフトウェア製品のなかには，プロの生産者とエンドユーザーのいずれかにねらいを定めたものもあるが，両方のグループが利用するものもある——ウェブブラウザ，サー

チエンジン，ワードプロセッサ，Photoshop（これはハリ
ウッドの長編映画のポストプロダクションでごく普通に用いら
れる）や Dreamweaver といったメディア編集のアプリケ
ーションなどである。さらに，プロ用のソフトウェアとア
マチュア用のソフトウェアの機能や価格の違いは，ニュー
メディア以前にプロとアマチュアが使っていた設備やフォ
ーマットに文字通りの格差があったことと比べると，ごく
わずか（数百ドルかそれ以下）である。たとえば，35 ミリ
と 8 ミリフィルムの設備や生産コストの違い，あるいはプ
ロ用のヴィデオ（D1 やベータ SP のようなフォーマット，お
よび編集デッキ，スイッチャー，デジタルヴィデオ効果
［DVE］や，他の編集用ハードウェア）とアマチュア用のヴ
ィデオ（VHS）の違いは，何十万ドルに及ぶ。同様に，プ
ロとアマチュアの技能の格差も縮まってきた。たとえば，
1990 年代後半には，Java や DHTML を使ってウェブデザ
インをするのはプロの領域だったが，多くのウェブユーザ
ーも FrontPage, HomePage, Word といったプログラムを
使って初歩的なウェブページを作ることができた。

　だが同時に，ニューメディアは，プロとアマチュアの関
係の性質を変えているわけではない。格差はずっと小さく
なっているとはいえ今なお存在しているし，今後もつねに
存在し続けるだろう。というのも，プロの生産者たち自身
が，生き残りのためにその格差を組織的に維持しているか
らだ。写真，映画，ヴィデオといった旧来のメディアで
は，その格差はテクノロジー，技能，美学という 3 つの主

要な領域に関わるものだったが^2, ニューメディアととも
に新たな領域が登場した。「プロ」のテクノロジーをアマ
チュアが使えるようになると, ニューメディアのプロは新
しい規格やフォーマットや期待されるデザインを作り出し
て, 自分たちの地位を維持する。1993 年頃に HTML が公
式にデビューしたのに引き続いて, 新しいウェブデザイン
の「目玉」, ならびにその作成のための技法——ロールオ
ーバー・ボタンやプルダウン・メニュー, DHTML に
XML, JavaScript のスクリプトに Java アプレット——が
絶え間なく導入されたことは, プロが通常のユーザーより
有利な立場を保つために用いた戦略として説明できる部分
もあるだろう。

　ニューメディアの製品の次元では, 生産者とユーザーの
重なり合いはコンピュータゲームの例で説明できる。ゲー
ム会社はしばしば, いわゆる「レベルエディタ」と呼ばれ
る特殊なソフトウェアをリリースし, 購入したゲームの自
分だけのゲーム環境をプレイヤー自身が作れるようにす
る。ユーザーがゲームを書き換えることのできる補助ソフ
トウェアも, サードパーティーによってリリースされ, ゲ
ームファン自身によって書かれている。この現象は「ゲー
ム・パッチング」と呼ばれる。アン＝マリー・シュライナ
ーが述べているように, 「ゲーム・パッチ（あるいは, ゲー
ム・アドオン, MOD, レベル, マップ, WAD）とは, グラ
フィックス, ゲームのキャラクター, 建造物, サウンド,
ゲームプレイに関して, 既存のゲームのソースコードを変

更することを言う。ゲーム・パッチングは，1990年代にはハッカーアートの流行形態の一種へと進展し，多数のシェアウェアのエディタがインターネット上で手に入り，たいていのゲームを変更することができた[3]」。

商業的なゲームは，プレイヤーにゲームのさまざまな側面をカスタマイズさせる広範囲な「オプション」の領域を持つことを求められてもいる。こうして，プレイヤーはいくらかゲームデザイナーになる——とはいえ，プレイヤーの創造性は，ゼロから何かを作るというよりは，さまざまなオプションの組み合わせを選択することに関わっている。選択としての創造性という概念については，「メニュー，フィルター，プラグイン」のセクションでより詳しく論じるつもりだ。

オペレーションのなかには，ニューメディアのプロの領域のものもあれば，エンドユーザーの領域のものもあるが，両グループともある程度は同じオペレーション——コピー，カット，ペースト，ソート，検索，フィルター，トランスコード，リップなど——を使っている。本章で論じるのは3つのオペレーションの事例だが，「選択」はプロのデザイナーとエンドユーザーの両方が使うオペレーションであり，「合成」はもっぱらデザイナーが用いる。第三のオペレーションの「テレアクション」は，一般的にはユーザーが利用するオペレーションの例である。

本章ではソフトウェアがもたらすオペレーションに焦点を合わせるが，オペレーションという概念は，テクノロジ

ーに基づく他の文化的実践を考えるためにも利用できるだろう。この概念は，「手続き」「実践」「方法」といった他のよりなじみ深い用語と結びつけることができる。同時に，オペレーションという概念を「道具」や「媒体」に還元してしまうのは間違いだろう。実のところ，本書の根底に横たわる想定の一つは，そのような伝統的な概念はニューメディアに関してはあまりうまく機能しないので，「インターフェース」や「オペレーション」のような新しい概念が必要であるということなのだ。一方で，オペレーションはたいてい，伝統的な道具とは違うやり方で部分的に自動化されている。他方で，オペレーションは，コンピュータのアルゴリズムと同じように，一連の段階として書き記すことができる——つまり，ハードウェアやソフトウェアに具現化される前に，概念として存在するのだ。実際，モーフィングからテクスチャー・マッピングまで，検索やマッチングからハイパーリンクまで，たいていのニューメディアのオペレーションは，コンピュータ・サイエンスの論文で公刊されたアルゴリズムとして始まり，それが最終的に標準的なソフトウェア・アプリケーションのコマンドになっている。したがって，たとえばユーザーがある画像に特定の Photoshop のフィルターを当てると，Photoshop のメインプログラムはそのフィルターに対応する個別のプログラムを呼び出し，そのプログラムがピクセル値を読み出し，それに対して何らかのアクションを起こし，変更された値を画面に書き込むのである。

こういうわけで，オペレーションは，トランスコーディ
ングというニューメディアのより一般的な原則のさらなる
事例とみなすべきである。アルゴリズムのうちにエンコー
ドされ，ソフトウェアのコマンドとして実行されるオペレ
ーションは，それが適用されるメディア・データとは独立
して存在する。プログラミングにおけるアルゴリズムとデ
ータの分離が，オペレーションとメディア・データの分離
になっているのだ。

　文化の他の領域におけるオペレーションの例として，ピ
ーター・アイゼンマンの建築の実践を考えてみよう。彼の
プロジェクトは，CADプログラムが提供するさまざまな
オペレーションを，建物の外部形態そして／あるいは内部
形態のデザインの基礎として使用する。アイゼンマンは，
全範囲に及ぶ利用できる限りのコンピュータ・オペレーシ
ョン——押し出し，ひねり，拡張，ずらし，モーフィン
グ，ねじり，位置転換，拡大縮小，回転など——を体系的
に用いているのである[4]。

　もう一つの例は，三宅一生の服飾デザインによってもた
らされる。彼のデザインはいずれも，ある特定の概念的な
手続きがテクノロジー的なプロセスに翻訳された結果であ
る[5]。たとえば，《ジャスト・ビフォー》（1998年春夏コレク
ション）は，複数の同じ衣服でできた巨大な巻物であり，
境界線がすでに生地に組み込まれるかたちで提案されてい
る。個々の衣服は，ありうる限りの多種多様なやり方で，
巻物から切り取ることができる。《デューンズ》（1998年春

夏コレクション）は，縮めるというオペレーションに基づく。ひな型は最終的な大きさよりも2倍大きくカットされている。次いで，布きれやテープが主要な場所に取り付けられ，最後に特殊な溶液に浸すことで望みの大きさまで縮められる。この一連のオペレーションによって，布きれとテープで保護された場所を除いて，襞のある特殊なテクスチャーが作り出されるのである。

　《デューンズ》は，オペレーションに備わる重要な特徴を典型的なかたちで示している。つまり，オペレーションどうしを組み合わせて何らかのシークェンスにすることができるのだ。デザイナーはその結果として生じるスクリプトを操作して，オペレーションを取り除いたり，新しいオペレーションを付け加えたりすることができる。このスクリプトは，それを適用可能なデータとは分かれて存在する。よって，ひな型を切り取り，主要な領域に布きれとテープを当て，縮めることから成る《デューンズ》のスクリプトは，さまざまなデザインや生地に適用できるのだ。ニューメディアのソフトウェアのデザイナーやユーザーには，より大きな柔軟性がある。新しいフィルターをプログラムに「プラグイン」して，利用可能なオペレーションの範囲を広げることができる。スクリプトは特殊なスクリプト言語を使って編集することができ，それを保存し，後で別のオブジェクトに適用することもできる。デザイナーとユーザーは，スクリプトをいくつものオブジェクトに自動的に適用することもできれば，コンピュータがスクリプト

を特定の時間に，あるいは特定の状況が生じたときに，自動的に呼び出すよう命令することさえできる。前者の例としては，たいてい夜のある時刻に始まるように指定されている，バックアップやディスクのデフラグをするプログラムが挙げられる。後者の例は，Eudora や Microsoft Outlook などの e メール・プログラムにおけるメッセージのフィルタリングである。そのようなプログラムは，サーバーから新しいメッセージを引き出すときに，メッセージのヘッダやアドレスにある特定の文字列が含まれていれば，そのメッセージを特定のフォルダに移す（または，削除したり，優先度を上げたりする）ことができるのである。

メニュー，フィルター，プラグイン

選択の論理

　ヴューポイント・データラブス・インターナショナル社は，コンピュータ・アニメーターやデザイナーに広く利用されている幾何学的な 3D モデルを何千種類も販売している。そのカタログには，モデルがこう記述されている。「VP4370：男，超低解像度。VP4369：男，低解像度。VP4752：男，筋肉質，半ズボンにテニスシューズ。VP5200：男，顎髭あり，ボクサーショーツ……[6]」。Adobe Photoshop 5.0 にはフィルターが 100 種類以上も付属しており，ユーザーは非常に多くのやり方で画像を修正できる。動画像を合成するためのスタンダードとなっている After Effects 4.0 は，80 種類のエフェクトのプラグイン付きで出荷され，さらに数千種類がサードパーティーから入手できる[7]。Macromedia Director 7 には，「ビヘイビア」──すぐに使えるコンピュータ・コードの断片──の大規模なライブラリが付属している[8]。3D のモデリングおよびアニメーションの主導的なソフトウェアである Softimage

| 3D（v3.8）は，3D オブジェクトに適用できる 400 種類を超すテクスチャー付きで出荷され[9]，デジタルヴィデオのフォーマットであるアップルの QuickTime 4 には，15 種類のビルトインのフィルターと 13 種類のヴィデオ・トランジションが内蔵されている[10]。ジオシティーズのウェブサイトは，ユーザーのページにバナー広告を置く代わりに無料でユーザーのウェブサイトをホストするというコンセプトの草分けだが，ユーザーは自分のサイトをカスタマイズするために，4 万種類以上のクリップアートの画像コレクションにアクセスできる[11]。インデックス・ストック・イマジェリー社は，ウェブ上のバナー広告で利用できるストック写真を 37 万 5000 枚も提供している[12]。Microsoft Word 97 のウェブページ・ウィザードを使えば，ユーザーは，「エレガント」，「お祭り」，「プロフェッショナル」といった用語で表される 8 つのあらかじめ決められたスタイルから選択することで，シンプルなウェブサイトを作ることができる。Microsoft Chat 2.1 のユーザーは，ビルトインされた 12 種類の漫画キャラクターから選択して，アバター（ヴァーチャルな世界でユーザーの代理をするキャラクターやグラフィック・アイコン）を決めるように求められる。ユーザーはオンライン・セッションの間に，マイクロソフトのプログラマーたちが定義した 8 つの根本的な感情を表す 8 つの値のいずれかを加えることで，選択したキャラクターをさらにカスタマイズできる。

　以上の例は，コンピュータ文化の新しい論理を物語って

いる。ニューメディアのオブジェクトは，完全にゼロから作り出されることはめったになく，たいてい出来合いのパーツで組み立てられる。言い換えれば，コンピュータ文化では，本物の創造に，メニューからの選択が取って代わっているのだ。ニューメディアのオブジェクトを作り出す過程で，デザイナーは3Dモデルやテクスチャー・マップ，サウンドやビヘイビア，背景の画像やボタン，フィルター，トランジションのライブラリから選択を行う。どんなオーサリングや編集のソフトウェアにも，そのようなライブラリが付属している。加えて，ソフトウェア・メーカーもサードパーティーも，別途，「プラグイン」として作動するコレクション——つまり，ソフトウェアのメニューの中に，追加のコマンドやすぐに使えるメディア要素として登場するコレクション——を販売している。ウェブ上には，プラグインやメディア要素のさらなる供給源があり，夥しい数のコレクションが無料で手に入る。

　同様に，ニューメディアのユーザーも，文書作成やインターネット上のサービスへのアクセスのためにソフトウェアを利用する際，あらかじめ定義された選択候補のメニューから選ぶことを求められる。その実例としては，Microsoft Word や類似のプログラムでウェブページを作るときに，あらかじめ定義されたスタイルを選択したり，PowerPoint でスライドを作るときに，「自動レイアウト」のうちの一つを選択したり，The Palace のようなマルチユーザーの仮想世界に入るときに，あらかじめ決められたア

バターを選んだり，VRMLの世界を航行するときに，あらかじめ決められた視点を選んだりすることが挙げられる。

　全般的に言って，あらかじめ定義された要素や選択候補のライブラリやメニューから選ぶことは，ニューメディアのプロの生産者とエンドユーザーの両方にとって主要なオペレーションである。このオペレーションは，プロにとっては生産プロセスをより効率的にするし，エンドユーザーには，自分たちが単なる消費者ではなく，ニューメディアのオブジェクトや体験を作り出している「作者」であると感じさせる。この文化の新しい論理には，どのような歴史的起源があるのだろうか？　その論理に付随して生じる標準化と創意の特殊なダイナミクスを，どのように理論的に記述できるのか？　ここで提唱される作者のあり方のモデルは，ニューメディアに特有なのだろうか，それともすでにオールドメディアで作動していたのだろうか？

　芸術家がまったくのゼロから創作するとか，自分の想像力からじかにイメージを引き出すとか，まったく独力で世界を見る新しいやり方を発明するといったロマン主義的な理想を批判してきたのは，とりわけ，エルンスト・ゴンブリッチとロラン・バルトである[13]。ゴンブリッチによれば，リアリズムの芸術家は，すでに確立された「表象の図式」に頼ることによってしか自然を表象することができない。よって，芸術における幻影（イリュージョン）の歴史は，そうした図式が，何世代の芸術家にもわたって，ゆっくりと微妙に変更されていくことと関わっている。バルトは有名な論文

「作者の死」で，作品の内容に対してただひとり責任を持つ孤独な発明者としての作者という考えをさらにラディカルに批判する。バルトが言うように，「テクストとは，無数にある文化の中心からやって来た引用の織物である[14]」。近代の芸術家は，既存のテクストや作風や図式をただ新しいやり方で再現している——あるいは，せいぜい組み合わせている——だけかもしれないのに，それにもかかわらず芸術制作の実際の物質的なプロセスは，ロマン主義の理想を裏書きする。芸術家は森羅万象を創造する神のごとく作動する——何も描かれていないカンバスや白紙から出発して，徐々に細部を埋めていくことで，新しい世界を生み出すのだ。

　そのようなプロセスは手作業で，骨が折れ，時間もかかるが，産業化以前の職人文化の時代には適切なものだった。20世紀には，文化のその他の部分が大量生産と自動化に移行し，文字通り「文化産業」（テオドール・アドルノ）となったのに，それでも美　術は職人モデルに固執し続けた。1910年代になって，何人かの芸術家が既存の文化の「パーツ」を使ったコラージュやモンタージュを組み立て始めたときに，ようやく産業的な生産方法が芸術の領域に入ったのである。この新しい方法の最も「純粋」な表現となったのは，フォトモンタージュだった。1920年代初頭には，フォトモンタージュの実践者たちは，モダンアートの最も注目すべき画像のいくつかをすでに創作（というより構築）していた——ほんのいくつか例を挙げるな

ら，《台所用ナイフによる切り抜き》（ハンナ・ヘッヒ，
1919），《メトロポリス》（ポール・シトロエン，1923），《国全
体の電化》（グスタフ・クルーツィス，1920），《家でのタトリ
ン》（ラウル・ハウスマン，1920）などである。フォトモン
タージュは1920年代のダダイスト，シュルレアリスト，
構成主義者たち，および1960年代のポップアートの担い
手たちが用いる定評のある実践となったが，それにもかか
わらず，絵画やデッサンが典型的に示すように，ゼロから
の創造はモダンアートの主要なオペレーションであり続け
た。

　対照的に，電子芸術（エレクトロニックアート）はそもそも最初から，**既存の信
号を変更する**という新しい原則に基づいていた。ロシアの
科学者・音楽家のレフ・テルミンが1920年に開発した最
初の電子楽器は，正弦波の発生器を含んでおり，演奏者は
その周波数と振幅を変更するだけだった[15]。1960年代に
は，ヴィデオ・アーティストたちが同じ原則に基づいてヴ
ィデオ・シンセサイザーを組み立て始めた。芸術家とはも
はや，純粋に自分の想像力から新しい世界を生み出すロマ
ン主義的な天才ではなく，こちらのつまみを回してはあち
らのスイッチを押す技術者――いわば，機械の付属品――
となったのである。

　単純な正弦波をより複雑な信号（音，リズム，メロディ
ー）に置き換えて，ずらりと並んだ信号発生器を付け加え
れば，現代のミュージック・シンセサイザーにたどり着
く。これはあらゆるニューメディアに共通する論理――つ

まり，選択候補のメニューから選ぶということ——を具体化する最初の器具＝楽器^{インストルメント}である。

1950 年代には最初のミュージック・シンセサイザーが登場し，次いで 1960 年代にはヴィデオ・シンセサイザーが，1970 年代後半には DVE〔デジタルヴィデオ効果〕——ヴィデオ編集機によって用いられる効 果^{エフェクト}の貯蔵庫——が，1980 年代には基本的な形状のレパートリーが付属した 1984 年の MacDraw のようなコンピュータ・ソフトウェアが現れた。芸術制作のプロセスはついに現代に追いついた。つまり，現代社会の他の部分——そこでは，物体から人間のアイデンティティに至るまで，あらゆるものが出来合いのパーツから組み立てられる——と同期するようになったのだ。現代の主体は，衣裳一式を組み合わせるにしても，部屋を飾り付けるにしても，あるいはレストランのメニューから料理を選ぶ場合でも，どの利益団体に加わるかを決める場合でも，多数のメニューや項目のカタログから選択することで人生を過ごしている。電子メディアとデジタル・メディアを使うことで，芸術制作もまた同じように出来合いの要素——描画プログラムが与えるテクスチャーやアイコン，3D モデリング・プログラムがもたらす 3D モデル，音楽合成プログラムに組み込まれたメロディーやリズム——からの選択を伴うようになる。

芸術家が自分独自の「引用の織物」を作り出す源である文化の偉大なテクストは，かつては意識下のどこかで泡立ち，煌めいていたが，いまやそれは外面化された（そし

て，その過程で大いに縮減された）——芸術家がコンピュータの電源を入れるとすぐに利用可能になる 2D オブジェクト，3D モデル，テクスチャー，トランジション，エフェクトとして。ワールドワイドウェブは，このプロセスを次の段階へと導く。それは，すでにウェブ上に存在する他のテクストへのポインターだけで成り立っているテクストの作成を促すのだ。何であれオリジナルな文書を付け加える必要はない。既存のものから選択するだけで十分なのだ。言い換えれば，単に新しいメニューを提供するだけで，つまり，利用可能なコーパス全体から新たに選択することで，いまや誰でも創造者（クリエーター）になれるのである。

　同じ論理は，分岐型のインタラクティヴなニューメディアのオブジェクトにも当てはまる。分岐型のインタラクティヴなプログラムでは，ユーザーはある特定のオブジェクトに到達するや，次にどの分岐をたどるのかを，ボタンや画像の一部をクリックしたり，メニューからの選択を行うことによって選ぶ。選択を行うことの視覚的な結果として，画面全体が変化するか，あるいはその（複数の）部分が変化する。1980 年代と 1990 年代初頭のインタラクティヴなプログラムは，一般的には自己完結型だった——つまり，ネットワークにつながっていないコンピュータで実行された。そのため，自己完結型のプログラムのデザイナーは，ユーザーがプログラムに全面的な注意を向けることを期待できたので，それに応じて，ユーザーが選択をした後に画面全体を変化させても差し支えなかった。その効果

は，本でページをめくることに似ていた。本のメタファーを推進したのは，最初の一般向けのハイパーメディアのオーサリング・ソフトウェアであるアップルの HyperCard (1987) であり，その利用の好例は《ミスト》（ブローダーバンド，1993）に見出せる。《ミスト》はプレイヤーに，画面全体を占める静止画像を与え，プレイヤーが画像の右側や左側の部分をクリックすると，その画像は別の画像に置き換えられる。1990 年代後半にインタラクティヴな文書がほとんどウェブに移行するようになると，ウェブ上ではサイトからサイトへの移動がずっと容易なので，サイトのあらゆるページに共通のアイデンティティを与え，またサイトの分岐型構造のどの位置に当該のページがあるのかを視覚的に表示することが重要になった。その結果，インタラクティヴなデザイナーたちは，HTML のフレームやダイナミック HTML や Flash といったテクノロジーに頼りながらこれまでと違った慣習を打ち立てた。今では，画面の一部は変わらないままで——その部分には通常，企業のロゴや，トップ階層のメニューや，ページの経路（パス）が含まれる——，他の部分はダイナミックに変化する（マイクロソフトとマクロメディアのサイトが，この新たな慣習の好例である[16]）。選択を行うことで，ユーザーがまったく新たな画面に導かれるのか，それともただ画面の一部が変化するだけなのかに関わりなく，ユーザーはやはり，あらかじめ定義されたオブジェクトから成る分岐構造を航行している。メディア・オブジェクトを実行時に制御し，変更するコン

ピュータ・プログラムによって，より複雑なタイプのインタラクティヴィティを作り出すことができるにもかかわらず，インタラクティヴ・メディアはほとんど，枝分かれした樹木という固定した構造を利用している。

分岐型のインタラクティヴなプログラムのユーザーは，その共著者になるのだとよく主張される。つまり，ある作品の諸要素のなかをくぐり抜けながら独自の道筋を選ぶことで，新たな作品を作るとされるのだ。しかし，このプロセスを別の仕方で見ることもできる。完全な作品とは，その諸要素を通り抜けるあらゆる可能な道筋の総和のことであるとするなら，ある特定の道筋をたどるユーザーは，その全体の一部分だけにアクセスしていることになる。言い換えれば，ユーザーが活性化するのは，すでに存在する作品全体のごく一部にすぎない。他のページへのリンクだけで成り立っているウェブページの例でもそうだったように，ここでユーザーはコーパスに新しいオブジェクトを付け加えるのではなく，部分集合を選ぶだけなのだ。これは新しいタイプの作者性であり，伝統にわずかな変更を加えるという近代以前（ロマン主義以前）の考え方にも，天才たる創造者が伝統に抗うという近代（19世紀，および20世紀前半）の考え方にも対応しないが，ほとんどあらゆる実際的な行為が何らかのメニューやカタログやデータベースからの選択を伴う高度産業社会やポスト産業社会の論理とはぴったりと適合する。実際，すでに〔「ニューメディアの諸原則」のセクションで〕指摘したように，ニューメディア

は，そのような社会におけるアイデンティティの論理——つまり，あらかじめ定義されたいくつかのメニューから値を選択すること——を表現したものとして，ありうる限り最良のものなのである。

　現代の主体は，どうすればこの論理から逃れることができるのだろうか？　ブランドやレーベルであふれかえった社会では，人々はミニマルな美学や同定しにくい服装のスタイルを取り入れることで反応する。建築評論家のハーバート・ミュシャンは，ミニマルな理想としてのからっぽのロフトについての記事で，人々は「あるものを他のものより好むときに明らかになる主体性を人目にさらすのを拒んでいる」と指摘する。個別化された内的世界と，客観的で，共有された，中立的な外の世界との対立は，逆転するようになっているのだ。

　プライベートな生活空間は，客観性の装いを帯びるようになってきた。中立的で，どんな価値からも解放されていて，一分の隙もなくデザインされた空間ではなく，あたかもたまたま見つかった空間であるかのように。一方，外部の世界は主観化され，個人的な気まぐれと空想の移り気なコラージュへと変化させられるようになった。これは流通システムに支配された文化において，当然予期されることである。流通システムは，結局のところ，ものを作るためではなく，ものを売るために，個人の衝動，趣味，欲望に訴えかけるために存在しているの

だ。その結果，公共領域は，夢やデザインの集合的な貯蔵庫となっており，自己はそこから逃れることを必要としているのである[17]。

ニューメディアでは，これに類した逃走をどのように達成できるのだろうか？　それはあらゆるオプションやカスタマイゼーションを拒むことによって，そして究極的には，あらゆる形のインタラクティヴィティを拒むことによってしか達成されえないだろう。逆説的なことに，インタラクティヴな道筋をたどることで，人はユニークな自己を構築するのではなく，むしろあらかじめ確立されたアイデンティティを取り入れる。同様に，メニューから値を選択したり，デスクトップやアプリケーションをカスタマイズすることで，人はいつの間にか，会社が綿密に調整し，ソフトウェアの中にコード化した「個人的な気まぐれと空想の移り気なコラージュ」に参加させられてしまう。だから，UNIX のコマンドライン・インターフェースを使うところまではいかないにせよ——それこそが，コンピュータ使用の領域でミニマルなロフトに相当するものとみなせるのだが——，私はマイクロソフトの Windows を，自分の「ユニークなアイデンティティ」を表明できるかもしれないと期待してカスタマイズするよりも，工場でインストールされたそのままの状態で使うことを好むのである。

「ポストモダニズム」と Photoshop

　本章のイントロダクションで記したように，コンピュータのオペレーションは，そのデザインのうちに既存の文化的な規範をエンコードしている。「選択の論理」はその好例だ。一連の社会的・経済的な実践や慣習だったものが，いまやソフトウェアそのものにエンコードされている。その結果，新たな形の制御，穏やかではあるけれども強力な制御が生じる。ユーザーがゼロから創造することが，ソフトウェアによって直接妨げられるわけではないが，あらゆる水準におけるソフトウェアのデザインのせいで，別の論理——つまり，選択の論理——をたどることが「自然」になってしまうのだ。

　コンピュータ・ソフトウェアは，あらかじめ定義されたオブジェクトのライブラリから選択するという作者性のモデルを「自然」なものにしているが，そのようなモデルは，幻燈スライドショーのようなオールドメディアですでに作動している[18]。映画史家のチャールズ・マッサーが指摘するように，現代の映画では，作者性がプリプロダクションからポストプロダクションにまでわたるが興行には及ばないのに対して（すなわち，映画作品の劇場での上映はすっかり標準化されており，創造的な決定を伴わない），幻燈スライドショーでは，興行はきわめて創造的な行為だった。実際，幻燈の興行主は，配給業者から購入したスライド群を巧みに配列して提示する芸術家だった。これは，選択としての作者性の完璧な実例である。作者は，自分自身が作

り出したわけではない要素をもとにオブジェクトを組み立てるのだ。作者の創造的なエネルギーは，独創的なデザインにではなく，要素の選択と配列に向かっている。

　近代のメディア芸術がすべてこの作者性のモデルに従っているわけではないが，アナログ・メディアのテクノロジーの論理はそのモデルを力強く支えている。映画フィルムや磁気テープといった工業生産された素材に保存されるため，メディア要素を隔離したり，コピーしたり，新たな組み合わせで組み立てたりするのもずっと簡単だ。さらに，テープレコーダーやフィルム・スプライサーといった多種多様なメディア操作機械のおかげで，選択と組み合わせのオペレーションが実行しやすくなっている。同時に，さまざまなメディアのアーカイヴが発展したため，作者は新たな要素をつねに自分で記録せずとも，既存のメディア要素に頼ることができるようになる。たとえば，ドイツのフォトジャーナリストのオットー・ベットマン博士が1930年代に開始した試みは，のちに「ベットマン・アーカイヴ」として知られるようになった。1995年にビル・ゲイツ率いるコービス・コーポレーションに買収されたときには，このアーカイヴには1600万枚の写真が収蔵されており，その中には非常に頻繁に使用される20世紀の画像も含まれていた。フィルムや音声メディアに関しても，似たようなアーカイヴが設立されている。「ストック」写真や，映画のクリップや，音声の録音を使うことは，近代のメディア生産の標準的な実践になった。

手短にまとめると，商業的に流通している既存のメディア要素を使って何らかのメディア・オブジェクトを組み立てるという実践はオールドメディアでも存在したが，ニューメディア・テクノロジーはそれをさらに標準的なものにし，ずっと実行しやすいものにした。かつてはハサミと糊を必要としていたことが，いまや「カット」と「ペースト」をクリックするだけでよい。さらに，選択や組み合わせといったオペレーションを，オーサリングと編集のソフトウェアのインターフェースそれ自体にエンコードすることで，ニューメディアはそれらのオペレーションを「正当」なものとする。データベースやライブラリから要素を取り出すことがデフォルトとなり，ゼロから要素を作り出すことが例外となる。ウェブは，この論理を完璧に実体化したものとして機能する。ウェブとは，グラフィックス，写真，ヴィデオ，音声，デザインレイアウト，ソフトウェア・コード，文章などの1個の巨大なライブラリである。しかも，マウスを一度クリックするだけでユーザーのコンピュータに保存できるのだから，どの要素も無料なのである。

　「カット＆ペースト」の論理に正当性を与えたグラフィカル・ユーザー・インターフェース（GUI）と，プラグインというアーキテクチャを一般化したPhotoshopのようなメディア操作のためのソフトウェアが，どちらも1980年代——現代文化が「ポストモダン」になったのと同じ年代——に発展したことは偶然ではない。この用語を引き合

いに出すにあたっては，ポストモダニズムを「文化におけ
る新しい形式上の特徴を，新しい種類の社会生活および新
たな経済秩序と相関させる機能を持った，一つの時代区分
の概念[19]」とみなすフレドリック・ジェイムソンの使用法
に従っている。1980年代初頭には明らかになったよう
に，ジェイムソンのような批評家たちにとって，文化はも
はや何かを「刷新しよう」とはしていなかった。むしろ，
過去のメディアの内容や，芸術様式や，形式を果てしなく
リサイクルし引用することが，現代社会の新たな「国際様
式」にして新たな文化的論理となった。文化はいまや，メ
ディアによる現実の記録をより多く集めるのではなく，す
でに蓄積されたメディア素材を再加工し，再び組み合わ
せ，分析することに忙しい。プラトンの洞窟の譬喩を引き
合いに出しながら，ジェイムソンは，ポストモダンの文化
的生産が「もはや現実世界に直接目を向けることができ
ず，プラトンの洞窟の中にいるごとく，囚われの壁に映ず
る世界の心的な映像をたどらなければならない」と書いて
いる[20]。私の考えでは，この新たな文化的状況は，1980年
代に登場しつつあったコンピュータ・ソフトウェアにこそ
見事に反映されていた。そうしたソフトウェアは，ゼロか
ら創造することよりも出来合いのメディア要素から選択す
ることを特権視していた。しかも，このソフトウェアこそ
が，実際，かなりの程度まで，ポストモダニズムを可能に
したのである。あらゆる文化的生産が，まずはスイッチャ
ーやDVE〔デジタルヴィデオ効果〕といった電子的なツー

ルに（1980年代），次いでコンピュータ・ベースのツール
に移行したことで（1990年代），新たな制作物を作り出す
ためにオールドメディアのコンテンツに頼るという実践が
非常にやりやすくなった。また，メディアの領域全体がず
っと自己言及的なものとなった。なぜなら，あらゆるメデ
ィア・オブジェクトが，単一の機械──コンピュータ──
を使ってデザインされ，保存され，配布されるのであれ
ば，既存のオブジェクトから要素を借りてくることがずっ
と容易になるからだ。ここでもまた，ウェブがその論理を
完璧に表現している──新しいウェブページは，決まっ
て，既存のウェブページのコピーと修正によって作られて
いるのだから。このことは，自分のホームページを作る家
庭のユーザーにも，プロの作るウェブや，ハイパーメディ
アや，ゲーム開発会社にも当てはまる。

オブジェクトから信号へ

　出来合いの要素の選択がニューメディアのオブジェクト
のコンテンツの一部をなすことは，「選択の論理」の一側
面にすぎない。デザイナーは一般的に，何らかのオブジェ
クトに取り組むとき，多種多様なフィルターや「エフェク
ト」を選択し，適用する。そうしたフィルターはすべて
──画像の 外 観 を操作する場合でも，動画像どうしの
画面転換を作る場合でも，楽曲にフィルターを適用する場
合でも──，既存のメディア・オブジェクト，あるいはそ
の一部をアルゴリズムに従って変更するという同じ原則に

296

関わっている。コンピュータ・メディアは，コンピュータ内では数字として表象されるサンプルで成り立っているので，コンピュータ・プログラムはあらゆるサンプルに順番にアクセスして，何らかのアルゴリズムに従ってその値を変更することができる。画像フィルターはたいてい，そのような仕方で作動する。たとえば，画像にノイズを加える場合，Photoshopのようなプログラムは画像ファイルをピクセルごとに読み込み，ランダムに生成された数字をそれぞれのピクセル値に加え，新しい画像ファイルを書き出す。プログラムは，一度に2つ以上のメディア・オブジェクトを取り扱うこともできる。たとえば，2つの画像を混ぜ合わせる場合，プログラムは2つの画像から対応するピクセル値を読み込み，現在のピクセル値のパーセンテージに基づいて新たなピクセル値を計算し，そのプロセスがすべてのピクセルに対して繰り返される。

　フィルターのオペレーションは，オールドメディアにもその前触れがみられるとはいえ（たとえば，サイレント映画の手作業による彩色），電子メディアのテクノロジーとともに本領を発揮するようになる。19世紀と20世紀の電子メディアのテクノロジーはすべて，多種多様なフィルターを通過させることによる信号の変化に基づく。その範疇に含まれるのは，電話のようなリアルタイム通信のテクノロジー，ラジオやテレビのような，メディア制作物の大量配布に用いられる放送テクノロジー，そしてテルミンが1920年に設計した楽器に端を発する画像や音声のシンセサイザ

ーのような，メディアを合成するテクノロジーなどである。

　今から振り返れば，物質的なオブジェクトから信号への転換が電子テクノロジーによって成し遂げられたことで，概念的には，コンピュータ・メディアに向かう根本的な一歩が踏み出された。何らかの素材への永続的な痕跡とは違って，信号は（複数の）フィルターを通過させることで，リアルタイムに変更することができる。さらに，物質的なオブジェクトを手作業で変更するのとは違って，電子的なフィルターは信号を一挙に変化させることができる。最後に，最も重要なこととして，電子メディアの合成，記録，伝送，受信のためのあらゆる機械では，信号の変化を制御することができる。その結果，電子的な信号は，単一のアイデンティティ——他のありうるすべての状態と質的に異なるような，ある特定の状態——を持たない。たとえば，ラジオ受信機の音量の制御や，アナログのテレビ受像機の輝度の制御を考えてみればよい。そこには特権的な値があるわけではない。物質的なオブジェクトと違って，電子的な信号は本質的に変わりやすいものなのだ。

　こうした電子メディアの変わりやすさからニューメディアの「可変性」までは，ほんの一歩である。すでに論じたように，ニューメディアのオブジェクトはいくつものヴァージョンで存在しうる。たとえば，デジタル画像の場合，コントラストや色調を変化させたり，ぼかしたり輪郭をはっきりさせたり，3D の形状に変えたり，音声の制御のためにその値を使ったりすることができる。だが，電子的な

信号もいくつもの状態で存在しうるのだから，かなりの程度まで，すでに似たような可変性によって特徴づけられていた。たとえば，正弦波の場合，その振幅や周波数を変えることができる。そして，変更が加えられるたびに，元々の信号の新しいヴァージョンが生み出されるが，その構造には影響が及ばない。したがって，テレビとラジオの信号は，本質的にはすでにニューメディアなのだ。別の言い方をするなら，物質的なオブジェクトから電子的な信号へ，そしてコンピュータ・メディアへと進展していく際，最初の転換が第二の転換よりもラディカルだ。アナログの電子工学からデジタルのコンピュータに移行するときに生じるのは，ただ変化の範囲が大幅に拡がるということだけなのである。なぜそうなるのかと言えば，第一に，現代のデジタルコンピュータはハードウェアとソフトウェアを分離しており，第二に，オブジェクトが今では数字として表象されている——つまり，ソフトウェアによって変更できるようなコンピュータ・データになっている——からだ。要するに，メディア・オブジェクトは「ソフト」に——このメタファーに込められたあらゆる含意を伴って——なっているのである。

　実験映画作家のホリス・フランプトン——彼は注目すべき構造映画によって名声を博し，晩年，コンピュータ・メディアに関心を持つようになった——は，物質的なオブジェクトから電子的な信号への転換が持っていた根本的な重要性をすでに理解していたようだ[21]。彼はあるエッセイ

で，次のように書いている。

　　新石器時代以来，あらゆる芸術には，偶然によってか意図的にか，その対象を何らかのかたちで固定しようとする傾向があった。ロマン主義は，その産物の安定化を遅らせたが，それでも最終的には，**静止状態**という特殊な夢に信頼を置いた。産業革命の「組み立てライン」は，当初，あふれんばかりの想像力に応じたものとして理解された。

　　テレビの組み立てラインは，これまで奔放に振る舞ってきたが（なにしろ，５億人もの人々が，私の結婚式やあなた方の結婚式と同じくらいの重要性を持つ結婚式を眺めることができるのだ），テレビ自体が柔軟性を持っていることで，みずからに反駁もしてきた。

　　私たちはみな，〈色調〉，〈彩度〉，〈輝度〉，〈コントラスト〉といった表現のパラメータに慣れ親しんでいる。冒険好きな者には，〈垂直同期〉と〈水平同期〉という双子の神が，そして頂点を目指したい者には，〈微調整〉が残されている[22]。

ニューメディアとともに，「柔軟性」は「可変性」になる。つまり，アナログのテレビ受像機の場合，視聴者は輝度や色調といったごくわずかな次元で信号を変えられるだけだったが，ニューメディアのテクノロジーはユーザーにずっと多くの制御を託すのである。ニューメディアのオブ

ジェクトは非常に多くの次元で変更を加えることができ，しかもそれらの変更は数字で表せる。たとえば，ウェブブラウザのユーザーは，ブラウザにあらゆるマルチメディアの要素を省くように命令したり，ページを表示する際にフォントサイズを大きくするように，あるいは元のフォントを別のフォントとすっかり入れ替えるように告げることができる。またユーザーは，ブラウザのウィンドウをどんな大きさと比率にも変形できるし，ディスプレイ自体の空間や色彩の解像度を変えることもできる。さらに，デザイナーは，ユーザーの使用している回線の帯域幅とディスプレイの解像度に応じて，同じウェブサイトの異なるヴァージョンが表示されるように指定することもできる。たとえば，高速回線と高解像度の画面を介してサイトにアクセスしているユーザーは豪華なマルチメディアのヴァージョンを手にする一方で，小型の電子機器の小さな液晶ディスプレイを介して同じサイトにアクセスするユーザーはわずか数行の文章を受け取る。よりラディカルには，データベースから仮想環境に至るまで，まったく同じデータからいくつもの完全に異なるインターフェースを構築することもできる。要するに，ニューメディアのオブジェクトとは，多数のヴァージョンで，多数の具体的な形を取って存在することのできるものなのだ。

　選択というオペレーションをめぐる議論の締め括りとして私が引き合いに出したいのは，ある特殊な文化的形象，このオペレーションが鍵を握っているような新たな種類の

作者である。つまり，さまざまな電子的なハードウェア機器に頼って，既存の音楽の断片をミックスしながらリアルタイムで音楽を作り出す DJ のことだ。1990 年代に，DJ は新たな文化的威信を得て，展覧会のオープニングや出版記念パーティー，流行のレストランやホテル，『アートフォーラム』や『WIRED』誌のページになくてはならない存在となった。この DJ という形象の隆盛は，コンピュータ文化の隆盛とただちに関連づけられる。既存の要素の選択と組み合わせというコンピュータ文化の新しい論理を，DJ こそが最もうまく例証しているのだ。また DJ は，新たな芸術的形態を作り出すにあたって，この論理が真のポテンシャルを持っていることを例証している。最後に，DJ という実例によって，選択がそれ自体として目的であるわけではないことも明らかになる。DJ の技の本質は，選択された要素を，豊かで洗練されたやり方でミックスする能力にあるのだ。現代の GUI における「カット＆ペースト」のメタファーが示唆するのは，選択した要素をごく単純に，ほとんど機械的に組み合わせるということだが，ライヴの電子音楽の実践は，それとは逆に，真の芸術は「ミックス」にこそあるということをはっきり示しているのである。

合成

映像のストリームからモジュール的なメディアへ

　『ウワサの真相／ワグ・ザ・ドッグ』（バリー・レヴィンソン，1997）という映画には，ワシントンの報道対策顧問^（スピンドクター）とハリウッドのプロデューサーが，ありもしない戦争に対する大衆の支持を勝ち取ろうと偽のニュース・フッテージを編集するシーンがある。そのフッテージには，少女が腕に猫を抱えて，破壊された村を駆け抜けるさまが映っている。そのようなショットを作るのに，数十年前だったらあらゆる事柄をロケーションで演出し，撮影しなければならなかっただろうが，今日では，コンピュータを使ったツールのおかげで，それがリアルタイムでできる。いまや，実写^（ライヴ）の要素はプロの女優が演じる少女だけだ。女優はブルースクリーンを背景に録画され，ショット内の他の2つの要素——破壊された村と猫——は，ストック・フッテージのデータベースから取られている。データベース内をざっと見渡しながら，プロデューサーたちはそれらの要素を差し替えた別のヴァージョンを試し，コンピュータは合成さ

れたシーンをリアルタイムで更新する。

　このショットが従っている論理は、ニューメディアの制作プロセスの特徴をよく示している——組み立てられているオブジェクトが、『ワグ・ザ・ドッグ』のようにヴィデオや映画のショットなのか、それとも 2D の静止画像や、サウンドトラックや、3D の仮想環境や、コンピュータゲームのワンシーンなのかにかかわらず。制作の最中には、当該プロジェクトのために特別に作られる要素もあれば、ストック素材のデータベースから選択される要素もある。いったんすべての要素が出そろうと、それらは合成されて単一のオブジェクトとなる——つまり、それぞれの要素の別個のアイデンティティが見えなくなるような仕方で、はめ合わされ、調整される。各要素の出所がさまざまで、別々の時間に別々の人たちによって作られたということは隠される。その結果、継ぎ目のない単一の画像、音声、空間、シーンが生まれるのである。

　ニューメディアの領域において、「デジタル合成」という用語には特定の明瞭な意味がある。「デジタル合成」とは、After Effects（アドビ）や Compositor（エイリアス・ウェーヴフロント）や Cineon（コダック）といった特殊な合成ソフトウェアの助けを借りて、いくつもの動画像のシークェンス、そして場合によっては静止画像を、単一のシークェンスに結合することを指す。合成が正式に定義されたのは、ルーカスフィルムで働く 2 人の科学者が 1984 年に発表した論文においてである。2 人は、合成とコンピュ

ータ・プログラミングの間に意義深いアナロジーを打ち立てている。

　経験を積むうちに，コンパイルの時間を節約するためには，大量のソースコードを別々のモジュールに分割するとよいことが分かった。あるルーチンでエラーが起こっても，そのモジュールをコンパイルし直して，プログラム全体を比較的すばやくリロードするだけで済む。それと同じように，あるオブジェクトで配色やデザインを少し間違えても，画像全体の「再コンパイル」を強いられることはない。
　　画像を独立して描画することのできる諸要素へと分割することで，厖大な時間の節約になる。それぞれの要素には，マット——その要素の形状を示す覆いの情報——が関連づけられている。これらの要素を合成する際には，マットを利用して，最終的な画像を積み重ねていくのである[23]。

　たいていの場合，合成されたシークェンスは，伝統的な映画のショットをシミュレートする。すなわち，実際に物理的な空間の中で生じ，実際に映画のカメラで撮影されたようにみえる。こうした効果を得るために，最終的な合成物を構成するあらゆる要素——たとえば，ロケーションで撮られたフッテージ（業界では「ライヴ・プレート」と呼ばれる），ブルースクリーンを背にして撮られた俳優たちの

フッテージ，コンピュータ生成による3Dの諸要素——は遠近法で並べられ，どれも同じコントラストと彩度を持つように修正される。被写界深度をシミュレートするべく，ある要素はぼかされ，別の要素は鮮明にされる。全要素が集められると，シミュレートされた空間内でのヴァーチャル・カメラの動きが加えられて，その「現実効果」を高めようとする場合もある。最後に，フィルムの粒子やヴィデオのノイズといった人工物を加えることもできる。要するに，デジタル合成は，次の3つの概念的な段階に分解することができる。

1. さまざまな要素から，継ぎ目のないヴァーチャルな3D空間を構築する。
2. その空間内でのカメラの動きをシミュレーションする（オプション）。
3. ある特定のメディアの人工物をシミュレーションする（オプション）。

3Dコンピュータ・アニメーションがヴァーチャルな空間をゼロから作り出すのに用いられるとすれば，合成は概して，既存の映画やヴィデオのフッテージを当てにする。だとするなら，私がなぜ，合成の結果をヴァーチャルな空間と言うのかを説明しなければならない。2つの異なる合成の実例について考えてみよう。合成を行う者は，動画像と静止画像をいくつも使って，まったく新たな3D空間を作

り出し，その空間内でのカメラの動きを生成するだろう。たとえば，『クリフハンガー』（レニー・ハーリン，1993）では，シルヴェスター・スタローン演じる主人公のショット——スタジオでブルースクリーンを背に撮られたもの——は，山岳の風景のショットと合成されていた。その結果として生まれたショットは，スタローンが高峰で深淵にぶらさがっているさまを映し出す。他の事例では，実写のシークェンスに新たな要素が加えられる（または取り除かれる）が，そのシークェンスの遠近法やカメラの動きはいずれも変化しない。たとえば，コンピュータ生成による 3D のクリーチャーが，屋外のロケーションで展開する実写のショットに付け加えられる場合がある——『ジュラシック・パーク』（スティーヴン・スピルバーグ，特殊効果はインダストリアル・ライト＆マジック社，1993）で恐竜が登場する多くのショットの場合のように。最初の例では，すぐに分かるように，合成されたショットは実際には決して起こらなかったことを表象している。言い換えれば，合成の結果として生じるのは，ヴァーチャルな空間なのだ。二番目の例では，最初は既存の物理的な空間が保たれていると思えるかもしれないが，ここでもやはり，最終的な結果は，実際には存在しないヴァーチャルな世界である。別の言い方をするなら，存在しているものは，恐竜のいない草地だけだ。

デジタル合成は，テレビコマーシャルやミュージック・ヴィデオ，コンピュータゲームのシーン，長編映画のショット，そしてコンピュータ文化における他のたいていの動

画像を組み立てるのに決まって用いられている。1990年代を通じて，ハリウッドの映画監督たちは，しだいに1本の映画作品のより多くの部分を合成に頼って組み立てるようになってきた。ジョージ・ルーカスは1999年に『スター・ウォーズ　エピソード1』を公開したが，彼によれば，この作品の95％はコンピュータ上で組み立てられたという。以下で論じるように，動画像を作り出す技法としてのデジタル合成は，ヴィデオのキーイングや映画の光学焼き付けにまでさかのぼる。だが，かつてはどちらかと言えば特殊なオペレーションだったものが，いまや動画像を作り出すための基準になっているのだ。また，デジタル合成は，個々のレイヤーの透明性を制御し，潜在的には無数のレイヤーを組み合わせられるようにすることで，この合成という技法の範囲を大幅に拡張した。たとえば，ハリウッド映画の典型的な特殊効果のショットは，数百——いや，数千——のレイヤーで構成されている場合もある。状況によっては，いくつかのレイヤーをリアルタイムで自動的に組み合わせることもできるとはいえ（ヴァーチャル・セットのテクノロジー），合成は概して，時間がかかる困難なオペレーションである。『ワグ・ザ・ドッグ』の前述のシーンでは，その点の描写が不正確だ。このシーンで示されているような合成を実際に作り出すには何時間もかかるだろう。

　デジタル合成は，いくつもの要素を集めて，継ぎ目のない単一のオブジェクトを作り出すという，コンピュータ文

化のより一般的なオペレーションの好例である。こうして，より広い意味における合成（一般的なオペレーション）と，狭い意味での合成（動画像の要素を集めてフォトリアリズム的なショットを作り出すこと）を区別できる。後者の意味合いは，「合成」という用語の一般的に認められた使い方に対応しているが，私にとって狭い意味での合成は，より一般的なオペレーション——どんなニューメディアのオブジェクトを組み立てるときにも典型的なオペレーション——の特殊な事例である。

　一般的なオペレーションとしての合成は，選択に対応するものである。典型的なニューメディアのオブジェクトは，さまざまな出所の要素から組み合わされるので，それらの要素がぴったり合うようにうまく調整する必要がある。この選択と合成という2つのオペレーションの論理からして，両者はいつも順番に生じると思えるかもしれないが（まず選択があって，次に合成が行われる），実際には両者の関係はより双方向的だ。オブジェクトが部分的に組み立てられた際に，新たな要素を付け加えなくてはならなくなるかもしれないし，既存の要素に手を加えなければならなくなるかもしれない。こうした相互作用が可能なのは，ニューメディアのオブジェクトがさまざまなスケールのモジュールで組織されているからである。制作プロセスのどの時点でも，諸要素は別々のアイデンティティを保っており，それゆえ修正，置き換え，削除を容易に行える。オブジェクトは完成すると，単一の「ストリーム」として「出

力」できるようになるが，そこではもう個別の要素にアクセスすることはできない。要素を単一のストリームに「まとめる」オペレーションの例としては，Adobe Photoshop 5.0 の「画像を統合」のコマンドがあるし，他の例としては，デジタル合成による動画像のシークェンスをフィルムに録画すること——これは，1980 年代と 1990 年代のハリウッドの映画制作で典型的な手順だった——が挙げられる。

あるいは，完成したオブジェクトは，それが配布されるときにもモジュール構造を保っている場合がある。たとえば，多くのコンピュータゲームで，プレイヤーはインタラクティヴにキャラクターを制御し，空間内でそれを動かすことができる。ユーザーが「スプライト」と呼ばれるキャラクターの 2D 画像を背景画像に重ねて動かすゲームもあれば，キャラクターも含めて，あらゆるものが 3D オブジェクトで表現されるゲームもある。いずれにせよ，制作の段階では，諸要素がスタイルの上でも，空間的にも，意味的にも，単一の全体を形作るように調整されているが，ゲームをプレイする段階では，ユーザーはそれらの要素をプログラムされた限界内で動かせるのである。

一般的に，コンピュータグラフィックスによる 3D の表象は，諸要素の真の独立性を可能にしているので，2D の画像よりも「進歩的」であり，そのようなものとして，写真や，2D のデッサンや，フィルム，ヴィデオといった画像のストリームに徐々に取って代わるかもしれない。言い換え

れば，コンピュータグラフィックスによる 3D の表象は，
2D の静止画像や，2D の動画像のストリームよりモジュール性が高い。そのモジュール性のおかげで，デザイナーはいつでもよりたやすくシーンを修正できるし，シーンにもさらなる機能性が付与される。たとえば，ユーザーがキャラクターを「制御」し，3D 空間を動き回らせることもあるだろう。シーンを構成する要素は，後の制作で再利用することもできる。最後に，モジュール性は，メディア・オブジェクトのより効率的な保存と伝達も可能にする。たとえば，ネットワークを介してヴィデオ・クリップを伝送するには，そのクリップを構成する全ピクセルを送り届けなければならないが，3D のシーンを伝送するには，そのシーンに含まれるオブジェクトの座標を送るだけで済む。オンラインの仮想世界や，オンラインのコンピュータゲームや，ネットワーク化された軍事シミュレータが実際どう作動しているかと言えば，まず世界を作り上げている全オブジェクトのコピーがユーザーのコンピュータにダウンロードされるので，その後は，サーバーはただ新しい 3D 座標を送り続ければよいのである。

　コンピュータ文化が一般的に，2D の画像からコンピュータグラフィックスによる 3D の表象へという道をたどっているとするなら，デジタル合成は両者の中間的な歴史的段階を表している。いくつもの動画像のレイヤーからできている合成の空間は，物理的な空間を映した単一のショットよりもモジュール的である。レイヤーどうしの位置を変えるこ

とも，別々に調整をすることもできる。しかし，そのような表象は，真の 3D 仮想空間ほどモジュール的ではない──というのも，それぞれのレイヤーが特有の遠近法を持ち続けているからだ。動画像の「ストリーム」が，いつどこで，コンピュータ生成による 3D シーンに完全に置き換わるのかは，コンピュータによるシーンの見た目が文化的に受け入れられるかどうかだけでなく，経済的な側面にもかかってくるだろう。3D シーンは，同じシーンをフィルムやヴィデオで撮ったものよりずっと機能的だが，同程度の詳細度を持たねばならないのであれば，生成にはずっと多くのお金がかかるだろう。

　一般的にあらゆるメディア・タイプがしだいにモジュール性へと発展していくこと，またとりわけ動画像が同じ方向に発展していくことは，広く使われているメディア・ファイルのフォーマットの歴史をたどることで確認できる。QuickTime の開発者たちは，Photoshop の静止画像がいくつものレイヤーからできているように，1 本の QuickTime のムービーもいくつもの別々のトラックから構成されるだろうと早くから明言していた。QuickTime 4 のフォーマット (1999) には，ヴィデオ，サウンド，テキスト，スプライト（ヴィデオとは独立して動かせるグラフィック・オブジェクト）のトラックなど，11 種類の異なるタイプのトラックが含まれていた[24]。独立して編集やエクスポートができる別々のトラックに別々のメディアを配置することで，QuickTime はデザイナーたちがモジュールとい

う観点で考えることを促しているのだ。さらに、ムービーには、デジタル合成においてレイヤーとして機能しうるような、いくつものヴィデオトラックが含まれることもある。アルファチャンネル（ヴィデオトラックと一緒に保存されるマスク）や、トラックとのインタラクションのさまざまなモード（部分的な透明性など）を使うことで、Quick-Time のユーザーは、特殊な合成ソフトウェアに頼ることなく、1本の QuickTime ムービー内で複雑な合成の効果を作り出すことができる。QuickTime の設計者たちは、デジタル合成という実践を、事実上、メディア・フォーマットそれ自体に埋め込んだのである。以前は特殊なソフトウェアを要していたことが、いまや QuickTime のフォーマットそれ自体が持っている特徴を使うだけで実行できるのだ。

　他のメディア・フォーマットの例で、データがますますモジュール性を持つ方向へと発展しているのは、MPEGである[25]。このフォーマットの初期のヴァージョンである MPEG-1（1992）は、「保存メディアへの動画像とオーディオの保存と検索のための標準規格」と定義された。このフォーマットが明記したヴィデオとオーディオ、あるいはその両方の圧縮の仕組みは、伝統的なやり方で概念化されていた。それに対して、MPEG-7（2001 年に承認されることになっている〔2002 年に規格の第1版が発行された〕）は、「マルチメディア情報の検索、フィルタリング、管理、処理のためのコンテンツ表現の標準規格」と定義されており、メ

ディアの構成に関する別の概念に基づいている——すなわち、メディアは、ヴィデオやオーディオから3Dモデルや顔の表情に至る、タイプの異なるいくつものメディア・オブジェクト、およびそうしたオブジェクトがどのように組み合わせられるかについての情報で構成されるのだ。MPEG-7は、そのようなシーンを記述するための抽象的な言語を提供している。このように、私たちはMPEGの発展のうちに、ニューメディアの理解の仕方が概念的にどのように発展したかをたどることができる——それは伝統的な「ストリーム」から、モジュールによる構成への発展であり、後者はその論理において、伝統的な画像やフィルムよりも、構造的なコンピュータ・プログラムに似たものとなっている。

モンタージュへの抵抗

ポストモダニズムの美学と選択のオペレーションとの結びつきは、合成についても言える。この2つのオペレーションは、相たずさえて、パスティーシュと引用というポストモダンの実践を反映すると同時に可能にしている。両者は連携して作動する。つまり、一方のオペレーションは「文化のデータベース」から要素やスタイルを選ぶのに使われ、もう一方のオペレーションはそれらを組み合わせて新たなオブジェクトを作り出すのに使われる。このように、選択と並んで合成もまた、ポストモダンの——あるいはコンピュータ・ベースの——作者性の鍵を握るオペレー

ションである。

　同時に，美学に関することとテクノロジーに関すること
は，デジタル・テクノロジーそれ自体のメタファーを用い
て言うならば，一直線に並んでいるとはいえ最終的には
別々のレイヤーであるとみなすべきである。1980年代の
ポストモダン美学の論理と，1990年代のコンピュータ・
ベースの合成の論理は同じではない。80年代のポストモ
ダン美学では，歴史の参照やメディアの引用は，はっきり
区別された要素として維持され，要素どうしの境界線は明
確に定義されている（たとえば，デイヴィッド・サーレの絵
画，バーバラ・クルーガーのモンタージュ，さまざまなミュー
ジック・ヴィデオ）。興味深いのは，この美学が，当時の電
子的および初期デジタルのツール——ヴィデオ・スイッチ
ャー，キーヤー，DVE〔デジタルヴィデオ効果〕，色解像度
の限られたコンピュータグラフィックス・カードなど——
に対応していることだ。それらのツールによって可能にな
ったのは，輪郭のはっきりした「コピー＆ペースト」の
オペレーションであって，滑らかな，複数のレイヤーから
成る合成ではなかった（1980年代の主要なポストモダンのア
ーティストに含まれ，「アプロプリエーション」の写真で有名
になったリチャード・プリンスが，写真作りを始める前，商業
的な仕事の一環として，1970年代末に最初期のコンピュータ・
ベースの写真編集システムのオペレーションに携わっていたと
いう事実からは，多くの事柄を理解できるだろう）。1990年代
における合成は，滑らかさと連続性を特徴とする別の美学

を支持している。いまや要素どうしは混ぜ合わせられ，境界線は強調されるのではなく消去される。こうした連続性の美学が最もよく見て取れるのは，実際にデジタル合成によって（つまり，狭義の，技法的な意味での合成によって）組み立てられていた，テレビのスポット・コマーシャルや長編映画の特殊効果のシークェンスにおいてである。たとえば，『ジュラシック・パーク』に出てくるコンピュータ生成による恐竜たちは，風景と完全に溶け合うように作られているし，同じく『タイタニック』（ジェイムズ・キャメロン，特殊効果はデジタルドメイン社，1997）でも，生身の俳優，3Dのヴァーチャル俳優，コンピュータで描かれた船が混ぜ合わせられるように作られている。だが，連続性の美学は，ニューメディアの他の領域にも見出せる。コンピュータ生成によるモーフィングは，2つの画像どうしが連続的に移り変わること——以前ならディゾルヴないしカットによって成し遂げられていた効果——を可能にする[26]。多くのコンピュータゲームも，映画の用語を使うなら，シングルテイクであるという点で，連続性の美学に従っている。つまり，カットがなく，最初から最後まで，3D空間内を通り抜ける単一の連続的な軌道を提示しているのだ。このことは，とりわけ《クエイク》のようなファースト・パーソン・シューターに当てはまる。こうしたゲームにおけるモンタージュの欠如は，一人称の視点が採られていることとうまく適合する。こうしたゲームは，物理法則に保証された，人間の経験の連続性をシミュレートする。現代

の遠距離通信が，電報，電話，テレビからテレプレゼンスやワールドワイドウェブに至るまで，物理法則を一時的に停止して，スイッチを切り替えたり，ボタンを押すだけで，ヴァーチャルな場所から場所へとほとんど瞬時に移動することを可能にしているとはいえ，私たちは現実生活では今なお物理学に従っている。ある地点から別の地点へと移動するには，その間のあらゆる地点を通り抜けなければならないのだ。

　以上すべての例——滑らかな合成，モーフィング，ゲームにおける絶え間ない航行——には，共通点がある。オールドメディアがモンタージュに頼っていたところを，ニューメディアは連続性の美学に置き換えているのだ。映画のカットは，デジタルのモーフィングやデジタル合成に置き換わる。同様に，文学であると映画であるとを問わず，近代のナラティヴを特徴づけていた時間・空間における瞬時の転換は，ゲームとVRの連続的な絶え間ない一人称のナラティヴに置き換わる。コンピュータによるマルチメディアも，モンタージュをいっさい使用しない。異なる感覚を相関させたいという欲望，あるいは，ニューメディアの専門用語を使うなら，異なるメディアトラックを相関させたいという欲望は，20世紀を通じて，（ほんの数人だけ挙げるならば）カンディンスキー，スクリャービン，エイゼンシュテイン，ゴダールといった多くの芸術家の心を奪ったが，マルチメディアにとっては異質である。その代わり，マルチメディアは単純な付け足しという原則に従う。異な

るメディアの要素どうしは隣り合って置かれるだけで、互いを対照させたり、補完させたり、不調和を生み出させたりする試みは何らなされない。このことは、1990年代のウェブサイトが、一般的に、JPEG画像や、QuickTimeのクリップや、音声ファイルや、他のメディア要素を隣り合わせで含んでいることに最もよく示されている。

　現代のGUIにも、強力な反モンタージュの傾向を見出せる。1980年代半ばにアップルは、Macintoshのあらゆるアプリケーション・ソフトウェアに対するインターフェース・デザインの指針を発表した。その指針では、インターフェースは同じメッセージを2つ以上の感覚を通じて伝達すべきだとされている。たとえば、警告ボックスが画面に登場するときには、音声を伴うべきだとされる。異なる感覚をこのように連携させることは、伝統的な映画言語で異なるメディアを自然主義的に使うやり方に比せられるだろう——エイゼンシュテインや他のモンタージュ派の映画作家が攻撃したのは、まさにそのような実践だった。GUIにおける反モンタージュ的な傾向のさらなる例としては、ウィンドウを同時にいくつも開くことがその好例であるような、コンピュータ画面上での複数の情報オブジェクトの平和共存が挙げられる。ウェブ上のメディア要素の場合と同じように、ユーザーは概念的な緊張関係をいっさい作り出さずに、どんどんウィンドウを付け足していくことができるのだ。

　連続性の美学は、多くの場合、合成のテクノロジーがな

ければそもそもありえないとはいえ，もっぱらそこから導き出されるわけでもない。同じように，近代の芸術とメディアの大部分を支配しているモンタージュの美学も，単に利用できるツールの結果として生まれたとみなすべきではない。とはいえ，それらのツールはその可能性と制限も含めて，モンタージュの美学の発展にも寄与してきた。たとえば，映画のカメラでは，ある程度限られた長さのフィルム・フッテージを撮影できるが，より長時間の映画を作るには，ばらばらの断片を寄せ集めなければならない。これは断片を刈り取り，くっつける編集という作業に典型的にみられることだ。近代の映画言語が不連続性に基づいているのは，驚くべきことではない。短いショットが互いに置き替わり，ショットごとに視点が変化する。そのような不連続性を，ロシアのモンタージュ派は極端にまで押し進めたが，アンディ・ウォーホルの初期作品や，マイケル・スノウの『波長』などのわずかな例外を除けば，あらゆる映画の流派が不連続性に基づいている。

コンピュータ文化において，モンタージュはもはや，1920年代のアヴァンギャルドから1980年代のポストモダニズムに至るまで，20世紀を通じてそうだったような支配的な美学ではない。デジタル合成では，別々の空間が組み合わされて継ぎ目のない単一のヴァーチャルな空間が作り出されるが，それこそオルタナティヴな連続性の美学の好例である。さらに，合成は一般的に，モンタージュの美学の対をなすものと理解できる。モンタージュは，さまざ

まな要素間に，視覚的，様式的，意味論的，感情的な不調和を作り出そうとする。それに対して，合成はそれらを混ぜ合わせて，継ぎ目のない全体，単一のゲシュタルトにしようとする。私はすでに「選択による作者性」を体現している者として DJ を引き合いに出したので，再びこの DJ の譬喩を使って，反モンタージュ的な連続性の美学が，コンピュータ生成による静止した，あるいは動きのある画像や空間の作成だけに限られずに，いかに文化に影響を及ぼしているかの実例を示したいと思う。DJ の技巧は，トラックからトラックへと継ぎ目なく移行する能力によって測られる。そのため，すぐれた DJ とは，とりわけ合成を行う者にして反モンタージュのアーティストなのだ。DJ はまったく異なった複数の音楽のレイヤーから完璧な時間的な移り変わりを生み出すことができ，しかもそれをリアルタイムで，ダンスする大勢の人々の面前でできるのである。

　メニューからの選択について論じたとき，私はそのオペレーションがニューメディアと文化全般の両方の特徴をよく表していると指摘した。同様に，合成というオペレーションも，ニューメディアだけに限定されない。たとえば，現代の包装や建築において，半透明の素材のレイヤーが頻繁に使われることを考えてみるとよい。見る者にはレイヤーの前と後にあるものがどちらも見えるので，結果として視覚的な合成が生じる。興味深いことに，あからさまにコンピュータ文化への言及がみられるある建築プロジェクト——デジタルハウス（ハリリ＆ハリリ，1999）——は，その

ような半透明のレイヤーを建築全体にわたって体系的に使っている[27]。ミース・ファン・デル・ローエの有名なガラスの家では，住人は外に広がる自然をガラスの壁越しに眺めるのだとすれば，「デジタルハウス」のより複雑なプランは，同時にいくつもの内部空間越しに見るという可能性を作り出している。こうして，その家の住人は，つねに視覚的に複雑な合成物に向き合うことになる。

　これまで，ニューメディアの一般的なオペレーションにして，選択と対をなすものとしての合成について論じてきたので，今度はもっと特定の事例に焦点を合わせたいと思う——それは狭い意味での合成，つまり，専用の合成ソフトウェアを使って，いくつかの別々のシーケンスや（場合によっては）静止画像から，単一の動画像のシーケンスを作成するという意味での合成である。今日，デジタル合成は，映画におけるあらゆる特殊効果や，コンピュータゲームや，仮想世界や，テレビのたいていの映像部分や，さらにはテレビニュースまで，ますます多くの動画像をもたらしている。たいていの場合，合成によって構築された動画像が提示するのは，見せかけの 3D 世界である。私が「見せかけ」と言うのは，合成を行う者がさまざまな要素からまったく新たな 3D 空間を作り出すのか（たとえば，『クリフハンガー』），それとも実写のフッテージにいくつかの要素を加えるだけなのか（たとえば，『ジュラシック・パーク』）に関わりなく，結果として生じる動画像が現実には存在しないものを見せているからである。したがって，

デジタル合成は，他のシミュレーションの技法と同じ種類のものなのだ。ファッションやメイキャップ，リアリズムの絵画，ディオラマ，軍事用の囮，VR といったそれらの技法は，見せかけの現実を作り出し，したがって結局は見る者を欺くために用いられる。なぜデジタル合成は，これほどの重要性を得たのだろうか？　デジタル合成をそれ以前の視覚的シミュレーションの技法と結びつけるような考古学を作り出すとしたら，本質的な歴史的断絶をどこに置くべきだろうか？　あるいは，この問いを別の仕方で提起するなら，それらの技法の発展を駆動している歴史的な論理は何だろうか？　コンピュータ文化はしだいにレンズベースの画像化（静止写真，フィルム，ヴィデオ）を放棄して，代わりに合成画像や，最終的にはコンピュータ生成による 3D のシミュレーションに置き換えられていくと予想すべきなのだろうか？

合成の考古学——映画

　私は合成の系譜学を，ポチョムキン村の話から始めたいと思う。史実を踏まえた神話によれば，18 世紀末にロシアの統治者エカチェリーナ 2 世は，ロシア中を旅して回って，農民の暮らしぶりをじきじきに視察することにした。エカチェリーナの最も重要な大臣にして愛人でもあったポチョムキンは，彼女が通ることになっていた経路に沿って特別な見せかけの村々を建造するように命じた。それぞれの村は，整然と並べられたきれいなファサードから成って

いた。ファサードは道路に面していたが、同時に、策略が見破られないようにするために、道路からかなり離れた位置に置かれていた。エカチェリーナは馬車から離れることがなかったため、農民はみな幸福に暮らしていると確信して旅から戻ったという。

　この並外れた処置は、私が1970年代に育ったソ連における生活のメタファーとみなせる。ソ連では全市民の経験が、自分たちの生活の醜い現実と、イデオロギー的な見せかけがもたらす輝かしい公的なファサードに引き裂かれていた。しかしその分裂は、メタファーの次元だけでなく、とりわけモスクワという共産主義都市のショーケースでは、文字通りの次元でも生じた。外国からの誉れ高い賓客がモスクワを訪れるとき、彼らはエカチェリーナ2世のごとく、つねにいくつかの特殊な経路をたどるリムジンで連れ回された。そうした経路沿いでは、どの建物もペンキが塗られたばかりで、店のウィンドウは消費財を陳列し、酔っ払いたちは朝早くに民兵によって捕らえられていなくなっていた。単色で、みすぼらしく、荒廃し、まとまりを欠いたソヴィエトの現実は、乗客の視界から注意深く隠されたのである。

　ソヴィエトの統治者たちは、選ばれし街路をファサードに変えたとき、見せかけの現実を作り出すという18世紀の技法を採用したのだが、20世紀の到来とともに、見せかけの現実を作り出すためのずっと効率のよいテクノロジーがもたらされた——映画のことである。馬車や自動車の

窓を，投影された画像を示すスクリーンに取り替えることで，映画はシミュレーションにとっての新たな可能性を切り開いた。

　私たちの知るフィクション映画は，観客に嘘をつくことに基づいている。その完璧な例は，映画的空間の構築の仕方にみられる。伝統的なフィクション映画は，私たちを部屋とか，家とか，都市といった何らかの空間に運び込む。たいてい，そうした空間はどれも実際には存在しない。存在するのは，スタジオで念入りに組み立てられた断片群である。そうしたばらばらの断片を統合して，映画は一貫した空間のイリュージョンを作り出す。

　そうした統合を成し遂げるための技法は，アメリカ映画でおおよそ 1907 年から 1917 年にかけて起こった，いわゆる原始的な映画のスタイルから古典的な映画のスタイルへの転換と同時に発展を遂げた。古典期よりも以前には，映画館の空間とスクリーン内の空間は，ちょうど劇場やヴォードヴィル劇場のように，明確に分けられていた。観客は，映画のナラティヴと自由にインタラクトしたり，行き来したり，それと心理的な距離を保ったりすることができた。それに対応して，初期映画の表象のシステムは**提示的**なものだった。つまり，俳優たちは観客に向けて演じ，スタイルとしてはそれを正面から撮るものばかりだった[28]。ショットの構図もまた，正面性を強調していた。

　それに対して，すでに論じたように，古典的ハリウッド映画は，観客一人一人をナラティヴがもたらす虚構の空間

の内部に配置する。観客は，登場人物たちと同一化し，物語を彼らの視点から経験することを求められる。したがって，空間はもはや演劇の背景幕としては機能しない。その代わり，構図に関する新たな原則，演出，セットデザイン，ディープフォーカスの撮影術，照明，カメラの動きを通じて，ショットごとに最適の視点が得られるところに観客が位置づけられる。観客は，実際には存在しない空間の内部に「現前」するのである。

　一般的に，ハリウッド映画はその空間の人工的な性質をいつでも念入りに隠そうとしてきたが，一つだけ例外がある——1930年代に導入されたリア・プロジェクションのショットである。その典型的なショットでは，俳優たちが静止した乗り物の中に座っていて，車両の窓の背後にあるスクリーンに，動いている風景のフィルムが投影される。リア・プロジェクションに基づくショットの人工性は，ハリウッドの映画スタイル一般の滑らかな織物に対して際立った対照を成している。

　別々の断片群を一貫した空間へと統合することは，フィクションの映画が見せかけの現実を作り出すやり方の一例にすぎない。映画作品は一般的に，ばらばらの映像のシークェンスから成り立つ。それらは異なる物理的な場所に由来することもある。見たところ一部屋で撮られた2つの連続したショットは，同じスタジオ内の2つの場所に対応しているかもしれないし，モスクワとベルリン，ベルリンとニューヨークといった場所に対応しているかもしれない

が，そのことは観客には決して分からないだろう。

　このことこそ，映画が，見せかけの現実を作り出す旧来のテクノロジー——18世紀のポチョムキン村であれ，19世紀のパノラマやディオラマであれ——に対して持っている大きな利点である。映画以前には，シミュレーションとはもっぱら，観客の目に見える現実の空間内に見せかけの空間を構築することだった。その例としては，劇場の装飾や軍事用の囮がある。19世紀になると，パノラマが事態を多少改善させた。観客を360度の視野の中に包み込むことで，見せかけの空間の領域が拡張されたのだ。ルイ＝ジャック・ダゲールは，ロンドンのディオラマで，観客をセットからセットへと移動させるというもう一つの新機軸を取り入れた。歴史家のポール・ジョンソンの記述によれば，この「座席数200の円形劇場は，弧を描いて73度回転し，約250平方メートルの窓から，次々に新しい「絵」を見る仕掛けになっていた[29]」。だがすでに18世紀に，ポチョムキンはこの技法を限界まで押し進めていた。彼が作ったのは，観客（エカチェリーナ2世）がそれに沿って進んでいく巨大なファサード——何百マイルにもわたって続くディオラマ——だったのだ。それに対して，映画館では，観客は静止したままであり，動くのはフィルムそのものである。

　したがって，旧来のシミュレーションのテクノロジーが，空間と時間のある特定の地点に存在するという，観客の身体の物質性によって制限されていたのに対して，映画

はその空間的・時間的な制限を克服する。映画がそれを成し遂げるのは、人間の無媒介的な視覚の代わりに記録された映像を用いて、それらを一緒くたに編集することによってである。地理的に別のロケーションで撮られたり、別の時間に撮られたのかもしれない映像が、編集を介して、連続した空間・時間のイリュージョンを作り出すのである。

編集、あるいはモンタージュは、見せかけの現実を作り出すための20世紀の鍵となるテクノロジーである。映画の理論家たちは何種類ものモンタージュを区別してきたが、デジタル合成に至るシミュレーションのテクノロジーの考古学を略述するという目的のために、2つの基本的な技法を区別するにとどめたい。第一の技法は時間的なモンタージュであり、別々の現実が時間的に連続した瞬間を形成する。二番目の技法はショット内モンタージュであり、第一の技法とは逆に、別々の現実が単一の画像内のどこかしらの部分を形成する。時間的モンタージュという最初の技法はずっとありふれたもので、映画の「モンタージュ」と言うときに通常意味しているものであり、それこそが私たちの知る映画言語を定義づけている。それに対して、ショット内モンタージュは、映画史を通じて使用頻度がずっと少ない。この技法の例としては、エドウィン・S・ポーターが1903年に作った『アメリカ消防夫の生活』の夢のシークェンスがあり、そこでは夢の映像が眠っている男の頭上に現れる。他の例としては、電話で会話する別々の人物たちを分割スクリーンによって示す1908年に始まるや

り方，1920年代のアヴァンギャルドの映画作家たちが用いた画像の重ね合わせや複数のスクリーン（ヴェルトフの『カメラを持った男』における重ね合わされた画像や，アベル・ガンスが1927年に『ナポレオン』で行った三面スクリーンなど），リア・プロジェクションによるショット，ディープフォーカスや特殊な構図的戦略を使って近景と遠景を並置すること（たとえば，『市民ケーン』，『イワン雷帝』，『裏窓』にみられるような，窓越しに眺める登場人物）などが挙げられる[30]。

　フィクション映画では，時間的モンタージュはいくつもの機能を果たしており，すでに指摘したように，ヴァーチャルな空間内に現前しているという感覚を作り出す。時間的モンタージュは，個々のショットの意味を変えるためにも（クレショフ効果を思い起こそう），より正確には，前－映画的な現実のばらばらの断片群から意味を作り出すためにも用いられる。しかし，時間的モンタージュは，芸術的なフィクションの構築を越えて用いられる。モンタージュは，プロパガンダ映画，ドキュメンタリー，ニュース，コマーシャルなどで使用されることで，イデオロギー的操作の鍵となるテクノロジーにもなっているのだ。イデオロギー的なモンタージュの草分けは，またしてもヴェルトフである。彼は1923年に，みずからのニュース番組である『キノ－プラウダ』（「映画－真実」）のエピソードを，別々の場所で異なる時間に撮られたショットからどのように組み立てるのかを分析した。次に挙げるのは，彼が行ったモ

ンタージュの一例である。「人民英雄の棺が墓穴におろされ（1918年にアストラハンで撮影），墓が埋められ（クロンシュタット），礼砲が鳴り（1920年，ペトログラード），来世の永世を祈る祈禱がささやかれ，帽子が取られる（1922年，モスクワ）」。別の例もある。「別々の場所で異なるときに撮られた，同志レーニンに対する群衆と機械の挨拶のモンタージュ[31]」。ヴェルトフが理論化しているように，映画は，現実には決して存在しない対象を観客に提示することによって，モンタージュを介してそのインデックス的な性質を克服することができるのだ。

合成の考古学──ヴィデオ

映画以外の分野では，ショット内モンタージュが，近代の写真やデザインの標準的な技法となる（アレクサンドル・ロトチェンコ，エル・リシツキー，ハンナ・ヘッヒ，ジョン・ハートフィールド，さらにあまりよく知られていない20世紀の無数のデザイナーたちによるフォトモンタージュ）。しかし，動画像の領域では，時間的モンタージュが優位を占めている。時間的モンタージュが，見せかけの現実を作り出すための映画の主要なオペレーションなのである。

第二次世界大戦後，映像の記録・編集はしだいにフィルム・ベースではなく電子的に行われるようになる。この転換によって，キーイングという新しい技法がもたらされる。キーイングとは，今日ではどんなヴィデオやテレビの制作にも用いられる最も基本的な技法の一つであり，出所

の異なる2つの映像を組み合わせることを指す。あるヴィデオ映像の中で同じ色をした任意の領域を切り取って，別の出所からの映像で置き換えることができるのだ。重要なのは，その新しい出所が，どこかに置かれたライヴ・ヴィデオカメラでも，あらかじめ録画されたテープでも，コンピュータ生成によるグラフィックスでもよいということだ。見せかけの現実を作り出す可能性が，再び多様化されたのである。

　電子的なキーイングが1970年代にテレビの標準的な実践の一部になったとき，静止画像のみならず動画像を構築する場合でも，ついにショット内モンタージュに頼るのがごく普通のことになった。実際，リア・プロジェクションや他の特殊効果を用いたショットは，古典的映画では周縁的な位置を占めていたのに対して，いまや標準となった。天気予報係は天気図の前に，アナウンサーはニュースのフッテージの前に，歌手はミュージック・ヴィデオの中でアニメーションの前にいるのだから。

　キーイングによって作られた映像は，2つの異なる空間から構成されるハイブリッドな現実を提示する。テレビは通常，それらの空間を意味論的に関連づけるが，視覚的に関連させるわけではない。典型的な例を挙げるなら，スタジオに座っているアナウンサーの映像を見せられるとき，彼女の背後には，切り抜かれた画像として街路のニュース・フッテージが映るだろう。2つの空間は両者の意味を通じて結びつけられているが（アナウンサーは切り抜かれた

画像として見せられる出来事を話題にしている），スケールも遠近法も異なるのだから視覚的には切り離されている。古典的な映画のモンタージュが一貫性のある空間というイリュージョンを作り出し，その働きを隠すとするなら，電子的なモンタージュは，異なる空間が視覚的に明白に衝突しているという状態を，見る者にあからさまに提示する。

　2つの空間が継ぎ目なく溶け合うとしたら何が起こるのだろうか？　そのようなオペレーションこそが，ポーランド出身の映画作家ズビグニュー・リプチンスキーが1987年に監督した注目すべきヴィデオ作品『階段』の基礎をなしている。『階段』はヴィデオテープで撮られ，キーイングを用い，映画のフッテージも利用して，意図せずして仮想現実にも言及している。このように，リプチンスキーは見せかけの現実を作り出す3世代にわたるテクノロジー——アナログ，電子的，デジタル——を結びつける。また，彼が思い起こさせてくれるのは，1920年代のソヴィエトの映画作家たちこそが，モンタージュの持つ可能性を初めて十分に認識したということ，そしてその可能性は電子的メディアおよびデジタル・メディアによって拡張され続けているということである。

　このヴィデオ作品では，アメリカ人観光客のグループが高性能のヴィデオ・スタジオに招かれて，仮想現実およびタイムマシンの実験のようなものに参加する。グループはまずブルースクリーンの前に立たされる。次いでセルゲイ・エイゼンシュテインの『戦艦ポチョムキン』(1925)

の有名なオデッサ階段のシークェンスの内部に，文字通り，いつの間にか入っている。リプチンスキーは，スタジオ内の人々のショットを『戦艦ポチョムキン』のショットに巧みにキーイングし，首尾一貫した単一の空間を作り出している。同時に，観光客たちのカラーのヴィデオ映像と，エイゼンシュテインが撮った元々の粒子の粗い白黒のフッテージを対比させることで，その空間の人工性が強調されてもいる。観光客は階段を上ったり降りたりし，襲い来る兵士たちの写真を撮り，乳母車の中の赤ん坊と戯れる。2つの現実は，しだいにインタラクトし，混ざり合い始める。エイゼンシュテインのシークェンスの兵士たちに撃たれた後に階段を転げ落ちるアメリカ人もいれば，観光客が落としたリンゴを兵士が拾い上げたりする。

オデッサ階段のシークェンスは，すでに映画のモンタージュとして有名な例だが，リプチンスキーによる皮肉っぽい新たなリミックスでは単なる一要素となる。エイゼンシュテインによってすでに編集済みの元々のショットは，今度は時間的モンタージュとショット内モンタージュ——後者はヴィデオ・キーイングによって成される——の両方を用いながら，ヴィデオで観光客たちを撮った映像とともに再編集される。「フィルムっぽい外観」と「ヴィデオっぽい外観」，カラーと白黒，ヴィデオの「現在性」とフィルムの「つねにすでに」が並置されるのである。

『階段』では，エイゼンシュテインのシークェンスは，多種多様な並置や重ね合わせ，ミックスやリミックスの発

生器となっている。だが，リプチンスキーはそのシークェンスを，彼自身が行うモンタージュのための単なる一要素としてだけではなく，物理的に存在する特異な空間としても扱っている。言い換えれば，オデッサ階段のシークェンスは，現実の空間——つまり，他のどんな観光地とも同じように訪れることのできる空間——に対応した単一のショットとして解釈されている。

　リプチンスキーのほかにも，電子的なショット内モンタージュが持つ可能性を体系的に実験した映画作家がいる。ジャン＝リュック・ゴダールである。ゴダールは1960年代には，ジャンプ・カットなどの時間的モンタージュの新しい可能性を活発に探究していたが，『「パッション」のためのシナリオ』(1982) や『映画史』(1988-98) といった後のヴィデオ作品では，単一ショット内におけるいくつもの画像の電子的なミックスを活用した，独特な連続性の美学を発展させた。リプチンスキーの美学がヴィデオ・キーイングというオペレーションに基づいているとしたら，ゴダールの美学も同じくどんなヴィデオ編集機にも備わっているある一つのオペレーション——ミキシング——に頼っている。ゴダールは電子的なミキサーを使って，映像どうしを非常にゆっくりとつなぐクロス・ディゾルヴを作り出す——それは単一の映像には決して帰着しそうになく，最終的には映画作品そのものと一体化する。ゴダールは『映画史』で，2つ，3つ，ないしそれ以上の映像をミックスする。映像は徐々にフェード・インしたりフェード・アウト

したりするが，完全に消え去ってしまうことはなく，画面上に同時に数分間とどまっている。この技法は，観念や心的映像が私たちの心の中に漂っていて，心的な焦点を合わせられたり外されたりするさまを表現したものとも解釈できる。ゴダールが用いている同じ技法の変種としては，映像から映像へ，両者のあいだをすばやく往復しながら移行するというやり方がある。映像は前から後に，何度も繰り返し明滅し，ついには第二の映像が最初の映像に置き換わる。この技法は，ある概念や心的映像や記憶から別のものへの精神の運動を表現しようとする試み，言い換えれば，ロックなどの観念連合説を唱える哲学者たちに従えば，精神生活の基礎をなすもの，つまり連合の形成を表現しようとする試みとしても解釈できるだろう。

　ゴダールはこう書いた。「もはや単純な映像は存在しない（…）。一つの映像にとっては，世界全体はあまりにも大きすぎる。いくつかの映像，映像のつながりが必要なのだ（…）[32]」。それゆえ，ゴダールが用いるのはつねに，複数の映像，互いにクロス・ディゾルヴされ，一緒にやって来ては分かれていく映像群なのである。時間的モンタージュとショット内モンタージュの両方に取って代わる電子的なミキシングは，ゴダールにとっては，「世界全体が入ったり出たりする，漠然としてしかも複雑なシステム[33]」を目に見えるようにするための適切な技法となっているのだ。

デジタル合成

　次の世代のシミュレーションのテクノロジーは，デジタル合成である。一見すると，コンピュータは見せかけの現実を作り出すにあたって概念的には新たな技法を何ももたらしておらず，ショット内で異なる映像をつなげる可能性を広げているだけのようにみえる。いまや，2つの出所からのヴィデオ映像をキーイングで合わせるのではなく，果てしない数の映像のレイヤーを**合成する**ことができる，と。一つのショットが，数十，数百，いや数千もの映像のレイヤーで構成され，出所がすべて異なる場合もある——ロケーションで撮られたフィルム（「ライヴ・プレート」），コンピュータ生成によるセットやヴァーチャル俳優，デジタル・マットペインティング，記録映像のフッテージなどのように。『ターミネーター 2』や『ジュラシック・パーク』が成功してからは，たいていのハリウッド映画が，少なくとも一部のショットを作り上げるのにデジタル合成を利用し始めた。

　したがって，歴史を振り返れば，デジタル合成された映像も，電子的にキーイングされた映像と同じように，ショット内モンタージュを継続するものとみなすことができるだろう。とはいえ，電子的なキーイングが作り出すばらばらの空間が 1920 年代のロトチェンコやモホリ＝ナジのアヴァンギャルドなコラージュを思い起こさせるのに対して，デジタル合成は滑らかな「コンビネーション・プリント」——ヘンリー・ピーチ・ロビンソンやオスカー・G・

レイランダーの作品のような——を作り出す19世紀の技法を思い出させる。

　だが，この歴史的な連続性は偽りのものであり，デジタル合成は間違いなく，視覚的なシミュレーションの歴史において，質的に新しい段階を表している。というのも，それによって，実在しない世界の動きのある映像を作り出すことが可能になったからだ。コンピュータ生成によるキャラクターは本物の風景の中を動くこともできるし，逆に，本物の俳優が合成による環境の中で動き，行動することもできる。19世紀の「コンビネーション・プリント」がアカデミックな絵画を模倣していたのに対して，デジタルによる合成物は映画とテレビのすでに確立した言語をシミュレートする。実写の要素とコンピュータ生成による要素がどのような組み合わせで合成ショットを作り上げているかに関わりなく，カメラはショット内でパンやズームや移動撮影を行うことができる。仮想世界の要素どうしが時間の流れのなかでインタラクションを起こすことや（たとえば，恐竜が車に襲いかかる），この世界をさまざまな視点から見られることが，仮想世界の真正性を保証するものとなっている。

　動きがあり，またその中を動くこともできる仮想世界を新たに作り出せるようになったことには，それ相応の代償もある。『ワグ・ザ・ドッグ』では偽のニュース・フッテージの合成はリアルタイムでなされているが，非常に多くの要素を配列して説得力のある合成物を作り出すのは，実

際には時間のかかる作業である。たとえば，コンピュータ生成の登場人物が大勢いる，コンピュータ生成による船の上をカメラが飛び越える『タイタニック』の40秒のシークェンスは，制作に何カ月もかかり，総費用は110万ドルだった[34]。それに対して，ヴィデオ映像のキーイングの場合，それほど複雑な映像には手が届かないとはいえ，3つの出所からの映像をリアルタイムで組み合わせることは可能である（映像を構築するのにかかる時間とその映像の複雑さの間のトレードオフは，すでに注目した別のトレードオフ——映像を構築するのにかかる時間とその映像の機能性の間のトレードオフ——に似たものである。つまり，3Dコンピュータグラフィックスで作られた映像は，フィルムやヴィデオのカメラで撮られた映像のストリームより機能的だが，たいていの場合，生成にはずっと多くの時間がかかる）。

電子的なキーイングの場合のように合成物をほんのいくつかの映像だけに限るならば，リアルタイムで合成を作り出すこともできる。その結果として生じる継ぎ目のない空間のイリュージョンは，電子的なキーイングによって作り出すことのできたイリュージョンよりも強烈である。リアルタイム合成の例として，ヴァーチャル・セットのテクノロジーが挙げられる。1990年代初頭に初めて導入され，それ以来，世界中のテレビスタジオで幅をきかせているこのテクノロジーによって，ヴィデオ映像とコンピュータ生成による3Dの要素をその場（オンザフライ）で合成できるようになった（実際には，コンピュータによる要素を生成するには大量のコ

ンピュータ計算が必要なので，視聴者に向けて送信される最終的な映像は，テレビカメラが拾った元々の映像より数秒遅れることもある）。ヴァーチャル・セットの典型的な適用法には，俳優の画像をコンピュータ生成によるセットに重ねて構成するというやり方がある。コンピュータはヴィデオカメラの位置を読み取り，その情報を使ってセットの画像を適切な遠近法で描画する。俳優の影そして／あるいは反射像を生成し，それを合成物に組み込むことで，イリュージョンはさらに説得力のあるものとなる。アナログ・テレビは相対的に解像度が低いので，結果として生じる効果にはかなりの説得力がある。ヴァーチャル・セットのとりわけ興味深い適用法は，スポーツや娯楽イベントを生中継でテレビ放映している最中に，競技場に縛りつけられている広告メッセージを置き換えて挿入するというやり方である。コンピュータで合成された広告メッセージを，あたかも実際に物理的な現実の中に存在しているかのように，グラウンドや，競技場内の他の空白のエリアに適切な遠近法で嵌め込むことができるのだ[35]。

　デジタル合成は，また別の点でも，視覚的な偽りを生み出すそれ以前の技法とは根本的に断絶している。表象の歴史全体を通じて，芸術家やデザイナーが焦点を合わせてきたのは，絵画であれ，映画のフレームであれ，エカチェリーナ2世が馬車の窓から眺める眺望であれ，単一の画像内で説得力のあるイリュージョンを作り出すという問題だった。セットの制作や，一点透視図法や，キアロスクーロ

や，トリック写真や，他の映画撮影技法は，すべてその問題を解決するために発展した。映画のモンタージュは，新しいパラダイムを導入した——異なる画像を時間の経過に沿ってつなぎ合わせることで，観客が仮想世界内に存在しているかのような効果を作り出したのだ。時間的モンタージュは，存在しない空間の視覚的なシミュレーションにおける支配的なパラダイムとなった。

　映画に用いられるデジタル合成や，ヴァーチャル・セットのテレビへの適用の例が示すように，コンピュータ時代は別のパラダイムを導入している。このパラダイムは，時間ではなく空間と関係しており，存在しない空間の説得力のある単一の画像を作り出す技法——絵画，写真，映画撮影術——を次の段階まで発展させたものとみなすことができる。その課題に習熟した文化は，いまや，そうしたいくつもの画像をどのように継ぎ目なくつなぎ合わせて一つの首尾一貫した全体を形作るかに焦点を合わせるようになった（電子的なキーイング，デジタル合成）。コンピュータ生成された 3D のセットでニュースキャスターがしゃべる生放送のヴィデオを作る場合であれ，何千種類もの要素を組み立てて『タイタニック』の映像を作り出す場合であれ，**問題なのはもはや，説得力のある個々の画像をどのように生成するかということではなく，それらの画像をどのように混ぜ合わせるのかということなのだ。**したがって，いま重要なのは，さまざまな画像がつなぎ合わされる縁の部分で何が起こっているのかということだ。複数の異なる現実がい

っせいにやって来る境界部分は，現代のポチョムキンたち
が互いに互いを出し抜こうとする新たな競技場なのである。

合成と新しいタイプのモンタージュ

　本セクションの冒頭で，デジタル合成を使ってさまざま
な要素から連続的な空間を作り出すことは，コンピュータ
文化のより広範な反モンタージュの美学の一例とみなせる
と指摘した。実際，映画は，20世紀初頭に時間的モンタ
ージュ——時間を基準にしたさまざまなショットのモザイ
ク——によって単一の空間をシミュレートできることを発
見したのに対して，20世紀末にはモンタージュなしで似
たような結果を達成する技法にまで到達していた。デジタ
ル合成では，要素と要素は並置されるのではなく融合さ
れ，要素どうしの間の境界は前景化されるのではなく消去
されるのだ。

　しかし同時に，デジタル合成を映画のモンタージュの理
論と実践に関連づけることで，動画像の組み立ての鍵を握
るこの新しい技法が，どのように私たちの動画像の概念を
再定義しているのかをよりよく理解できるだろう。伝統的
な映画のモンタージュは，時間的モンタージュをショット
内モンタージュよりも特権視するが——技術的には，後者
の方がはるかに実現するのが難しい——，合成は両者を対
等のものにする。より正確には，合成は両者のあいだの厳
密な概念的・技術的な分離をぬぐい去るのだ。たとえば，
一般向けの編集プログラムである Adobe Premiere 4.2

や，プロ向けの合成プログラムである Alias | Wavefront Composer 4.0 といった，コンピュータ・ベースで編集やデジタル合成を行う多くのプログラムに典型的なインターフェースのレイアウトを考えてみるとよい。そのインターフェースでは，水平の次元は時間を表し，垂直の次元は各画像を構成するさまざまな画像レイヤーの空間的な秩序を表している。動画像のシークェンスは，垂直方向にジグザグに積み上げられたいくつかのブロック——それぞれが特定の画像レイヤーを表す——の形をとって現れる。したがって，1920 年代のロシアにおけるモンタージュ運動の理論家兼実践者たちの一人だったプドフキンが，モンタージュを一次元の煉瓦の並びとして構想したとすれば，いまやそれは二次元の煉瓦の壁となっている。このインターフェースは，時間におけるモンタージュとショット内モンタージュを等しく重要なものとしているのだ。

　Premiere のインターフェースが編集を二次元のオペレーションとして概念化しているとすれば，最も一般的な合成プログラムの一つである After Effects 4.0 のインターフェースは，第三の次元を付け加えている。Premiere は伝統的な映画編集やヴィデオ編集の慣習に従って，映像シークェンスがどれも同じ大きさと比率であることを想定している。実際，4 対 3 という標準的なフレーム比率に合わない映像で作業するのは，どちらかと言えば困難だ。それに対して，After Effects のユーザーは，任意の大きさと比率の映像シークェンスをより大きなフレーム内に置く。

After Effects のインターフェースは，旧来の動画像メディアの慣習とは手を切って，動画像を構成している個々の要素が時間の流れに沿って自由に動き，回転し，比率を変えるということを想定している。

　セルゲイ・エイゼンシュテインは，モンタージュに関する著述ですでに多次元空間のメタファーを使い，自分のある論文を「映画における第四次元」と名づけている[36]。しかし彼のモンタージュ理論は，結局は時間という一つの次元に焦点を合わせるものだった。エイゼンシュテインは，たとえば対位法のような時間の流れに沿って変化する多様な視覚的次元を調整するのに利用可能ないくつもの原則を定式化した。彼が考えていた視覚的次元の例としては，図像の方向，容量，質量，空間，コントラストが挙げられる[37]。サウンド映画が実現可能なものとなったときには，エイゼンシュテインは，コンピュータ言語で視聴覚トラックの「同期」と呼びうるものを取り扱うべくそれらの原則を拡張し，後には色彩の次元を付け加えた[38]。エイゼンシュテインは，さらにまた別の一連の原則（「モンタージュの諸方法」）を発展させて，さまざまなショットを一緒に編集して，より長いシークェンスを形作ることができるようにした。「モンタージュの諸方法」の実例としては，ショットの絶対的な長さを利用して「拍子」を作り出すメトリック・モンタージュや，ショット内の動きのパターンに基づいたリズミック・モンタージュなどが挙げられる。こうした方法は，複数のショットからなるシークェンスを構造

化するためにそれぞれ単独で使うこともできるが，一つの
シークェンス内で組み合わせて使うこともできる。

　合成というオペレーションに含まれているデジタル動画
像の新しい論理は，時間に焦点を合わせたエイゼンシュテ
インの美学とは対立するものだ。デジタル合成は，空間の
次元（合成物によって作られる見せかけの 3D 空間と，合成
されつつある全レイヤーからなる 2.5D の空間），およびフレー
ムの次元（フレーム内では別々の異なる画像と画像が 2D で移
動する）を，時間と同じくらい重要なものとする。さらに，QuickTime 3 や他のデジタル・フォーマットでは，動
画のシークェンス内にハイパーリンクを埋め込むことがで
きるようになったが，それによってさらなる空間的次元が
加わった[39]。デジタル・ムービーでハイパーリンクを使う
典型的なやり方は，ムービー内の要素を，ムービー外に表
示される情報と結びつけるというものだ。たとえば，ある
特定のフレームが表示されるとき，別のウィンドウに特定
のウェブページを読み込むことができる。このような実践
は，動画像を「空間化」する。つまり，動画像はもはや画
面をすっかり埋め尽くすことなく，数あるウィンドウの一
つにすぎないものとなったのだ。

　要するに，映画のテクノロジー，実践，理論が動画像の
時間的な展開を特権視するのに対して，コンピュータ・テ
クノロジーは空間的次元を特権視する。新しい空間的次元
は，次のように定義できるだろう。

1. 合成物におけるレイヤー群の空間的な秩序（2.5Dの空間）
2. 合成によって構築される仮想空間（3D空間）
3. 画像フレームに応じたレイヤー群の2Dの動き（2D空間）
4. 動画像が，調整のためのウィンドウに表示されるリンクされた情報との間に取り持つ関係（2D空間）

以上のような次元が，エイゼンシュテインや他の映画作家たちが練り上げた，動画像の視覚的・音響的次元のリストに付け加えられるべきだろう。これらの次元の使用は，映画にとっての新たな可能性を切り開くとともに，映画理論に新たな難題を提起する。デジタル動画像は，もはや視聴覚文化の単なる部分集合ではなく，視聴覚空間文化の一部となっているのである。

　もちろん，単にそれらの次元を使用したからといって，それだけでモンタージュが生じるわけではない。現代文化における映像や空間はほとんどの場合，さまざまな要素の並置なのだから，そのような並置がどんなものであっても「モンタージュ」と呼ぶのなら，この用語は無意味なものになってしまう。メディア批評家にしてメディア史家のエルキ・フータモは「モンタージュ」という用語を特に「有力」な事例のために取っておくべきだと語っているが，私はここで彼の提案に従うつもりだ[40]。そのため，モンタージュの事例として適切であるためには，ニューメディアの

オブジェクトは2つの条件を満たさなければならない。まず，要素どうしの並置はある特定のシステムに従っているべきであり，次いで，そのような並置は，作品がその意味や感情的・美学的な効果を打ち立てるやり方において，主要な役割を果たすべきである。この条件は，デジタル動画像の新たな空間的次元という特定の事例にも当てはまるだろう。それらの次元における数値の変化や相関を制御する論理を打ち立てることによって，デジタル映画作家は私が〔第6章で〕**空間的モンタージュ**と呼ぼうと思っているものを作り出すことができるだろう。

デジタル合成は，継ぎ目のない仮想空間を作り出すために用いられるのが普通だが，それだけが唯一の目標である必要はない。異なる世界どうしの境界部分は消去されなくてもよいし，異なる空間どうしは遠近法やスケールや照明の面で調和させられなくてもよい。個々のレイヤーが単一の空間に溶け込んでいくのではなく別々のアイデンティティを保つこともありうるし，異なる世界どうしが単一の世界を形成することなく意味論的に衝突することもありうるのだ。このセクションを締め括るにあたって，もういくつかの作品を引き合いに出してみよう。それらの作品は，リプチンスキーやゴダールのヴィデオ作品と並んで，デジタル合成が伝統的なリアリズムのために用いられない場合の新しい美学的な可能性を指し示している。取り上げる作品はどれも，デジタル合成が利用可能になる前に作られたものだが，その美学的な論理を探究している——というの

も，合成とは，単にテクノロジー上のオペレーションであるのみならず，何よりもまず概念的なオペレーションなのだから。私はこれらの作品を使って，**存在論的モンタージュ**と**様式のモンタージュ**という2つのさらなるモンタージュの方法を紹介することにしたい。

　リプチンスキーがまだポーランドに住んでいた頃に作った映画『タンゴ』(1982)は，レイヤー化を，20世紀後半の社会主義諸国特有の人口過剰，および人間の共同生活一般のメタファーとして用いている。何人もの人々が，同じ小さな室内で，見たところ互いの存在に気づかないまま，さまざまな行動をループ状に繰り返しながら動いている。リプチンスキーは，人物たちが空間内の同じ地点を動き続けても，決してぶつかり合わないような仕方で，各々のループをずらしながら重ね合わせている。合成のおかげで——『タンゴ』では光学焼き付けで行われている——，この映画作家はいくつもの要素——いやむしろ，いくつもの世界全体——を単一の空間内で重ね合わせることができている（この映画では，部屋の中を動き回る各々の人物が，それぞれ別個の世界を形作っていると言えるだろう）。『階段』の場合と同じように，それらの世界は遠近法やスケールの面で調和させられているが，そうは言っても，観客はいま見せられているシーンが，物理学の法則を考えれば通常の人間の経験では起こりえないこと，あるいは人間生活の慣習を考えればほとんど起こりそうにないことが分かっている。『タンゴ』の場合，描かれているシーンは物理的には

起こりえたかもしれないが，そのような見込みはゼロに近い。『タンゴ』や『階段』のような作品は，私が**存在論的モンタージュ**と呼ぼうと思っているものを発展させている。つまり，存在論的に相容れない要素どうしが，同じ時空間の中に共存しているのである。

　チェコの映画作家カレル・ゼマンの作品は，私が**様式のモンタージュ**と呼ぼうと思っている，合成に基づいた別のモンタージュの方法の好例である。1940 年代から 1980 年代にまで及ぶキャリアの中で，ゼマンは多様な特殊効果の技法を使って，異なるメディアのさまざまな様式の映像を並置した。彼は異なるメディアを時間軸に沿って並置するとともに——実写のショットから，模型やドキュメンタリーのフッテージのショットにカットするというように——，同一のショット内でも並置する。たとえば，一つのショットで，撮影された人物像と，背景に用いられる古い版画と，模型が組み合わされることもある。もちろん，ピカソ，ブラック，ピカビア，マックス・エルンストといった画家たちは，すでに第二次世界大戦以前に，異なるメディア要素の同じような並置を静止画像で作り出していたが，動画像の領域で様式のモンタージュが浮上したのは，ようやく 1990 年代に入ってから，つまり，コンピュータが 20 世紀の異なる世代のメディア・フォーマット——35 ミリや 8 ミリのフィルム，アマチュアやプロのヴィデオ，初期のデジタル映画のフォーマット——の合流地点になったときだった。映画作家たちは，以前は映画全体を通じて

単一のフォーマットで作業をするのが普通だったが，1970年代以来，さまざまなフォーマットがアナログからデジタルに急速に置き換えられたため，ニューメディアのオブジェクトにとっては，さまざまな様式の要素の共存が例外というよりは標準となった。合成はそのような多様性を隠すために用いることもできるが，多様性を人為的に作り出して前景化するために用いることもできる。たとえば，映画『フォレスト・ガンプ』は，さまざまなショット間の様式的な違いを強調しており，フィルムとヴィデオという異なった産物をシミュレートすることは，この映画の物語のシステムの重要な一側面となっている。

『ほら男爵の冒険』（1961）や『彗星に乗って』（1970）といったゼマンの映画作品では，実写のフッテージや，エッチングや，ミニチュア模型や，他の諸要素が，自意識過剰で皮肉なやり方で一緒くたにレイヤー化されている。リプチンスキーと同様，ゼマンも，自分の作品で一貫した遠近法的空間を保ちながら，その空間が構築されたものであることに気づかせてくれる。彼の好む趣向には，古いエッチングを背景として使って，撮影された俳優たちをそこに重ね合わせるというものがある。ゼマンの美学では，グラフィックの要素と映画の要素のいずれかが優位を占めるということはなく，両者は同じ割合で混ぜ合わされ，独特の視覚的様式を作り出している。同時に，ゼマンは長編映画制作の論理をアニメーションの論理に従わせている。つまり，彼の映画作品の中で，実写のフッテージとグラフィッ

クの要素を組み合わせたショットは，すべての要素を複数の平行する平面——諸要素が画面に対して平行に動くという意味で——に置いた。これは，カメラが概して3D空間内を移動する実写の映画というよりは，画像群が積み重ねられて，互いに平行に配置されるアニメーション・スタンドの論理である。〔第6章の〕「デジタル映画と動画像の歴史」のセクションでみるように，実写のアニメーションへの従属は，デジタル映画全般にみられる論理である。

　サンクトペテルブルクのアーティスト，オルガ・トブレルッツはデジタル合成を利用するが，彼女もまた一貫した遠近法的空間を尊重しながら，絶えずそれにいたずらを仕掛ける。19世紀ロシアの作家アレクサンドル・グリボエードフが書いた有名な戯曲に基づくヴィデオ作品『知恵の悲しみ』（オルガ・コマロワ監督, 1994）で，トブレルッツはさまざまな室内空間の窓や壁の上に，まったく異なる現実を表した画像（植物のクロースアップや，動物園の動物たち）をかぶせる。2人の登場人物が窓の前で会話をしている背後に，アルフレッド・ヒッチコックの『鳥』から取られた舞い上がる鳥の群れが見えるというショットもあれば，踊るカップルの背後の壁に，コンピュータで描かれた精緻なデザインがモーフィングし続けるというショットもある。こうしたショットや別の似たようなショットで，トブレルッツは2つの現実を遠近法に関しては調整するが，スケールに関しては調整していない。結果として生じるのは，存在論的なモンタージュでもあるとともに，新たな種

類のショット内モンタージュでもある。言い換えれば，一方で 1920 年代のアヴァンギャルドやそれに倣った MTV が，根本的に異なる現実を単一の画像内に並置しており，他方でハリウッドのデジタル・アーティストたちがコンピュータによる合成を利用して，異なる画像をくっつけて継ぎ目のないイリュージョン的な空間を作り出しているとすれば，ゼマン，リプチンスキー，トブレルッツはそれら両極の狭間にある創造的な空間を探究しているのだ。モダニズム的なコラージュとハリウッドの映画的リアリズムのあいだの空間は，デジタル合成の助けを借りてさらなる探究に乗り出そうとしている映画にとっての新たな領域なのである。

テレアクション

表象 対 通信
^コミュニケーション

　テレアクション——本章で私が論じる第三のオペレーション——は，選択と合成という最初の2つのオペレーションとは質的に異なってみえるかもしれない。このオペレーションは，ニューメディアの作成のためではなく，もっぱらそれに対するアクセスのために使われるからだ。そのため，一見しただけでは，テレアクションはニューメディアの言語に直接，影響を与えるものではないと思えるかもしれない。

　もちろん，このオペレーションが使えるようになったのは，コンピュータのハードウェアとソフトウェアのデザイナーたちのおかげである。たとえば，夥しい数のウェブカメラによって，ユーザーは遠く離れた場所を観察できるようになったし，たいていのウェブサイトにはハイパーリンクが張ってあり，ユーザーはあるリモートサーバーから別のサーバーへと「テレポート」できる。それと同時に，商用サイトでは多くの場合，デザイナーはユーザーをサイト

から出て行かせないようにする。1999年頃の業界用語を使うなら，デザイナーはユーザー一人一人を「筋金入り」に（ユーザーをサイト内にとどまらせるように）したがっているのであり，商用ウェブデザインの目標は「粘着性」（個々のユーザーがある特定のウェブサイトにどれだけ長くとどまっているかの尺度）を作り出し，「アイボール・ハングタイム」（ウェブサイトへの忠誠）〔ユーザーの視線があるサイト上にとどまっている「滞空時間」のこと〕を増大させることである。そのため，テレアクションというオペレーションを利用するのはエンドユーザーだが，それを（不）可能にしているのはデザイナーなのだ。とはいえ，ユーザーが他のウェブサイトへのハイパーリンクをたどるとき，テレプレゼンスを利用して遠く離れた場所を観察したりそこで行動したりするとき，インターネット・チャットで他のユーザーたちとリアルタイムで話し合うとき，あるいは旧来の仕方でただ電話をかけるとき，何らかのニューメディアのオブジェクトが生成されることはない。要するに，テレ〔遠隔〕で始まる動詞や名詞を扱い始めるやいなや，私たちはもはや表象に基づく伝統的な文化的領域を扱っているわけではなくなるのだ。その代わりに，私たちは本書がこれまで探究してこなかった遠距離通信という新しい概念的空間に入っていく。では，その空間の航行をどのようにして開始できるだろうか？

19世紀末のことを考えると，私たちは映画の誕生のことを思い浮かべる。それに先立つ数十年間と，1890年代

に後続する10年間で，他の近代のメディア・テクノロジーのほとんどが開発され，目に見える現実の静止画像（写真）や音（蓄音機）を記録したり，画像，音声，文章をリアルタイムで伝送することができるようになった（電報，テレビ，ファックス，電話，ラジオ）。にもかかわらず，こうした他の発明のどれよりも大衆の記憶に強い印象を与えたのは，映画の出現だった。私たちが記憶し，記念する年は1895年であって，1875年（〔ジョージ・R・〕ケアリーによる最初のテレビの実験）でもなければ，1907年（ファックスの出現）でもない。私たちは明らかに，近代のメディアが現実のいくつかの側面を記録し，その記録を使って私たちの感覚器官に向けて現実をシミュレートできることの方に，そのリアルタイムによる通信という側面よりも感銘を受けているのだ（少なくとも，インターネットの到来まではそうだった）。リュミエールの最初の観客に加わるか，電話の最初のユーザーの一人になるか選んでよいとすれば，私たちは前者を選ぶだろう。なぜか？　それは，記録のための新しいテクノロジーが新しい芸術の発展につながったのに対して，リアルタイムの通信の場合はそうならなかったからだ。知覚できる現実のいくつかの側面を記録し，その記録を後に組み合わせ，別の形に作り替え，操作する——要するに，編集する——ことができるという事実によって，やがて20世紀を牛耳ることになる，新しいメディアに基づくさまざまな芸術——フィクション映画，ラジオ・コンサート，音楽番組，テレビシリーズ，ニュース番

組――が可能となったのだ。リアルタイムの通信を行う近代のテクノロジー――1920年代のラジオ，1970年代のヴィデオ，1990年代のインターネット――を使って，アヴァンギャルドの芸術家たちが持続的に実験を試みてきたにもかかわらず，物理的な距離を超えてリアルタイムの通信を行う能力は，それだけでは，フィルムやテープへの記録のように，新しい美学的な諸原則に根本的なインスピレーションを与えることがなかったように思われる。

　近代のメディア・テクノロジーは，19世紀におけるその発端から，2つの異なった軌道に沿って発展してきた。最初の軌道は，表象のテクノロジー――映画，オーディオとヴィデオの磁気テープ，デジタル・ストレージの各種フォーマット――であり，第二の軌道はリアルタイムの通信テクノロジー，つまり，テ・レ・〔遠隔〕で始まるあらゆるもの（電報，電話，テレックス，テレビ，テレプレゼンス）である。ラジオや，後のテレビのような20世紀の新しい文化的形態は，この2つの軌道が交わる地点に出現する。この出会いにおいて，リアルタイム通信のテクノロジーは，表象のテクノロジーに従属するようになった。遠距離通信は，配布のために用いられた――たとえば，20世紀のラジオやテレビの視聴者が，伝送されたものをリアルタイムで受信できるようにした放送のように。だが，放送されるものは概して，映画であれ，演劇であれ，音楽演奏であれ，伝統的な美学的オブジェクト，すなわち，なじみのある現実の要素を使って，伝送に先立ってプロが制作する構

築物だった。たとえば，テレビはVTRの採用以降も，ニュースやトークショーのようないくつかの生放送番組を存続させたとはいえ，大多数の番組は前もって録画されるようになった。

　1960年代以降，アーティストのなかには，伝統的な仕方で定義された美学的オブジェクトを「プロセス」，「実践」，「コンセプト」といった他の概念で置き換えようと試みる者もいたが，そうした試みは，私たちの文化的想像力に対して伝統的な概念が有している強い影響力を余計に際立たせるばかりだ。**オブジェクトとしての，すなわち，空間そして／あるいは時間の中で制限された自己充足した構造としての美学的オブジェクトの概念は，現代のあらゆる美学的思考の根本にある。**たとえば，ここ数十年間で最も影響力のあった美学理論の一つを概説した『芸術の言語』(1976) で，哲学者のネルソン・グッドマンは，統語論的稠密性，意味論的稠密性，統語論的充満，例示する能力という，美学的なものの4つの徴候を挙げている[41]。これらの特徴が想定しているのは，文学的テクスト，音楽やダンスの演奏／上演，絵画，建築作品といった，空間そして／あるいは時間の中にある有限のオブジェクトである。現代の美学理論がいかに固定したオブジェクトの概念に頼っているかを示すもう一つの例として，ロラン・バルトの影響力のある論文「作品からテクストへ」に目を向けてもよいだろう。バルトはこの論文で，「作品」という伝統的な観念と「テクスト」という新しい観念の対立を打ち立て，後

者について7つの「命題」を提示している[42]。その命題にみられるように，バルトの「テクスト」の観念は，意味論的かつ物理的に他のオブジェクトからはっきりと線引きされるものとして理解された伝統的な美学的オブジェクトを超えようとする試みである——にもかかわらず，バルトはその伝統的な概念を保ち続けている。彼の言う「テクスト」の観念は，依然として，事前に「書かれた」何かを，読者が最も一般的な意味で「読む」ことを想定しているのだ。要するに，「テクスト」は（バルトの命題をニューメディアの用語に翻訳するなら）インタラクティヴで，ハイパーテキスト的で，分散型で，ダイナミックである一方で，やはり有限のオブジェクトなのである。

インターネットは，リアルタイムかつ非同期的な遠距離通信（テレコミュニケーション）を根本的な文化活動として前面に出すことで，美学的オブジェクトのパラダイムそのものの再考を求めている。美学的なものという概念にとって，表象を想定することは必要不可欠なことなのか？ 芸術は必然的に有限のオブジェクトに関わるのか？ ユーザーどうしの遠距離通信は，それ単独で，美学の主題になりうるのか？ 同様に，ユーザーが情報を検索することは，美学という観点から理解できるのか？ 要するに，情報にアクセスするユーザーや，他者（たち）と遠距離通信を行うユーザーが，コンピュータ文化では，表象とインタラクトするユーザーと同じくらいありふれているとすれば，その2つの新たな状況を包含すべく，私たちは手持ちの美学理論を拡張でき

るのだろうか？

　これらはどれも難しい問いかけだと思う。だが，それら
の問いかけへの取り組みを始めるための一つの手段とし
て，私の作った「テレアクション」という用語に集約され
るような，さまざまな種類の「テレ」・オペレーションを
分析していくことにしたい。

テレプレゼンス——イリュージョン 対 行動（アクション）

　映画『タイタニック』（ジェイムズ・キャメロン，1997）
の冒頭のシークェンスでは，あるオペレーターが操縦席に
座っているのが見える。そのオペレーターは，ヘッドマウ
ントディスプレイを装着し，遠く離れた場所から伝送され
る画像を見ている。彼はこのディスプレイのおかげで，小
型の乗り物を遠隔制御することができ，その乗り物の助け
を借りて，海底に横たわる「タイタニック号」の内部を探
査できる。要するに，このオペレーターは「遠隔存在（テレプレゼント）」し
ているのだ。

　テレプレゼンスは，ごく最近までいくつかの専門的な産
業的・軍事的応用に限られていたが，ウェブの興隆ととも
に，よりなじみのある体験となった。Yahoo! で「ネット
につながった面白い装置」と検索すると，ネットベースで
のテレプレゼンスを可能にする多種多様なアプリケーショ
ンが返ってくる——コーヒーメーカー，ロボット，インタ
ラクティヴな鉄道模型，オーディオ装置，それにもちろ
ん，かつてない人気のウェブカムなどだ[43]。こうした装置

のなかには，ウェブカムがたいていそうであるように，真のテレプレゼンスを見込んでいないものもあるが——遠く離れた場所から画像を得られるものの，それに働きかけることはできないので——，ユーザーが遠くから何らかのアクションを遂行できる正真正銘のテレプレゼンスへのリンクも含まれている。

リモート・ヴィデオカメラや，『タイタニック』で取り上げられたような遠隔操縦される装置は，物理的に遠く離れた場所に「存在」するという観念を体現したものだ。同時に，日々，ウェブを航行するという体験にも，より基本的な水準でのテレプレゼンスが含まれている。ハイパーリンクをたどることで，ユーザーはあるサーバーから別のサーバーへ，ある物理的な場所から次の場所へ「テレポート」しているのだ。『タイタニック』で描かれたようなヴィデオベースのテレプレゼンスを私たちが今なお物神化しているとすれば，それは単に，コンピュータ文化では物理的な空間よりも情報空間の方が優位にあるということをなかなか受け入れにくいからだ。しかし実のところ，一瞬でサーバーからサーバーへと「テレポート」でき，世界中のコンピュータに置かれた数多くの文書を探ることができるということ——しかも，そのすべてを一つの場所から行えるということ——は，遠く離れたある場所で何らかの物理的なアクションを遂行できることよりも，はるかに重要なことなのだ。

ただし，私はこのセクションでは，テレプレゼンスを，

離れたところから見て行動できるという，一般に理解されている，より狭い意味で論じようと思う。そして，ちょうどデジタル合成の一つのありうる考古学を構築したのと同じように，ここで私は，コンピュータ・ベースのテレプレゼンスへと至る一つのありうる歴史的な軌道を描いてみたい。デジタル合成が，見せかけの現実を作り出す他のテクノロジー——ファッションや化粧，リアリズム絵画，ディオラマ，軍事用の囮，VR——のうちに数えられるものだとすれば，テレプレゼンスは，行動を可能にするために，すなわち，見る者が表象を通じて現実を操作できるようにするために用いられる表象のテクノロジーの一例とみなすことができる。行動を可能にするテクノロジーの他の例には，地図，建築図面，X線がある。いずれも，ユーザーが離れたところで行動できるようにするためのものだ。だとするなら，旧来からあるそれらのテクノロジーと比べて，テレプレゼンスはどのような行動の新しい可能性を与えてくれるのだろうか？　この問いかけは，テレプレゼンスについて私がこれから展開する議論の道しるべとなるだろう。

　言葉それ自体に目を向けると，テレプレゼンスは離れたところにある存在を意味する。だが，どこに存在するのか？　インタラクティヴ・メディアのデザイナー兼理論家のブレンダ・ローレルは，テレプレゼンスを定義して，「それは身体を伴ってどこか別の環境に行けるようにする媒体（…）であり，五感のうちの何らかの組み合わせを別

の環境に持って行くようになる。その環境はコンピュータによって生成された環境かもしれないし、元々カメラで撮られた環境かもしれないし、両者を組み合わせたものかもしれない」と述べている[44]。この定義によれば、テレプレゼンスは２つの異なった状況——コンピュータ生成による合成の環境（通常、「仮想現実（ヴァーチャル・リアリティ）」と呼ばれるもの）に「存在」していることと、ヴィデオのライヴ映像を介して現実の遠く離れた物理的な場所に「存在」していること——を含んでいる。スコット・フィッシャーは、NASAのエイムズ仮想環境ワークステーション——現代の最初のVRシステム——の開発者の一人だが、彼もまた同じように、コンピュータ生成による環境に「存在」していることと、現実の遠く離れた物理的な場所に「存在」していることを区別していない。彼はエイムズ・システムを次のように描写している。「エイムズ・システムの仮想環境は、コンピュータ生成による3D画像と合成されているか、あるいは、ユーザーが制御する立体視のヴィデオカメラという機器構成によって遠くから探知されている[45]」。フィッシャーは「仮想環境」という言葉を包括的な用語として使い、「テレプレゼンス」という言葉を、遠く離れた物理的な場所での「存在（プレゼンス）」という第二の状況のために残している[46]。私もここでは彼の用法に従うつもりだ。

　一般向けのメディアは、テレプレゼンスという概念を軽んじて、仮想現実の方を好んできた。たとえば、エイムズ・システムの写真は、いかなる物理的な空間をも逃れ出

て，コンピュータ生成による世界に赴くという考えを図解するために使われることが多かった。ヘッドマウントディスプレイも遠く離れた物理的な場所の画像をテレビを介して示すことができるのに，それに言及されたためしはほとんどない。

にもかかわらず，行動を可能にするテクノロジーの歴史という観点からは，テレプレゼンスは，仮想現実や，コンピュータによるシミュレーション一般よりも，はるかにラディカルなテクノロジーである。ここで両者の違いについて考えてみよう。

仮想現実は，見せかけの現実を作り出すための先行するテクノロジーと同様，何らかのシミュレートされた世界に存在しているという錯覚を主体に与える。仮想現実が付け加えているのは，主体がその世界を積極的に変えられるという新たな可能性である。言い換えれば，主体は見せかけの現実を制御できるようになる。たとえば，建築家は建築模型に変更を加えられるし，化学者は分子の配列をさまざまに試すことができるし，戦車の操縦士は模型の戦車に向けて砲撃することができる，等々。だが，それぞれの場合で変更されるものは，コンピュータのメモリに記憶されたデータにすぎないのだ！　どんなコンピュータ・シミュレーションのユーザーでも，仮想世界に対して力をふるうのだが，その世界はコンピュータの内部にしか存在しないのである。

テレプレゼンスの場合，主体はシミュレーションだけで

なく，現実そのものを制御することができる。テレプレゼンスが与えてくれるのは，物理的な現実を，その画像を介して，リアルタイムで遠隔操作する能力である。テレオペレーターの身体はリアルタイムで別の場所に伝送され，そこで主体の代わりに行動することができる——宇宙ステーションを修復したり，水中を掘削したり，イラクやユーゴスラヴィアの軍事基地を爆撃したりすることができるのだ。

したがって，テレプレゼンスは本質的に，存在 (プレゼンス) に反している。ある場所での現実に影響を及ぼすために，その場所に物理的に存在していなくてよいのだから。より適切な用語は，離れたところでリアルタイムで行動するという，テレアクションであろう。

エカチェリーナ2世は，だまされて，描かれたファサードを実際の村だと思い込んだ。今日では，湾岸戦争のさなかに証明されたように，何千マイルも離れたところから，テレビカメラ付きのミサイルを送り込んで，ターゲットと囮の違いが分かるくらいまで近づくことができる。カメラから送り返されてくる画像を使ってミサイルの飛行を指揮し，ターゲットに向かって注意深く飛んでゆき，同じ画像を使ってターゲットを吹き飛ばすことができる。必要なのは，コンピュータのカーソルを画像の正しい場所に置いて，ボタンを押すことだけなのだ。

〈道具としての画像[47]〉

画像をこのような仕方で用いることは，どれほど新しい

362

ことなのだろうか？　それはテレプレゼンスに端を発するのだろうか？　私たちは，西洋における視覚的表象の歴史をイリュージョンの観点から考察することに慣れているので，行動を可能にするために画像を用いるのがまったく新たな現象であるように思えるかもしれない。しかしながら，フランスの哲学者・社会学者のブリュノ・ラトゥールによれば，ある種の画像は，いつでも制御と権力の道具——この場合の権力は，空間と時間を隔てて何らかの資源を動員し，操作する能力と定義される——として機能してきたという。

　ラトゥールが分析するそのような〈道具としての画像〉の一例は，遠近法による画像である。遠近法は，対象とその記号のあいだに正確かつ相互的な関係を打ち立てる。つまり，対象から記号（二次元の表象）に向かうこともできるが，そのような記号から三次元の対象へと向かうこともできる。この相互的な関係のおかげで，私たちは現実を表象するだけでなく，制御することができる[48]。たとえば，宇宙空間に浮かぶ太陽を直接測定するのは不可能だが，写真（遠近法による画像の典型）に写った太陽を測定するには小さな定規があるだけでよい[49]。それに，もし太陽のまわりを飛ぶことができたとしても，やはり，旅から持ち帰ってくることのできる表象を通じて太陽を研究する方が具合がいいだろう——そうした表象をいまや好きなだけ長く測定し，分析し，分類できるのだから。私たちは，表象を動かすだけで，対象をある場所から別の場所へと動かすこと

ができる。「ローマにある教会を見たら、それを再建できるように〔その表象を〕ロンドンに持って行くこともできるし、ローマに戻って〔実物と照らし合わせて〕図を修正することもできる」わけだ。最後に、私たちはそこにはない事物を表象し、空間内での動きを表象に基づいて計画することができる。「サハリン島の匂いを嗅いだり、音を聞いたり、手で触れることはできなくても、地図を見て、次に艦隊を送ったときにどの方角から陸を見ることになるのか決定することができる[50]」。全般的に、遠近法とは、現実を反映する単なる記号体系以上のものである。遠近法のおかげで、現実の記号を操作することによって現実そのものを操作できるようになるのだ。

　遠近法は、〈道具としての画像〉の一例にすぎない。どんな表象であっても、それが現実の何らかの特徴を体系的にとらえていれば、道具として用いることができるからだ。実のところ、イリュージョニズムの歴史にうまく入らないタイプの表象はたいてい、ダイアグラムや図表、地図やX線、赤外線やレーダーの画像のように、第二の歴史、つまり行動のための道具としての表象の歴史に属しているのである。

遠距離通信
テレコミュニケーション

　画像がいつの時代にも現実に影響を及ぼすために使われてきたのであれば、テレプレゼンスは何か新しいものをもたらすのだろうか？　たとえば、地図はすでに、一種のテ

364

レアクションを見込んでいる——未来を予見し，したがっ
て未来を変えるために用いることができるのだから。再び
ラトゥールを引けば，「サハリン島の匂いを嗅いだり，音
を聞いたり，手で触れることはできなくても，地図を見
て，次に艦隊を送ったときにどの方角から陸を見ることに
なるのか決定することができる」のだ。

　私の考えでは，昔からある〈道具としての画像〉とテレ
プレゼンスのあいだには，2つの根本的な違いがある。テ
レプレゼンスではヴィデオ画像を電子的に伝送するので，
表象は即座に構築される。遠近法に基づく図面やチャート
を作ったり，写真や映画を撮るのは，時間がかかる。それ
がいまや，リアルタイムで画像をキャプチャーするリモー
ト・ヴィデオカメラを使って，その画像を遅滞なく手元に
送り返すことができる。それによって，遠く離れた場所に
生じる目に見える変化であれば何でも監視して（気象状況
や軍隊の動きなど），それに応じて自分の行動を調整でき
る。どのような情報が必要なのかによって，ヴィデオカメ
ラの代わりにレーダーを用いてもよい。いずれにせよ，リ
アルタイムの画面によって表示される〈道具としての画
像〉は，リアルタイムで形作られている。

　二番目の違いは，最初のものと直結している。遠く離れ
た場所についての情報をリアルタイムで受け取れることに
よって，私たちはその場所の物理的現実を，これまたリア
ルタイムで操作できるのだ。ラトゥールの言うように，権
力というものが，離れたところにある何らかの資源を操作

する能力を含んでいるとしたら、テレアクションは、リアルタイムで遠隔制御を行うという、新しい独特な種類の権力を提供する。私はおもちゃの乗り物を運転し、宇宙ステーションを修復し、水中を掘削し、患者に手術を施したり、人を殺したりすることができる——しかも、いずれも離れたところから。

この新しい権力を招いたのは、どのテクノロジーなのか？　テレオペレーターは普通、ヴィデオのライヴ映像に頼って行動するので（たとえば『タイタニック』冒頭のシークェンスのように、動く乗り物を遠隔操縦するとき）、私たちはまず第一に、ヴィデオのテクノロジー、あるいはより正確に言えば、テレヴィジョンのテクノロジーが原因であると考えるかもしれない。元々19世紀には、テレヴィジョンは「離れたところから見ること」を意味していた。テレビが放送と同一視された1920年代以降になってようやく、その意味合いは薄れていった。しかし、それに先立つ半世紀の間（テレビの研究は1870年代に始まっている）、テレビのエンジニアたちはたいてい、「遠くから見ること」ができるようにするために、遠く離れた場所の連続的な画像をどのように伝送すればよいのかという問題に関心を寄せていた。

画像が一定の間隔を置いて伝送され、その間隔が十分に短く、かつ画像が十分に精細であれば、見る者は遠く離れた場所でテレアクションを行うのに足るほど信頼性のある情報を得ることができるだろう。初期のテレビ・システム

は，速度の遅い機械式の走査を使って，30本の走査線という低い解像度を得ていた。現代のテレビ・システムの場合，目に見える現実は，1秒間につき60回，数百本の走査線という解像度で走査されている。これでたいていのテレプレゼンスの作業に十分な情報が得られる。

　では，ケン・ゴールドバーグと彼の同僚たちによる《テレガーデン》のプロジェクトについて考えてみよう[51]。このウェブ経由のテレロボティックスのプロジェクトでは，ウェブユーザーがロボットのアームをオペレートして，庭に種を植える。このプロジェクトは，絶え間なく更新されるヴィデオではなく，ユーザー制御による静止画像を使っている。その画像が示すのは，ロボットのアームに取り付けられたヴィデオカメラの視点から見た庭の光景であり，アームが新たな場所に動かされると，新たな静止画像が伝送される。静止画像は，このプロジェクトにおける特定のテレアクション——つまり，種を植えること——を実行するには十分な情報を与えてくれる。

　この例が示すように，テレアクションはヴィデオなしでも実行可能である。より一般化するなら，テレアクションの種類が異なれば，必要とされる時間・空間の解像度も異なってくると言えよう。オペレーターが自分の行動に対する即座のフィードバックを必要としていれば（ここでもまた，乗り物を遠くから操縦するという事例が適切だ），画像を頻繁に更新することが必要不可欠だが，リモート式のロボット・アームを使って庭に種をまく場合は，ユーザーの行

動をきっかけに送られてくる静止画像で十分なのだ。

　今度は，別のテレプレゼンスの例を考えてみよう。レーダーの画像は，数秒ごとに一度，周辺の領域を走査することによって得られる。目に見える現実は，一つの点に還元される。というのも，レーダーの画像には，ヴィデオ画像に存在するような形状，テクスチャー，色彩の手がかりがまったくなく，ただ対象の位置だけが記録されるからだ。それでも，この情報は，テレアクションのうち最も基本的なこと——すなわち，対象を破壊すること——にとってはまったくもって十分なのである。

　こうしたテレアクションの極限的な事例では，画像は非常にミニマルなものなので，そもそもおよそ画像と呼ぶことができないほどだが，それでも遠く離れてリアルタイムで行動するには十分である。決定的に重要なのは，情報がリアルタイムで伝送されるということなのだ。

　ヴィデオとレーダーそれぞれに基づくテレプレゼンスの例を考え合わせてみると，その公分母はヴィデオではなく，信号の電子的な伝送であることが分かる。言い換えれば，リアルタイムのテレアクションを可能にしているテクノロジーは，電子的な遠距離通信——それ自体，電気と電磁気という 19 世紀の 2 つの発見によって可能になったもの——である。電子的な遠距離通信は，リアルタイムで制御を行うためのコンピュータ使用と結びつくことで，対象とその記号の間の新しい，前例のない関係をもたらす。それは対象が記号に変化させられるプロセスだけでなく，

その逆のプロセス——記号を通じて対象を操作するという
プロセス——をも，即座に行われるものとするのである。

　ウンベルト・エーコは，かつて記号を定義して，それは
嘘をつくために使えるものなのだと述べた。この定義は，
視覚的表象の一機能としての欺くことを正しく表現してい
る。だが，電子的な遠距離通信の時代には，新しい定義が
必要だ。すなわち，記号とは，テレアクションを実行する
ために使えるものなのだ。

距離とアウラ

　これまでテレプレゼンスというオペレーションを，ある
遠く離れた環境に物理的に存在するという，より狭い，慣
習的な意味合いで分析してきたので，今度はテレプレゼン
スのもっと全般的な意味——すなわち，遠く離れた物理的
な場所とのリアルタイムの 通 信 という意味——に立
ち戻ってみたい。このような意味でのテレプレゼンスは，
テレビ，ラジオ，ファックス，電話からインターネット上
のハイパーリンクやチャットまで，あらゆる「遠隔」テク
ノロジーに当てはまる。私はもう一度，以前と同じ問いか
けをしたい。より新しい遠距離通信のテクノロジーは，旧
来のものと比べて何が違うのだろうか？

　この問いかけに取り組むために，私はヴァルター・ベン
ヤミンとポール・ヴィリリオという，オールドメディアと
ニューメディアをめぐる2人の主要な理論家が展開した議
論を並置してみたいと思う。その議論は，半世紀の時を隔

てて書かれた2つの論文——ベンヤミンの名高い「複製技術時代の芸術作品[52]」(1936) と，ヴィリリオの「大きな光学」[53] (1992)——に由来するものだ。ベンヤミンとヴィリリオの論文は，同じテーマに焦点を合わせている——文化的な人工物，とりわけ新しい情報伝達テクノロジー（ベンヤミンの場合は映画，ヴィリリオの場合は遠距離通信）によって，人間のなじみ深い知覚パターンにもたらされた混乱というテーマ，要するに人間の自然な本性に対するテクノロジーの介入というテーマである。だがいったい，人間の自然な本性とは，またテクノロジーとは何か？ 20世紀には両者の境界線をどのように引くのか？ ベンヤミンもヴィリリオも，同じやり方でこの問題を解決している。2人とも，自然を観察者と被観察者のあいだの空間的な距離と同一視し，テクノロジーをその距離を壊すものとみなしているのである。これから見ていくように，彼らはこの2つの想定に導かれて，それぞれの時代に目立っていた新しいテクノロジーを，非常に似通った仕方で解釈している。

ベンヤミンは，いまやよく知られるようになったアウラという概念——芸術作品や，歴史的あるいは自然の対象の一回限りの存在——から始める。私たちは，ある対象のアウラを体験するつもりなら，それがすぐ近くになければならないと思いがちだが，逆説的なことに，ベンヤミンはアウラを「ある遠さが一回限り現れる現象」と定義する (224) 〔邦訳305頁〕。「ある天気のよい午後，ゆったりと憩

いながら，地平線にある山並みや，憩っている者に蔭を作っている木の枝を眼で追うこと，それがこれらの山々や木の枝のアウラを呼吸するということである」(225)〔邦訳305頁〕。同じく，ベンヤミンは，画家が「仕事をするとき，対象との自然な距離を観察する」とも書いている(235)〔邦訳324頁〕。自然の知覚にも絵画にも共通するこうした距離の尊重は，大量複製を可能にする新しいテクノロジー，なかんずく写真と映画によって覆される。ベンヤミンが外科医になぞらえるカメラマンは，「対象が織りなす網の目のなかへと深く入り込んでゆく」(235)〔邦訳324頁〕。彼のカメラは，「対象からその覆いを取り去る」(225)〔邦訳306頁〕ためにズームするのだ。カメラは，それが獲得した新たな移動性のおかげで——その移動性は『カメラを持った男』のような映画で称揚されている——，どこにでも存在することができ，その超人的な視覚を用いて，どんな対象にもクローズアップすることができる。ベンヤミンの記述に従えば，そのようなクローズアップは，「事物を空間的にも人間的にも「もっと近く」にもたらし」，「対象物をすぐ近くで手に入れたい」(225)〔邦訳305頁〕という大衆の欲望を満足させるものだ。何枚もの写真が1冊の雑誌や1本のニュース映画の中に集められると，それぞれの対象が持っている大きさも一回的な場所も捨て去られる——そのようにして，「事物の普遍的な平等性」に対する大衆社会の要求に応じているのだ。

　遠距離通信とテレプレゼンスについての記述で，ヴィリ

リオも距離の概念を使って両者のもたらす影響を理解しようとする。ヴィリリオの解釈では、それらのテクノロジーは物理的な距離を崩壊させ、私たちの文化と政治の基礎となっているなじみ深い知覚パターンを根こぎにする。ヴィリリオは、そのような変化がもたらす劇的な性質を強調するべく、〈小さな光学〉と〈大きな光学〉という用語を導入する。〈小さな光学〉は、人間の視覚、絵画、映画が共通して持っている幾何学的遠近法に基づいており、遠近の区別や、対象とそれが現れ出る地平の区別を含んでいる。〈大きな光学〉は、情報をリアルタイムで電子的に伝送することであり、「高速で過ぎ去る時間の能動光学」である。

　〈小さな光学〉が〈大きな光学〉に置き換えられるにつれて、〈小さな光学〉の時代に特有の区別は消え去っていく。どの地点からの情報も同じ速度で伝送されうるのであれば、遠近、水平線、距離、さらには空間それ自体の概念も、もはや何の意味もなさなくなる。したがって、ベンヤミンにとっての産業時代が、あらゆる対象をそれが元々あった環境から退去させたとすれば、ヴィリリオにとってのポスト産業時代は、空間の次元をすっかり取り除く。少なくとも原理的には、地球上のあらゆる地点が、いまや他のどんな地点からも一瞬でアクセスできる。その結果、〈大きな光学〉は、奥行きや水平線がいっさい存在しない閉所恐怖症の世界に私たちを閉じ込める。つまり、地球は私たちの監獄となるのである。

　ヴィリリオは私たちに、「地球上の水平線がしだいに脱

現実化していること」に目を向けよと言う。そして，その「結果として，クアトロチェントの直線的・幾何学的な光学に基づく現実空間よりも，波動光学に基づくリアルタイムの遠近法が今にも優位に立とうとしている」のだと述べる[54]。彼は，距離や，地理的な雄大さや，自然空間の広大さが破壊されることを嘆き悲しむ。その広大さこそが，出来事とそれに対する私たちの反応との間に時間的な猶予を保証し，正しい決断にたどり着くのに必要な批判的考察のための時間を与えてくれるからだ。〈大きな光学〉の体制は，必然的に，リアルタイムの政治学に行き着く——すなわち，光速で伝送される出来事に瞬時に反応することを要求し，最終的には，互いに応答するコンピュータ群によって初めて効率的に扱うことができるような政治学に行き着くのである。

　新しいテクノロジーについてベンヤミンとヴィリリオが驚くほど類似した説明をしていることを考えると，むしろ印象的なのは，2人がどれほど違ったやり方で，自然なものと文化的なもの，すでに人間の本性に同化しているものと今なお新しくて脅威をもたらすものの間に境界線を引いているかということだ。1936年に執筆したベンヤミンは，人間の知覚にとって自然なものの例として現実の風景と絵画を用いて，その自然状態が映画によって——距離を縮め，あらゆるものを等しく接近させ，アウラを破壊する映画によって——冒されるとする。その半世紀後に執筆したヴィリリオは，かなり異なった線引きをする。ベンヤミ

ンにとって，映画がいまだなじみのない存在を表している
とすれば，ヴィリリオにとって，映画はすでに私たちの人
間性の一部となり，自然の視覚を延長したものとなってい
るのだ。ヴィリリオは，人間の視覚，ルネサンスの遠近
法，絵画，映画をいずれも，瞬時の電子的な伝送に基づく
〈大きな光学〉とは対照的な，幾何学的な遠近法に基づく
〈小さな光学〉に属するものとみなしている。

　ヴィリリオは，映画と遠距離通信の間，〈小さな光学〉
と〈大きな光学〉の間に歴史的な断絶があるとしている
が，前者から後者への動きを連続性という観点から読み解
くこともできる――もし私たちが近代化の概念を用いるつ
もりならば。近代化は，物理的な空間や物質の分裂，すな
わち元々の対象や関係よりも互いに交換可能で流動的な記
号を特権視するプロセスを伴っている。美術史家ジョナサ
ン・クレーリーの言葉によれば（彼はドゥルーズとガタリの
『アンチ・オイディプス』やマルクスの『経済学批判要綱』に
依拠している），「近代化とは，資本主義が，大地に根付い
たもの，根拠を与えられたものを根こそぎにして流動的な
ものにし，流通を妨げるものを排除し抹消して，単数的存
在を交換可能なものと化す過程なのである[55]」。近代化の
概念は，ベンヤミンによる映画の説明にも，ヴィリリオに
よる遠距離通信の説明にも，同じようにうまく当てはまる
――後者は，対象を流動的な記号へと変化させるという絶
え間ないプロセスのさらに進んだ段階であるにすぎない。
以前は，さまざまな物理的な場所の出会いが，1冊の雑誌

の見開きページや，1本のニュース映画の中で起こっていたのに対して，いまやそれが1枚の電子画面で起こる。もちろん，記号それ自体は，今ではデジタルデータとして存在しているため，その伝送や操作はいっそう容易になっている。また，一度焼き付けられると固定されたままとなる写真とは対照的に，コンピュータによる表象はあらゆる画像を本来的に可変的なものとする——もはや単に流動的であるだけでなく，いくらでも変更を加えられる記号を作り出しているのだ[56]。とはいえ，こうした違いはいかに重要であるとしても，それは最終的には質的な差異というよりも量的な差異である——ただし，一つだけ例外がある。

これまでの私の議論からも分かるように，写真や映画と違って，電子的な遠距離通信は双方向の通信（コミュニケーション）として機能しうる。ユーザーは，さまざまな場所の画像をただちに手に入れ，1枚の電子画面の中にそれらを集めることができるだけでなく，テレプレゼンスを介して，そうした場所に「存在」することもできる。言い換えれば，ユーザーは，物理的な距離を超えて，物質的な現実にリアルタイムで変化をもたらすことができるのだ。

映画，遠距離通信，テレプレゼンス——ベンヤミンとヴィリリオの分析によって，私たちは，こうしたテクノロジーがもたらした歴史的な影響を，2人の著者がともに人間の知覚の根本的な条件とみなしているもの——空間的な距離，見る主体と見られる対象のあいだの距離——が，しだいに減少し，最終的には完全に消え去っていくという観点

から理解できるようになる。視覚には距離が伴うということをポジティヴな事柄として，つまり人間の文化にとって必須の材料として読解するこうした見方は，近代の思想が距離をネガティヴに読み解きがちであるというはるかに支配的な傾向に対して，重要なオルタナティヴを差し出している。そのようなネガティヴな読解は，次いで，視覚という感覚全体を批判するために用いられる。距離は，観客とスペクタクルの間の裂け目を作り出したり，主体と客体を分離したり，前者を超越論的な支配の位置に置き，後者を不活発なものとしたりする原因となる。距離によって，主体は〈他者〉を物体として扱うことができるようになる。要するに，距離が客体化を可能にするのだ。あるいは，精神分析家として著名になる何年も前の若きラカンが，海面に浮かんでいるイワシの缶詰を見ていたとき，フランスの漁師がまさしくこの議論を要約して述べたように，「あんたにあの缶が見えるかい。あんたはあれが見えるだろ。でもね，やつの方じゃあんたを見ちゃいないぜ[57]」。

　西洋の思想では，視覚はつねに触覚との対比で理解され，論じられてきたので，視覚の権威失墜（マーティン・ジェイの用語を用いるなら[58]）は必然的に触覚の顕揚に行き着く。そのため，予想されるように，視覚への批判によって，触覚的なものという観念への新たな理論的関心が生じる。たとえば，触れるという行為の特徴である距離の欠如を，主体と客体の間に別種の関係を見込むものとして読解したくなるかもしれない。ベンヤミンとヴィリリオは，そ

のような見たところ論理的な議論の道筋をさえぎっている。なぜなら，2人とも，触れることに潜在的に存在する攻撃性を強調しているからだ。彼らは触覚を，慎重でうやうやしい接触として，あるいは愛撫として理解するというよりは，物質を無遠慮かつ攻撃的に分裂させることとして提示している。

　こうして，視覚と触覚の標準的なコノテーションは転倒させられるようになる。ベンヤミンとヴィリリオにとって，視覚によって保証される距離が，対象のアウラや，対象が世界で占める位置を維持する一方で，「事物を「もっと近く」にもたらしたい」という欲望は，対象どうしが互いに持っている関係を壊し，究極的には，物質的な次元をすっかり消し去り，距離や空間の観念を無意味なものにする。そのため，たとえ私たちが新しいテクノロジーをめぐる彼らの議論に同意せず，彼らが自然の秩序と距離を同一視していることを疑問視すべきだとしても，彼らが視覚－触覚の対立を批判していることは忘れずにおくべきだ。実際，行動を可能にする旧来の表象テクノロジーとは違って，リアルタイムで作動する〈道具としての画像〉によって，私たちは距離を隔てて文字通り対象に触れることができ，それによって対象を破壊することもできるようになった。見ることに含まれる潜在的な攻撃性は，電子的なやり方で可能となった触覚が実際に持っている攻撃性よりも，結局のところ，いくぶん無邪気なものなのである。

原註

1. メディアを横断するサンプリングは，タールトン・ギレスピー（カリフォルニア大学サンディエゴ校コミュニケーション学部）の博士論文（進行中）の主題であり，他方，モーフィングは Vivian Sobchack, ed., *Meta-Morphing: Visual Transformation and the Culture of Quick-Change* (Minneapolis: University of Minnesota Press, 1999) の主題である。

2. 拙論 "'Real' Wars: Esthetics and Professionalism in Computer Animation," *Design Issues* 8, no. 1 (Autumn 1991): 18-25 を見よ。

3. *Switch* 5, no. 2 (http://switch.sjsu.edu/CrackingtheMaze).

4. Peter Eisenman, *Diagram Diaries* (New York: Universe Publishing, 1999), 238-239.

5. パリのカルティエ現代美術財団での展覧会《Issey Miyake Making Things》（1998 年 10 月 13 日–1999 年 2 月 28 日）。

6. http://www.viewpoint.com.

7. http://www.adobe.com.

8. http://www.macromedia.com.

9. http://www.aw.sgi.com.

10. http://www.apple.com/quicktime/authoring/tutorials.html.

11. http://geocities.yahoo.com.

12. http://www.turneupheat.com.

13. E. H. Gombrich, *Art and Illusion*〔ゴンブリッチ『芸術と幻影』〕，および Roland Barthes, "The Death of the Author," in *Image/Music/Text*〔バルト「作者の死」，『物語の構造分析』所収，花輪光訳，みすず書房，1979 年〕.

14. Roland Barthes, "The Death of the Author," 142.〔邦訳 85-86 頁〕

15. Bulat Galeyev, *Soviet Faust: Lev Theremin—Pioneer of Electronic Art* (in Russian) (Kazan, 1995), 19.

16. http://www.microsoft.com; http://www.macromedia.com.

17. Herbert Muschamp, "Blueprint: The Shock of the Familiar," *New York Times Magazine*, December 13, 1998, 66.

18. Musser, *The Emergence of Cinema*.

19. Fredric Jameson, "Postmodernism and Consumer Society," in *Postmodernism and its Discontents*, ed. E. Ann Kaplan (London: Verso, 1988), 15.〔フレドリック・ジェームソン「ポストモダニズムと消費社会」，ハ

ル・フォスター編『反美学』所収，室井尚・吉岡洋訳，勁草書房，1987年，202-203頁〕

20. Jameson, "Postmodernism and Consumer Society," 20. 〔邦訳 213 頁〕

21. ピーター・ルネンフェルドは，フランプトンとニューメディアの関連を，*Snap to Grid* (Cambridge, Mass.: MIT Press, 2000) で論じている。

22. Hollis Frampton, "The Withering Away of the State of the Art," in *Circles of Confusion* (Rochester: Visual Studies Workshop Press, 1983), 169.

23. Thomas Porter and Tom Duff, "Compositing Digital Images," *Computer Graphics* 18, no. 3 (July 1984): 253-259.

24. http://www.apple.com/quicktime/resources/qt4/us/help/QuickTime%20Help.htm.

25. http://drogo.cset.it/mpeg.

26. モーフィングを理論的に分析したすぐれた研究としては，Vivian Sobchack, "'At the Still Point of the Turning World': Meta-Morphing and Meta-Stasis," in *Meta-Morphing* を見よ。

27. Terence Riley, *The Un-Private House* (New York: Museum of Modern Art, 1999).

28. 初期映画の提示的なシステムについては，Musser, *The Emergence of Cinema*, 3 を見よ。

29. Paul Johnson, *The Birth of the Modern: World Society, 1815-1830* (London: Orion House, 1992), 156. 〔ポール・ジョンソン『近代の誕生 第Ⅰ巻 地球社会の形成』別宮貞徳訳，共同通信社，1995 年，252 頁〕

30. 『市民ケーン』と『イワン雷帝』の例は，Aumont et al., *Aesthetics of Film*, 41 による。〔ジャック・オーモンほか『映画理論講義』武田潔訳，勁草書房，2000 年，66 頁〕

31. Dziga Vertov, "Kinoki: Perevorot" [Kinoki: A revolution], *LEF* 3 (1923): 140. 〔ジガ・ヴェルトフ「キノキ，革命」，松原明・大石雅彦編『ロシア・アヴァンギャルド7 レフ 芸術左翼戦線』国書刊行会，1990 年，260 頁〕

32. Jean-Luc Godard, *Son+Image*, ed. Raymond Bellour (New York: Museum of Modern Art, 1992), 171.

33. Ibid.

34. Paula Parisi, "Lunch on the Deck of the Titanic," *Wired* 6.02 (Febru-

ary 1998）（http://www.wired.com/wired/archive/6.02/cameron. html/）
を見よ。

35. *IMadGibe: Virtual Advertising for Live Sport Events*, a promotional flyer by ORAD, P. O. Box 2177, Kfar Saba 44425, Israel, 1998.

36. Sergei Eisenstein, "The Filmic Fourth Dimension," in *Film Form*, trans. Jay Leyda（New York: Harcourt Brace, 1949).〔「映画における第四次元」沼野充義訳，岩本憲児編『エイゼンシュテイン解読』フィルムアート社，1986年〕

37. Eisenstein, "A Dialectical Approach to Film Form," in *Film Form*.〔「映画形式への弁証法的アプローチ」，『エイゼンシュテイン全集6』エイゼンシュテイン全集刊行委員会訳，キネマ旬報社，1980年〕

38. Eisenstein, "Statement" and "Synchronization of Senses," in *Film Sense*, trans. Jay Leyda（New York: Harcourt Brace, 1942).〔「垂直のモンタージュ」，『エイゼンシュテイン全集7』エイゼンシュテイン全集刊行委員会訳，キネマ旬報社，1981年〕

39. QuickTime および他のデジタル動画像一般のすぐれた理論的分析としては，Vivian Sobchack, "Nostalgia for a Digital Object" を見よ。

40. ヘルシンキで1999年10月4日に交わした私的な会話による。

41. Nelson Goodman, *Languages of Art*, 2nd ed.（Indianapolis: Hackett, 1976), 252-253.〔ネルソン・グッドマン『芸術の言語』戸澤義夫・松永伸司訳，慶應義塾大学出版会，2017年，288-290頁〕

42. Barthes, "From Work to Text," in *Image/Music/Text*.〔バルト「作品からテクストへ」，『物語の構造分析』所収〕

43. http://www.yahoo.com.

44. Brenda Laurel, quoted in Rebecca Coyle, "The Genesis of Virtual Reality," in *Future Visions: New Technologies of the Screen*, ed. Philip Hayward and Tana Wollen（London: British Film Institute, 1993), 162.

45. Scott Fisher, "Virtual Interface Environments," in *The Art of Human-Computer Interface Design*, ed. Brenda Laurel（Reading, Mass.: Addison-Wesley, 1990), 430.

46. フィッシャーはテレプレゼンスを，「遠く離れたところにいるオペレーターが十分な感覚的フィードバックを受けて，自分が実際に遠く離れた場所にいると感じられて，さまざまな種類の作業を行うことができるようにするテクノロジー」と定義している。Fisher, 427.

47. 「道具としての画像」という用語を提案してくれただけでなく，「テレア
    クション」のセクション全体について他にいくつもの提案をしてくれたト
    ーマス・エルセッサーに感謝する。

48. Bruno Latour, "Visualization and Cognition: Thinking with Eyes and
    Hands," *Knowledge and Society: Studies in the Sociology of Culture Past
    and Present*, 6 (1986): 1-40.

49. Ibid., 22.

50. Ibid., 8.

51. http://telegarden. aec.at.

52. Benjamin, "The Work of Art in the Age of Mechanical Reproduction."
    〔ベンヤミン「技術的複製可能性の時代の芸術作品」〕

53. Paul Virilio, "Big Optics," in *On Justifying the Hypothetical Nature of
    Art and the Non-Identicality within the Object World*, ed. Peter Weibel
    (Cologne: Walther König, 1992). ヴィリリオの主張は，他の文章でも展開
    されている。たとえば，"Speed and Information: Cyberspace Alarm!" in
    CTHEORY (www.ctheory.com/a30-cyberspace_alarm.html) および *Open
    Sky*, trans. Julie Rose (London: Verso, 1997) が挙げられる。

54. Virilio, "Big Optics," 90.

55. Jonathan Crary, *Techniques of the Observer: On Vision and Modernity
    in the Nineteenth Century* (Cambridge, Mass.: MIT Press, 1990), 10. 〔ジ
    ョナサン・クレーリー『観察者の系譜——視覚空間の変容とモダニティ』
    遠藤知巳訳，以文社，2005年，27-28頁〕

56. この論点は，Mitchell, *The Reconfigured Eye* 〔ミッチェル『リコンフ
    ィギュアード・アイ』〕で論じられている。

57. Jacques Lacan, *The Four Fundamental Concepts of Psycho-Analysis*,
    ed. Jacques-Alain Miller (New York: W. W. Norton, 1978), 95. 〔ジャッ
    ク・ラカン『精神分析の四基本概念』ジャック＝アラン・ミレール編，小
    出浩之・新宮一成・鈴木國文・小川豊昭訳，岩波書店，2000年，126頁〕

58. Martin Jay, *Downcast Eyes: The Denigration of Vision in Twentieth-
    Century French Thought* (Berkeley: University of California Press,
    1993). 〔マーティン・ジェイ『うつむく眼——二〇世紀フランス思想にお
    ける視覚の失墜』亀井大輔・神田大輔・青柳雅文・佐藤勇一・小林琢自・
    田邉正俊訳，法政大学出版局，2017年〕

第4章　イリュージョン
The Illusions

ゼウクシスは，紀元前5世紀に生きたギリシャの伝説的な画家だった。彼のパラシオスとの競争の逸話は，西洋の芸術がその歴史の大部分を通じて惹きつけられることになるイリュージョニズムへの関心を典型的に示している。この逸話によれば，ゼウクシスは，葡萄を描く腕前に大変すぐれ，描かれた葡萄の木をつばもうと鳥が空から降りてくるほどだったという[1]。

　RealityEngine は，20世紀の最後の10年間にシリコングラフィックス社によって製造された高性能グラフィック・コンピュータである。フォトリアリズムに基づく3Dグラフィックスをリアルタイムでインタラクティヴに生成するのに最適化されているので，コンピュータゲームや長編映画やテレビ向けの特殊効果を制作するため，また科学的な視　覚　化 のモデルやコンピュータ支援のデザイン・ソフトウェアを実行するために使われている。最後にもう一つ重要な例を出すなら，RealityEngine は，ハイエンドの VR 環境——ゼウクシスを乗り越えようとする西洋の奮闘の最新の成果——を実行するためにも決まって用いられている。

　RealityEngine は，それが生み出せる画像という点では，ゼウクシスをしのぐことはないかもしれないが，ギリシャの画家には利用できなかった他のトリックを用いることができる。たとえば，見る者がヴァーチャルな葡萄のまわりを移動したり，葡萄に触れたり，手のひらに乗せたりすることが可能となる。見る者が表象とインタラクトする

この能力は，全般的な現実効果に寄与するという点で，画像そのものと同じくらい重要である。それによって Reality Engine はゼウクシスの手ごわいライバルとなる。

　20世紀に芸術は，それ以前にはあれほど重要だったイリュージョニズムという目標をおおむね退けてきた。その結果，芸術は大衆からの支持をほとんど失ってしまった。イリュージョン的表象の生産は，大衆文化とメディア・テクノロジーの領域——つまり，写真，映画，ヴィデオ——となった。イリュージョンを作り出すことは，光学的・電子的な機械へと委ねられてきたのである。

　今日，至る所で，これらの機械は，新しいデジタルのイリュージョン発生器——コンピュータ——に置き換えられつつある。あらゆるイリュージョン的な画像の生産は，PC や Mac，Onyx や RealityEngine の独占的な領域になりつつある[2]。

　こうした大がかりな置き換えは，ニューメディア産業が拡張し続けていくための主要な経済的要因の一つとなっている。そのせいで，ニューメディア産業は視覚的なイリュージョニズムに取り憑かれているのだ。この傾向は，コンピュータによる画像生成やコンピュータ・アニメーションの分野で特に著しい。SIGGRAPH の年次大会は，産業レベルでのゼウクシスとパラシオスとの競争である。およそ4万人の人々が取引場に集まって，最良のイリュージョン的な画像をもたらそうと競い合う何千もの新しいハードウェアとソフトウェアの展示を取り囲んでいるのだ。産業

は，画像の取得と表示における新たなテクノロジーの進歩があるたびにそれを決まった枠にはめて，コンピュータ・テクノロジーは，アナログ・メディアのテクノロジーが持っている視覚的な迫真性に追いつき追い越すことができるのだという見方をする。アニメーターやソフトウェア・エンジニアたちの方は，セットのフォトリアリズム的な画像と生身の俳優を合成する技術を洗練させつつある。現実の完璧なシミュレーションの追求は，VR の全分野を動かしている。ヒューマン・コンピュータ・インターフェースのデザイナーたちも，また違った意味で 錯 覚 に関わっている。彼らは多くの場合，自分の主な目標がコンピュータを見えなくすることだ，すなわち，まったく「自然」なインターフェースを構築することだと信じているのである（ところが実際には，彼らの言う「自然」が意味しているのは，たいてい，オフィスの文房具や備品，自動車，ビデオデッキの制御装置，電話のような，旧来のすでに慣れ親しまれたテクノロジーにすぎない）。

　私たちはボトムアップの経路をたどってニューメディアを吟味し続けてきて，いまや外観のレベルまで到達した。産業がイリュージョニズムに取り憑かれていることは，ニューメディアが今現在の姿を取っていることの唯一の要因ではないにしても，確かに主たる要因の一つではある。本章では，イリュージョニズムの問題に焦点を合わせながら，それが提起するさまざまな問いかけを取り上げる。合成画像の「現実効果」は，光学的メディアによるものとど

のように異なるのか？　コンピュータ・テクノロジーは，私たちが持っているイリュージョニズムの基準——それは写真，映画，ヴィデオとのそれまでの経験によって決まっている——を再定義したのだろうか？　「合成的リアリズムへの不満」および「合成画像とその主体」のセクションは，こうした問いかけに対して２つのありうる答えを与える。両セクションでは，レンズベースのテクノロジーとコンピュータによる画像生成のテクノロジーの比較によって，コンピュータ生成によるイリュージョン的な画像の持つ新しい「内的」論理を検討する。三番目のセクション「イリュージョン，ナラティヴ，インタラクティヴィティ」では，仮想世界やコンピュータゲーム，軍事用シミュレータや他のインタラクティヴなニューメディアのオブジェクトおよびインターフェースにおいて，視覚的なイリュージョニズムとインタラクティヴィティがどのように一緒に（あるいは，互いに反して）作動しているのかを問題にする。

　これらのセクションでの議論は，ニューメディアにおけるイリュージョニズムという主題を論じ尽くしているわけではまったくない。ニューメディアにおけるイリュージョニズムの主題が生み出す他の興味深い問いかけとして，以下に３つの例を挙げる。

　1. コンピュータによる画像生成が，1970 年代末から 80 年代初頭にかけて，しだいに再現表象的かつフォトリアリズム的（あたかも伝統的な写真術や映画撮影を用いて作られたかのようにみえる合成画像を指す業界用語）な画像に転じて

いったことと，同時期の美術界において，再現表象的な絵画と写真への似たような転回が生じたこととの間には，並行関係を打ち立てることができる[3]。美術界では，フォトリアリズムや，新表現主義や，ポストモダン的な「シミュレーション」の写真が目につく。同時期のコンピュータの世界に目を転じると，フォトリアリズム的な 3D 画像を合成するための鍵となるアルゴリズム——フォン・シェーディング，テクスチャー・マッピング，バンプ・マッピング，リフレクション・マッピング，キャストシャドウなど——が急速に発展するとともに，1970 年代半ばには再現表象的な画像を手描きで作ることのできる最初のペイント・プログラムが，そして最終的に 1980 年代末には Photoshop のようなソフトウェアが開発されたことに気がつくかもしれない。それとは対照的に，1960 年代から 70 年代後半まで，コンピュータによる画像生成は，アルゴリズムによって動いていたし，写真のコンピュータへの入力のためのテクノロジーも容易にアクセスできるものではなかったので，おおむね抽象的なものだった[4]。同様に，美術界も，コンセプチュアルアート，ミニマリズム，パフォーマンスといった非 - 再現表象的な運動に支配されていたし，そうでなくても，ポップアートの場合のように，強烈なアイロニーと距離感でもって再現表象に取り組んでいた（1980 年代の「シミュレーション」のアーティストたちもアイロニーを込めて「盗用（アプロプリエート）」された画像を使っていたと主張することもできるが，彼らの場合，〔盗用する〕メディアとアー

ティストが作り出す画像は，視覚的にはほとんど変わらない
か，あるいはまったく同じでさえあった）。

2. 20世紀には，写真術や映画撮影術によって作り出さ
れるある特定の種類の画像が，近代の視覚文化を支配する
ようになった。その特性には，線遠近法，〔浅い〕被写界
深度の効果（3D空間の一部にだけ焦点が合うような），特定
の階調や色調の範囲，モーション・ブラー（急速に動くも
のが不鮮明にみえる状態）などが含まれる。コンピュータを
使ってこうした視覚的な人工物をそっくりシミュレートで
きるようになるまでには，相当量の研究が必要だった。し
かもデザイナーは，専門のソフトウェアという武器を備え
た場合であっても，やはりかなりの時間を費やして，手作
業で写真や映画のような見栄えを再現しなければならな
い。言い換えれば，コンピュータ・ソフトウェアは，その
ような画像をデフォルトで生み出すことはない。デジタル
視覚文化のパラドクスとは，あらゆる画像生成がコンピュ
ータ・ベースになりつつあるにもかかわらず，写真や映画
のようにみえる画像の優位がますます強固になっているこ
とだ。だが，そうした画像は，写真と映画のテクノロジー
による直接的で「自然」な結果ではなく，コンピュータで
構築されたものなのだ。3Dの仮想世界は，被写界深度や
モーション・ブラーのアルゴリズムに従っており，デジタ
ルヴィデオはフィルムの粒子をシミュレートする特殊なフ
ィルターで処理される，などといったように。

　そのようなコンピュータ生成による画像や，操作された

画像は，目で見ただけでは伝統的な写真や映画の画像と区別できないが，「素材」のレベルではかなり異なっている——それらの画像はピクセルからできているか，数学的な方程式やアルゴリズムによって表現されているのだから。画像に対して遂行しうるオペレーションの種類という観点からみても，やはり写真や映画の画像とはかなり違っている。そうしたオペレーション——「コピー＆ペースト」，「加算」，「掛け算」，「圧縮」，「フィルター」など——は，何よりもまずコンピュータのアルゴリズムやヒューマン・コンピュータ・インターフェースの論理を反映しているのであって，あくまで副次的にのみ人間の知覚にとって本来的に意味のある次元を参照している（実際，こうしたオペレーション——ならびに，HCI一般——は，コンピュータの論理と人間の論理という二極間を揺れ動いているとみなしうる。ちなみに，人間の論理と言うときに私が意味しているのは，知覚，認知，因果関係，動機づけの日常的なやり方——要するに，人間の日常的な生存の仕方——ということである）。

　コンピュータ画像の新しい論理の他の側面は，ニューメディアの一般的な諸原則から導き出すことができる。すなわち，画像の合成や編集に付随する多くのオペレーションが自動化されていることや，画像が概して多くのヴァージョンで存在すること，ハイパーリンクを含んでいたり，インタラクティヴなインターフェースとして機能すること（そのため，私たちは画像の表面にとどまるというよりは，その中に入っていくことを予期する）などである。要約する

と，コンピュータ時代の視覚文化は，外観においては映画的であり，素材のレベルではデジタルであり，論理においてはコンピュータに基づく（つまり，ソフトウェアに駆動されている）のである。この３つのレベルの間には，どのような相互作用があるのだろうか？　映画の画像（この言い方によって，ここでは，伝統的でアナログ的な映画・写真と，コンピュータによってシミュレートされた映画・写真のどちらの画像も含めている）が，いつか，まったく異なった画像――根底にあるコンピュータ・ベースの論理とより調和するような外観を持った画像――に置き換えられることを期待できるのだろうか？

　私自身は，この問いかけに対する答えはノーだと思っている。映画の画像は，文化的コミュニケーションのためには非常に効率的である。多くの性質を自然の知覚と共有しているので，脳によっても容易に処理されるし，「現実の事物」と類似しているために，デザイナーは観客のうちにさまざまな感情を呼び起こすとともに，実在しないオブジェクトやシーンを効率よく視覚化することができる。さらに，コンピュータによる再現表象によって，画像は，離散的（ピクセル）かつモジュール的（レイヤー）であるような，数的にコード化されたデータに変化させられるため，コンピュータ化のもたらす経済的に有益なあらゆる効果――アルゴリズムに従った操作，自動化，可変性など――にさらされるようになる。このように，デジタル・コードと化した映画の画像は，いわば２つのアイデンティティを

持っている。一方では人間のコミュニケーションの要求を満足させ，他方ではコンピュータ・ベースの生産と配布の実践に画像を適合させているのである。

　3.　芸術とメディアにおけるイリュージョンに関して利用可能な理論と歴史は，ゴンブリッチの『芸術と幻影』やアンドレ・バザンの「完全映画の神話」から，スティーヴン・バンの『まことの葡萄の木』に至るまで，視覚的次元だけを取り扱っている[5]。私の考えでは，こうした理論のほとんどには共通して3つの論点があり，それらは3つの異なる関係性に関わっている——画像と物理的現実との関係，画像と自然な知覚との関係，現在の画像と過去の画像の関係である。

1.　イリュージョン的な画像は，再現表象された物理的現実といくつかの特徴を共有している（たとえば，オブジェクトの持つアングルの数）。
2.　イリュージョン的な画像は，人間の視覚といくつかの特徴を共有している（たとえば，線遠近法）。
3.　各時代は，観客が前の時代と比べて「よくなった」と感じるようないくつかの新たな「特徴」を提供する（たとえば，サイレントからトーキーへ，そしてカラーへといった映画の進化[6]）。

コンピュータ・メディアが到来するまでは，こうした理論で十分だった。というのも，現実をシミュレートしたいと

いう人間の欲望は，確かにその視覚的な外観に焦点を絞っていたからだ（とはいえ，もっぱらそうだったわけではない——たとえば，自動人形の伝統を考えてみよ）。今日，視覚的なイリュージョニズムの伝統的な分析は，なお有用であるとはいえ新たな理論によって補完されなければならない。その理由は，ニューメディアの多くの領域における現実効果が，ほんの部分的にしか画像の外観に頼っていないからだ。コンピュータゲームやモーション・シミュレータ，仮想世界，そして特に VR のようなニューメディアの領域は，コンピュータ・ベースのイリュージョニズムがどれほど違った仕方で機能しているかをよく示している。それらの領域は，視覚的な迫真性という単一の次元を利用するというよりも，むしろ，視覚的な迫真性がそのうちの一つの次元にすぎないようないくつもの次元で現実効果を築いているのだ。そのような新たな次元の例としては，身体を使って仮想世界に能動的に関与することや（たとえば，VR のユーザーは身体全体を動かす），視覚以外の感覚を巻き込むことや（仮想世界やゲームにおける空間化された音声，VR における触覚の利用，フォース・フィードバック機能 [入力に反応して振動や力を手に加える機能] を持つジョイスティック，コンピュータゲームやモーション・ライド用の振動と動きを伴う特殊な椅子），物理的なオブジェクトや自然現象や擬人化されたキャラクターや人間をシミュレーションする際の正確さなどが挙げられる。

この最後の次元は，とりわけ詳しく分析する必要があ

る。シミュレーションには多種多様な方法と主題があるからだ。芸術とメディアにおけるイリュージョニズムの歴史が，主に，事物の見え方のシミュレーションを中心に展開しているとすれば，コンピュータ・シミュレーションにとって，それはいくつもある目標のうちの一つにすぎない。ニューメディアにおけるシミュレーションは，視覚的な外観だけでなく，いかにオブジェクトや人間が作用し，反作用し，動き，成長し，進化し，思考し，感じるかをリアリズムに基づいてモデル化することを目指している。物理ベースのモデリングは，ボールが床に当たって跳ね返るとか，ガラスが粉々に割れるといった，無生物のオブジェクトの振る舞いとその相互作用をシミュレートするために使われる。コンピュータゲームは，通例，物理モデリングを用いて，オブジェクトどうしの衝突や乗り物の振る舞いをシミュレートする——たとえば，レーストラックの壁にぶつかって跳ね返る自動車や，フライト・シミュレーションでの飛行機の振る舞いである。AL，形式文法，フラクタル幾何学，そして複雑性理論（一般的には「カオス理論」と呼ばれる）のさまざまな応用といった他の方法は，滝や，海洋の波や，動物の振る舞い（鳥や魚の群れ）などの自然現象をシミュレートするために使われる。シミュレーションのさらにもう一つの重要な領域——これもまた，多くの異なった方法に頼っている——は，映画，ゲーム，仮想世界，ヒューマン・コンピュータ・インターフェースで幅広く用いられているヴァーチャル・キャラクターやアバター

である。その例としては，《クエイク》の敵やモンスター，《ウォークラフト》やそれと同種のゲームでの軍の部隊，《クリーチャーズ》や他の AL のゲームや玩具における人間に似た生き物，Windows 98 の Microsoft Office Assistant のような擬人的なインターフェース――アニメーション化されたキャラクターが，ヘルプやティップスを提供する小さなウインドウに定期的に登場する――などが挙げられる。人間それ自体をシミュレーションするという目標は，一連のさまざまな下位の目標――つまり，人間の心理状態，人間の振る舞い，動機づけ，感情をそれぞれシミュレーションするという目標――にさらに細分化できる（このように，人間の完全に「リアリズム的」なシミュレーションは，究極的には，当初の AI のパラダイムの展望をあらゆる点で満たすのみならず，それをしのぐことを要求する――というのも，元来 AI は，人間の感情や動機づけではなく，もっぱら知覚や思考過程をシミュレートすることを目指していたのだから）。さらに別の種類のシミュレーションでは，有機的要素と非有機的要素，あるいはそのいずれかから成るシステム全体が，時間の経過とともにダイナミックに振る舞うさまがモデル化される（たとえば，《シムシティ》や《シムアント》――それぞれ，都市と蟻の巣をシミュレートする――のような，人気のあるシムゲームのシリーズ）。

　さらに，視覚的な次元においてさえ――ニューメディアの「リアリティ・エンジン」は，この次元だけを，イリュージョンをもたらす伝統的な技法と共有している――，事

態は非常に異なった仕方で作動する。ニューメディアは，画像とは何かをめぐる私たちの概念を変える——なぜなら，ニューメディアは見る者を能動的なユーザーに変化させるからだ。その結果，イリュージョン的な画像は，もはや，ある主体が単に目を向けて，再現表象された現実に関して自分が持ち合わせている諸々の記憶と照らし合わせて，その現実効果を判断するというような代物ではない。ニューメディアの画像とは，ユーザーが別々の部分にズームインしたり，ハイパーリンクが含まれているだろうと考えてクリックしたりしながら（たとえば，ウェブサイトにおけるイメージマップ），能動的にその中に入っていくものなのだ。その上，ニューメディアは，ほとんどの画像を，〈インターフェースとしての画像〉や〈道具としての画像〉に変化させる。画像はインタラクティヴになる。すなわち，画像はいまやユーザーとコンピュータあるいは他の装置とのインターフェースとして機能する。ユーザーは，〈インターフェースとしての画像〉を使って，画像の中へのズーム，別の画像の表示，ソフトウェア・アプリケーションの起動，インターネットへの接続といったことを命令し，コンピュータを制御する。ユーザーは，〈道具としての画像〉を使って，現実に直接働きかける——遠隔地のロボット・アームを動かしたり，ミサイルを発射したり，車のスピードを変えたり，温度を設定したりするのである。映画理論でよく使われる用語を援用するなら，ニューメディアは私たちを同一化から行動へと移行させるのだ。画像を通じて

どんな種類の行動を取ることができるのか，その行動はどれほど容易に成し遂げられ，どれほどの範囲に及ぶのか——ユーザーが画像の現実効果を見極める際には，こうしたことのすべてが何らかの役目を果たしているのである。

合成的リアリズムへの不満

　「リアリズム」は、3D コンピュータグラフィックスが発展し、浸透していく段階に否応なく付きまとう概念である。マスメディアや業界誌や研究論文においては、テクノロジーの革新と研究の歴史は、リアリズムに向かう進展として提示される——リアリズムとは、どのような対象であれ、コンピュータによるその画像を、写真と見分けがつかないような仕方でシミュレートする能力を指す。同時に、そのようなリアリズムが、光学に基づく画像のテクノロジー（写真、映画）にみられるリアリズムとは質的に異なることも、絶えず指摘されるところである——というのも、シミュレートされた現実は、実在する世界とインデックス的に関係づけられていないからである。

　こうした差異にもかかわらず、三次元の静止画像を生成する能力は、群衆の視覚的表象の歴史において、ジョットの達成に匹敵するようなラディカルな断絶をなしているわけではない。ルネサンスの絵画とコンピュータによる画像は、同じ技法（首尾一貫したひと揃いのデプスキュー）を使

って，実在するものであれ想像上のものであれ，空間のイリュージョンを作り出している。真の断絶は，動きのある合成画像——インタラクティヴな3Dコンピュータグラフィックスとコンピュータ・アニメーション——の導入である。それらのテクノロジーを用いることによって，見る者はシミュレートされた3D空間のまわりを移動するという経験をするのだが，それこそがイリュージョン的な絵画ではなしえないことなのである。

　動きのある合成画像の「リアリズム」の性質をよりよく理解するには，動画像の隣接した実践——つまり，映画——のことを考えてみるのが適切である。そこで私は，3Dコンピュータ・アニメーションにおける「リアリズム」の問題に取り組むにあたって，まずは映画のリアリズムに関して映画理論で提起されている議論から出発することにする。

　本セクションで考察するのは，完成した3Dコンピュータ・アニメーション——つまり，前もって制作されてから，映画作品，テレビ番組，ウェブサイト，コンピュータゲームなどに組み入れられたものである。リアルタイムでコンピュータによって生成されるアニメーションの場合，利用可能なソフトウェアだけでなくハードウェアの能力にも依存するため，いくぶん異なる論理が当てはまる。1990年代のニューメディアのオブジェクトで，両方の種類のアニメーションを用いている例は，典型的なコンピュータゲームである。ゲームのインタラクティヴな部分は，リアル

タイムでアニメーション化されるのだが，ゲームは定期的に「フルモーション・ヴィデオ」のモードに切り替わる。ちなみに，「フルモーション・ヴィデオ」とは，デジタルヴィデオのシークェンスを指すか，あるいは，前もってレンダリングされており，それゆえに，リアルタイムで生成されるアニメーションよりも高い詳細度——したがって，より高度な「リアリズム」——を持つ 3D アニメーションを指す。本章の最後のセクション「イリュージョン，ナラティヴ，インタラクティヴィティ」では，そのような時間的な切り替え——これはゲームに限らず，インタラクティヴなニューメディアのオブジェクト一般によく見られる——が，「リアリズム」にどのような影響を及ぼしているのかを考察する。

映画におけるテクノロジーと様式

映画のリアリズムの考えは，何よりもまずアンドレ・バザンと結びついている。彼にとっては，映画のテクノロジーと様式は，「現実の完全かつ全体的な表象[7]」に向かって進んでいる。バザンは論文「完全映画の神話」で，映画という観念は実際に〔映画という〕媒体が登場するずっと前から存在していたのであって，映画のテクノロジーの発展が「原初の『神話』を少しずつ実現させていった」のだと主張する[8]。この説明によれば，映画という近代のテクノロジーが古代のミメーシスの神話の実現であるのは，ちょうど航空術の発展がイカルスの神話の実現であるのと同じ

ようなものなのだ。影響力のある別の論文「映画言語の進化」では，バザンは映画の様式の歴史を似たような目的論の観点から読解する。1930年代末に被写界深度〔画面の深さ〕が導入され，次いで1940年代にイタリアのネオレアリズモによる革新がもたらされることによって，観客はしだいに，現実に対するときの関係により近い関係を，画像に対して持つようになる。この2本の論文が異なる点は，前者が映画のテクノロジーを解釈し，後者がもっぱら映画の様式を扱っていることだけでなく，リアリズムという問題に対してそれぞれ別々のアプローチを取っていることでもある。最初の論文では，リアリズムは，現実が持っている現象学的な特性に近づけること，すなわち「音，色彩，立体感を備えた外部世界の完全なイリュージョンの再現[9]」を表している。二番目の論文でバザンが強調するのは，リアリズム的な再現表象が，自然の視覚に備わっている知覚・認知面でのダイナミクスにも近づくべきであるということだ。バザンにとって，そのようなダイナミクスは，視覚的な現実を能動的に探ることを伴っている。だからこそ彼は，被写界深度の導入によって，観客はいまや映画の画像空間を自由に探ることができるようになるのだから，リアリズムに一歩近づいたと解釈するのである[10]。

　バザンの「観念的」で進化論的な説明に対抗して，ジャン＝ルイ・コモリは，映画のテクノロジーと様式の歴史を，「唯物論的」かつ根本的に非直線的な仕方で読み解くことを提案する。コモリが告げるところによれば，映画は

「ただちに社会的な機械として，(…) その社会的な収益性
——経済的，イデオロギー的，象徴的な——を予期し，確
認することから生まれる[11]」。彼はこのように，映画技術
の歴史を，技術的，美学的，社会的，イデオロギー的な
諸々の決定の交点として読み解こうとするのだが，彼の分
析が映画のイデオロギー的な機能を特権視していることは
明らかだ。コモリにとって，その〔イデオロギー的な〕機
能とは，「鏡面反射とみなされるような，「現実的なもの」
それ自体の「客観的」な複製」(133) である。他の再現表
象的な文化の実践と並んで，映画もまた目に見えるものを
果てしなく二重化するために作動しており，こうして，社
会の「現実的なもの」を構成しているのが，「目に見えな
い」生産関係であるよりも，むしろ知覚できる形態である
という 幻 想 を下支えしているのである。その機能を果
たすためにこそ，映画はその「リアリズム」を維持し，絶
えずアップデートしなければならない。コモリはそのよう
なプロセスのあらましを述べるにあたって，付加と置換と
いう二者択一的な形象を用いている。

　テクノロジーの発展という観点からみると，映画におけ
るリアリズムの歴史は，付加の歴史である。第一に，付加
とは，コモリにとって映画の観客性の本性を定義づけてい
る否認のプロセス〔映画の表象に，音声や色彩や奥行きなどの現実の諸
要素があたかも欠如していないかのように振るまう
ことを指す〕を維持するために必要不可欠なものだ (132)。新し
いテクノロジーの発展（サウンド，パンクロ・フィルム，カ
ラー）はそれぞれ，それまでの画像がいかに「非現実的」

であったかを観客に示し、またたとえ現在の画像がより現実的であるとしても、将来的に古くなって取って代わられるということを思い起こさせる——そのようにして、つねに否認の状態を維持しているのだ。第二に、映画は他の視覚メディアを含めた構造の中で機能しているので、他のメディアのリアリズムの水準が変化するにつれて、それに遅れずについていかなければならない。たとえば、1920年代には、より豊かな明暗の階調を表現する写真の画像が広まったため、映画の画像はそれに比べて粗くみえた。そこで映画産業は、写真のリアリズムの基準に遅れを取らないように、パンクロ・フィルムへの切り替えを余儀なくされた（131）。この例は、コモリがアルチュセールの構造主義的マルクス主義に依拠していることを分かりやすく示している。パンクロ・フィルムへの切り替えは、映画産業にとって経済的な利益をもたらすものではないのだが、現実的なもの／目に見えるもののイデオロギーを維持する助けになるという点で、全体的な社会構造にとっては、より抽象的な観点において「有益」なのである。

　映画の様式という観点からみると、映画におけるリアリズムの歴史は、映画技術どうしの置換の歴史である。たとえば、パンクロ・フィルムへの切り替えは、画質に関しては付加となる一方で、他の面では損失となる。それ以前の映画のリアリズムが奥行きの効果を通じて維持されていたとすれば、いまや「「現実効果」を生み出す際、奥行き（遠近法）は重要性を失って、陰影、階調、色彩に道を譲

る」(131)。このように理論化されると，映画におけるリアリズムの効果は，等しい重みを持ついくつかの変数が歴史的に変化するものの，その総和は一定不変であるような方程式のようにみえてくる。つまり，陰影や色彩が「取り入れ」られると，遠近法が「取り出される」こともあるのだ。コモリは，映画の様式がその最初の20年間でどのように発展したかを概説するときにも，同じ置換/減算の論理に従う。初期映画の画像は，動きのある人物像をふんだんに登場させ，ディープフォーカスを用いることで，そのリアリズムを感知させているが，そのような方策はのちにしだいに消えてゆき，フィクションの論理や，登場人物たちの心理や，一貫した語りの時空間といった他の方策が優勢になっていく，と (130)。

リアリズムは，バザンにとっては（ヘーゲル的な意味での）〈理念〉として機能している一方で，コモリにとっては（マルクス主義的な意味で）イデオロギー的な役割を演じている。デイヴィッド・ボードウェルとジャネット・スタイガーにとっては，映画作品のリアリズムは，何よりもまず映画の産業的な編成と結びつけられる。別の言い方をするなら，バザンは神話的・ユートピア的な思考からリアリズムの着想を引き出している。彼にとって，リアリズムは現実と超越論的な観客の間にある空間に見出されるものなのだ。コモリはリアリズムを，画像と歴史的な観客の間に生み出される効果，映画のテクノロジーと技術がイデオロギー的な決定によって付加され，置換されることを通じて

絶え間なく維持されるような効果とみなしている。ボード
ウェルとスタイガーは，リアリズムを映画産業の制度的な
言説のうちに位置づけ，それが業界内の競争における合理
的で実際的な道具であることを示唆する[12]。彼らは映画が
他のどんな産業とも同じ，一つの産業であることを強調し
ながら，映画のテクノロジー面での変化の原因を，近代の
あらゆる産業に共通する要因——効率性，製品の差異化，
品質基準の維持——に求めている（247）。2人の著者が産
業モデルを採用する利点としては，製造・供給を受け持つ
会社や職能団体といった特殊なエージェントへの注目が可
能になることが挙げられる（250）。職能団体というエージ
ェントはとりわけ重要だ——様式面および技術面での革新
がどのような基準と目標を持っているのかが明確にされる
のは，まさに職能団体が生み出す言説（協議会，業界内の
会合，出版物）においてなのだから。

　ボードウェルとスタイガーは，映画のテクノロジーが直
線的に発展していくわけではないという点ではコモリと同
意見だが，かといって行き当たりばったりに発展するわけ
でもないと主張する。というのも，職能的な言説が，調
査・研究の目標を明確に定め，どこまで革新してもよいの
かという限界を設定するからだ（260）。ボードウェルとス
タイガーによれば，リアリズムとはこうした目標の一つな
のだ。彼らは，そのようなリアリズムの定義はハリウッド
特有のものだと考えている。

「観客を惹きつける手腕」，リアリズム，そして目に付かないこと——SMPE［映画技術者協会］のメンバーたちは，こうした規範に導かれて，技術革新のうちのどのような選択が受け入れられて，どのような選択が受け入れられないのかを理解するようになり，そのような規範もまた目的論的なものとなった。他の産業での技術者の目標は，割れないガラスやより軽量の合金であるかもしれない。映画産業での目標は，効率性，経済性，柔軟性を高めることだけでなく，スペクタクルであり，策略を隠蔽することであり，ゴールドスミス［SMPE の 1934 年の会長］が言うところの「現実のまずまず受け入れられる見せかけを生産すること」であった。(258)

ボードウェルとスタイガーは，「現実のまずまず受け入れられる見せかけを生産すること」というゴールドスミスによるリアリズムの定義に満足している。しかし，そのような一般的で超歴史的な定義は，何らハリウッド特有であるようにはみえず，そのためテクノロジーの革新がどのような方向に進んでいくのかきちんと説明できていない。さらに，彼らはリアリズムを合理的・機能的な概念に首尾よくまとめることができたと主張するのだが，実のところ，バザンの観念論をうまく取り除くには至っていない。映画産業と他の産業で何が革新の目標になっているかを比較するくだりで，その観念論が再び姿を見せているのだ。航空産業が「より軽量の合金」を開発する努力をするというの

は，イカルスの神話を思い起こさせないだろうか？　また，「割れないガラス」を目指すと言うとき，どこか神話的でおとぎ話のような響きがしないだろうか？

コンピュータ・アニメーションにおけるテクノロジーと様式

　以上のような，映画のリアリズムをめぐる３つの有力な説明は，3D コンピュータ・アニメーションにおけるリアリズムの問題にアプローチする際，どのように利用できるだろうか。バザン，コモリ，そしてボードウェルとスタイガーは，３つの異なる戦略，３つの異なる出発点を差し出している。バザンは，映画の画像の絶えず変化する性質を視覚的な現実の現象学的印象と比較することによって自分の議論を組み立てている。コモリの分析は違った戦略を示唆する——コンピュータグラフィックスのテクノロジーの歴史と絶えず変化する様式面での慣習の歴史を，観客に向けた現実効果を維持するために機能する一連の置換とみなすという戦略である。最後に，ボードウェルとスタイガーのアプローチに従えば，コンピュータ・アニメーションにおけるリアリズムの性格が，コンピュータグラフィックス産業の特定の産業編成とどのような関係を持っているのかを分析することになる（たとえば，ハードウェア開発とソフトウェア開発のコストの差によって，リアリズムの性格がどのような影響を受けるのかを問うことができる）。さらに，この分野における職能組織と，そこで生み出される言説にも注意を払うべきだ。「どのような範囲と性質の革新が許容さ

れるのかについての勧告」(260) も含め，調査・研究の目標を明確に定めるのはそうした言説だからである。以上のような3つの戦略を，これから順番に試してみよう。

　バザンのアプローチに従って，3Dコンピュータグラフィックスの歴史から複数の画像を持ってきて，自然の現実の視覚的な知覚と比べてみると，彼の進化論的なナラティヴは確かに裏付けられるようにみえる。1970年代と1980年代には，コンピュータによる画像は，現実のますます完全なイリュージョンに向かって進歩していた——ワイヤーフレームによる表示から，滑らかな陰影や細かなテクスチャーや空気遠近法へ，幾何学的形態から動きのある動物と人間の形象へ，チマブーエからジョットやレオナルドへ，そしてさらにその彼方へ，と。バザンの考え方は，ディープフォーカスによる映画撮影によって，観客は映画作品の画像に関してより能動的な態度を持てるようになり，したがって映画の知覚が現実生活の知覚により近くなるというものだが，それに近い考え方は，最近のインタラクティヴなコンピュータグラフィックス——ユーザーがディスプレイ上の仮想空間をさまざまな視点から自由に探険できるような——にも見出される。しかも，仮想現実をはじめとするコンピュータグラフィックスのテクノロジーが拡張されるにつれて，バザンの「完全なリアリズム」の約束は，かつてなく近づいている——文字通り，VRのユーザーの手の届く範囲内に——ようにみえる。

　コンピュータ・アニメーションの様式とテクノロジーの

歴史を，別の仕方で検討することもできる。コモリは，リアリズム的なメディアの歴史を，「現実」というラベルの貼られた軸に漸近していく運動として読解するのではなく，コードどうしの絶え間ないトレードオフとして，つまり観客に対して現実効果を生み出すような置換の連鎖として読解している。映画の様式史についての彼の解釈は，まず第一に，先ほどすでに言及した例である 1900 年代と 1920 年代の映画様式の間に彼が見て取っている転換によって支えられている。初期映画がそのリアリズムを告知するのは，奥行きの深い空間を過剰なまでに表現することによってであり，その表現はディープフォーカス，人物像の動き，線遠近法の効果を強調するような構図のフレームといった可能なあらゆる手段を通じて達成される。1920 年代には，パンクロ・フィルムを採用することで，「「現実効果」を生み出す際，奥行き（遠近法）は重要性を失って，陰影，階調，色彩に道を譲る」(131)。これに類したコードどうしのトレードオフは，1980 年頃に始まる商業的な 3D コンピュータ・アニメーションの短い歴史にも見出せる。当初，アニメーションは図式的で，カートゥーンのようであった。なぜなら，オブジェクトはワイヤーフレームかファセット・シェーディングによる形態でしか描けなかったからだ。イリュージョニズムは，オブジェクトの量感の暗示に限られていた。オブジェクトを表現する際のこうした制限されたイリュージョニズムを埋め合わせるべく，1980 年代初頭のコンピュータ・アニメーションは，至る

所で，奥行きの深い空間を誇示していた。これは，線遠近法を強調することによって（たいていグリッドを過剰なほど用いることを通じて），また画面と垂直の奥行きの方向へのすばやい動きを軸にしてアニメーションを構築することによってなされていた。こうした戦略を典型的に示しているのが，1982年に公開されたディズニー映画『トロン』のコンピュータのシークェンスである。1980年代末頃には，滑らかな陰影法、テクスチャー・マッピング，キャストシャドウなどの技法が商業的に利用可能となることで，アニメーションにおけるオブジェクトの表現は，フォトリアリズムの理想によりいっそう接近した。この頃，初期のアニメーションが奥行きの深い空間を表示する際に依拠していたコードは消滅し始めた。奥行き方向のすばやい動きとグリッドに代わって，アニメーションは浅い空間での水平的な動きを特徴とし始めたのだ。

　3Dコンピュータ・アニメーション史にみられるこのようなリアリズムのコードの置換は，コモリの主張を裏付けているようにみえる。イリュージョンを生み出す新たな技法が導入され，古い技法が追い払われるのだ。コモリは，現実効果を維持するこのプロセスを，観客の観点から説明している。ボードウェルとスタイガーのアプローチに従えば，同じ現象を作り手の観点から考察できるだろう。制作会社にとって，コードを絶え間なく置換することは，競争力を保持するために必要不可欠だ。どの産業でもそうだが，コンピュータ・アニメーションの作り手は製品を差異

化することで競争力を保つ。クライアントを惹きつけるためには，会社は何らかの新奇な効果や技法を提供できなければならない。だが，古い技法はなぜ消滅するのだろうか？　コンピュータ・アニメーションの分野における産業組織の特異性は，それがソフトウェアのイノベーションによって駆り立てられていることだ（その点で，この分野は映画やグラフィック・デザインの産業よりも，コンピュータ産業全般に似ている）。新しい効果を生み出す新しいアルゴリズムが絶えず開発されているため，競争力を保つために，会社は新しいソフトウェアを売り物の中にただちに組み入れなければならない。アニメーションは，最新のアルゴリズムを誇示するためにデザインされる。それに応じて，旧来のアルゴリズムで作り出せる効果は，あまり目玉にはならなくなる——この分野の誰にとっても利用可能なので，もう「最新技術」の現れではないからだ。このように，コンピュータ・アニメーション史におけるコード間のトレードオフは，ソフトウェア研究の最新の成果をすばやく利用しなければならないという競争のプレッシャーと関連づけられる。

　営利企業には，制作環境向けに公表されたアルゴリズムを採用することのできるプログラマーがいるが，そうしたアルゴリズムを開発するという理論的な作業は，アカデミックなコンピュータ・サイエンスの学科や，マイクロソフトやSGIなどの主要なコンピュータ会社の研究グループが担っている。リアリズムの問題をさらに追求するため

に，こうした〔理論的〕作業の方向性について問う必要がある。コンピュータグラフィックスの研究者たちは，〔作り手たちと〕共通の目標を持っているのだろうか？

　これと同じ問題を映画産業に関して分析しながら，ボードウェルとスタイガーはリアリズムが「工学的な目標として合理的に採用された」(258) と主張し，ハリウッドが構想するリアリズムの特異性を，SMPE などの職能組織による言説のうちに見出そうとする。コンピュータグラフィックス産業にとって，主要な職能組織とは SIGGRAPH である。その年次大会では，展示会やコンピュータ・アニメーションのフェスティバルもあれば，最良かつ最新の研究業績が発表される学術会議も行われる。そのような会議は，研究者とエンジニアと商業的なデザイナーたちの出会いの場としても役立っている。もし研究が共通の方向性を持っているのであれば，そのことは SIGGRAPH の議事録に表明されているかもしれない。

　実際，研究論文にはよく，コンピュータグラフィックスの分野における研究の目標としてリアリズムへの言及が含まれている。たとえば，3 人の高名な科学者たちが発表した 1987 年の論文では，次のようにリアリズムが定義されている。

　Reyes とは，ルーカスフィルムで開発され，今ではピクサーで用いられている画像描画システムである。Reyes の設計にあたっての私たちの目標は，複雑なアニメーシ

ョンのシーンを高速かつ高画質で描画するために最適化
されたアーキテクチャであった。「高速」というのは,
長編映画をおよそ1年間でコンピュータ計算できるとい
うことだ。「高画質」というのは,実写の映画の撮影とほ
とんど区別ができないということであり,「複雑」という
のは視覚的に現実の情景と同じくらい豊かであるというこ
とだ[13]。

この定義によれば,合成的リアリズムを成し遂げるという
ことは,2つの目標を達成することを意味する——伝統的
な映画撮影術のコードのシミュレーションと,実生活のオ
ブジェクトや環境に備わる知覚上の特性のシミュレーショ
ンという目標である。第一の目標である映画撮影術のコー
ドのシミュレーションの方は,それらのコードが明確に定
義されており,数も少なかったため,早くからおおむね解
決された。今ではプロ向けのどんなコンピュータ・アニメ
ーション・システムにもヴァーチャル・カメラが組み込ま
れており,それにはさまざまな焦点距離のレンズ,被写界
深度の効果,モーション・ブラー,さらに伝統的な撮影監
督が利用できる光線をシミュレートする制御可能な光線と
いった機能が備わっている。
　第二の目標である「現実の情景」のシミュレーション
は,より複雑であることが分かった。ある物体のタイムベ
ースの表象をコンピュータによって作り出すには,物体の
形態の表象,物体の表面への光の効果,そして動きのパタ

ーンという3つの別々の問題を解決する必要がある。それぞれの問題に対する一般解を得るためには，根底にある物理的な特性やプロセスの正確なシミュレーションを作り出さなければならない——それは数学的にあまりにも複雑なので，実行不可能な作業である。たとえば，1本の樹木の形態を完全にシミュレートするには，葉，枝，樹皮を数学的に一つ残らず「成長」させる必要があるだろうし，樹木の表面の色彩を完全にシミュレートするには，プログラマーは，草から雲や他の樹木に至るまで，その情景に含まれる他のあらゆる物体も考慮に入れなければならないだろう。実際上は，コンピュータグラフィックスの研究者たちは，いくつかの種類の形態，素材，照明効果，動きをシミュレートする相互に関連のない多数の技法を開発しながら，特定の局所的なケースを解決するという手段に訴えてきた。

その結果，非常にむらのあるリアリズムが生じた。もちろん，これはまったく新しい展開ではなく，20世紀の光学的・電子的な表象のテクノロジーの歴史のうちにすでに観察できるとも言えるだろう——それらのテクノロジーの場合でも，視覚的な現実のうち正確に表現できるものもあれば，そうでないものもあったのだから。たとえば，カラー映画とカラーテレビはどちらも，人間の肌色のトーンを無難にしっかり表現するべく設計されており，他の色彩は犠牲にされている。しかしそうは言っても，合成的リアリズムにみられる制限は質的に異なっている。

光学に基づく表象の場合，カメラはすでに存在している現実を記録する。ありとあらゆる存在物を撮影しうるし，被写界深度，フィルムの粒子，限られた色調の範囲といったカメラに備わる人工物は画像全体にわたって作用する。

　3Dコンピュータグラフィックスの場合，状況はまったく異なる。いまや，ヴァーチャル・カメラによる撮影が可能になる以前に，現実それ自体をゼロから作り出す必要がある。そのため，「現実の情景」をフォトリアリズム的にシミュレートするのはほとんど不可能である。商業的なアニメーターが利用できる技法がカバーするのは，視覚的な現実の特定の現象だけだからである。ある特定のソフトウェア・パッケージを使っているアニメーターは，たとえば，人間の顔の形を作ることは簡単にできるが，髪の毛はできない。プラスチックや金属といった素材はできるが，布や皮はできない。鳥の飛翔はできるが，蛙の跳躍はできない，といった具合である。コンピュータ・アニメーションにおけるリアリズムは，扱われたり，解決されたりする問題の範囲を反映して，非常にむらがあるものなのだ。

　研究に際してどの問題を優先的に検討するのかは，何によって決まっていたのだろうか？　決め手になったのは，かなりの程度まで，研究初期のスポンサー，つまりペンタゴンとハリウッドのニーズである。そのようなスポンサーシップの歴史をここで詳しくたどろうとは思わないが，私の議論にとって重要なのは，軍事とエンターテイメントへの応用を要請されたことで，研究者たちが風景や動きのあ

る人物像といった視覚的現実の特定の現象を集中的にシミュレートするようになったということである。

フォトリアリズム的なコンピュータグラフィックス開発の背後には，元々フライト・シミュレータや他の訓練テクノロジーへの応用が誘因としてあった[14]。シミュレータは合成された風景を必要とするので，多くの研究が雲や，起伏のある地形や，樹木や，空気遠近法を表現するための技法へと向かった。そういうわけで，山脈のような自然の形態をフラクタル数学を使って表象するという有名な技法の開発につながるような研究が，ボーイング社で行われたのだ[15]。自然の情景や雲をシミュレートする他のよく知られたアルゴリズムは，グラマン・エアロスペース社によって開発された[16]。このテクノロジーはフライト・シミュレータ向けに利用され，またミサイルによる標的の追尾におけるパターン認識の研究にも応用された[17]。

もう一つの主要なスポンサーであるエンターテイメント産業は，映画・テレビの制作コスト低下の見込みに引き寄せられた。1979年に，ジョージ・ルーカスの会社であるルーカスフィルムは，コンピュータ・アニメーションの研究部門を編成し，特殊効果のアニメーションを制作するために，この分野における最良のコンピュータ科学者たちを雇い入れた。『スタートレック2　カーンの逆襲』（ニコラス・メイヤー，パラマウント・ピクチャーズ，特殊効果はインダストリアル・ライト＆マジック社，1982）や，『スター・ウォーズ／ジェダイの帰還』（リチャード・マーカンド，ル

ーカスフィルム社，特殊効果はインダストリアル・ライト＆マジック社，1983）といった映画作品における特殊効果のために行われた研究がきっかけとなって重要なアルゴリズムが開発され，広く用いられるようになった[18]。

満天の星空や爆発といった映画作品用の特殊効果を作り出すことに加えて，動くヒューマノイドの形象や合成俳優の開発にも多くの研究活動が捧げられてきた。商業的な映画作品やヴィデオ作品が人間のキャラクターを中心に回っているのだから，これは驚くべきことではない。コンピュータ・アニメーションが長編映画で最初に使われたのが（マイケル・クライトン監督『ルッカー』，ワーナー・ブラザース，1981），ある女優の三次元モデルを作り出すためだったことは示唆的である。また，人間の顔の表情をシミュレートする初期の試みには，マリリン・モンローとハンフリー・ボガートの合成によるレプリカを扱ったものもあった[19]。クライザー・ウォークザック・コンストラクション社が1988年に制作した，称賛を浴びた別の3Dアニメーションでは，合成による人間の形象が，ユーモラスなことに，合成俳優組合の代表候補のネスター・セクストンという役を当てられている。

完全に合成によって人間の俳優を作り出す作業は，当初の予想以上に複雑であることが分かった。研究者たちは今でもこの問題に取り組んでいる。たとえば，1992年のSIGGRAPHの大会では「人間と衣服」に関するセッションが開かれ，「アニメーションによる合成俳優に複雑に変

形する服を着せる[20]」や、「髪の自然美を引き出すための簡単な方法[21]」といった論文が発表された。一方、ハリウッドはその間、デジタルによる俳優のシミュレーションの「最新技術」に基づいて組み立てられた新しいジャンルの映画（『ターミネーター2』、『ジュラシック・パーク』、『キャスパー』、『フラバー』など）を作り出してきた。コンピュータグラフィックスでは今なお、通常の人間をシミュレートするよりも、空想的なものや異常なものを作り出す方が容易である。そのため、先に挙げた映画はいずれも尋常ならざるキャラクターを中心に展開するのだが、そのキャラクターは実際には一連の特殊効果——さまざまな形態にモーフィングしたり、爆発して小片になったりといった効果——によって成り立っているのだ。

　ここまでの分析は、3Dアニメーションの技法が絶え間なく発展していた時期——1970年代半ばから1990年代半ばまで——に当てはまる。この時期の終わり頃には、ソフトウェア・ツールは比較的安定したものとなり、同時に、ハードウェアのコストが劇的に低下したため、複雑なアニメーションの描画に必要な時間もかなり減少した。言い換えれば、いまやアニメーターはより複雑な幾何学的モデルや描画モデルを使えるようになり、そのためより強力な現実効果を得られるようになった。『タイタニック』（1997）にはコンピュータ・アニメーションによる何百人もの「エキストラ」が登場するし、『スター・ウォーズ　エピソード1』（1999）の95％はコンピュータ上で組み立てられ

た。しかし，初期のあらかじめ描画された（プリレンダー）コンピュータ・アニメーションを特徴づけていたダイナミクスは，〔映画においてではなく〕コンピュータゲームや仮想世界（たとえば，VRML や Active Worlds のシーン）——いずれもリアルタイムで生成される 3D コンピュータグラフィックスを使っている——といったニューメディアの新たな領域でよみがえった。ここでは，1970 年代と 1980 年代のコンピュータ・アニメーションの発展を特徴づけていた，より完全なリアリズムへと向かうバザン流の進化が，さらに速められたスピードで再演されたのである。CPU とグラフィック・カードのスピードがどんどん速くなっていくにつれて，コンピュータゲームはオリジナルの《ドゥーム》(1993) でのフラット・シェーディングから，陰影や反射，透明性を呼び物とした《アンリアル》（エピック・ゲームズ，1998) のより詳細な世界へと移行した。専用のグラフィック・アクセレレーターなしに標準的なコンピュータで実行できるように設計された仮想世界の領域では，同じ進化はもっとゆっくりしたペースで生じた。

ミメーシスのイコン

　ある特定の領域が優先的に研究されるのはスポンサーのニーズによる場合もあるが，それとは別の理由で注目を集め続ける領域もある。研究者たちは，コンピュータグラフィックスがリアリズムに向かって進歩していくという考えを支持するために，特定の主題を特権視する。そうした主

題が，イリュージョン的な表象に対する熟達というコノテーションを文化的に持っているからである。

歴史を振り返ってみると，イリュージョニズムの考え方は，ある特定の主題をうまく表象できることと結びつけられてきた。西洋絵画史の起源にある逸話は，すでに言及したように，ゼウクシスとパラシオスの競争の物語である。ゼウクシスの描いた葡萄は，絵の具という無生物から生き生きとした自然を作り出す彼の腕前を象徴するものだ。美術史にはさらに，生き生きとした自然のもう一つの象徴——すなわち，人間の肌——をシミュレートできる画家たちのミメーシスの腕前を称賛するという事例もある。コンピュータ・アニメーションの全歴史を通じて，人物像のシミュレーションが，この領域全体の進歩を測るための物差しとして役立ってきたのは意外なことではない。

絵画の伝統にはミメーシスを伴う独自の主題の図像体系（イコノグラフィー）があるが，動画像のメディアはそれとは別の一連の主題に頼っている。スティーヴ・ニールは，初期映画が動きのある自然を表象することで，いかにしてみずからの真正性を示したかを次のように記述している。「［写真に］欠けていたのは，リアルで自然な動きのインデックスそのものたる風であった。だからこそ同時代には，単に動きやスケールだけでなく，波や海面のしぶき，煙や水煙に対する異常なまでの執心が生じたのである[22]」。コンピュータグラフィックスの研究者たちも，アニメーションのリアリズムを表明するために，似たような主題に訴えかけている。SIG-

GRAPH の会議で発表された「動きのある自然」の中には，これまで，煙，火，海の波，〔風によって〕動く草むらなどがあった²³。こうしたリアリズムの特権的な符牒は，コンピュータグラフィックスの研究者たちが「現実の情景」を完全にはシミュレートできないことを埋め合わせてあまりあるものだ。

　要するに，映画のリアリズムと合成的リアリズムの違いは，存在論のレベルから始まっている。新しいリアリズムは，アナログ的で均一なものではなく，むしろ中途半端でむらがある。3D コンピュータグラフィックスでシミュレートできるような人工的な現実は，根本的に不完全であり，間隙や空白だらけなのである。

　シミュレートされた世界で，何が埋められ，何が間隙のまま残るのかを，誰が決めるのだろうか？　すでに指摘したように，コンピュータグラフィックスの技法のうち何が利用可能なのかということには，開発にお金を出した軍事的・産業的グループのニーズが反映されている。また，ある特定の主題はイリュージョニズムに対する熟達というコノテーションを持っているので，研究者たちは，いわば地図上の一部の領域にはより多くの注意を払い，他の領域を無視している。加えて，コンピュータグラフィックスの技法も，専門的な市場向けだったものがしだいに大衆消費者のものになるにつれて，さらに別の仕方でバイアスをかけられるようになった。

　コンピュータ上でゼロから現実を構築するのに必要な仕

事量のことを考えると，ソフトウェア・メーカーが快く提供してくれる組み立て済みの標準化されたオブジェクト，キャラクター，ビヘイビア——フラクタルによる風景，碁盤目状の床，完全なキャラクターなど——を活用する誘惑にはとても勝てそうにない。「選択」のセクションで論じたように，どんなプログラムにも，すぐに使えるモデルやエフェクトのライブラリ，あるいは完全なアニメーションのライブラリさえ付属している。たとえば，Dynamationプログラム（エイリアス・ウェーヴフロント社のよく使われている3Dソフトウェアの一部）のユーザーは，マウスを一度クリックするだけで，動く髪の毛，雨，彗星の尾，煙といった組み立て済みの完全なアニメーションにアクセスできる。プロのデザイナーでさえ出来合いのオブジェクトやアニメーションを頼りにしているとすれば，グラフィックスやプログラミングの技能をふつう持ち合わせていないインターネット上の仮想世界のエンドユーザーに他の選択肢はない。VRMLのソフトウェア会社やウェブ上の仮想世界のプロバイダーが，自分たちの供給する3Dオブジェクトやアバターのライブラリから選択することをユーザーに促しているのも意外なことではない。ワールズ社は，オンラインでヴァーチャルな3Dチャット環境を作り出すために用いられるWorldsソフトウェアのプロバイダーだが，ユーザーに100種類もの3Dアバターのライブラリを提供している[24]。「インターネット上にコミュニティ・ベースの3D環境」を提供するActive Worldsでは，100万人を

超すユーザー（1999年4月のデータ）が，1000種類以上の
さまざまな世界——会社が提供するものもあれば，ユーザ
ー自身が作ったものもある——からの選択を行える[25]。こ
うした世界がますます複雑になっていくにつれて，細かく
作り込まれたヴァーチャル・セット，プログラム可能なビ
ヘイビアを持つキャラクター，さらには完成した環境（客
のいるバー，街の広場，有名な歴史的出来事など）に対する
需要をまるごと見込めるかもしれない——ユーザーはそれ
らを元にして，自分自身の「ユニーク」な仮想世界を組み
立てることができる。だが，Active Worlds のような会社
がエンドユーザーにソフトウェアを提供し，ヴァーチャル
な住居や，アバターや，ヴァーチャルな世界全体を自分で
すばやく構築し，カスタマイズできるようにしているとは
いえ，そうした構築物の一つ一つは会社が決めた規格を守
らなければならない。したがって，表面上の自由の背後に
は，より深いレベルでの標準化がある。100年前のコダッ
ク・カメラのユーザーは，ボタンを押すことだけを求めら
れたが，カメラを自由にどこに向けてもよかった。いまや
「ボタンを押せば，あとは私たちがやります」は，「ボタン
を押せば，あなたの世界を私たちが作ります」となったの
だ。

　このセクションで私は，映画理論で展開されてきたリア
リズムについての説明が，ニューメディアにおけるリアリ
ズムを語るためにも有効に活用できることを論証してきた
つもりだ。とはいえ，コンピュータを使ったリアリズムの

問題が論じ尽くされたわけではない。20世紀には，再現表象とシミュレーションの新しいテクノロジーが続けざまにすばやく入れ替わったため，テクノロジーの効果を体験するのと，その体験を理解することの間に絶えず時差が生じる。動画像の現実効果はその好例である。映画研究者たちが映画のリアリズムについてのますます詳細な研究を生み出していたときに，映画そのものはすでに3Dコンピュータ・アニメーションによって蝕まれていたのだ。実際，次に挙げるような年表を検討してみよう。

バザンの「映画言語の進化」は，1952年から1955年にかけて書かれた3つの論文を寄せ集めたものである。1951年，テレビの人気番組「シー・イット・ナウ」の視聴者は，1949年に組み立てられたWhirlwindというMITのコンピュータで生成されたコンピュータグラフィックスの表示を初めて目にした。一つはボールが跳ねるアニメーションであり，もう一つはロケットの軌道のアニメーションだった[26]。

コモリの「目に見えるものの機械」は，1978年に行われた映画装置についての重要な会議で発表された。同年，コンピュータグラフィックスの研究史にとって決定的な論文が発表された。その論文はバンプ・テクスチャーをシミュレートする方法を提示したのだが，この方法は今なお，合成によるフォトリアリズムの最も強力な技法の一つなのである[27]。

ボードウェルとスタイガーが執筆した「テクノロジー，

様式，制作方式」という章は，1985年に出版された包括的な研究書『古典的ハリウッド映画——1960年までの映画様式と制作方式』の一部を成している。同年には，基本的なフォトリアリズムの技法のほとんどが見出されており，メディア制作会社はすでにターンキーのコンピュータ・アニメーション・システムを利用していた。

　3Dの合成画像は現代の視覚文化でますます広範に使われているので，リアリズムの問題も新たに研究し直さなければならない。だが，映画との関連で発展してきた多くの理論的な説明は，確かに合成画像にも当てはまるとはいえ，どんな概念やモデルでも当然視できるわけではない。ニューメディアは，再現表象，イリュージョン，シミュレーションといった概念そのものを再定義することによって，視覚的なリアリズムの機能を新しい仕方で理解するように迫っているのである。

合成画像とその主体

　すでに見たように，フォトリアリズムの達成は，コンピ
ュータグラフィックスの分野における主要な研究目標であ
る。この分野でフォトリアリズムは，どんな物体であって
も，コンピュータによるその画像が写真と区別できないよ
うな仕方でシミュレートできる能力と定義される。1970
年代末に最初に表明されて以来，この目標に向かってはか
なりの進展があった。たとえば，『トロン』(1982) と『ス
ター・ウォーズ　エピソード 1』(1999) のコンピュータ画
像を比べてみるとよい。にもかかわらず，コンピュータグ
ラフィックスで生成された 3D 合成画像は，視覚的な現実
を描くにあたって，写真のレンズを通じて得られる画像ほ
ど，いまだ（あるいは，今後も決して）「リアリズム的」で
はないとする一般的な通念がある。私はこのセクション
で，そのような通念が間違っていると示唆するつもりだ。
そうした合成写真は，すでに伝統的な写真よりも「リアリ
ズム的」であって，実を言えば，あまりにもリアルなので
ある。

この主張は一見したところ逆説的にみえるが，フォトリアリズムへの目下のこだわりをより大きな歴史的枠組みの中に置いて，視覚的イリュージョニズムの現在やごく近い過去（それぞれ，コンピュータ画像生成とアナログ・フィルム）だけでなく，もっと遠い過去と将来を考慮すれば，さほど奇妙なものではなくなるだろう。というのも，コンピュータグラフィックスの分野が20世紀の映画のテクノロジーによって作り出された特定の種類の画像を模写しようとしてどれほど躍起になっているとしても，そうした画像はより長期的な視覚文化史のほんの一コマを表しているにすぎないからだ。私たちは，イリュージョンの歴史が，映画館でスクリーンに投影された35ミリのフレームでもって終わると決めてかかるべきではない——たとえ，映画のカメラがコンピュータのソフトウェアに，映画の映写機がデジタル・プロジェクターに，映画のリールそのものがコンピュータ・ネットワーク上で伝送されるデータに，それぞれ置き換えられているとしても。

ジョルジュ・メリエス，コンピュータグラフィックスの父

　将来，歴史家が1990年代の映画のコンピュータ化について書くとしたら，『ターミネーター2』や『ジュラシック・パーク』といった映画を強調するだろう。ジェームズ・キャメロンとスティーヴン・スピルバーグによるこの2本の映画作品は，他の何本かの作品とともに，1990年代初頭にはコンピュータ・アニメーションに対して極端に懐

疑的だったハリウッドが，1990年代半ばにはすっかりそれを取り入れるようになるという転回を招いた作品である。この2作品は，他の多くの追随作品とともに，完全なる合成的リアリズムが間近に迫っているらしいことを劇的な仕方で証明したが，傑出した技術的達成であるようにみえるもの――すなわち，視覚的な現実を模造する能力――が実は取るに足らないものであることのよい例ともなった。というのも，模造されるのは，当然のことながら，現実ではなく写真的現実，つまりカメラのレンズによって見られた限りでの現実であるからだ。言い換えれば，コンピュータグラフィックスが（ほぼ）達成したものとは，リアリズムではなく，フォトリアリズムにすぎないのであり，現実の知覚的・身体的な体験ではなく，その写真的な画像だけを模造する能力なのである[28]。その画像は，私たちの意識の外側に，つまり画面上に存在する――限られた被写界深度のレンズというフィルター，次いでフィルムの粒子とその限られた色調の範囲というフィルターを通じて，外的現実のわずかな部分の静止した痕跡を提示する，限られた大きさの窓の中に存在するのだ。コンピュータグラフィックスのテクノロジーがシミュレートできるようになったのは，そのようなフィルム・ベースの画像だけである。そして，コンピュータグラフィックスが現実の模造に成功したと考えがちなのは，過去150年かけて，私たちが写真と映画の画像を現実として受け入れるようになってきたからという理由による。

模造されるのは，フィルム・ベースの画像だけである。ひとたび写真の画像が現実として受け入れられるようになると，それが将来的にシミュレーションされる道が開かれる。残っていたのは，細々とした事柄だった——デジタルコンピュータの開発（1940年代），次いで遠近法生成アルゴリズムの開発（1960年代初頭），シミュレートされたオブジェクトを，陰影や反射，テクスチャーによってソリッドなものにする方法の案出（1970年代），最後にモーション・ブラーや被写界深度といったレンズによる人工物のシミュレーション（1980年代）のような。だから，1960年頃の最初のコンピュータグラフィックスによる画像から，1990年代の『ジュラシック・パーク』の合成された恐竜たちに至る道のりは途方もないものだが，それにあまり感銘を受けるべきではない。フォトリアリズム的なコンピュータグラフィックスは，概念としては，1840年代のフェリックス・ナダールの写真とともに，また間違いなく1890年代のジョルジュ・メリエスの最初の作品群とともにすでに登場していたのである。この2人は，概念的には，3Dのフォトリアリズム的なコンピュータグラフィックスの発明者なのだ。

　こう言ったからといって，私は人間の創意工夫や，コンピュータ生成による特殊効果を作り出すのに今日注がれている厖大な労働量を否定したいわけではない。実際，私たちの文明に中世の大聖堂に匹敵するものが何かあるとすれば，それは特殊効果を用いたハリウッド映画である。そう

した映画は，スケールの大きさという点でも，細部への配慮という点でも，まことに壮大だ。非常に熟練した何千人もの職人によって何年間もかけて組み立てられるのだから，そうした映画の一本一本は，今日私たちが目にすることのできる集団的な職人的作業の究極の現れなのである。だが，中世の名匠たちが，宗教的な信仰を吹き込まれた石とガラスの物質的な驚異をあとに残したとすれば，今日，私たちの職人は，映画館のスクリーンに投影されるか，コンピュータ・モニターで再生されるピクセル一式しか残さない。それは光でできた非物質的な大聖堂なのであり，まさにそれにふさわしく，今なお宗教的な指向対象を持っていることも多い——物語の中でも（たとえば，スカイウォーカーが父親なしで孕まれたといった，『スター・ウォーズ　エピソード1』でのキリスト教への参照を考えてみるとよい），ヴァーチャル・セットの壮麗さと超越性においても。

『ジュラシック・パーク』と社会主義リアリズム

　そのような非物質的な大聖堂の一つである『ジュラシック・パーク』を検討してみよう。これはコンピュータ・シミュレーションの勝利であり，インダストリアル・ライト＆マジック社（ILM）——長編映画向けのコンピュータ・アニメーション制作に特化した，今日，世界でも最古参の会社の一つ——にて数多くのデザイナー，アニメーター，プログラマーによる2年以上の作業を要した。数秒のコンピュータ・アニメーションの制作に何カ月もかかる作業が

必要なこともよくあるので，巨額の予算のあるハリウッドの超大作しか『ジュラシック・パーク』のような大規模できわめて精密なコンピュータ生成のシーンにかかる金額を支払うことはできないだろう。今日制作されるほとんどの3Dコンピュータ・アニメーションは，もっと低い程度のフォトリアリズムしか実現していないし，前のセクションで示したように，そのフォトリアリズムはむらのあるもので，ある種の物体に関してはより程度が高くても，他の物体に関してはより程度が低い。しかも，ILMにとってさえ，人間のフォトリアリズム的なシミュレーション——コンピュータ・アニメーションの究極の目標——は，いまだ不可能なままなのだ（1997年の『タイタニック』には，数百人もの合成による人物像を扱ったシーンがあるが，彼らは数秒間現れるだけであり，カメラから遠く離れているのでかなり小さい）。

　3Dコンピュータグラフィックスで作られる典型的な画像は，今でもなお，不自然なほどきれいでシャープで幾何学的に見える。通常の写真と並置すると，そうした画像の制限が際立ってしまう。だから，『ジュラシック・パーク』の画期的な達成の一つは，現実のシーンを撮ったフィルム・フッテージとコンピュータでシミュレートされた物体を継ぎ目なく統合したことだった。この統合を達成するには，コンピュータ生成による画像の質を低下させなければならなかった。フィルムの粒子の粗さが持っている不完全さに合わせるために，その完璧さが弱められなければなら

なかったのである。

　アニメーターはまず，コンピュータグラフィックスによる要素を描く際の解像度を算定する必要があった。もし解像度があまりにも高いと，コンピュータによる画像は，フィルム上の画像よりも多くの細部を持つことになり，人工性が目立ってしまうだろう。中世の名匠たちが絵画の秘技を守っていたように，大手コンピュータグラフィックス会社は，シミュレートする画像の解像度を注意深く守っていたものだ。

　コンピュータ生成による画像がフィルムで撮られた画像といったん組み合わされると，その完璧さを減ずるために，さらにまた別の仕掛けが使われる。特殊なアルゴリズムに頼ることで，コンピュータ生成によるオブジェクトのまっすぐなエッジが和らげられ，コンピュータとフィルムの要素を混ぜ合わせるべく，画像全体にかろうじて目に見えるくらいのノイズが加えられる。時には，『ターミネーター2』の主人公の2人が最後に戦う箇所のように，ある特定のロケーションにシーンが設定され（この例では，煙の立ちこめる工場），それによって，煙や霧を加えてフィルムの要素と合成の要素をさらに混ぜ合わせることが正当化される場合もある。

　このように，コンピュータグラフィックスで作られた合成による写真は，普通，実際の写真に劣ると考えられているが，実際には完璧すぎるくらいである。だがそれどころか，逆説的なことに，それらはあまりにもリアルである

も言えるのだ。

　合成画像は，人間やカメラの視覚の制限を受けない。解像度は無限でありうるし，詳細度も無限でありうる。レンズを使うときには必ずついてまわる被写界深度の効果からも自由なので，あらゆるものに焦点が当たる。また，フィルム・ストックや人間の知覚によって作り出されるノイズの層である肌理（きめ）からも自由である。合成画像はより色が濃く，シャープな線は幾何学の秩序に従っている。人間の視覚という観点からは，合成画像はハイパーリアルであり，にもかかわらず完全にリアリズム的である。合成画像は，人間の視覚以上に完璧な，別種の視覚の成果なのだ。

　合成画像は誰の視覚なのだろうか？　それはコンピュータの視覚であり，サイボーグや自動制御のミサイルの視覚である。それは将来の人間の視覚——コンピュータグラフィックスによって拡張され，ノイズを取り払われたときの人間の視覚——をリアリズム的に表象したものなのである。それはデジタル・グリッドの視覚である。**コンピュータ生成による合成画像は，現実の粗悪な表象ではなく，別種の現実のリアリズム的な表象なのだ。**

　同じ論理に従うなら，3D コンピュータ・アニメーションにおける人物像——鮮明で，剝き出しで，あまりにも柔軟であると同時にあまりにもぎくしゃくした人物像——を，非現実的であるとか，私たちの身体という現実の事物に不完全ながらも近づこうとしたものとみなすべきではない。それは来たるべきサイボーグの身体や，幾何学に還元

された世界——その世界では，幾何学的モデルを介した効率的な表象が現実の基礎となっている——を完璧にリアリズム的に表象したものなのだ。合成画像は，ただ未来を表象しているだけだ。言い換えれば，**伝統的な写真がつねに過去の出来事を指し示しているとすれば，合成による写真は未来の出来事を指し示すのである。**

　これはまったく新たな状況なのか？　未来を首尾一貫したかたちで指し示すような美学は，すでに存在していたのだろうか？　こうした美学の歴史的な位置づけを明確にするために，ロシア生まれのコンセプチュアル・アーティストのコマール＆メラミッドによる絵を引き合いに出そう。《デモの後，帰宅するボルシェヴィキたち》(1981-82)と題されたこの絵は，2人の労働者——ひとりは赤旗を持っている——が，人間の手よりも小さいちっぽけな恐竜が雪の上に立っているのに出くわすさまを描いている。「懐かしの社会主義リアリズム」のシリーズの一部をなすこの絵は，画家たちが合衆国にやって来てから数年後，ハリウッドがコンピュータ生成によるヴィジュアルを採用するかなり以前に作られたにもかかわらず，絵に含まれるフィクションを，社会主義リアリズム——1930年代初頭から1950年代末までのソヴィエト芸術の公式スタイル——の描くソヴィエト史のフィクションと結びつけることによって，『ジュラシック・パーク』のような映画やハリウッド全般についての論評になっているように思える。

　この絵をヒントにして，私たちはいまや『ジュラシッ

434

ク・パーク』の美学を特徴づけることができる。その美学とは，ソヴィエト社会主義リアリズムの美学である。社会主義リアリズムが望んでいたのは，未来の社会主義の社会という完璧な世界を，なじみ深い視覚的現実——20世紀半ばのロシアの街路，室内，顔——に投影することによって，十分に食料を与えられずに疲労し，恐怖におびえ消耗し，白髪交じりで垢抜けない観者に対して，現在の中にある未来を見せるということだった。社会主義リアリズムは，当時の日常の現実を十分にとどめながら，同時にその現実が，将来——誰もが健康でたくましい身体を持ち，あらゆる街路が近代化され，共産主義イデオロギーの精神性によって人々の顔つきが変化するとき——，どのような姿を見せることになるのかを示さなければならなかった。そのため，社会主義リアリズムは純然たる SF とは異なる。SF には，今日の現実が持っている何らかの特徴を未来に持ち込む必要はない。それに対して，社会主義リアリズムは，共産主義の理想を，観者にとってなじみのあるまったく異なる現実の上に投影し，未来を現在の上に重ね合わせなければならなかった。社会主義リアリズムがそのような未来を直接描いたことが一度もないというのも重要だ。舞台が未来に設定された社会主義リアリズムの芸術作品は，ひとつも存在しない。ジャンルとしての SF は，1930 年代初頭からスターリンの死に至るまで，ロシアには存在しなかった。労働者たちに完璧な世界を夢見させて，不完全な現実に対して目を閉ざさせるのではなく，みずからを取り

巻く現実の中にそのような未来の符牒を見させるという考え方だったのだ。これこそ，ヴェルトフの「世界の共産主義的な解読」という考えの背後にある意味の一つである。そのような仕方で世界を解読することは，身の回りの至る所に未来を見て取ることを意味する。

　『ジュラシック・パーク』でも，同じような未来と現在の重ね合わせが生じている。この映画は，見ることそのものの未来——ノイズもなく，細部を果てしなく把握することのできる，完璧なサイボーグの視覚——を見せようとする。この視覚は，フィルムで撮られた画像と混ぜ合わされる前の本来のコンピュータグラフィックスの画像によって体現されている。だが，ちょうど社会主義リアリズムの絵画が完璧な未来と不完全な現実を混ぜ合わせたのと同じように，『ジュラシック・パーク』はコンピュータグラフィックスによる未来の超視覚（スーパーヴィジョン）とフィルム画像によるなじみ深い視覚を混ぜ合わせている。『ジュラシック・パーク』では，コンピュータ画像はフィルム画像に屈服させられており，コンピュータ画像の完璧さはありとあらゆる手段によって蝕まれ，映画の内容によっても隠されている。すでに論じたように，コンピュータ生成による画像は，本来は鮮明でシャープで，焦点や粒子の制約を受けないのだが，ここではさまざまなやり方で格下げされている。解像度は下げられ，エッジは和らげられ，被写界深度と粒子の効果が人工的に加えられる。そのうえ，先史時代の恐竜が甦るという映画の内容そのものも，私たちのサイボーグ的な未

来を参照するという，心を乱しかねない事柄を覆い隠すためのさらなる手段であるとも解釈できる。つまり，恐竜がそこにいるのは，コンピュータ画像が，安全なことに，はるか昔に過ぎていった過去に属しているということを私たちに告げるためなのだ——たとえ，コンピュータ画像が来たるべき未来からの使者であると信じるに足る十分な理由があるとしても。

その点で『ジュラシック・パーク』と『ターミネーター2』は正反対である。『ジュラシック・パーク』の恐竜が，コンピュータ画像が過去に属することを納得させる役目を果たしているとするなら，『ターミネーター2』のターミネーターはもっと「正直」である。彼自身，未来からの使者，人間の外観を取ることのできるサイボーグである。彼の真の形は，未来の合金の形である。その形は，論理的には見事に一貫して，コンピュータグラフィックスで表されている。ターミネーターの本当の身体は周囲の現実を完璧に反射しているのだが，そのような反射の性質そのものが，未来における人間と機械の視覚を示してくれる。ターミネーターの身体への反射は，きわめてシャープで鮮明で，一点の曇りもない。これは実際，フォトリアリズムの獲得のための標準的な技法の一つである反射マッピングのアルゴリズムによって作り出された外観である。デザイナーたちはこのように，未来からやって来たターミネーターを表象するために，標準的なコンピュータグラフィックスの技法を劣化させることなく用いている。それに対して，

『ジュラシック・パーク』で過去からやって来た恐竜たちは、一貫してコンピュータ画像を劣化させて作られていた。この映画で何が過去に属しているのかと言えば、それはもちろん、フィルムという媒体そのもの——その粒子、被写界深度、モーション・ブラー、低解像度——である。

　とすれば、それこそがフォトリアリズム的な 3D コンピュータ・アニメーションのパラドクスなのだ。その画像は、伝統的な写真術の画像よりも劣っているのではなく、完璧なまでにリアル、あまりにもリアルなのだ。

イリュージョン，ナラティヴ，インタラクティヴィティ

　ここまでコンピュータによるイリュージョニズムを，その制作という観点から，また視覚的イリュージョンのより長期的な歴史という観点から分析してきた。今度は，別の観点からそれに目を向けてみたい。イリュージョニズムについての既存の理論は，主体が厳密な意味で見る者として振る舞うと想定するのに対して，ニューメディアはたいてい，主体をユーザーに転じさせる。主体は，表象とインタラクトする——つまり，メニューや画像そのものをクリックして選択や決定を行う——ことを求められているのだ。では，インタラクティヴィティは画像の現実効果に対してどのような影響を及ぼすのだろうか？　リアリズム的な表象にとって，物理法則や人間の動機づけを忠実にシミュレートするのと，現実の視覚的な側面を正確にシミュレートするのと，どちらがより重要なのか？　たとえば，衝突モデルは正確だがヴィジュアルは貧相なレーシング・ゲームは，画像はより豊かだがモデルの正確さは劣るゲームよりもリアルに感じられるのか？　別の言い方をするなら，シ

ミュレーションの次元と視覚的な次元は，互いに支え合って，トータルな効果をもたらすのだろうか？

　このセクションでは，インタラクティヴなコンピュータ・オブジェクトにおけるイリュージョニズムの産出というより一般的な問題の特殊な側面に焦点を合わせたいと思う。私が考慮に入れる側面は，時間とかかわっている。ウェブサイト，仮想世界，コンピュータゲーム，そして他の多くの種類のハイパーメディアのアプリケーションを特徴づけているのは，独特の時間的ダイナミクス——イリュージョンとその停止状態を絶え間なく，繰り返し，揺れ動くというあり方——である。こうしたニューメディアのオブジェクトは，みずからが人工的で，不完全で，構築されたものであることを絶えず思い起こさせ，完璧なイリュージョンを提示する以前に，まず根底にある仕掛けを明らかにしてしまう。

　1990年代のウェブサーフィンは，その完璧な実例を提供してくれる。ユーザーがあるページを眺めるのと，次のページがダウンロードされるのを待つのとに，同じだけの時間を費やすことはよくあるだろう。こうした待機時間には，コミュニケーション行為そのもの——ネットワーク内を進んでいくビット——がメッセージとなる。ユーザーは，アニメーション化されたアイコンとステータスバーを交互に見やりながら，接続がなされたかどうか絶えず確かめる。ロマーン・ヤーコブソンのコミュニケーション機能のモデルを用いるなら，コミュニケーションが触れ合い，

あるいは儀礼的な機能によって支配されるようになったとも言える——つまり，コミュニケーションの中心に置かれているのは，発信者と受信者のあいだの物理的な伝達経路チャネル，両者の接続の行為そのものなのである[29]。

ヤーコブソンは，互いに「聞こえますか？」「分かりますか？」と声を掛け合って，伝達経路が作動しているかどうか確かめる2人の人物間の言語的コミュニケーションについて書いている。だが，ウェブのコミュニケーションでは，人間の発信者ではなく，機械だけが存在する。だから，ユーザーは情報が来ているかどうか絶えず確かめる際に，実際には機械そのものに呼びかけている。いやむしろ，機械がユーザーに呼びかけている。機械はみずからの正体を現し，みずからの存在をユーザーに思い起こさせる——ユーザーが待機を強いられるからだけでなく，メッセージが時間の経過とともにどう構築されるのかに否応なく立ち会わされるからでもある。ページは部分ごとに，上から下に埋まってゆき，文章が画像よりも先に現れ，画像はまず低解像度で到来し，しだいに精細になっていく。最終的には，すべてが合わさって滑らかで艶のある画像になる——その画像も次にまたクリックされれば破棄されてしまうのだが。

3D仮想世界とのインタラクションも，同じ時間的ダイナミクスを特徴とする。「距離化」，あるいは「詳細度」と呼ばれる技法について考えてみよう。この技法は，長年，VRシミュレーションで用いられ，後には3Dゲームや

VRML のシーンに合うように変更を施された。その着想は, ユーザーが仮想空間内を移動しているときにはモデルをより大雑把に描き, ユーザーが立ち止まると細部を埋めていく, というものだ。同じ技法のさらなる変種としては, 同じオブジェクトのモデルをいくつか作っておき, 徐々に細部を減らしていくというやり方がある。ヴァーチャル・カメラがオブジェクトのすぐそばにあるときには細部が細かく描かれたモデルが用いられ, オブジェクトが遠くにある場合は, 不必要な計算処理を省くため, 詳細度の低いヴァージョンに置き換えられるのである。

こうした技法を組み込んでいる仮想世界の存在論は, ユーザーの行動によって影響を受ける流動的な存在論である。ユーザーが空間内を航行するとき, オブジェクトはぼんやりした青写真とたっぷり肉付けされたイリュージョンの間を行きつ戻りつ切り替わる。主体が動かないことが完璧なイリュージョンを保証しているのであって, 少しでも動けば, それは損なわれるものなのである。

QuickTime の VR ムービーを航行することも, 似たようなダイナミクスを特徴とする。19 世紀のパノラマを念入りに 模 倣 しているというのに, QuickTime の VR は, それとは対照的に, みずからの作り出すイリュージョンを解体してばかりいる。シーンの中でパンをし始めるやいなや画像はぎざぎざになるし, 画像にズームしようとしても巨大なピクセルしか得られない。表象の機械は, みずからを隠し続けるとともに, 顕示し続けてもいる。

このダイナミクスを，伝統的な映画や，上演が続いている間中，何としてでもイリュージョンの連続性を保とうとするリアリズム演劇と比べてみるとよい。全体化を志向するそのようなリアリズムとは対照的に，ニューメディアの美学は，20世紀の左翼アヴァンギャルドの美学と驚くほど近い。劇作家のベルトルト・ブレヒトによる，イリュージョンの産出の諸条件を暴露するという戦略は，他の無数の左翼芸術家たちに真似されたが，ついにハードウェアとソフトウェアそのものに埋め込まれるようになったのだ。同時に，ヴァルター・ベンヤミンの「気の散った状態での知覚[30]」という概念もまた完璧なかたちで実現した。定期的に仕掛けが再登場し，メッセージには伝達の経路が絶えず現前しているため，主体はイリュージョンの夢の世界に長きにわたって身を委ねることができず，集中させられたかと思うと今度は離脱させられる。

　ヴァーチャルな仕掛けそのものがすでにアヴァンギャルドの監督の役割を果たしている一方で，ゲームやDVDタイトル，インタラクティヴな映画やテレビ番組といったインタラクティヴ・メディアのデザイナーたちは意識的に，主体の時間的体験を一連の周期的な切り替えとして構造化しようとすることが多い。主体は，観客の役割とユーザーの役割の間を揺れ動き，知覚と行動，ストーリーをたどることとストーリーに積極的に参加することの間の切り替えを余儀なくされる。あるセグメントが続く間，コンピュータ画面は魅力あふれる映画的ナラティヴを観客に提示す

る。突然，映像が動かなくなり，メニューやアイコンが現れて，観客は何かを選択したり，クリックしたり，ボタンを押したりするといった行動を強いられる。このようなユーザー体験の循環的な組織の最も純粋な例として挙げられるのは，たとえば《ウィングコマンダー》シリーズのように，FMV（フルモーション・ヴィデオ）のセグメントとユーザーのインプットを必要とするセグメントを行きつ戻りつするコンピュータゲームである。モスクワのメディア理論家アナトリー・プロホロフは，そのような切り替えを，透明と不透明という，コンピュータ画面の２つの異なるアイデンティティの観点から記述している。画面は透明から不透明へと切り替わり続ける――すなわち，虚構の 3D 世界への窓から，メニューやコントロール，テキストやアイコンでいっぱいの表面へと[31]。三次元空間は表面となり，写真はダイアグラムとなり，キャラクターはアイコンとなる。「文化的インターフェースの言語」のセクションで導入した対比を使って，画面が表象と制御の次元を絶えず行きつ戻りつすると言うこともできる。ある時点では虚構の世界だったものが，行動を要求するボタン一式に変わるのである。

　こうした切り替えが主体に及ぼす効果が，解放と啓蒙の効果であることはまずありえないだろう。モダニズムのアヴァンギャルド演劇や映画の監督は，作品内のイリュージョンの産出と保持に関わる仕掛けや慣習を意図的に強調した――たとえば，俳優が観客に直接話しかけたり，カメラ

を引いてスタッフやセットを見せたりした——が，コンピュータ・オブジェクトやアプリケーション，インターフェースやハードウェアが遂行する体系的な「自己解体」は，ユーザーが現実効果に屈することを妨げているようにはみえない。イリュージョンとその破壊を周期的に切り替えることは，イリュージョンを妨げもしなければ支えもしないように思われる。こうした時間的な切り替えを，映画におけるショット／切り返しショットの構造にたとえて，新しい種類の縫合のメカニズムとして理解するのも魅力的だ。主体は，積極的な参加を通じてインタラクティヴなテクストを定期的に完成させなければならず，そのことによってテクストの中に差し挟まれるのだ。そのため，縫合の観念を取り入れるなら，イリュージョンとその停止状態の周期的な切り替えは，主体をイリュージョンへと完全に関わらせるためにこそ必要なのだということになるだろう[32]。

とはいえ，私たちが相手にしているのは，明らかに，アナログ時代の旧式なリアリズムを超えた代物である。この新しいリアリズムは，内部にそれ自身に対する批判を含んでいるので，**メタリアリズム**と呼ぶことができるだろう。その出現は，より大がかりな文化的変化と関連づけられる。旧来のリアリズムは，近代におけるイデオロギーの機能——記号的な領野の全体化，「虚偽意識」，完全なイリュージョン——に対応していたが，今日のイデオロギーは別の仕方で機能している。つまり，今日のイデオロギーは，数え切れないほどの「スキャンダル」や「調査」を主体に

提供しながら，みずからを絶え間なく，巧みに解体するのである。かつて，20世紀中葉の指導者たちは，無敵の人物として提示されていた——すなわち，つねに正しく，スターリンとヒトラーの場合には，人間の犯すどんな罪も犯さない真の聖人として。今日では，指導者たちに関するスキャンダルを耳にするのを当然のこととして期待しているが，だからといって彼らの信頼性は必ずしも損なわれない。同様に，現代のテレビコマーシャルは，みずからを物笑いの種にしたり，広告一般を嘲笑したりすることもよくあるが，それによって売ろうとしているものが売れなくなるわけではない。自己批判，スキャンダル，そしてみずからの仕掛けを暴露することは，現代のイデオロギーの新たな構成要素となったのだ——たとえば，MTV が自局のウェブサイトで，何者かによってサイトがハックされたと思い込ませようとした 1998 年の出来事を見てみるがよい。イデオロギーは，20世紀初頭にそうだったようにイデオロギーへの盲信を主体に迫るというよりも，むしろ，騙されていることを十分にわきまえた上で寛容にも騙されてやる人物という支配的な立場に主体を置く。たとえば，商業的に大量生産されたスタイルによって独自のアイデンティティを作り出すことなど無意味であると知りながら，それでも，「ミリタリー」，「ボヘミアン」，「ヒッピー風」，「インナーシティ風」，「クラブ系」などのメニューから選んで，贅沢にスタイリングされた衣服を購入する。本セクションで述べてきた，インタラクティヴ・メディアにおける

イリュージョンとその停止状態の周期的な切り替えも，同じ一般的な現象のさらなる例とみなしうる。古典的なイデオロギーと同様，古典的なリアリズムは，主体がイリュージョンを，それが続く限り完全に受け入れることを要求する。それに対して，新しいメタリアリズムは，イリュージョンとその破壊，あるいは観客のイリュージョンへの没入と観客への直接的な語りかけの間の揺れ動きに基づく。実のところ，ユーザーは，コマーシャルや，スキャンダルの新聞報道や，他の非インタラクティヴな伝統的メディアを「脱構築」するとき，かつてないほど強力な，支配的な立場に置かれている。ユーザーは，まさしく，イリュージョンを掌握できるからこそ，イリュージョンに金を使うのである。

　もしこの分析が正しければ，ありうる反論——そうしたインタラクティヴィティとイリュージョンの間の揺れ動きは，現在のテクノロジーの所産にすぎないのであって，ハードウェアが進歩すればなくなってしまうのではないかという反論——も，うまく機能しないだろう。というのも，ここで分析した揺れ動きは，コンピュータ・テクノロジーの所産なのではなく，現代社会の構造的な特徴であって，インタラクティヴ・メディアにだけみられるのではなく，他の多くの社会領域に，しかも多くの異なった水準に存在するからである。

　以上で，インタラクティヴ・メディアにおける特定の時間的ダイナミクスの流行の説明は付くだろうが，それが美

学的な観点からうまくいくのかどうかというもう一つの問いかけはまだ検討されていない。ブレヒトとハリウッドは一緒になりうるのか？　知覚と行動の循環的な切り替えに基づく新しい時間の美学、さらには言語を作り出すことは可能なのか？　私の考えでは、そのような美学の既存の実例のうちで最も成功したものは、軍事シミュレータ——成熟したインタラクティヴ・ナラティヴの唯一の形態——である。軍事シミュレータは、知覚と行動、映画的リアリズムとコンピュータのメニューを完璧に混ぜ合わせる。画面は、イリュージョン的な仮想世界を主体に提供する一方で、時おりすばやい行動——敵をめがけて撃ったり、乗り物の方向を変えたりなど——を要求する。この芸術形態では、見る者と行動する者の役割は完璧に混ぜ合わされているが、支払わなければならない代償がある。つまり、ナラティヴが、生き延びることという単一の、明確に定義された目標をめぐって組織されてしまうのである。

シミュレータに倣ってモデル化されたゲーム——何よりもまず《ドゥーム》、《クエイク》、《トゥームレイダー》があるが、それだけでなくフライト・シミュレータやレーシング・シミュレータもある——は、かなりの成功を収めてきた。インタラクティヴ・ナラティヴ——《ウィングコマンダー》、《ミスト》、《リヴン》、《バッドデイ・オン・ザ・ミッドウェイ》など——が、非インタラクティヴな映画的シークェンスとインタラクティヴなゲームプレイという2つの別々の状態の時間的な揺れ動きに基づいているのに対

して，ファースト・パーソン・シューターは2つの状態の共存に基づいている——それは主体の2つの状態（知覚と行動）でもあれば，画面の2つの状態（透明と不透明）でもある。敵をめがけて撃ちながら廊下を走り抜けたり，サーキットで車を制御したりするときには，キャラクターの「ヘルス」やら，乗り物のダメージ・レベルやら，使用できる弾薬の数やらを教えてくれる表示装置からも目を離すことができないのである。

締め括りにあたって，ニューメディアにおける時間的な揺れ動きを別の仕方で解釈して，それをニューメディアの外側にある社会的領域にではなく，コンピュータ文化それ自体に特有の他の類似した効果に関連づけてみたい。イリュージョン的なセグメントとインタラクティヴなセグメントの揺れ動きによって，ユーザーはある精神状態から別の精神状態，ある種の認知活動から別種の認知活動への切り替えを余儀なくされる。そのような切り替えは，現代のコンピュータ利用全般に典型的なものだ。ユーザーはある時点では量的データを分析しているかもしれないが，次いでサーチエンジンを使い，それから新しいアプリケーションを立ち上げたり，コンピュータゲーム内の空間を航行したりして，さらに続いて，再びサーチエンジンを使うかもしれない，等々。実際，現代のHCIでは，ユーザーはいくつものプログラムを同時に走らせ，いくつものウィンドウを同時に画面上に開いておくことができるので，マルチタスクが社会的・認知的な規範となっているのだ。このマル

チタスクは，ユーザーに「認知面でのマルチタスク」を要求する――すなわち，さまざまな種類の注意，問題解決，そして他の認知の技能の間をすばやく行き交うことを。全体として，現代のコンピュータ使用はユーザーに，知的な問題解決，体系的な実験，そして新しいタスクをすばやく学習することを要求している。

　ちょうど，どんなソフトウェア・アプリケーションもオペレーティング・システムというより大きな枠組みの中に譬喩的にも文字通りにも埋め込まれているのと同じように，ニューメディアも映画的なスタイルのイリュージョンを，インタラクティヴな制御の表面というより大きな枠組みの中に埋め込んでいる。イリュージョンは行動に，奥行きは表面に，想像の世界への窓は 制 御 盤 に，それぞれ従属させられる。かつて薄暗い映画館を支配下に置いていた映画の映像――すぐれて20世紀的なイリュージョンとセラピーの機械――は，コンピュータ画面上の小さなウィンドウ，ネットワークを通じて私たちのもとにやって来るたくさんのストリームのうちの一つ，ハードディスクの中に入っているたくさんのファイルのうちの一つにすぎなくなっているのである。

原註

1. この物語の詳しい分析に関しては、Stephen Bann, *The True Vine: On Visual Representation and the Western Tradition* (Cambridge: Cambridge University Press, 1989) を見よ。

2. Onyx は RealityEngine の高速版で、同じくシリコングラフィックス社によって製造された。www.sgi.com を見よ。

3. この関係を私に指摘してくれたピーター・ルネンフェルドに感謝する。

4. 「イリュージョニズムへの転回」の議論も含む、コンピュータアートの初期の歴史を概観するには、Frank Dietrich, "Visual Intelligence: The First Decade of Computer Art (1965-1975)," *IEEE Computer Graphics and Applications* 5, no. 7 (July 1985): 32-45 を見よ。

5. André Bazin, *What is Cinema?* vol. 1 (Berkeley: University of California Press, 1967)〔アンドレ・バザン『映画とは何か（上）』野崎歓・大原宣久・谷本道昭訳、岩波文庫、2015 年］; Bann, *The True Vine*.

6. 映画におけるイリュージョニズムの歴史については、ジャン゠ルイ・コモリによる以下の影響力のある理論的分析を見よ。Jean-Louis Comolli, "Machines of the Visible," in *The Cinematic Apparatus*, eds. Teresa De Lauretis and Stephen Heath (New York: St. Martin's Press), 1980. コモリの主張については、「合成的リアリズムへの不満」のセクションでより詳細に論じる。

7. Bazin, *What is Cinema?*, 20.〔邦訳 29 頁］

8. Ibid., 21.〔邦訳 31 頁］

9. Ibid., 20.〔邦訳 29 頁］

10. Ibid., 36-37.〔邦訳 126 頁］

11. Comolli, "Machines of the Visible," 122.

12. Bordwell and Staiger, "Technology, Style, and Mode of Production," in *The Classical Hollywood Cinema*, 243-261.

13. R. Cook, L. Carpenter, and E. Catmull, "The Reyes Image Rendering Architecture," *Computer Graphics* 21, no. 4 (July 1987): 95.（強調引用者）

14. Cynthia Goodman, *Digital Visions* (New York: Harry N. Abrams, 1987), 22, 102.

15. A. Fournier, D. Fussell, and L. Carpenter, "Computer Rendering of Stochastic Models," *Communications of the ACM* 25, no. 6 (June 1982): 371-384.

16. Geoffrey Y. Gardner, "Simulation of Natural Scenes Using Textured Quadric Surfaces," *Computer Graphics* 18, no. 3 (July 1984): 11-20. Geoffrey Y. Gardner, "Visual Simulation of Clouds," *Computer Graphics* 19, no. 3 (July 1985): 297-304.

17. Gardner, "Simulation of Natural Scenes," 19.

18. William T. Reeves, "Particle Systems—A Technique for Modeling a Class of Fuzzy Objects," *ACM Transactions on Graphics* 2, no. 2 (April 1983): 91-108.

19. Nadia Magnenat-Thalmann and Daniel Thalmann, "The Direction of Synthetic Actors in the Film *Rendez-vous à Montréal*," *IEEE Computer Graphics and Applications* 7, no. 12 (December 1987): 9-19.

20. M. Carignan, Y. Yang, N. Magnenat-Thalmann, and D. Thalmann, "Dressing Animated Synthetic Actors with Complex Deformable Clothes," *Computer Graphics* 26, no. 2 (July 1992): 99-104.

21. K. Anjyo, Y. Usami, and T. Kurihara, "A Simple Method for Extracting the Natural Beauty of Hair," *Computer Graphics* 26, no. 2 (July 1992): 111-120.

22. Steve Neale, *Cinema and Technology* (Bloomington: Indiana University Press, 1985), 52.

23. 以下に、こうした研究に捧げられた分野における有名な古典をほんのいくつかだけ挙げておく。Nelson Max, "Vectorized Procedural Models for Natural Terrain: Waves and Islands in the Sunset," *Computer Graphics* 15, no. 3 (August 1981): 317-324; Ken Perlin, "An Image Synthesizer," *Computer Graphics* 19, no. 3 (July 1985): 287-296; William T. Reeves, "Particle Systems—A Technique for Modeling a Class of Fuzzy Objects"; William T. Reeves and Ricki Blau, "Approximate and Probabilistic Algorithms for Shading and Rendering Structured Particle Systems," *Computer Graphics* 19, no. 3 (July 1985): 313-322.

24. http://www.worlds.com.

25. http://www.activeworlds.com.

26. Goodman, *Digital Visions*, 18-19.

27. J. F. Blinn, "Simulation of Wrinkled Surfaces," *Computer Graphics* 12, no. 3 (August 1978): 286-92.

28. VR の研究は、画面に表示される画像を超えて、現実の知覚的・身体的

な体験を両方シミュレートすることを目指している。

29. Roman Jakobson, "Closing Statement: Linguistics and Poetics," in *Style in Language*, ed. Thomas Sebeok (Cambridge, Mass.: MIT Press, 1960) 〔ロマーン・ヤーコブソン「言語学と詩学」中野直子訳, 川本茂雄監修『一般言語学』所収, みすず書房, 1973年〕を見よ。

30. Benjamin, "The Work of Art in the Age of Mechanical Reproduction." 〔ベンヤミン「技術的複製可能性の時代の芸術作品」〕

31. 私的な会話による (1995年9月, サンクトペテルブルク)。

32. 映画との関連における縫合の理論については, Kaja Silverman, *The Subject of Semiotics* (New York: Oxford University Press, 1983) の第5章を見よ。

第5章　フォーム
The Forms

1999 年 8 月 5 日。私はレイザーフィッシュ・スタジオのロビーに座っている。この会社は 1998 年,『アドウィーク』誌で, 世界のトップテンに入るインタラクティヴ・エージェンシーとされた[1]。この会社の沿革は,〔ニューヨークの〕シリコンアレーの伝説だ。1995 年に 2 人の共同経営者がイースト・ヴィレッジの自分たちのロフトに設立, 1997 年には従業員数は 42 人, 1999 年には 600 人にまで増えた (この数には, レイザーフィッシュが獲得した世界中の会社も含まれている)。レイザーフィッシュの事業は, スクリーンセイバーから, チャールズ・シュワブ〔米国の証券会社〕のオンライン取引のウェブサイトにまで及ぶ。私が訪れたとき, スタジオはソーホーのグランド・ストリート沿いの建物の 2 つのフロアを占めていた。ブロードウェイとマーサー・ストリートの間, プラダやヒューゴ・ボスなどのデザイナーショップからほんの数ブロック離れたところにある建物である。広くて開放的な空間には作業空間がゆったりと配置されており, ほとんどが 20 代の社員たちに占められている (18 歳未満にしかみえない多忙そうなプログラマーも一人いたが)。この空間のデザインは, インタラクティヴィティや, 階層秩序の欠如や, モジュール性といったコンピュータ文化の主要なテーマのメタファーとして機能している (意図的にそうしているのだ)。伝統的なオフィス建築では, 受付エリアが訪問客と会社との関門の役割を果たしているのに対して, 受付はここでは単に入り口の脇に設けられたもう一つの仕事場所のようにみえる。この

456

空間に入ったとたんに受付デスクに行くこともできるし，フロアのどの仕事場所に進んでいくこともできる。流行の服を着た若い男女の社員たちが，一定の間隔でエレベータに出入りする。かなり静かで，たくさんのコンピュータがファイルをセーブしたり検索したりする小さな音だけが聞こえてくる。まだ30代前半の共同創立者の一人が，仕事場をてきぱきと案内してくれる。レイザーフィッシュはコンピュータ画面やネットワークといった仮想世界におけるデザインに関して定評のあるリーダーだが，見学ツアーは物理的な世界に絞られる。彼は誇らしげに，社員たちは仕事の肩書きに関係なく，開放的な空間のあちこちに散らばっていると指摘する——プログラマーがインターフェース・デザイナーの隣にいて，ウェブ・デザイナーがその隣にいるといったように。彼はまた，机と半円形のソファーから成る受付エリアの形が，レイザーフィッシュのロゴを真似ていることを強調する。そして，彼はプロダクトデザインに乗り出そうとするレイザーフィッシュの計画について，こう語る。「私たちの目標は，ユーザー体験をトータルに提供することです。今のところ，クライアントは画面上のボタンのデザインが必要ならレイザーフィッシュを雇おうと考えてくれますが，本当のボタンが必要なら他の店に行ってしまう。私たちはそれを変えたいのです」。

1970年代のグラフィカル・ユーザー・インターフェース（GUI）のパラダイムは，元々ファイル・キャビネット，机，ゴミ箱，制御盤（コントロールパネル）といったありふれた物理的な

インターフェースを模倣していた。レイザーフィッシュ・スタジオを後にして，私はウェスト・ブロードウェイにあるファンキーな店，パトリシア・フィールドの〔ホテル・〕ヴィーナスに立ち寄って，ウェブブラウザの進む／戻るボタンを模倣したプラスチック製の2つのボタンをあしらったオレンジとブルーの札入れを買う。ボタンは（今のところ）特に何かをするわけでもなく，単に「コンピュータ」を意味している。20年が経過して，文化は一周して元に戻った。GUIによって物理的な環境がコンピュータ画面の中に移行したとすれば，いまやGUIの慣習が物理的な現実に戻りつつあるのである。コンピュータ・メディアの他の慣習——形態＝形式と言ってもよい——に関しても，同じ軌跡をたどることができる。文書の集積，および航行可能な空間は，すでに世界そのもののデータと人間経験のどちらを組織化するにも欠かせない伝統的な手段だったが，今日では，ニューメディアのほとんどの領域で見出せるような2つの形式となった。第一の形態はすなわちデータベースであり，財務記録からデジタル・ムービーのクリップまで，どんな種類のデータを保存するのにも使われている。第二の形態はインタラクティヴな3D仮想空間であり，コンピュータゲーム，モーション・ライド，VR，コンピュータ・アニメーション，ヒューマン・コンピュータ・インターフェースで用いられている。コンピュータ環境に移行するにあたって，〔文書の〕集積と航行可能な空間は変化を被らないではなかった。それどころか，

データの構造化やアクセスに関するコンピュータ特有の技術——たとえば、モジュール性——や、コンピュータの根本的な論理——つまり、プログラミングの論理——を組み込むようになったのである。そのため、たとえば、コンピュータ・データベースは伝統的な文書の集積とはかなり異なっており、何百万ものレコードにすばやくアクセスし、それらを並べ替えたり再編成したりすることもできれば、さまざまなメディア・タイプを含むこともでき、また、それぞれのレコードがデータそのものに加えてユーザー定義の値を伴ったいくつものフィールドを含んでいるため、データの多重索引もできる。

　今日では、トランスコーディングの原則に従って、この2つのコンピュータ・ベースの形態が、文字通りにも概念的にも、文化全般に再び戻ってきている。図書館や美術館は——実際、文化的データの大規模な集積なら何でも——、コンピュータ・データベースに取って代わられている。同時に、コンピュータ・データベースは、個人的・集団的な文化的記憶や、文書や物体の集積や、他の現象や経験を概念化するために用いられる新たなメタファーとなった。同様に、コンピュータ文化は3Dの航行可能な空間を使って、分子、歴史の記録、コンピュータ内のファイル、インターネット全体、人間の言語の意味論といった、どんな種類のデータでも視覚化する（たとえば、プラムデザイン社のソフトウェアは、英語の類語辞典（シソーラス）を3D空間内の構造として描き出す[2]）。さらに、多くのコンピュータゲームでは、

〔ゲームの〕世界内にいるという人間の経験や，ナラティヴそのものが，空間内を途切れずに航行していくこととして表されている（たとえば，《トゥームレイダー》を考えてみよ）。要するに，コンピュータ・データベースと，コンピュータ・ベースの3D仮想空間は，真の文化的形態となったのだ――つまり，人間の経験と，世界と，その世界における人間の存在を表象するために文化が用いる一般的な方法となったのである。

コンピュータ文化はなぜ，他の可能性を探らずに，これらの形態を特権視するのだろうか？[3] 最初のジャンルは仕事（ポスト産業的な情報処理の労働）を，二番目のジャンルは余暇と楽しみ（コンピュータゲーム）を連想させるかもしれないが，まさにそうした区別こそがコンピュータ文化ではもはや有効ではない。「インターフェース」の章のイントロダクションで指摘したように，仕事場でも家庭でも，ビジネスのためにもエンターテイメントのためにも，ますます同じメタファーやインターフェースが使われるようになっているのだ。たとえば，科学的データの分析のためであれ，《クエイク》で敵を殺すためであれ，ユーザーは仕事のためにも遊びのためにも仮想空間内を航行するのである。

2つの形態がニューメディアのデザインでどのように用いられているのかに注目すれば，もっとうまい説明ができるかもしれない。ある見方からすれば，あらゆるニューメディアのデザインは，この2つのアプローチに還元でき

る。つまり，ニューメディアの作品制作は，マルチメディア・データベースに対する適切なインターフェースを構築することか，空間化された表象を通り抜けていく航行の方法を定義することのどちらかとして理解できるのだ。第一のアプローチは，自己充足型のハイパーメディアやウェブサイトで典型的に用いられている──要するに，データに対するインターフェースを提供することが主な目標である場合にはいつでも用いられている。第二のアプローチは，たいていのコンピュータゲームや仮想世界で使われている。ここではどのような論理が働いているのか？　ウェブサイトやハイパーメディアのプログラムは，通常，ユーザーが情報に効率的にアクセスできるようにすることを目指しているのに対して，ゲームや仮想世界は，ユーザーを想像上の世界に心理的に「没入」させることを目指す。データベースが第一の目標にとって申し分ない手段として出現したのに対して，航行可能な空間が二番目の要求を満たすものであるのはもっともだ。航行可能な空間は，以前に文学と映画のナラティヴが作り出していたのと同じ効果を達成しているのである。

　時には，情報へのアクセスと想像上の世界への心理的な関与という2つの目標のうち，どちらか一方だけが，何らかのニューメディアのオブジェクトのデザインを形作ることがある。前者の例としてはサーチエンジンのサイトが，後者の例としては《リヴン》や《アンリアル》のようなゲームが挙げられるだろう。しかし，一般的には，2つの目

標は単一の概念的な連続体の極端なケースとみなされるべきである。情報指向のオブジェクトの「純粋」な例と思われているような，Yahoo! や HotBot などの検索サイトは，ユーザーを自分たちの世界へと「没入」させ，他のサイトに行かせないようにしているし，「心理的な没入」をさせる純粋なオブジェクトと思われている《リヴン》や《アンリアル》には，強力な「情報処理」の次元がある。その次元があることによって，こうしたゲームをすることは，伝統的な文学や映画の虚構のナラティヴにかかわることよりも，推理小説を読んだり，チェスをしたりすることに似通っている。手がかりや財宝を集め，通路やら扉やら避けるべき場所やらの位置も含めて，ゲーム世界の地図を頭の中で絶えず更新し，弾薬や健康状態やその他のレベルにつねに気を配る——こうしたことのすべてが，コンピュータゲームをすることを，他のコンピュータ文化に典型的な「情報処理」のタスク，たとえばインターネットを検索したり，ニュースグループに目を通したり，データベースからレコードを引き出したり，表計算ソフトを使ったり，巨大なデータの蓄えに対してデータマイニングを行ったりすることと同列のものとしているのだ。

　情報へのアクセスと心理的な関与という2つの目標は，同一のニューメディアのオブジェクト内でせめぎ合うこともある。表面と深さという対立と並んで，情報と「没入」の対立は，ニューメディアに特有のより一般的な対立——つまり，行動と表象の対立——の特殊な一表現とみなすことが

できる。しかも，ちょうど表面と深さという対立の場合に
そうだったように，このせめぎ合いがぶざまでぎこちない
結果をもたらすこともよくある。たとえば，ハイパーリン
クがいくつも埋め込まれた画像は，真の心理的な「没入」
をもたらすこともなければ，ユーザーがハイパーリンクを
探さなければならないため，容易な航行をもたらすことも
ない。そのため，真のインタラクティヴ映画たらんとした
《ジョニー・ネモニック》（ソニー・イメージソフト，1995）
のようなゲームは，適切にもハイパーリンクやメニューを
いっさい退けて，インタラクティヴな制御の源としてキー
ボードだけを使えるようにした。

　現代文学理論の一部門で，ナラティヴの理論に捧げられ
た物語論（ナラトロジー）は，叙述と描写を区別している。叙述とはナラテ
ィヴのうちプロットを前進させる部分のことであり，描写
とはそうでない部分のことだ。描写の実例としては，たと
えば風景や，都市や，登場人物の部屋を描写しているくだ
りが挙げられる。要するに，情報時代の言語を用いるな
ら，描写を行っているくだりは，読者に記述情報を与えて
いるのだ。名前そのものが暗に示しているように，物語論（ナラトロジー）
は叙述（ナレーション）に最大の注意を払い，描写にはほとんど注目して
いない。だが，情報時代には，叙述と描写は役割を変化さ
せた。伝統的な文化がはっきり定義されたナラティヴ（神
話，宗教）を人々に提供し，独立型（スタンドアロン）の情報をほとんど与
えなかったとすれば，今日，私たちはあまりに多くの情報
を持ちながら，そのすべてを結び合わせることのできるナ

ラティヴをごくわずかしか手にしていないのだ。良かれ悪しかれ，情報へのアクセスは，コンピュータ時代の主要な活動となっている。したがって，私たちは，情報アクセスの美学の理論的な分析，ならびに情報処理過程を「美学化」するようなニューメディアのオブジェクトの創作から成る，「情報美学」〔info-aesthetics〕と呼びうるようなものを必要としているのだ。あらゆるデザインが「情報デザイン」となり，建築史家ジークフリート・ギーディオンの有名な本である『機械化が指揮を執る』のタイトルをパラフレーズするなら[4]，「サーチエンジンが指揮を執る」ような時代にあって，情報へのアクセスはもはや作品の主要な一形態であるのみならず，文化の主要な一カテゴリーである。したがって，私たちはそれを理論的にも，美学的にも，そして象徴的にも取り扱わねばならないのだ。

データベース

データベースの論理

　まず小説，次いで映画は，近代の鍵となる文化的表現形態としてナラティヴを特別視した。その後，コンピュータ時代はナラティヴの相関物としてデータベースを導入する。多くのニューメディアのオブジェクトは，物語を語らないし，始まりも終わりも持たない。それどころか，要素どうしを一つのシークェンスに組織化するような展開そのものが，主題，形式，その他何に関してであれ，いっさい存在しないのだ。その代わり，ニューメディアのオブジェクトは，個別の項目の集積であって，あらゆる項目が他のどんな項目とも同じ重要性を持っていることが多い。

　なぜニューメディアはデータベースという形態をその他の形態よりも好むのか？　データベースの流行は，デジタル・メディアとコンピュータ・プログラミングの特殊性を分析することによって説明できるのだろうか？　データベースと，伝統的に人間の文化を支配してきたもう一つの形態——ナラティヴ——との関係は何か？　このセクション

では，こうした問いに取り組むつもりだ。

　先に進む前に，データベースという言葉の使い方について注釈する必要がある。コンピュータ・サイエンスでは，データベースはデータの構造化された集積（コレクション）と定義される。あるデータベースに蓄積されたデータは，コンピュータによる高速検索用に組織化されている。したがって，それは決して項目の単なる集積ではない。異なる種類のデータベース——階層型，ネットワーク型，リレーショナル，そしてオブジェクト指向の——は，データを組織化するために異なるモデルを用いる。たとえば，階層型データベースのレコードは，ツリー構造に組織化されている。オブジェクト指向のデータベースは，「オブジェクト」と呼ばれる複雑なデータ構造——それは階層型クラスに組織化され，各クラスは連鎖するより上位のクラスから特性を受け継ぐこともある——を蓄積する[5]。ニューメディアのオブジェクトは，こうした高度に構造化されたデータベース・モデルを用いることも用いないこともあるが，ユーザー体験という観点からは，大部分がより基本的な意味でのデータベースである。それらは，ユーザーがさまざまなオペレーション——見る，航行する，検索する——を遂行できるような項目の集積として現れているのだ。そのため，そのようなコンピュータ化された集積のユーザー体験は，ナラティヴを読解したり，映画作品を見たり，建築的な場を航行することとは大いに異なる。同様に，文学や映画のナラティヴ，建築図面，そしてデータベースは，それぞれ，世

界がどのようなものであるかについての異なったモデルを差し出している。私がここで扱いたいのは，それ自体で一つの文化的形態であるという意味におけるデータベースである。線遠近法を近代の「象徴形式」として分析した美術史家エルヴィン・パノフスキーにならって，私たちはデータベースを，コンピュータ時代の（または哲学者ジャン＝フランソワ・リオタールが1979年の有名な本『ポスト・モダンの条件』で名づけたように，「コンピュータ化された社会」の[6]）新たな象徴形式，私たち自身の，そして世界の経験を構造化する新たな方法とさえ呼べるかもしれない。実際，神の死（ニーチェ），啓蒙の大きな物語の終焉（リオタール），そしてウェブの到来（ティム・バーナーズ＝リー）の後に，世界が画像や文章などのデータ・レコードの果てしない，構造化されざる集積として私たちに現れるとしたら，当然，それをデータベースとしてモデル化するように促されるだろう。だが，そのデータベースの詩学，美学，倫理学を発展させたくなるのもまた当然である。

　まず最初に，ニューメディアにおいてデータベースという形態が支配的であることを実証してみよう。最も明白な例は，一般向けのマルチメディア百科事典——定義上，集積である——や，レシピや引用や写真などを集積した他の商業的な CD-ROM（または DVD）である[7]。CD-ROM のストレージ・メディアとしてのアイデンティティが別の水準に投影されて，その結果，それ自体として一つの文化的形態になっているのである。「文化的」な内容を持つマルチ

メディア作品は，特にデータベースの形態を好むように思われる。たとえば，「仮想美術館」というジャンル——ユーザーに美術館のコレクションを一巡りさせる CD-ROM——を考えてみるとよい。美術館はその保有物を表象する画像のデータベースとなり，そのデータベースにはさまざまな方法で——年代順でも，国別でも，アーティストごとにでも——アクセスできる。この手の CD-ROM は，途切れのない軌跡を描いて部屋から部屋へ移動するという伝統的な美術館体験をシミュレートしていることが多いが，こうしたナラティヴに基づくアクセス方法に，CD-ROM が提供する他のアクセス方法よりも特別な地位があるわけではない。こうして，ナラティヴは，データにアクセスする多数の方法のうちの一つにすぎなくなる。データベースという形態のさらなる例は，伝統的なメディアで対応するものがないようなマルチメディアのジャンル，つまり著名な建築家や映画監督や作家といった，文化に関わる特定の人物に捧げられた CD-ROM である。ナラティヴの形を取った伝記の代わりに，私たちは，多種多様なやり方で航行できる映像，録音，ヴィデオ・クリップ，文章などのデータベースを与えられるのだ。

　CD-ROM を始めとするデジタル・ストレージ・メディアは，伝統的なジャンルのうち，写真アルバムのような，すでにデータベースに似た構造を持っているものを特に受け入れやすいことが分かっているが，他方で，データベースに基づく伝記のような，新たなデータベース・ジャンル

の誕生を促した。しかし，データベースという形態が本当に栄えたのは，インターネット上だった。HTMLが元々そう定義しているように，ウェブページとは，文章のブロック，画像，デジタルヴィデオ・クリップ，他のページへのリンクといったばらばらな要素の逐次リストである。リストにはいつでも新しい要素を付け加えることができる——ファイルを開いて，新しい行を書き足すだけでよいのだ。結果として，ウェブページはたいてい，文章，画像，他のページやサイトへのリンクといったばらばらな要素の集積である。あるホームページは個人的な写真の集積であり，主要なサーチエンジンのサイトは他のサイトへの多数のリンクの集積である（もちろん，検索機能は別として）。ウェブベースのテレビ局やラジオ局のサイトはヴィデオや音声の番組の集積を提供している。放送中の番組を聞くという選択肢もあるが，その番組はサイトに保存されている他の多くの番組のうちの一つの選択にすぎない。こうして，もっぱらリアルタイムの伝送によって成立している伝統的な放送の体験は，さまざまな選択肢の集積のうちの一要素にすぎなくなるのだ。CD-ROMという媒体と同じように，ウェブも既存のデータベース・ジャンル（たとえば，書誌情報）に肥沃な土地を提供するとともに，人物や現象に捧げられたサイト（マドンナ，南北戦争，ニューメディア理論など）のような，新ジャンルの創造を触発した。そうしたサイトは，オリジナルの素材を含んでいるとしても，必ず，同じ人物や現象についての他のウェブページへ

のリンク集を中心に作られている。

　媒体としてのウェブの開かれた性質（ウェブページは，いつでも編集できるコンピュータ・ファイルである）が意味するのは，ウェブサイトは完成していなくてよいということである。実際，ウェブサイトは完成していることがほとんどなく，つねに成長している。新たなリンクが頻繁に既存のものに付け加わる。新たな要素をリストの末尾に加えるのも，リストのどこかに挿入するのも，同じくらい簡単だ。こうしたことはすべて，ウェブに備わる反ナラティヴ的な論理にさらに貢献している。時間が経つにつれて新たな要素が加わっていくのであれば，その結果は集積であって物語ではない。実際，素材が変化し続けるのだとすれば，それを通り抜けていく一貫性のあるナラティヴや，他の展開の軌跡をどうやって保持できるというのだろうか？

　商業的な作り手たちは，ニューメディアに固有のデータベースという形態を探究するやり方をいろいろと試みて，マルチメディア百科事典からソフトウェアやポルノ画像のコレクションに至るまで，さまざまな売り物を作り出してきた。それに対して，ニューメディアで仕事をしている多くのアーティストたちは，当初はデータベースを所与のものとして無批判に受け入れたため，データベースの論理に盲目的に従う犠牲者となった。非常に多くのアーティストのウェブサイトが，他のメディアで自分が作った作品を記録するマルチメディア要素の集積だったのである。アーティストによる初期の多くの CD-ROM の場合でも，使用可

能なすべての保存領域を，主要作品や，記録資料や，関連する文章や，過去の作品などといったさまざまな素材で埋め尽くす傾向があった。

1990年代が過ぎていくにつれて，アーティストたちはいよいよ，データベースにもっと批判的にアプローチするようになった[8]。データベースの政治学とそのありうる美学を探究しているプロジェクトの実例としては，クリス・マルケルの《IMMEMORY》，オリア・リアリーナの《アンナ・カレーニナは天国に行く[9]》，スティーヴン・マンバーの《デジタル・ヒッチコック》，ファビアン・ワグミスターの《……2人，3人，たくさんのゲバラ》が挙げられる。データベースの可能性を最も体系的に探究したアーティストは，ジョージ・ルグラディである。一連のインタラクティヴなマルチメディア作品（《逸話となったアーカイヴ》，1994年，《[空き地]》，1994年，《つかみ所のない痕跡》，1996年，《トレーシング》，1998年）で，彼はさまざまなタイプのデータベースを使って，「物語／事物が複数の主題論的な連関に従って組織されるような情報構造[10]」を作り出している。

データとアルゴリズム

　もちろん，ニューメディアのオブジェクトは，すべてが明白にデータベースであるわけではない。たとえば，コンピュータゲームは，プレイヤーによってナラティヴとして体験される。ゲームでは，プレイヤーは明確に定義された

タスク——試合に勝つ，レースで1位になる，最終レベルに到達する，ハイスコアを獲得するなど——を与えられる。こうしたタスクによって，プレイヤーはゲームをナラティヴとして体験する。ゲーム内でプレイヤーに生じるすべての事柄，プレイヤーが遭遇するあらゆるキャラクターやオブジェクトは，プレイヤーをゴールへの到達に近づけたり遠ざけたりする。このように，CD-ROM やウェブ・データベースがつねに恣意的にみえる——なぜなら，仮に追加の素材が加えられていたとしても論理が変わらなかっただろうということをユーザーは知っているから——のとは逆に，ゲームでは，ユーザーの観点からみれば，あらゆる要素が動機づけられている（つまり，あらゆる要素の存在が正当化されている[11]）。

　ゲームではしばしば，ナラティヴという外皮（「君は特別に訓練された突撃隊員（コマンド）で，月面基地に上陸したばかりだ。君の任務はミュータントと化した基地の職員に占領されている司令部にたどり着くことだ……」）が，プレイヤーが習熟している単純なアルゴリズムを覆い隠してしまう——現在のレベルで敵を全員殺しながら，そのレベルにある財宝を全部回収し，次のレベルに行き，ついには最終レベルに到達するというような。別のアルゴリズムを持つゲームもある。伝説的な《テトリス》のアルゴリズムはこうだ。新たなブロックが登場したら，それを回転させて画面下のブロックのてっぺんの層がそろうようにし，その層を消すのである。プレイヤーに求められている行動とコンピュータのア

ルゴリズムの間には薄気味悪いほどの類似性があるので，それを見過ごすわけにはいかない。コンピュータゲームはデータベースの論理には従っていないが，アルゴリズムの論理という別の論理に支配されているようにみえる。コンピュータゲームは，プレイヤーが勝利するために何らかのアルゴリズムを実行することを求めるのだ。

　アルゴリズムは，別の意味においてもゲーム体験の鍵を握っている。プレイヤーは，ゲームを進めていくにつれて，そのゲームが構築する世界で作動している規則を発見する。ゲームの隠された論理，要するにゲームのアルゴリズムを学ぶのである。したがって，プレイヤーは，単にアルゴリズムをたどるのではないゲームでも，違うやり方ではあってもやはりアルゴリズムに関わっている。プレイヤーはゲーム自体のアルゴリズムを発見するのだ。これは譬喩的な意味でも文字通りの意味でも言えることだ。たとえば，《クエイク》のようなファースト・パーソン・シューターで，プレイヤーはいつか，これこれの条件がそろうと敵は左側から登場するということに気づくこともあるだろう。すなわち，プレイヤーは文字通り，ゲームプレイをもたらしているアルゴリズムの一部を再構成する。あるいは，シムシリーズの伝説的な作者であるウィル・ライトの別の言い方を借りれば，「ゲームをプレイすることは，ユーザー（結果を見て，決断をインプットする）と，コンピュータ（結果を計算して，それを再びユーザーに表示する）の絶え間ないループである。ユーザーはコンピュータ・モデル

を頭の中で再現して，そのメンタルモデルを築こうとしているのだ[12]」。

これは第1章で論じたトランスコーディングという一般的原則——つまり，コンピュータの存在論を文化それ自体へと投影すること——のさらなる実例である。物理学では世界は原子でできていて，遺伝学では世界は遺伝子から成るとすれば，コンピュータ・プログラミングもみずからに固有の論理に従って世界をカプセル化している。つまり世界は，データ構造とアルゴリズムという相互補完的な2種類のソフトウェア・オブジェクトに還元されるのだ。どんなプロセスやタスクも，アルゴリズム——つまり，定められたタスクを成し遂げるためにコンピュータが実行できる単純なオペレーションの最終的な配列——へと還元されるし，世界のどんなオブジェクト——都市人口であれ，100年間にわたる天候であれ，椅子や人間の脳であれ——もデータ構造として，つまり効率的に検索できるように特定の仕方で組織されたデータとしてモデル化される[13]。データ構造の例としては，配列，連結リスト，グラフが挙げられる。アルゴリズムとデータ構造は共生関係にある。コンピュータ・プログラムのデータ構造が複雑になればなるほど，アルゴリズムはより単純でなければならず，逆もまたしかりである。データ構造とアルゴリズムは，相携えて，コンピュータによる世界の存在論の両輪をなしている。

文化のコンピュータ化とは，コンピュータ・ソフトウェア，およびコンピュータ特有の存在論に備わるこの2つの

根本的な要素を，文化の領域に投影することでもある。
CD-ROM とウェブのデータベースがこの存在論の片方
——データ構造——の文化的な現れであるとすれば，コン
ピュータゲームはもう片方——アルゴリズム——の現れで
ある。ゲーム（スポーツ，チェス，カードなど）とは，プレ
イヤーがアルゴリズム的な振る舞いをすることを要求する
一つの文化的形態であり，そのため多くの伝統的なゲーム
がただちにコンピュータ上でシミュレートされた。並行し
て，ファースト・パーソン・シューターのようなコンピュ
ータゲームの新しいジャンルが誕生した。このように，デ
ータベースのジャンルの場合と同じように，コンピュータ
ゲームも既存のゲームを模倣すると同時に新たなゲーム・
ジャンルを作り出している。

　一見すると，データは受動的でありアルゴリズムは能動
的であるようにみえるかもしれない——人間の文化がとり
わけ好む，受動／能動という二項対立のカテゴリーの例が
ここにもある。プログラムはデータを読み込み，アルゴリ
ズムを実行し，新しいデータを書き出す。「コンピュー
タ・サイエンス」や「ソフトウェア工学」が，コンピュー
タの分野で確立された名前になる前には「データ処理」と
呼ばれていたことを思い起こしてもよいだろう——この名
前が使われていた数十年間にわたって，コンピュータはも
っぱらデータ計算と結びつけられていたのである。しか
し，受動／能動の区別はあまり正確ではない。なぜなら，
データはただ単に存在するものではなく，生成されなけれ

ばならないからだ。データ作成者はデータを集めて組織化するか，ゼロから作り出さなければならない。文章を書かなければならないし，写真を撮り，ヴィデオやオーディオの素材を録画・録音する必要がある。あるいは，それらを既存のメディアからデジタル化する必要がある。1990 年代に〈万能メディア機械〉としてのコンピュータの新たな役割が明白になったとき，すでにコンピュータ化していた社会はデジタル化の大流行へと突入した。既存のあらゆる書物，ヴィデオテープ，写真，録音が，とどまることを知らぬ速さでコンピュータに送り込まれ始めたのだ。スティーヴン・スピルバーグはショアー財団を作って，ホロコーストの生き残りたちとのインタヴューを大量にヴィデオ録画し，デジタル化した。録画された素材を一人の人間ですべて見るには 40 年かかるだろう。『メディアマティック』誌の編集者たちは，号の全体を「ストレージ熱」(1994 年夏) に捧げ，次のように書いている。「ますます多くの組織が野心的なプロジェクトに乗り出している。あらゆるものが集積されつつある。文化，小惑星，DNA のパターン，信用記録，電話での会話など，何でも構わないのだ[14]」。1996 年には，金融会社のティー・ロウ・プライスは 800 ギガバイトのデータを蓄積していたが，1999 年秋にはその数は 10 テラバイトにまで増大した[15]。

ひとたびデジタル化されたら，データは整頓され，組織化され，索引（インデックス）を付されなければならない。コンピュータ時代は，現実→メディア→データ→データベースという，

新たな文化のアルゴリズムをもたらした。ウェブという厖大でつねに変化するデータ・コーパスの隆盛は，何百万人もの人々に，データに対する索引の付与という新たな趣味や職業を与えた。ウェブサイトにはたいてい，少なくとも1ダースほどの他サイトへのリンクが張られているので，あらゆるサイトは一種のデータベースである。さらに，インターネット上での商売が盛んになるとともに，多くの大規模な商用サイトは本物のデータベース，より正確に言えば企業データベースのフロントエンドとなった。たとえば，1998年秋の時点で，オンライン書店 Amazon.com のデータベースには300万冊の本が登録されていた。また，すぐれた商用データベース・メーカーであるオラクルは，インターネットと完全に調和し，無制限のデータベース・サイズ，自然言語によるクエリ，あらゆるマルチメディアのデータ・タイプへの対応を売りにした Oracle8*i* を提供している[16]。地図の大きさとそれが表している土地の大きさが等しいというホルヘ・ルイス・ボルヘスの物語は，索引とその索引が指し示すデータをめぐる物語として書き換えられる。しかし，いまや地図は土地よりも大きくなった。ずっと大きい場合さえある。ポルノのウェブサイトは，他のポルノのウェブサイトから取った同じ写真をつねに使い回すことで，ウェブの論理を極端な状態であらわにした。オリジナルのコンテンツを売りにするのは，わずかなサイトだけだったのだ。いつでも，数十の同じ画像が何千ものサイトに登場していた。こうして，同じデータが，

データ要素そのものの数よりも多い索引を生み出すことになるのである。

データベースとナラティヴ

　文化的形態としてのデータベースは，世界を項目のリストとして表象しつつ，そのリストを秩序づけようとしない。それに対して，ナラティヴは見かけは秩序づけられていない項目（出来事）どうしの因果関係の軌跡を作り出す。したがって，データベースとナラティヴは天敵どうしである。人間の文化の同じ領域をめぐって張り合いながら，どちらも世界から意味を作り出す排他的な権利を主張しているのだ。

　たいていのゲームとは違って，ナラティヴは読者にアルゴリズム的な振る舞いを要求しないことがほとんどだ。しかし，ナラティヴとゲームは，ユーザーが前進していくにつれて，根底にある論理——つまり，アルゴリズム——を暴き出さなければならない点で似通っている。ゲームプレイヤーと同じように，小説の読者も，著者が舞台背景や登場人物や出来事を作り出すために用いたアルゴリズム（ここではこの言葉を譬喩的に使っている）を徐々に再構成しているのだ。この観点からすれば，先ほど挙げた，コンピュータの存在論の2つの要素とそれに対応する文化的形態の等式を書き換えることができるだろう。データ構造とアルゴリズムは，コンピュータ文化の異なった形態を駆動している。CD-ROMや，ウェブサイトや，データベースとし

て組織化された他のニューメディアのオブジェクトがデータ構造に対応しているのは変わらないが，他方，コンピュータゲームも含んだナラティヴこそがアルゴリズムに対応しているのだ。

コンピュータ・プログラミングでは，データ構造とアルゴリズムは互いに互いを必要とする。両者はプログラムが作動するためには等しく重要である。では，文化の領域においては何が起こるのだろうか？　データベースとナラティヴは，コンピュータ文化においても同じ地位を持っているのだろうか？

メディア・オブジェクトのなかには，はっきりとデータベースの論理に従う構造を持つものもあればそうでないものもあるが，表面下ではほとんどすべてがデータベースである。一般的に，ニューメディアの作品制作は，何らかのデータベースに対するインターフェースの構築として理解できる。最も単純な例では，インターフェースは単に，根底にあるデータベースへのアクセスを提供する。たとえば，画像データベースは縮小した画像を載せたページとして表現でき，縮小画をクリックすることで対応するレコードが引き出される。データベースが大きすぎて全レコードを一度に表示できない場合は，ユーザーが特定のレコードを検索できるように，サーチエンジンが提供されることもあるだろう。だが，インターフェースは，その根底にあるデータベースをまったく違ったユーザー体験に翻訳することもできる。ジェフリー・ショーのインタラクティヴ・イ

ンスタレーション《読むことのできる都市》のように，ユーザーは文字によって構成されたヴァーチャルな三次元都市を航行するかもしれないし[17]，白黒画像の裸体を通過して，皮膚に埋め込まれた文章や音声やヴィデオの断片を活性化させるかもしれない（〔グラハム・〕ハーウッドのCD-ROM《記憶のリハーサル[18]》）。あるいは，自分の動きしだいで近寄ってきたり遠ざかっていったりするヴァーチャルな動物たちと遊んでいるかもしれない（スコット・フィッシャーほかのVRインスタレーション《動物園[19]》）。こうした作品はいずれも，データベースのレコードを見渡すのとはかなり異なった一連の振る舞いや認知活動にユーザーを従事させるとはいえ，すべてデータベースである。《読むことのできる都市》は都市を構成する三次元の文字のデータベースであり，《記憶のリハーサル》は身体というインターフェースを通じてアクセスされる，文章，音声，ヴィデオ・クリップのデータベースであり，《動物園》は，形状，動き，振る舞いなども含めた，ヴァーチャルな動物たちのデータベースなのである。

　データベースは，コンピュータ時代の創作過程の中心を占めるようになった。歴史的には，芸術家はある特定の媒体の内部で唯一無二の作品を作っていた。したがって，インターフェースと作品は同じものだった。言い換えれば，インターフェースの水準は存在していなかったのである。ニューメディアとともに，作品の内容とインターフェースが分離される。そのため，同じ素材に対して異なるインタ

ーフェースを作ることが可能になる。そうしたインターフェースは，デイヴィッド・ブレアの《WAXWEB》のように，同じ作品の別ヴァージョンを提供するかもしれないし[20]，オリア・リアリーナの《最後の真なるネットアート美術館》のように，互いに根本的に異なるものであるかもしれない[21]。ニューメディアの**可変性**の原則は，ひとつにはこのような仕方で出現しているが，いまやこの原則を新たに定式化できる。**ニューメディアのオブジェクトは，マルチメディア素材のデータベースに対する，一つないしは複数のインターフェースから成る**，と。インターフェースが一つだけ作られる場合，その結果は伝統的な芸術のオブジェクトと似たものになるが，それは典型というよりは例外である。

　このような定式化によって，データベースとナラティヴの対立に新たな光が当てられ，ナラティヴの概念も再定義される。ナラティヴの「ユーザー」は，データベースの作成者が打ち立てたレコード間のリンクをたどりながら，データベースを横断しているのである。だとするなら，インタラクティヴ・ナラティヴ（ハイパーテキストからの類推で，**ハイパーナラティヴ**とも呼べる）は，データベースを通り抜ける複数の軌跡の総和として理解できるだろう。伝統的な直線的ナラティヴは，多くのありうる軌跡の一つ，すなわちハイパーナラティヴ内でなされたある特定の選択なのだ。伝統的な文化のオブジェクトが，いまやニューメディアのオブジェクトの特殊なケース（つまり，たった一つ

だけのインターフェースを持つニューメディアのオブジェクト）とみなせるように、伝統的な直線的ナラティヴはハイパーナラティヴの特殊なケースとみなすことができる。

ナラティヴの定義におけるこうした「技術的」ないし「物質的」な変化は、データベースのレコードの恣意的な配列がナラティヴであることを意味するわけではない。ナラティヴの資格を持つためには、文化的オブジェクトはいくつもの基準を満たさなければならない。文学理論家のミーケ・バルはそれを次のように定義している。行為者と語り手がどちらも含まれていなければならないし、テクスト、ストーリー、ファーブラから成る３つの別個の水準も含まれていなければならない。また、「コンテンツ」は「行為者たちが引き起こすか経験する一連の互いに関連した出来事」でなければならない[22]。あらゆる文化的オブジェクトがナラティヴであるわけではないことは明らかだが、ニューメディアの世界では**ナラティヴ**という語がしばしば包括的な語句として使われ、〔ニューメディアの〕新しくて奇妙なオブジェクトを記述するための言語が未開発であることを覆い隠している。この語は通常、もう一つの濫用されている**インタラクティヴ**という語と一緒に用いられる。こうして、いくつものデータベースのレコードが一緒にリンクされて、２つ以上の軌跡が可能であるようになっていれば、それは「インタラクティヴ・ナラティヴ」を構成するとされるのだ。だがもちろん、そのような軌跡を作るだけでは十分ではない。作者はまた、結果として生じる

オブジェクトが先に略述したナラティヴの基準を満たすように，諸要素の意味論と要素どうしの関連の論理を制御しなければならない。よくなされるもう一つの誤った想定は，ユーザーが自分自身の道筋を作ることで（つまり，ある特定の順序でデータベースのレコードを選ぶことで），みずから独自のナラティヴを構築するというものだ。しかし，ユーザーがいつも通りにランダムな順序でさまざまな要素に次々とアクセスするというだけの話ならば，そもそもそれらの要素がナラティヴを形作ることになると想定する理由はない。実際，ユーザーがデータベースのレコードの恣意的な配列を構築したからといって，いったいどうしてそれが結果的に「行為者たちが引き起こすか経験する一連の互いに関連した出来事」になるというのだろうか？

　要するに，データベースとナラティヴは，コンピュータ文化では同じ地位を持っているのではない。データベース／ナラティヴのペアにおいては，データベースは無標の項である[23]。ニューメディアのオブジェクトは，直線的なナラティヴとして提示されようと，あるいはインタラクティヴ・ナラティヴやデータベースなどとして提示されようと，いずれにせよ表面下における素材の組織化の水準ではすべてデータベースである。ニューメディアにおいては，データベースは多種多様な文化的形態をサポートする——直接的な解釈（つまり，データベースがデータベースのままである状態）から，その物質的な形態それ自体の論理とは反対の論理を備えたナラティヴという形態に至るまで。よ

り正確に言えば，データベースがナラティヴをサポートすることはありうるが，〔データベースという〕媒体それ自体の論理には，ナラティヴの生成を促すものは何もない。だとするなら，ニューメディアの風景において，データベースが，最大ではないにしても重要な領域を占めていることは驚くべきことではないだろう。より驚くべきなのは，なぜスペクトルのもう一方の端——ナラティヴ——が依然としてニューメディアにおいて存在しているのか，ということなのだ。

範列と連辞

　データベースとナラティヴの間に存在するダイナミクスは，ニューメディア固有のものではない。デジタル画像の構造と現代の視覚文化の諸言語の関係も，同じダイナミクスを特徴とする。どんなコンピュータ・ソフトウェアによる定義にもみられるように，デジタル画像はいくつものばらばらなレイヤーから成り，それぞれのレイヤーが特定の視覚的要素を含んでいる。作成の過程全体を通じて，アーティストやデザイナーは各レイヤーをばらばらに操作し，レイヤーを削除したり付け加えたりする。各要素をばらばらのレイヤーとして保っておくことで，画像の内容や構成をどの段階でも変更できる——背景を消したり，人物を置き換えたり，2人の人物を近づけたり，物体をぼかしたり，というように。複数のレイヤーが混ぜ合わされる場合，画像は普通どのように見えるのだろうか？　異なるレ

イヤーに含まれる要素が並置されることになり，結果としてモンタージュされたように見えるだろう。モンタージュは，画像を合成して組織化する際のデフォルトの視覚言語なのである。しかし，データベースが，データベースという形態とその反対物——ナラティヴ——をどちらもサポートするのと同じように，物質的な水準における画像の合成による組織化（そして，オペレーションの水準における合成ソフトウェア）は2つの対立する視覚言語をサポートする。一つはモダニズム的・MTV的なモンタージュ——現実世界ではありえないために観客がショックを受けるように仕組まれた，視覚的要素の二次元的な並置——であり，もう一つは映画のカメラ（あるいは，3Dグラフィックスの場合，そのコンピュータによるシミュレーション）がとらえた，なじみのある現実の表象である。1980年代と1990年代に，画像作成のあらゆるテクノロジーがコンピュータ・ベースとなり，あらゆる画像が合成画像と化した。並行して，モンタージュの復興が，視覚文化において，つまり印刷物や，放送番組のデザインや，ニューメディアにおいて生じた。これは意外なことではない——結局のところ，それこそが，合成による組織化が押しつけてくる視覚言語なのだから。説明の必要があるのは，私たちのコンピュータ・ベースの視覚文化において，どうしてフォトリアリズム的な画像がこれほど重要な空間を占め続けているのかということだ。

　もちろん，フォトリアリズム的な画像が突然，すっかり

なくなってしまったら驚いてしまうだろう。文化の歴史には，そのような唐突な断絶は含まれていない。同様に，ニューメディアとともに，データベースがナラティヴにすっかり取って代わるなどと期待すべきではない。ニューメディアは過去とラディカルに断絶しているというよりは，文化をつなぎ合わせているカテゴリー間にこれまでとは違った仕方で重要性を配分し，かつて背景にあったものを前景化したり，逆に前景にあったものを背景に退かせたりする。フレドリック・ジェイムソンが，モダニズムからポストモダニズムへという，別の転換を分析して書いているように，「時代間にラディカルな断絶が置かれるのは，ある時代の内容が完全に変化してしまうからではなく，むしろ既存の諸要素のいくつかが再編成されることによる。すなわち，以前の時代あるいはシステムにおいては従属的であった特性が，今や支配的な特性となったり，また以前支配的であったものが二次的なものになったりすることによるのである[24]」。

　データベース／ナラティヴの対立は，まさにその好例である。コンピュータ文化がこの２つの対立項の間の重要性をどのように再配分しているのかをさらに理解するために，連辞と範列という記号学の理論を持ち込んでみよう。元々フェルディナン・ド・ソシュールが自然言語（英語など）を記述するために定式化し，後にロラン・バルトらが他の記号体系（ナラティヴ，ファッション，食べ物など）にも適用するべく拡張したこのモデルに従えば，ある体系の

要素は連辞的なものと範列的なものという2つの次元に関連づけられる。バルトが定義したように、「連辞的なものとは、空間を支持体とした記号の組み合わせである[25]」。自然言語の例を用いるなら、話者は諸要素を線状のシークェンスに次々と並べることによって発言を生み出す。これが連辞的な次元である。今度は、範列的な次元に目を向けてみよう。引き続き自然言語のユーザーの例を用いるなら、一つ一つの新しい要素は、他の一連の関連した諸要素の中から選ばれる。たとえば、名詞の全体は一つの集合体を成しているし、ある特定の語の類義語はまた別の集合体を成している。元々のソシュールの定式化によれば、「何らかの共通性を持ったユニットが記憶の中で結びつけられて、さまざまな関係の見出せるグループを形作る[26]」。これが範列的な次元である。

　連辞的な次元の要素が**現前状態**で関連づけられるのに対して、範列的な次元の要素は**不在状態**で関連づけられる。たとえば、ある文が書かれる場合、文を構成する語は紙片の上に物質的に存在するのに対して、それらの語が属している範列の集合体は書き手と読み手の頭の中にしか存在しない。同じように、ファッションの服装一式の場合、スカート、ブラウス、ジャケットといった構成要素は現実に存在しているのに対して、代わりに着ていたかもしれない衣服——別のスカート、別のブラウス、別のジャケット——は、見る者の想像力の中にだけ存在している。このように、連辞は明示的で、範列は暗示的である。一方は現実の

もので，他方は想像されるものである。

　文学や映画のナラティヴも同じ仕方で作動する。ナラティヴを作り上げている特定の語や文，ショットやシーンは物質的に存在している。他方，著者の想像上の世界や，特定の文学的・映画的スタイルを形作っている他の要素——代わりに登場したかもしれない要素——は，潜在的にしか存在しない。言い換えれば，ナラティヴが構築される元となる選択肢のデータベース（範列）は暗示的であり，それに対して実際のナラティヴ（連辞）は明示的である。

　ニューメディアはこうした関係を逆転させている。データベース（範列）が物質的な存在を付与される一方で，ナラティヴ（連辞）が非物質化される。範列が特権化され，連辞が軽視される。範列が現実的なものとなり，連辞が潜在的なものとなる。これを理解するには，ニューメディアのデザイン過程を考えてみるとよい。ニューメディアのオブジェクトをデザインするときには，まず最初に，用いられる可能性のある要素のデータベースを組み立てる（このデータベースは，Macromedia Director では「キャスト」，Adobe Premiere では「プロジェクト」，Pro Tools では「セッション」と呼ばれるが，原則は同じである）。そのデータベースが，デザイン過程の中心を占める。データベースは一般的には，ボタン，画像，ヴィデオやオーディオのシークェンス，3D オブジェクト，ビヘイビア等々といった，オリジナル素材とストック素材の組み合わせから成っている。デザイン過程全体を通じて，新たな要素がデータベースに

付け加えられ，既存の要素に変更が加えられる。ナラティヴが構築されるのは，このデータベースの要素を特定の順序でリンクすることによって，つまり，ある要素から別の要素へと通じる軌跡をデザインすることによってである。物質的な水準においては，ナラティヴは単なる一連のリンクにすぎず，要素そのものはデータベースに保存されたままである。このように，ナラティヴが潜在的なものである一方，データベースは物質的に存在している。

　インタラクティヴなオブジェクトがユーザーに同時にいくつもの選択肢を与える場合——インタラクティヴ・インターフェースではよくあることだが——にも，範列はまた別の仕方で連辞よりも特権化される。たとえば，画面にいくつかのアイコンが含まれている場合，それぞれのアイコンをクリックすると，ユーザーは別の画面に導かれる。個々の画面の水準では，それらの選択肢はそれ自体として範列を形作っており，ユーザーに明示的に提示されている。オブジェクト全体の水準では，ユーザーは自分が他のいくつもの軌跡のうちの一つの可能性をたどっていることに気づかされる。言い換えれば，ユーザーは定義づけられているすべての軌跡という範列から，一つの軌跡を選択しているのである。

　他のタイプのインタラクティヴ・インターフェースの中には，利用可能な選択肢をすべてあからさまにメニューとしてユーザーに提示することで，範列をよりいっそうあからさまにしているものもある。そのようなインターフェー

スでは，カテゴリーのすべてが，マウスをクリックするだけでいつでも利用可能な状態にある。範列がまるまるユーザーの前にあり，その要素はきれいにメニューとして並べられている。これもまた，ニューメディアが文化的コミュニケーションに含まれる心理的過程をあからさまにするやり方の一例である。他の例としては，作り手の心の中にある文化的要素のデータベースを外面化・コード化するという，作成から選択への（すでに論じた）転換や，インタラクティヴ・リンクという現象そのものが挙げられる。第1章で触れたように，ニューメディアは「インタラクション」という言葉を文字通りに受けとめ，心理的なインタラクションを顧みずに，インタラクションとはすなわちユーザーとコンピュータの間の厳密に物理的なインタラクションのことであるとする。どのような文化的テクストを理解するのにも付きまとう認知過程が，客観的に存在するインタラクティヴ・リンクの構造と混同されているのだ。

インタラクティヴ・インターフェースは範列的な次元を前景化し，範列の集合体をあからさまにすることが多いとはいえ，やはりいまだ連辞的な次元に沿って組織されている。ユーザーは画面が新しくなるたびに選択を行うが，最終結果はユーザーがたどる画面の直線的な配列なのである。これは古典的な連辞の経験であり，実際，自然言語で文を構築することに比せられるだろう。言語のユーザーが他のありうる語の範列から次に来る語を選んで文を構築するのとちょうど同じように，ニューメディアのユーザーは

それぞれの画面のあれこれのアイコンをクリックすることで画面の配列を作成するのだ。もちろん，この２つの状況には重要な違いがたくさんある。たとえば，典型的なインタラクティヴ・インターフェースの場合，文法は存在しないし，範列はずっと小規模だ。とはいえ，両者の基本的経験の類似性はきわめて興味深い。どちらの場合も連辞的な次元に沿って展開していくのである。

　ニューメディアはなぜ，言語に似たこうした配列化にこだわるのだろうか？　私の仮説では，ニューメディアは20世紀の支配的な記号学的秩序——つまり，映画の秩序——に従っているのである。次章でより詳しく論じるように，映画は他のあらゆる語りの様式の代わりに，逐次的なナラティヴ——スクリーンに代わる代わる登場するショットの組み立てライン——を用いた。ヨーロッパの視覚文化では，何世紀にもわたって，あらゆる画像が同時に登場するという空間化されたナラティヴが支配的だったのに，それは20世紀には漫画やテクニカル・イラストレーションといった「マイナー」な文化的形態に追いやられた。20世紀の「真の」文化は，産業社会の組み立てライン，およびポスト産業時代のチューリング機械と提携して，直線的な連鎖によって語るようになったのだ。ニューメディアはこの方式を続けて，一度に一画面ずつユーザーに情報を与える。少なくとも，ニューメディアが「真の」文化たらんとしているときはそうなのだ（インタラクティヴ・ナラティヴやゲームの場合）。それに対して，単に情報へのインター

フェースとして機能しているときには，ニューメディアは，表というかたちであれ，通常のメニューやプルダウン・メニューというかたちであれ，一度にもっと多くの情報をためらうことなく画面上に提示する。とりわけ，ユーザーがオンライン・フォームに記入するという体験は，前－映画的な空間化されたナラティヴに比せられるだろう。どちらの場合も，ユーザーは同時に与えられた一連の要素をたどっているのである。

データベース・コンプレックス

　データベースという形態は，どの程度まで近代のストレージ・メディアに固有のものなのだろうか？　たとえば，音楽 CD は普通，個別のトラックをまとめて集積したものである。また，データベースへの衝動は，ウィリアム・ヘンリー・フォックス・トルボットの『自然の鉛筆』から，近代ドイツ社会の記念碑的な類型学であるアウグスト・ザンダーの『時代の顔』，そしてベルント＆ヒラ・ベッヒャーによる同じく強迫的な給水塔のカタログ化に至るまで，その歴史を通じてずいぶん多くの写真を駆り立てている。とはいえ，ストレージ・メディアという形態とデータベースという形態の結びつきは普遍的なものではない。その最たる例外は映画である。そこでは，ストレージ・メディアがナラティヴに基づく想像力をサポートしている[27]。だとするなら，なぜ，写真というストレージ・メディアの場合はテクノロジーがデータベースを下支えするのに対して，

映画の場合はテクノロジーが近代の典型的なナラティヴの形態を引き起こすのか？　ここにはメディア・アクセスの方法が関係しているのだろうか？　コンピュータのストレージ・フォーマット（ハードドライブ，取り外し可能なディスク，CD-ROM，DVD）のようなランダムアクセスによるメディアがデータベースを好むのに対して，フィルムのようなシークェンシャルアクセスによるメディアはナラティヴを好むと結論づけるべきなのか？　それもまた妥当ではない。たとえば，書物は完璧なランダムアクセスの媒体だが，小説のようなナラティヴの形態と並んで，写真アルバムのようなデータベースの形態もサポートしている。

　データベースとナラティヴという形態を近代のメディアと情報テクノロジーに関連づけたり，テクノロジーから演繹しようとするよりも，私は両者を2つのせめぎ合う想像力，2つの基本的な創造的衝動，世界に対する2つの本質的な応答であるとみなした方がよいと思う。どちらも近代のメディアよりもずっと前から存在していた。古代ギリシャ人たちは，ホメロスの叙事詩『イリアス』と『オデュッセイア』のような長大なナラティヴを生み出す一方で，百科事典も生み出した。現存するギリシャの百科事典の最初の断片は，プラトンの甥スペウシッポスの作品だった。ディドロは小説を書いたが，18世紀最大の出版事業である記念碑的な『百科全書』の責任者でもあった。世界から意味を作り出そうと競い合うデータベースとナラティヴは，無数のハイブリッドを生み出している。ナラティヴの痕跡

がいっさい見当たらない純粋な百科事典を見つけるのは難しいし、その逆も難しい。たとえば、数世紀前にアルファベット順の配列が一般化する前は、ほとんどの百科事典はテーマ別に配列され、主題はある特定の順序で取り扱われていた（概して自由七科に対応していた）。同時に、セルバンテスやスウィフトの小説、さらにはホメロスの叙事詩といった多くのナラティヴ——西洋の伝統の基礎を作ったナラティヴ——は、想像上の百科事典を〔ナラティヴの中で〕横断している。

　近代のメディアは、データベースとナラティヴのせめぎ合いの新たな戦場となった。このせめぎ合いの歴史を、お芝居として読み解いてみたい。まず、視覚的記録の媒体——写真——が、カタログ、分類学、リストを特権視する。近代小説が花盛りで、伝統主義者《アカデミシャン》たちが19世紀を通じてナラティヴに基づく歴史画を描き続ける一方で、写真という新たなテクノ画像の領域ではデータベースが優勢である。次なる視覚的記録媒体——フィルム——は、ナラティヴを特権視する。ほとんどすべてのフィクション映画はナラティヴを語り、例外はわずかしかない。ヴィデオで用いられる磁気テープは実質的な変化を何ももたらさない。次に、ストレージ・メディア——コンピュータ制御によるデジタルのストレージ装置——が、再びデータベースを特権視する。マルチメディア百科事典、仮想美術館、ポルノグラフィー、アーティストのCD-ROM、図書館データベース、ウェブ・インデックス、そしてもちろんウェブその

ものといったように，データベースはかつてないほど広く
行きわたっている。

　デジタルコンピュータは，結局のところ，データベース
という形態にとって申し分のない媒体である。データベー
スは，ウイルスのように，CD-ROM，ハードドライブ，
サーバー，ウェブサイトに感染している。データベース
は，コンピュータを特徴づける最大の文化的形態であると
言いうるだろうか？　美術史家ロザリンド・クラウスは，
1976年の論文「ヴィデオ──ナルシシズムの美学」──
おそらく，ヴィデオアートについて書かれた論文のうちで
最もよく知られたもの──で，ヴィデオは物理的な媒体で
はなく心理的な媒体であると論じた。彼女の分析では，
「ヴィデオの真の媒体とは心理的な状況であり，その条件
はまさしく，注意を外的な対象──ある〈他者〉──から
引き上げて，それを〈自己〉のうちに備給することなの
だ[28]」。要するに，ヴィデオアートはナルシシズムという
心理状態の支持体なのである[29]。ニューメディアも同じ
く，ある特定の心理状態，「データベース・コンプレック
ス」と呼びうるものを表出するべく機能しているのだろう
か？　この点に関して，データベースの想像力がそもそも
の発端からコンピュータアートに付きまとってきたことは
興味深い。1960年代に，コンピュータを用いるアーティ
ストたちは，さまざまな視覚的要素の組み合わせを体系的
に探究するプログラムを書いた。彼らには，ミニマリズム
などの美術界の趨勢をたどっているところもあった。ミニ

マリズムのアーティストたちはあらかじめ存在するプランに従って芸術作品を制作したり，単一のパラメータを体系的に変化させることによって，一連の画像やオブジェクトを作成したりした。だから，ミニマリズムのアーティストのソル・ルウィットが，「作品を作る仕掛け」としてのアーティストの着想について語った時点で，その着想を実行する人間をコンピュータで置き換えるのは論理にかなったことだったのだ[30]。同時に，コンピュータを使って画像を作る唯一の方法は，コンピュータ・プログラムを書くことだったので，コンピュータ・プログラミングの論理それ自体が，コンピュータ・アーティストたちを同じ方向に向かわせた。たとえば，アーティストのフリーダー・ナーケにとって，コンピュータとは，利用可能な画像の要素と色彩の組み合わせから，あらゆる可能な画像を生み出すことのできる「万能画像生成機」だった[31]。彼は 1967 年に，正方行列をそれ自体で次々と掛け合わせていくことによって得られた 12 枚のドローイングのポートフォリオを発表した〔《マトリックス・マルチプリケーションズ》という作品を指す〕。また別の初期のコンピュータ・アーティストのマンフレート・モーアは，基本的な立方体がさまざまに変形するさまを記録した非常に多くの画像を作り出した。

　さらに注目すべきは，コンピュータ映画制作の草分けであるジョン・ホイットニーによるフィルムだった。彼の『順列』(1967) や『アラベスク』(1975) といったフィルムは，初歩的な数学の関数の操作によって得られる幾何学的

形態が変形していくさまを体系的に探るもので，ナラティヴを語ったり，形象化を施したり，さらには形態を発展させていくことさえなく，視覚的効果を次々と積み重ねるものだった。むしろ，観客に諸々の効果のデータベースを提示したのである。この原則は，アナログ・コンピュータで作られたホイットニーの初期作品『カタログ』で突き詰められている。1960年代の映画の新しい形態についての重要書『エクスパンデッド・シネマ』（1970）で，批評家ジーン・ヤングブラッドは，この注目すべきフィルムについてこう書いている。「大ホイットニーは，実はアナログ・コンピュータでまとまった完成作を作ったことがない。なぜなら，彼はその機械を商業的な作品のために使いながら，しきりに開発し，改良していたからである。（…）しかし，ホイットニーは何年もかけて改良してきた諸々の効果の視覚的なカタログをまとめるということはした。単に『カタログ』と題されたこのフィルムは1961年に完成し，圧倒的な美しさを持っていることが分かったので，今でも多くの人々がホイットニーのアナログ作品を，彼のデジタルコンピュータによるフィルムよりも好んでいる[32]」。私たちは『カタログ』を，ニューメディア創設の瞬間の一つとして読解したくなる。「選択の論理」のセクションで論じたように，メディアの創造のために用いられるあらゆるソフトウェアには，今日，無数の「プラグイン」——諸々の効果の貯蔵庫で，ボタンを押すだけで，どんなインプットからでも興味深い画像を生成する——が付属している。

同時に，コンピュータ化された視覚文化の美学はたいてい効果によって駆動されており，とりわけ新しいテクノ・ジャンル（コンピュータ・アニメーション，マルチメディア，ウェブサイト）が最初に確立されるようになるときはその傾向が強い。たとえば，数え切れないほどあるミュージック・ヴィデオは，ホイットニーの『カタログ』の変種である——諸々の効果が人間のパフォーマーの映像に対して使われている点が違うだけだ。これもまた，コンピュータの論理——この場合，コンピュータが諸要素の変種を無数に作り出すことができ，インプットを変形させて，新たなアウトプットを生み出すフィルターとして機能しうること——が文化全般の論理となるさらなる例なのだ。

データベース映画——グリーナウェイとヴェルトフ

データベースという形態はニューメディアに内在的であるかもしれないが，他方で「インタラクティブ・ナラティヴ」を作り出そうとする無数の試みがある。それが示しているのは，コンピュータが効果の百科事典やカタログという役割を担うだけでは私たちは満足できないということだ。私たちはニューメディアのナラティヴを望んでおり，しかも以前に見たり読んだりしたことのあるのとは違うナラティヴを望んでいる。実際，私たちは媒体の固有性というモダニズムの概念（「どの媒体もそれに固有の独自の言語を発展させなければならない」）は時代遅れであると公然と繰り返しているにもかかわらず，やはりコンピュータ・

ナラティヴが，デジタルコンピュータ以前には存在していなかった新しい美学の可能性を示すことを期待している。要するに，私たちはコンピュータ・ナラティヴがニューメディアに固有であって欲しいと思っているのだ。コンピュータ・ソフトウェアにおいてデータベースが支配的であり，それがコンピュータ・ベースのデザイン過程の鍵となる役割を演じているとすれば，ナラティヴとデータベースが一緒に作動する仕方に注目することで，新たな種類のナラティヴに到達できるかもしれない。ナラティヴは，その構成要素がデータベース内に組織化されているということをどのように考慮しうるのだろうか？　**厖大な量のデータを保存し，自動的に分類し，索引を付け，リンクを張り，検索し，瞬時にして取り出すことができるという私たちの新たな能力は，どのようにして新たな種類のナラティヴにつながりうるのだろうか？**

　映画の言語を拡張することに関心がある数少ない卓越した監督であるピーター・グリーナウェイは，かつて「直線的な追跡——物語が一度に一つずつ時系列順に語られる——が映画の標準的なフォーマットである」ことに不満を漏らした。ナラティヴでの実験に関して，映画が現代文学に後れを取っていると指摘して，彼はこう問いかけた。「映画はジョイス，エリオット，ボルヘス，ペレックがすでに到達した道をたどることができなかったのだろうか？[33]」。グリーナウェイは正当にも，映画作家たちをより革新的な文学のナラティヴへと誘導しているのだが，デー

タベース問題に取り組むニューメディアのアーティストたちは「そのままの状態での」映画から学ぶことができる。というのも、映画はすでに、まさしくデータベースとナラティヴの交差点に存在しているからだ。撮影中に集められた全素材は、データベースを形成しているとみなすことができる。とりわけ、撮影日程が通常、映画作品のナラティヴに沿っているのではなく、制作のロジスティクスによって定められるからだ。編集中には、編集者がそのデータベースから1本の映画のナラティヴを作り出す。つまり、作り出された可能性のあるあらゆる映画作品から成る概念的空間に、唯一無二の軌道を描き出すのだ。この観点からすれば、あらゆる映画作家はすべての作品でデータベース／ナラティヴの問題に取り組んでいるのだが、それを意識して行ってきた者はごくわずかしかいなかったのである。

　一人の例外はグリーナウェイ自身である。彼はキャリア全体を通じて、データベースとナラティヴという形態をどのように調停するかという問題に取り組み続けてきた。彼の映画作品の多くは、項目リストや、固有の順序を持たないカタログの列挙によって進展する（たとえば、『プロスペローの本』のさまざまな書物）。直線的なナラティヴの土台を掘り崩そうとするグリーナウェイは、さまざまなシステムを使ってみずからの作品を秩序立てる。彼はそのアプローチについてこう書いている。「数字や、アルファベットや、色彩コードのシステムの使用は、意図的になされたことだ——プロットやら、ナラティヴやら、「さあ今から物

語を語ってあげましょう」式の映画作りやらに映画が寄せる異常なほど蔓延する関心に対抗し，希釈し，あるいは増大させ，補完するための装置，ないし構築物として[34]」。彼のお気に入りのシステムは数字である。一続きの数字が，観客にナラティヴを見守っていると「納得させる」ような，ナラティヴの殻としての機能を果たすのである。実際には，次々と続くシーンは，何ら論理的な仕方でつなげられていない。数字を使うことで，グリーナウェイはデータベースのまわりに最小限のナラティヴを「巻き付けて」いるのである。グリーナウェイのデータベースの論理は，『ザ・フォールズ』（1980）といった「アヴァンギャルド」な作品にすでに存在していたが，彼の「商業的」な作品の構造にもなっていた。『英国式庭園殺人事件』（1982）は，ある画家によって描かれている最中の 12 枚の絵を中心に展開する。12 枚の絵にはどんな順序もなく，グリーナウェイは画家に同時にいくつかの絵の作業をさせて，そのことを強調している。「映画を映画の外に」連れ出したいというグリーナウェイの欲望は，ついには，1990 年代に彼が行った一連のインスタレーションと美術館での展示の仕事に至った。もはやフィルムという直線的な媒体に従うのを強いられることもなく，データベースの要素が美術館の中で，さらには都市全体の中で空間化される。こうした動きは，データベースをその最も純粋な形態で——まったく順序のない一連の要素として——作り出したいという欲望として読み解ける。一つの次元（フィルムの時間，ページ上

のリスト）で存在する要素どうしは，否応なく順序づけられる。したがって，純粋なデータベースを作り出す唯一の方法は，それを空間化すること，要素を空間内に分配することだ。それこそまさにグリーナウェイの取った道だった。内在的なナラティヴの論理を持たない三次元空間に置かれた 1992 年のインスタレーション《世界を表象する100 のオブジェクト》は，まさにそのタイトルによって，世界がナラティヴよりもカタログを通じて理解されるべきだと提案している。だが同時に，グリーナウェイはナラティヴを放棄しているわけではない。データベースとナラティヴがどのようにして一緒に作動しうるかを探究し続けているのだ。《100 のオブジェクト》をインスタレーションとして提示したグリーナウェイは，次にそれをオペラのセットにした。オペラでは，スロープという名のナレーターがオブジェクトを使って，アダムとイヴを案内しながら人間の文明全体をめぐる。このように，100 のオブジェクトが逐次的なナラティヴに転じている[35]。別の《階段——ミュンヘン・プロジェクション》(1995) というインスタレーションでは，グリーナウェイはミュンヘン中に，各々が映画の歴史の 1 年を表しているスクリーンを 100 枚掲げた。彼は再び空間化されたデータベースを差し出しているのだが，そこにはやはりナラティヴもある。スクリーンからスクリーンへと歩いて行くことで，私たちは映画の歴史をたどるのだ。このプロジェクトは，グリーナウェイお気に入りの数字による組織化という原則を用いて，それを極

限まで進めている。スクリーンには何らかの形象ではなく，数字だけが投影される。スクリーンには 1895 から 1995 までの数字がふられ，映画史のそれぞれの 1 年に 1 枚のスクリーンが割り当てられる。グリーナウェイは，数字に加えてもう一つの展開の系列を導入している。それぞれの投影の色合いがわずかに異なるのだ[36]。色のつけられた 100 個の正方形が，映画史の直線的なナラティヴと並行して走る抽象的なナラティヴをそれ自体として形作っている。最後に，グリーナウェイは映画史を 5 つのセクションに分割することで——それぞれのセクションは都市の別の地区で展開される——，さらに第三のナラティヴを重ね合わせる。100 個の数字が映画史の 100 年間を表すというこのプロジェクトの基本的なナラティヴは一見したところ陳腐だが，その陳腐さによってナラティヴが「中和」され，観客は投影される光そのもの——それこそが，このプロジェクトの実際の主題である——の作り出す現象に焦点を合わさざるをえなくなるのである。

　グリーナウェイだけでなく，ジガ・ヴェルトフもまた，20 世紀の主要な「データベース映画作家」とみなすことができる。『カメラを持った男』は，おそらく，近代のメディア芸術におけるデータベース的想像力の最も重要な例だろう。映画を通じて何度か繰り返される重要なショットの一つで，私たちはショット素材の保管と整理に使われるいくつもの棚を備えた編集室を目にする。棚には「機械」，「クラブ」，「都市の動き」，「体操」，「手品師」などと記さ

れている。これは記録された素材のデータベースである。ヴェルトフの妻の編集者エリザヴェータ・スヴィロヴァが，棚からリールを取り出し，使い終わったリールを戻し，新たなリールを加えるといったように，そのデータベースを使って作業しているのが示される。

　私は映画の編集が一般的に，データベースを通り抜ける軌跡を作り出すことにたとえられると指摘した。だが，『カメラを持った男』の場合，そのような比較が映画の方法そのものとなっている。この作品の主題は，映画作家が多数の現象を観察し，そこに隠されている（社会の）構造を明らかにしようとするというものだ。この作品が企てているのは，果敢にも，知覚というただ一つの道具しか持たない経験的な認識論を試みるということだ。そして目指すところは，もっぱら目（もちろん，その自然の視覚は映画のカメラによって高められる）に見える表面を通じて世界を解読することである。この作品を一緒に作ったミハイル・カウフマンは，以上のことを次のように言い表している。

　　ごく普通の人間は，何らかの環境に身を置き，厖大な数の現象のただなかで途方に暮れて，そうした現象を悪しき視点からしか観察していません。彼はある現象をとてもうまく記録にとどめ，第二，第三の現象を記録しますが，それらの現象がどこに行き着くのかまったく分かっていないのです。（…）しかし，カメラを持った男は，特殊な考えを吹き込まれていて，自分は世界を他の人々

のために見ているのだと思っています。分かりますか？
彼は記録した現象を，どこかよその現象，自分で撮った
わけですらないような現象と結びつけます。学者のよう
な感じで，彼は経験的な観察結果を，ある場所で集めて
はまた別の場所でも集めます。そして，実際，世界はま
さにそのような仕方で理解されるようになったのです[37]。

したがって，標準的な映画編集が，前もって撮られた素材
を既存の脚本に従って選択し，順番に並べることから成る
のに対して，ここでは，ショットどうしを互いに関連づ
け，順番に並べては並べ直して，世界の隠された秩序を発
見するというプロセスが映画の方法を構成しているのだ。
『カメラを持った男』は，そのデータベースをある特定の
順序で横切って一つの議論を構築している。データベース
から引き出されて特定の順序で配列されたレコード群は，
現代生活をとらえた像である――だが，同時に，その生活
についての議論，私たちが毎日，毎秒，遭遇しているこれ
らの画像が実際のところ何を意味しているのかについての
一つの解釈でもある[38]。
　この果敢な試みは成功したのだろうか？　この作品の全
体構造はかなり複雑で，一見しただけではデータベースと
はほとんど関係ないようにみえる。ニューメディアのオブ
ジェクトが階層的な複数の水準を含んでいるのと同じよう
に（インターフェース‐コンテンツ，オペレーティング・シス

テム - アプリケーション，ウェブページ - HTML コード，高級プログラミング言語 - アセンブリ言語 - 機械語），ヴェルトフの映画作品は少なくとも 3 つの水準を含んでいる。第一の水準は映画作品のための素材を撮影するカメラマンの物語だ。第二の水準は，完成した映画作品を映画館で見ている観客のショットから成る。第三の水準は，映画作品そのものであり，モスクワ，キエフ，リガで記録され，起床，仕事，余暇の活動という，ある 1 日の経過に沿って配列されたフッテージから成っている。この第三の水準がテクストだとすれば，他の 2 つの水準はそのメタテクストとみなすことができる[39]。ヴェルトフは，テクストとメタテクストの間，すなわち映画作品の制作とその受容と映画作品そのものの間を移り変わりながら，3 つの水準を行き来する。しかし，映画内映画（すなわち，テクストの水準）に焦点を合わせて，ショットの多くを作り出すのに使われている特殊効果を無視するならば，そこに見出されるのは，いわば，データベースをほぼ一直線にプリントアウトしたものである——諸々の機械を見せるいくつものショット，続いて仕事の活動を見せるいくつものショット，さらに続いて余暇のさまざまなショット，等々。範列が連辞へと投影されているのだ。結果として生じるのは，運行中のトラム，都市の砂浜，映画館，工場などといった，1920 年代の都市にいかにもありそうな主題の平凡で機械的なカタログである。

　もちろん，『カメラを持った男』を見ることは，いささ

かも平凡な体験ではない。デザイナーとヴィデオ作家たち
があらゆるアヴァンギャルドな装置を体系的に利用し尽く
した 1990 年代以降でさえ，この作品はなお強い印象を与
えるようにみえる。それが印象的なのは，作品の主題によ
るのでもなければ，「世界の共産主義的な解読」を押しつ
けるべく，ヴェルトフが主題どうしの間に打ち立てようと
する連想によるのでもなく，むしろ作品に含まれている映
画技法の実に驚くべきカタログに由来している。フェー
ド，二重写し，フリーズ・フレーム，加速，分割画面，多
種多様なリズムとインターカット，さまざまなモンタージ
ュ技法[40]——映画研究者のアネット・マイケルソンが「サ
イレント映画の資源と技法の総括[41]」と呼んだもの——に
加えて，言うまでもなく，多数の風変わりで「構成主義
的」な視点が高密度でつなぎ合わされているので，この映
画は単に「アヴァンギャルド」と分類して済ませられるも
のではない。「通常」のアヴァンギャルド映画が，主流映
画の言語とは違ったある一貫した言語，すなわち繰り返し
用いられるいくつかの技法一式をなお提示しているとした
ら，『カメラを持った男』は明瞭に定義された言語のよう
なものに到達することは決してない。むしろ，この作品が
提示するのは，諸々の技法，あるいは現代の言語を用いる
なら，映画の新たな語り方としての「諸効果」が，飼い馴
らされることなく，見たところ無限に解き放たれていくさ
まである。

　伝統を振り返ってみると，何らかの個人的な芸術言語

や，一群の文化的オブジェクトやある時期に共通する何らかのスタイルが成立するためには，範列が安定していること，そして，ある一定の状況下で，範列の集合のうちどの要素が出現するかに関して，首尾一貫した期待が存在することが不可欠である。たとえば，古典的ハリウッドのスタイルの場合，新しいシーンがエスタブリッシング・ショットで始まるだろうとか，ハイキーやローキーといったある特定の照明の慣習が作品全体を通じて使われるだろうなどと，観客は期待するだろう（デイヴィッド・ボードウェルは，ハリウッドのスタイルを，使用確率という観点でランクづけられた範列によって定義している[42]）。

コンピュータ・ソフトウェアが果てしなく提供してくれる新たな可能性は，新しい映画言語の兆しをもたらしているが，同時にそうした言語の誕生を阻む要因にもなっている（私は映画の例を用いているが，コンピュータ・ベースの視覚文化の他のあらゆる領域にも同じ論理が当てはまる）。あらゆるソフトウェアが，場面転換（トランジション），2Dフィルター，3D変換といったひと揃いの多くの機能や，他の諸効果や「プラグイン」をもたらすので，アーティスト──とりわけ初心者──は，それらの多くを同じ作品の中でどうしても使いたくなるものだ。そうした場合，範列は連辞となる。つまり，一連の使用可能な技法──あるいは，ロシア・フォルマリストの用語を使うなら，装置──から独特の選択をして，作品全体を通じてそれを繰り返す（たとえば，カットだけ，あるいはディゾルヴだけを使うなど）のではなく，む

しろアーティストは結局，同じ作品の中で多くの選択肢を使うことになる。最終的には，デジタル映画は，次から次へと現れるさまざまな効果のリストと化す。ホイットニーの『カタログ』はこの論理の極端な表現である。

　安定した新しい言語を作り出す可能性は，新たな技法が絶え間なく導入されることによっても転覆させられる。そのため，ニューメディアの範列は，オールドメディアの範列よりも多くの選択肢を含んでいるだけでなく，絶えず成長し続けてもいる。しかも，流行という論理，すなわち絶えざる革新への要求によって支配されている文化においては，アーティストは新たに利用可能な選択肢を採用すると同時に，すでに見慣れた選択肢を捨ててしまいがちだ。毎年，毎月，新しい効果がメディア作品の仲間入りをして，以前には顕著だった効果に取って代わり，観客のうちで形を取り始めていたかもしれない安定した期待を，それがどんなものであれ，揺るがすのである。

　そして，だからこそヴェルトフの映画作品が，ニューメディアにとってとりわけ重要なのである。彼の作品は，諸々の「効果」を意味のある芸術言語に変化させる可能性の証明である。ホイットニーのコンピュータ・フィルムやミュージック・ヴィデオでは効果が単なる効果であるのに対して，ヴェルトフの手にかかると効果が意味を獲得するのはいったいなぜなのか？　それは，ヴェルトフの作品では，諸々の効果がある特定の議論——すなわち，ヴェルトフが「映画-眼<ruby>キノアイ</ruby>」という言葉で要約しているような，映像

を手に入れ，操作するための新たな技法を，世界の解読のために用いることができるという議論——に動機づけられているからだ。映画が進んでいくにつれて，ありのままのフッテージは操作されたフッテージに道を譲る。より新しい技法が次々に登場し，映画の終わりにはジェットコースターのような強度——映画術の正真正銘の乱舞——に達する。それはヴェルトフが映画 - 眼の発見を私たちに向けて再演しているかのごとくであり，彼とともに私たちもカメラがもたらす可能性の全領域を徐々に実感するようになる。ヴェルトフの目標は，私たちを彼の見方と考え方に誘い込むこと，彼が映画のための新しい言語を発見するにつれて覚えた興奮を共有させることだ。この徐々に発見していくという過程は，映画作品の主たるナラティヴであり，それは発見されたもののカタログを通じて語られている。こうして，ヴェルトフの手にかかると，このデータベースという通常は静的で「客観的」な形態が，動的で主観的なものになる。より重要なのは，ニューメディアのデザイナーやアーティストたちがなお学ばなければならないある事柄——データベースとナラティヴをどのように混ぜ合わせて，新たな形態を作り出すかということ——を，ヴェルトフが達成できているということである。

航行可能な空間

《ドゥーム》と《ミスト》

ニューメディアの最初の10年間——1990年代——に目を向けると，真に独創的で，歴史的にも先例のない美学的形態を生み出すニューメディアの潜勢力を，いくつかのオブジェクトが例証していることに気づく。そのうち，2つのオブジェクトがとりわけ目を引く。どちらもコンピュータゲームで，同じ1993年に発表された。いずれも筋金入りのゲームファンの世界を超えた人気を誇る現象となり，続編や，本，テレビ，映画，ファッション，デザインへと広がっていった。この2つのゲームは，それだけで，新しい領域とその限界を定義づけている。《ドゥーム》（イド・ソフトウェア，1993年）と《ミスト》（サイアン，1993年）のことである。

《ドゥーム》と《ミスト》は，多くの点で完全に異なっている。《ドゥーム》はテンポが速く，《ミスト》は遅い。《ドゥーム》ではプレイヤーは各レベルをできるだけ早く終えようとして回廊を駆け抜け，次のレベルに進む。《ミ

スト》ではプレイヤーは文字通り一度に一歩ずつ世界を通り抜け，その過程でナラティヴを解明していく。《ドゥーム》にはたくさんの悪霊が住み着いており，あらゆる曲がり角に潜んで，攻撃の機会をうかがっている。《ミスト》はまったく人気(ひとけ)がない。《ドゥーム》の世界はコンピュータゲームの慣習に従ったもので，数十のレベルから構成されている。《ミスト》も４つの異なる世界を含んではいるが，いずれも伝統的なコンピュータゲームのレベルというよりは独立した宇宙のようなものだ。ゲームではたいてい，各レベルは構造や見かけの点で互いにかなり似通っているものだが，《ミスト》の複数の世界ははっきりと異なっている。

航行(ナヴィゲーション)の美学という点でも違いがある。矩形のボリュームによって定義されている《ドゥーム》の世界では，プレイヤーは直線を描いて進み，突然，直角に曲がって新しい回廊に入る。《ミスト》の航行の仕方は，より自由な形をとっている。プレイヤー——より正確には，訪問者——は，周囲の状況をゆっくりと探索する。あたかも手の込んだダンスをしているかのように，しばらくの間，あたりを見回し，堂々巡りをし，同じ場所に繰り返し立ち戻るのである。

最後に，この２つのオブジェクトは，２つの異なるタイプの文化経済を典型的に示している。《ドゥーム》によって，イド・ソフトウェアは，コンピュータゲームの批評家Ｊ・Ｃ・ハーツが次のように要約する新しい経済の先駆者

となった。「それは登場するべくして登場したアイデアだった。シェアウェア・チャンネル，インターネット，オンラインサービスを通じて，無料の，必要最小限のヴァージョンをリリースし，次いできちんと整えられた公認の小売りヴァージョンのソフトウェアを出すのだ」。オリジナルの《ドゥーム》は，世界中で 1500 万本ダウンロードされた[43]。イド・ソフトウェアは，ゲームのフォーマットとゲーム・エディタの詳しい説明書を公表することで，プレイヤーたちが新しいレベルを作って，ゲームを拡張することも奨励した。こうして，新しいレベルが幅広く利用可能となり，誰でもインターネットからダウンロードできるようになると，ゲームをハックし，何かを付け加えることがゲームの本質的な部分となった。それこそが，生産者と消費者の間，あるいは「戦 略」（ストラテジー）と「戦 術」（タクティクス）（セルトー）の間の通常の関係を超える新たな文化経済だった。つまり，**生産者はオブジェクトの基本的な構造を定め，いくつかの見本とともにツールをリリースする。消費者はそのツールを使って，自分自身のヴァージョンを築き，他の消費者とそれを共有する，ということだ。**それに対して《ミスト》の創作者たちは，文化経済のより旧式のモデルに従っていた。そのため，《ミスト》は 1 本のソフトウェアよりも伝統的な芸術品に似ている——分解して変更するものというよりも，注視して称賛するものなのである。ソフトウェア産業の言葉を用いるなら，それはクローズドで，プロプライエタリなシステム，つまり，元々の創作者だけが変更できる

ものなのだ。

　以上のような，宇宙生成論，ゲームプレイ，根底にある経済モデルがことごとく異なるにもかかわらず，この2つのゲームはある重要な点で似通っている。どちらも空間的な旅程なのだ。3D空間の航行が，ゲームプレイの最重要とは言わないまでも一つの本質的な構成要素なのである。《ドゥーム》と《ミスト》では，ユーザーは横切るべき空間，動き回ることによって地図化されるような空間を与えられる。どちらのゲームでも，プレイヤーはまずその空間内のどこかに投下され，ゲームのナラティヴの結末にたどり着くまでに空間のほとんどを訪れて，その幾何学やトポロジーを見つけ出し，その論理や秘密を学ばなければならない。《ドゥーム》と《ミスト》では，他の多くのコンピュータゲームにもみられるように，ナラティヴや，時間それ自体が，3D空間内の移動，つまり部屋やレベルや言葉を通過して進んでいくことと同一視されている。近代の文学，演劇，映画が，登場人物どうしの心理的な緊張や，心理的空間内での移動を中心に組み立てられているのに対して，これらのコンピュータゲームは，私たちを古来のナラティヴの形態に連れ戻す——そこでは，主人公が王女を救うため，財宝を見つけるため，あるいはドラゴンを倒すために遠い土地を旅するといった空間的な移動によってプロットが駆動されているのだ。J・C・ハーツがテキストベースの古典的なアドベンチャーゲーム《ゾーク》をプレイする体験について書いているように，「物語が展開する世

界を徐々に解き明かしていくと，その世界の縁がしだいに後退していき，おのずと物語の結末へと運ばれていく」のである[44]。こうしたゲームのナラティヴは，内面生活の表象や，心理状態や，他のモダニズム的な19世紀の発明品を剝ぎ取ることによって，古代ギリシャの元々の意味におけるナラティヴとなっている。というのも，ミシェル・ド・セルトーが思い起こさせてくれるように，「ギリシャ語では，叙述（ナレーション）は「ディエゲーシス」と呼ばれる。それは道のりを確立する（「案内する」）とともに，通り抜ける（「踏み越える[45]」）」のだから。

　本章のイントロダクションで，私は物語論における叙述と描写の対立を引き合いに出した。ミーケ・バルが注目したように，物語論は「描写がファーブラの線を中断する」ということを標準的な理論的前提としている[46]。この対立では，描写が叙述の不在として否定的に定義されるわけだが，私はつねづねそれには問題があると考えてきた。この定義は，ある種のナラティヴ（神話，おとぎ話，推理小説，古典的ハリウッド映画）を自動的に特権化する一方で，登場人物の行動がナラティヴを支配するわけではない他の形態（たとえば，アンドレイ・タルコフスキーや，『幻の光』や『ワンダフルライフ』を監督した是枝裕和の映画）について考えることを困難にしているのだ[47]。一人称形式による空間の航行を中心に構造化されているゲームは，叙述と描写の対立にさらなる異議を唱えている。

　叙述と描写の代わりに，**ナラティヴ行動や探険**という観

点でゲームについて考えた方が具合がよいかもしれない。プレイヤー自身，一方的に物語を聞かされるのではなく，ナラティヴを先に進めるためにはみずから行動を起こす必要がある——ゲーム世界内で遭遇する他のキャラクターに話しかけ，ものを拾い，敵と戦わなければならない。プレイヤーが何もしなければ，ナラティヴは停止する。この観点からすれば，ゲーム世界内の移動は，主要なナラティヴ行動の一つである。だが，その移動は，探険という自足した目標にもかなうものだ。ゲームの世界を探険し，その細部を調査し，画像を楽しむことは，《ミスト》のようなゲームやそれを模倣したゲームの成功にとっては，ナラティヴの中を進んでいくことと同じくらい重要である。このように，ゲームのナラティヴは，ある視点からは，同じく空間内の移動を中心に構造化されている古来のナラティヴと同列に並べられるが，別の観点からすればそれとは正反対だ。空間内の移動は，プレイヤーがナラティヴの中を進んでいくことを可能にするが，それ自体で価値のあるものでもある。つまり，それはプレイヤーが環境を探険する手段なのである。

　物語論による描写の分析は，コンピュータゲームや他のニューメディアのオブジェクトにおける空間の探険について考えるにあたって有益な出発点となるだろう。バルは，フィクションで描写がなされるくだりは，話すこと，見ること，そして行動することによって動機づけられると述べている。見ることによる動機づけは，次のように作用す

る。「登場人物が何らかの対象を見る。描写とは，その人物が見ているものを再現することである」。行動することによる動機づけは，次のようなことを意味する。「行為者が何らかの対象を用いて行動を成し遂げる。すると，描写はすっかりナラティヴ的なものとなる。その実例は，ゾラの『獣人』で，ジャックが最愛の機関車のあらゆる個々の部品を磨く［さする］場面である[48]」。

　近代の小説とは対照的に，行動が志向されるゲームには台詞はそれほど多くないが，見ることと行動することは，確かにプレイヤーが行う重要な活動である。しかも，近代のフィクションでは普通，見ることと行動することが別々の活動であるのに対して，ゲームでは両者はたいてい同時に起こる。プレイヤーは，別のレベルに通じるドアや，新しい通路や，マシンガンの弾薬や，敵や，「ヘルス・ポーション」を見つけると，ただちにそれらのオブジェクトに働きかける——つまり，ドアを開ける，弾薬や「ヘルス・ポーション」を拾う，敵を撃つといった行動を起こすのである。このように，ナラティヴ行動と探険は緊密に結びついている。

　空間の航行が，叙述のツールとしても探険のツールとしても中心的な役割を果たしていることは，ゲームのデザイナーたち自身も認めている。《ミスト》の2人の共同デザイナーのうちロビン・ミラーによれば，「私たちはただその中を歩き回るだけの環境を作っている。人々はよりよい言葉がないので，これをゲームと呼び，私たちも時にはそ

う呼んできた。でも，その呼び方は実態を反映していない。これは世界なんだ[49]」。古典的な RPG である《ウルティマ》シリーズのデザイナー，リチャード・ギャリオットは，ゲームのデザインとフィクションの執筆を対比している。「彼ら［フィクションの書き手］の多くは，個々の登場人物を細部にわたって発展させて，冒頭で彼らがどんな問題を抱えているのかを述べ，最終的に何を学ぶようになるのかを語る。私のとった方法はそれとは異なる。(…) 私には，世界があって，メッセージがある。その次に，登場人物たちがその世界とメッセージを支えるために存在するのだ[50]」。

ゲームを空間の航行として構造化することは，あらゆるジャンルのゲームに共通してみられる。そこに含まれるのは，アドベンチャーゲーム（たとえば《ゾーク》，《セヴンス・レヴェル》，《ジャーニーマン・プロジェクト》，《トゥームレイダー》，《ミスト》），戦略ゲーム（《コマンド＆コンカー》），ロールプレイングゲーム（《ディアブロ》，《ファイナルファンタジー》），飛行機や自動車などのシミュレータ（《マイクロソフト・フライトシミュレータ》），アクションゲーム（《ヘクセン》，《マリオ》），そしてもちろん，《ドゥーム》にならったファースト・パーソン・シューター（《クエイク》，《アンリアル》）などである。これらのジャンルは，それぞれ異なった慣習に従っている。ユーザーは，アドベンチャーゲームでは世界を探険し，何らかの資源を集め，戦略ゲームでは資源の割り当てと移動，およびリス

ク・マネジメントに携わる。RPG（ロールプレイングゲーム）では，キャラクターを築き上げ，スキルを獲得する。ここでのナラティヴは自己陶冶のナラティヴである。こうしたジャンルの慣習はそれ自体としては，ゲームが航行可能な空間のインターフェースを用いることを要求しているわけではない。したがって，どのゲームもそのようなインターフェースを使っているという事実は，航行可能な空間がより大きな文化的形態を表していることを示唆しているように思う。言い換えれば，それはコンピュータゲームを超越するもの，いや実のところ，後に見るようにコンピュータ文化さえ超越するものなのだ。航行可能な空間は，データベースがまさにそうだったように，コンピュータがその申し分ない媒体になっているとはいえ，コンピュータ以前から存在していた形態なのである。

　実際，航行可能な空間は，ニューメディアのあらゆる領域で用いられている。1980年代を通じて，多くの3Dコンピュータ・アニメーションは，カメラが途切れることなく一度に複雑で広大なセット内を動き回ることを中心にまとめられていた。アニメーションでは，カメラが山岳地帯の上を飛んだり，一続きの部屋をくぐり抜けたり，幾何学的な形状の脇を巧みに通り過ぎたりすることがよくあった。古代の神話ともコンピュータゲームとも違って，この旅程には行き先も目的もなかった。要するに，ナラティヴがなかった。これこそが，空間の航行だけで十分であるような，究極の「ロードムービー」だった。

1990年代には，こうした3Dのフライスルーは，ポスト・コンピュータ映画とロケーション・ベースド・エンターテイメントの新ジャンル，つまりモーション・シミュレータの構成要素となった[51]。モーション・シミュレータは，一人称の視点を用いることで，また観客を収容しているプラットフォームの動きとヴァーチャル・カメラの動きをシンクロさせることで，乗り物で移動するという体験を再現する。モーション・シミュレータの歴史的な先例についてあれこれ考えてみると，航行可能な空間の形態がすでに登場していたいくつかの場が見えてくるようになる。たとえば，《ヘイルズ・ツアーと世界の情景》――これは人気のあるフィルム・ベースのアトラクションで，1904年にセントルイス万国博覧会でお披露目された――，ローラーコースター・ライド，航空機や乗り物や軍事用のシミュレータ――どれもすでに1930年代初頭から動きのある土台を用いていた――，『2001年宇宙の旅』（キューブリック，1968）と『スター・ウォーズ』（ルーカス，1977）におけるフライスルーのシークェンスなどである。なかでも『2001年宇宙の旅』は特に重要な役割を演じている。1980年代末から，最もよく知られたモーション・シミュレータのアトラクションをいくつも生み出し，モーション・シミュレータ現象の隆盛の仕掛け人だったダグラス・トランブルが，この映画のライド・シークェンスを作ることによってキャリアを始めたからである。

　航行可能な空間は，ニューメディアの美学に対して重要

な基礎を提供したことに加えて，労働のための新たなツールにもなっている。航行可能な空間はいまや，データの視覚化や，データを用いた作業のありふれたやり方である。科学のための 視覚化（ヴィジュアライゼーション）から建築デザインのウォークスルーまで，株式市場のパフォーマンスのモデルから統計のデータセットまで，カメラと組み合わされた 3D 仮想空間というモデルは，あらゆる情報を視覚化するにあたって一般に受け入れられているやり方なのだ。それはコンピュータ文化では，印刷文化における図表やグラフと同じくらい受け入れられている[52]。

　航行可能な空間は，物理的な空間と抽象的な情報空間のどちらを表すのにも使用できるため，ごく当然の成り行きとして，ヒューマン・コンピュータ・インターフェースの重要なパラダイムとしても浮上した。実際，ある水準では，HCI をデータの視覚化の特殊なケースとみなすことができる——データが分子や建築モデルや株式市場の数字である代わりにコンピュータ・ファイルであるようなケースである。航行可能な 3D 空間のインターフェースの例としては，平らなデスクトップの代わりに 3D の部屋と透視図で表された平面を用いるインフォメーション・ヴィジュアライザ（ゼロックス・パーク[53]），地球の 3D による航行可能な表象をインターフェースとして使っている T_Vision（ART＋COM[54]），データ・オブジェクトが配置された平面上をユーザーが飛んでいくインフォメーション・ランドスケープ（シリコングラフィックス[55]）が挙げられる。

サイバースペースの元々の（つまり 1980 年代の）ヴィジョンは，人間のユーザー，あるいはウィリアム・ギブソンの言葉を用いるなら「データ・カウボーイ[56]」が情報の 3D 空間を通り抜けていくことを必須としていた。ギブソンがサイバースペースをフィクションとして描写した小説が出版される以前から，サイバースペースは映画『トロン』（ディズニー，1982）で視覚化されていた。『トロン』はネットワークというよりは 1 台のコンピュータの内部で展開するとはいえ，光の線によって囲まれた非物質的な空間内をユーザーが動き回るというヴィジョンは，ギブソンが小説で表現しているヴィジョンと著しく似通っている。1991 年の論集『サイバースペース——最初の一歩』に掲載された論文で，マーコス・ノヴァクはサイバースペースを依然として「グローバルな情報処理システムにおけるあらゆる情報を完全に空間的に視覚化したもの[57]」と定義づけていた。1990 年代前半には，VRML の最初の設計者たちもそのようなヴィジョンを保っていた。この言語の設計にあたって，彼らは「インターネット全域に及ぶ空間を統一的に概念化したもの，つまり WWW の空間的な等価物を作り出す」ことを目指していた[58]。彼らは VRML を，ネットが抽象的なデータのネットワークから「データが感覚化されているような，「知覚化」されたインターネット」へと発展していく際の，自然な一段階とみなしていた[59]。

　サイバースペースという用語は，サイバネティックスというまた別の用語に由来するものだ。1947 年の著作『サ

イバネティックス』で，数学者のノーバート・ウィーナーは，それを「動物と機械における制御と通信の科学」と定義した。ウィーナーは第二次世界大戦中，砲撃の制御とミサイルの自動誘導の問題に取り組んでいるときにサイバネティックスを構想した。彼はサイバネティックスという用語を，操舵手の技を表し，「舵取りがうまい」と訳せる古代ギリシャ語のキュベルネーティコスから引き出した。そういうわけで，航行可能な空間という考えは，コンピュータ時代の起源そのものに存在しているのである。船の舵取りをする操舵手と，攻撃目標に向かって空間を横切っていくミサイルは，たくさんの新しい形象を生み出した——ウィリアム・ギブソンの主人公たち，つまりサイバースペースの広大な領域を動き回る「データ・カウボーイ」たち，モーション・シミュレータの「運転手」たち，科学的なデータセットや，コンピュータのデータ構造，分子や遺伝子，地球の大気や人体を横切って航行するコンピュータのユーザーたち，そして最後にもう一つ重要な例を出すなら，《ドゥーム》や《ミスト》やそれらの果てしない模倣作のプレイヤーたち。

　見方によっては，航行可能な空間をデータベースに対する特殊な種類のインターフェースであるとみなし，したがって特に焦点を合わせるほどのものではないと考えることにも一理ある。しかし，私は航行可能な空間をそれ自体として一つの文化的形態でもあるとみなしたい。単に，ニューメディアの風景の全域で目立っており，後に見るように

ニューメディアの歴史でいつも登場するからというだけでなく，航行可能な空間がデータベース以上に，おそらくはニューメディア特有の新しい形態だからである。もちろん，空間を組織化し，それを何か他のものの表現や視覚化のために用いることは，どちらもつねに人間の文化の根本的な部分を占めていた。建築や古代の記憶術，都市計画や都市の図表化，幾何学やトポロジーは，空間の持つ象徴的・経済的な資本を活用するために開発された学問分野や技法のほんのいくつかの例にすぎない[60]。ニューメディアにおける空間的な構築物は，そうした既存の伝統のすべてを活用している——しかし，ある重要な一点で根本的に異なってもいる。**空間がメディア・タイプとなる**のは，初めてのことなのだ。他のメディア・タイプ——オーディオ，ヴィデオ，静止画，文章——とちょうど同じように，空間はいまや，ただちに伝送，保存，検索しうるものとなり，また圧縮，再フォーマット，ストリーム，フィルター，コンピュータ計算，プログラム化，インタラクションが可能なものとなっている。言い換えれば，コンピュータ・データに変換された結果，メディアに対して可能となったあらゆるオペレーションが，いまや3D空間の表象にも適用できるのだ。

　最近の文化理論は，空間というカテゴリーにますます注意を払うようになってきた。たとえば，日常的な空間の政治と人類学についてのアンリ・ルフェーヴルの仕事，近代の主体性のモデルとしてパノプティコンのトポロジーを分

析するミシェル・フーコー，グローバル資本主義のもたら
すポストモダンな空間についてのフレドリック・ジェイム
ソンやデイヴィッド・ハーヴェイの著作，政治的地理学に
ついてのエドワード・ソジャの仕事がある[61]。同時に，ニ
ューメディアの理論家や実践家が，サイバースペースがど
のように構造化されるべきで，コンピュータ・ベースの空
間的表象をどのように新たなやり方で用いることができる
のかを数多くどんどん定式化している[62]。しかしながら，
空間の航行という特定のカテゴリーは，文化理論とニュー
メディアの理論のどちらにおいてもほとんど注意を引いて
こなかった。だが，このカテゴリーは，ニューメディアが
実際に存在しているとおりの姿を特徴づけている。言い換
えれば，ニューメディアの空間とは，つねに航行するため
の空間なのである。同時に，後に本セクションでみるよう
に，このカテゴリーは，人類学や建築といった他の文化の
領域におけるいくつかの展開にもふさわしい。

　要約しよう。航行可能な空間は，データベースに加え
て，ニューメディアの鍵を握るもう一つの形態である。そ
れはすでに，どんな種類のデータとインタラクトする際に
も受け入れられているやり方であり，コンピュータゲーム
やモーション・シミュレータでおなじみのインターフェー
スであり，ほぼあらゆるコンピュータ計算の実践に使うこ
とのできる形態である。コンピュータ文化はなぜ，あらゆ
る表象と経験を空間化するのだろうか（サイバースペース
が図書館に取って代わり，ナラティヴが空間内の旅行と同一視

され，あらゆる種類のデータがコンピュータによる視覚化を通じて三次元で表現される，といったように）？　この空間化に対抗すべきなのだろうか（ニューメディアにおける時間についてはどうなのだろうか）？　最後に，仮想空間内の航行の美学とは何なのだろうか？

コンピュータの空間

　一番最初に作られたコイン投入式のアーケード・ゲームは，《コンピュータ・スペース》という名前で，宇宙船と空飛ぶ円盤の空中戦をシミュレートしたものだった。このゲームは 1971 年に発売され，MIT で 1962 年に PDP-1 上でプログラムされた最初のコンピュータゲーム《スペースウォー！》のリメイクだった[63]。この２つの伝説的なゲームは，どちらもタイトルに**スペース**という言葉を含み，それにふさわしく，いずれのゲームでも空間＝宇宙が主要なキャラクターの一つだった。オリジナルの《スペースウォー！》では，プレイヤーたちは画面周囲の２機の宇宙船を操縦し，互いに魚雷を撃ち合う。また，プレイヤーは，彼らを引き寄せる画面中央の恒星に船が近づきすぎないように，注意深く操縦しなければならなかった。こうして，プレイヤーは，宇宙船だけでなく，空間それ自体ともインタラクトする必要があった。『2001 年宇宙の旅』，『スター・ウォーズ』，『トロン』といった映画作品とは違って，《スペースウォー！》と《コンピュータ・スペース》の空間は航行可能ではなかった——つまり，空間内を動き回ること

はできなかった——が，重力がシミュレートされているため，空間は真に積極的な存在となっていた。プレイヤーは宇宙船と交戦しなければならないのと同じように，空間そのものとも一戦を交えなければならなかったのである。

　空間のこうした積極的な取り扱いは，ニューメディアにおいては典型というよりも例外である。ニューメディアのオブジェクトは，どんな種類の表象にあたっても好んで空間を用いるが，仮想空間はたいてい真の空間ではなく，ばらばらのオブジェクトの集積である。つまり，スローガン風に言えば，サイバースペースには空間（スペース）がないのである。

　このテーゼをさらに探究するために，20世紀初頭に美術史家たちが発展させたカテゴリーを取り入れることができるだろう。近代の美術史の創設者であるアロイス・リーグル，ハインリヒ・ヴェルフリン，エルヴィン・パノフスキーは，自分たちの分野を空間の表象の歴史と定義した。循環的な文化の発展というパラダイムの中で仕事をしていた彼らは，芸術における空間の表象を，時代全体の精神，文明，人種と関連づけた。リーグルは1901年の『末期ローマの美術工芸』で，人類の文化の発展の特徴は，2つの空間理解のあり方——彼が「触覚的」と「視覚的」と呼んだあり方——の間を揺れ動くことであると指摘した。視覚的な知覚は視野の中の対象を離散的な実体として分離するのに対して，触覚的な知覚は対象を空間的連続体の中に統合する。リーグルの同時代人，ハインリヒ・ヴェルフリンも同じく，ある時代やある民族の気質は，見ることと空間

を表象することの，ある特定の様式のうちに表されると述べた。ヴェルフリンの『美術史の基礎概念』(1915) は，ルネサンスとバロックのスタイルの違いを，線的／絵画的，平面／深奥，閉じられた形式／開かれた形式，多数性／統一性，明瞭性／不明瞭性という5つの軸に沿って示した[64]。近代の美術史のもう一人の創設者，エルヴィン・パノフスキーは，有名な論文「象徴形式としての遠近法」(1924-25) で，ギリシャ人たちの「集積的」な空間とイタリア・ルネサンスの「体系的」な空間を対照させた[65]。パノフスキーは，空間的表象の歴史と抽象的思考の発展の間に並行関係を打ち立てた。前者は，古代における個々の対象から成る空間から，近代における連続的で体系的な空間の表象へと移行する。それに応じて，抽象的思考の発展も，物理的世界を非連続的で「集積的」とみなす古代哲学の見方から，空間を無限で，均質で，等方性を持ち，対象に先んじて存在するもの——要するに，体系的なもの——とするポスト・ルネサンスの理解へと移っていくのである。

　だが，そんな大げさな発展図式を信じなくても，〔パノフスキーが使った〕カテゴリーは有効活用できる。仮想空間はどんな種類の空間なのか？　一見すると，3Dコンピュータグラフィックスのテクノロジーは，パノフスキーの体系的な空間，つまり，含まれる対象に先んじて存在する空間という概念を典型的に示している。実際，デカルト的な座標系は，コンピュータグラフィックスのソフトウェアや，しばしばハードウェアそれ自体に組み込まれてい

る[66]。デザイナーはモデリング・プログラムを立ち上げると，通常，遠近法のグリッドによって定義されたからっぽの空間を与えられる。その空間は，作成されたオブジェクトによって徐々に埋められていくだろう。音楽のシンセサイザーに組み込まれたメッセージが正弦波であるとしたら，コンピュータグラフィックスに内蔵されている世界とは，からっぽのルネサンス的な空間，つまり座標系それ自体なのである。

　それでも，コンピュータ生成による世界は，実際には，視覚的かつ体系的であるというよりは触覚的かつ集積的である。3D世界を作成するコンピュータグラフィックスの技法で最も一般的に用いられているのは，ポリゴンによるモデリングである。この技法によって作成される仮想世界は，厳密な境界線によって定義されたばらばらのオブジェクトを含んだ真空空間なのだ。コンピュータの空間に欠けているのは，媒体という意味での空間——つまり，オブジェクトと，オブジェクトどうしが互いに与え合う影響が埋め込まれているような環境，ロシアの著述家や芸術家たちが 空 間 的 な 媒 体 と呼んでいるものである。ロシアの伝説的な哲学者・美術史家のパーヴェル・フロレンスキーは，それを1920年代初頭に次のように言い表している。「媒体としての空間は，空間に写像されたオブジェクトのことである。(…) 私たちは〈事物〉と空間が切り離せず，〈事物〉や空間をそれだけで表象することはできない，ということを確認した[67]」。こうした空間理解は，ス

ーラからジャコメッティやデ・クーニングに至る近代絵画のある特定の伝統を特徴づけるものでもある。この画家たちは，ばらばらのオブジェクトとからっぽの空間をそれ自体としてとらえる考え方を排除しようとし，代わりに高密度の広がりを描いた——それが時には硬化して，何らかのオブジェクトとして読解しうるものの形をとるのだ。ジル・ドゥルーズが映画を哲学と同種の新しい概念を分節化する活動として分析した例にならって[68]，この伝統に属する近代の画家たちは，絵画を通じてある特定の哲学的概念——媒体としての空間という概念——を分節化しようとしたのだと言えるかもしれない。この概念は，主流のコンピュータグラフィックスがまだ見出していないものである。

　仮想世界の作成にあたって用いられる別の基本的な技法も，集積的な空間へとつながる。その技法とは，アニメーション化されたキャラクター，静止画像，デジタル・ムービーなどの要素を，別の背景の上に重ね合わせるというものだ。伝統的には，この技法はヴィデオやコンピュータゲームで用いられていた。利用できるコンピュータの制約に応じて，初期のゲームのデザイナーたちは，アニメーションを画面の小さな部分だけに限ることがよくあり，「スプライト」と呼ばれるアニメーション化された2Dのオブジェクトやキャラクターを静止した背景の上に描いた。たとえば，《スペースインベーダー》ではインベーダーを表す抽象的な形態が何もない背景の上を飛び，《パックマン》ではちっぽけなキャラクターが迷路の画像を横切って動い

ていた。スプライトとは，本質的には，ゲームが行われる
時点で背景画像に投じられる，アニメーション化された
2D の切り抜きなので，スプライトと背景のあいだに真の
インタラクションは起こっていなかった。1990 年代後半
になって，プロセッサーと 3D グラフィックス・カードが
ずっと高速になったため，ゲームはリアルタイムの 3D レ
ンダリングに転じることができた。このやり方は，反射や
陰影といった，オブジェクトとそれが置かれている空間の
視覚的なインタラクションのモデル化を可能にした。その
結果，ゲームの空間は，互いに関連のない 2D 平面の連な
りというよりは，首尾一貫した真の 3D 空間になった。し
かし，それ以前の数十年間の制約は，ニューメディアの別
の領域に回帰した──オンライン仮想世界である。1990
年代のインターネットの帯域幅は限られていたので，仮想
世界のデザイナーたちは，20 年前のゲームデザイナーた
ちが直面したのと同じような，時にはさらに厳しい制約に
取り組まなければならない。オンライン仮想世界でよくあ
る筋書きは，ユーザーの入力するコマンドに反応して，ア
バターがリアルタイムでアニメーション化されるというも
のであろう。アバターは，ヴィデオゲームのスプライトが
背景と重ね合わされるのと同じ仕方で，部屋の画像と重ね
合わされる。アバターはユーザーに制御されており，他
方，部屋の画像は仮想世界のオペレーターによって提供さ
れている。複数の要素が別々の出所からやって来て，リア
ルタイムで寄せ集められているので，その結果は真の 3D

環境というよりは 2D 平面の連なりである。画像では 3D 空間の中にキャラクターが描かれているとはいえ，それは錯覚なのだ。背景とキャラクターは互いのことを「知らない」し，両者はどんなインタラクションもできないのだから。

　歴史的な観点から見れば，アニメーション化されたスプライトを背景に重ね合わせる技法は，伝統的なセル・アニメーションと結びつけることができる。労力を省くために，アニメーターは同じようなやり方で，画像を静止した背景とアニメーション化されたキャラクターに分割した。実のところ，コンピュータゲームにおけるスプライトは，アニメーション・キャラクターの生まれ変わりとみなせるのだ。とはいえ，この技法を使ったからといって，フライシャーやディズニーのアニメーターたちが空間を（フロレンスキーの用語を使うなら）媒体としての空間とみなさなくなるということはなかった——彼らは近代の画家とは異なったやり方で，媒体としての空間を作り上げたのだ（したがって，大衆は深刻で「難解」な抽象芸術から逃れて，おかしくて具象的なカートゥーンの画像を楽しむのだが，彼らが見たものはジャコメッティやデ・クーニングのカンバスとさほど違わなかったのである）。カートゥーンのオブジェクトにはすべてくっきりとした輪郭があるが，全体的に擬人化されたカートゥーンの世界は，主体とオブジェクト，オブジェクトと空間の区別をどちらも破壊する。あらゆるものがストレッチ＆スクアッシュの同じ法則にしたがい，あらゆる

ものが同じやり方で動いてはねじれ，あらゆるものが同程度に生きている。あたかも，すべて——キャラクターの身体，椅子，壁，皿，食料，車など——が，同じ生命 - 素材から作られているかのようだ。カートゥーンの世界のこうした一元論は，空間とスプライト／キャラクターが2つの根本的に異なった物質から作られているようにみえるコンピュータの世界の二元論的な存在論と対立する。

　要約すると，コンピュータ生成による3Dの仮想世界は，通常，線的遠近法によって描かれるとはいえ，実際には互いに関連しないばらばらのオブジェクトの集積である。そう考えると，コンピュータによる3Dシミュレーションはルネサンスの遠近法への逆戻りだから，20世紀の抽象の観点からみると退行とみなすべきだというよくある議論は，根拠がないことが分かる。パノフスキーの進化論的なパラダイムをコンピュータによる仮想空間の歴史に適用すべきであるとすれば，仮想空間はまだルネサンスの段階に到達しておらず，依然として，空間を全体性として構想することができなかった古代ギリシャの水準にある，と結論づけなければならないだろう。

　コンピュータの空間は，さらに別の意味でも集積的である。《ドゥーム》の例を使ってすでに指摘したように，伝統的に，コンピュータゲームの世界は連続的な空間ではなく離散的なレベルの集合体から成る。加えて，それぞれのレベル——デザイナーが作った部屋や，廊下や，闘技場の総和——もまた離散的である。このように，空間を全体性

として構想するというよりは、ばらばらの場所の集合体を扱っているのである。レベルという慣習は驚くほど確固としたもので、どんなジャンルやコンピュータ・プラットフォームにも見出すことができる。

ワールドワイドウェブと元来のVRMLを目安とするなら、私たちは体系的な空間に近づいているのではまったくない。むしろ、私たちは集積的な空間を、譬喩的にも文字通りにも、新しい規範として採用しているのだ。ウェブの空間は、原則として、首尾一貫した全体性であるとは考えられない。むしろそれは、数多くのファイルの集積であり、ハイパーリンクでつなげられてはいても、それらを統合する包括的なパースペクティヴは存在しないのだ。同じことは、インターネット上の実際の3D空間にも当てはまる。VRMLファイルによって定義される限りでの3Dシーンは、ばらばらなオブジェクト群のリストであり、それらのオブジェクトは、それぞれが別の人間や別のプログラムによって作成され、インターネット上のどこにあってもよい。ユーザーはシーン全体の包括的な構造を考慮に入れることなく、オブジェクトをたやすく付け加えたり削除したりできる[69]。データベースの場合とちょうど同じように、ナラティヴは項目リストに置き換えられ、首尾一貫した3Dシーンはばらばらなオブジェクト群のリストになる。

航行やホームステッドの譬喩が用いられるため、ウェブは西部開拓時代になぞらえられてきた。VRML（それ自体、カリフォルニアの産物）が構想する空間化されたウェブ

は，機能的に用いられないゾーンにはいっさい注意を向けないという点で，アメリカ文化全般における空間の扱い方を反映している。つまり，私的に所有された家屋，商店，公園のあいだに存在する周辺的な地域は衰えるがままにされるのだが，ソフトウェアの規格とソフトウェア・ツールの初期設定によって定義される VRML の世界では，その傾向が極限にまで押し進められる。VRML の世界に含まれるのは，空間それ自体ではなく，異なる個人に属するオブジェクト群だけなのだ。もちろん，ユーザーは初期設定を変更し，ツールを使って初期値の提案とは逆のものを作成することができる。それどころか，ウェブ上に築かれている実際のマルチユーザー空間は，まさしく，アメリカ社会の反コミューン的で離散的な性質に対する反作用，盛んに論じられてきた伝統的な共同体の消滅を埋め合わせる試みとみなすことができる（もちろん，19 世紀の社会学者フェルディナント・テンニースに従うなら，伝統的で人々が団結している規模の共同体から近代的で人間味のない社会への転換はすでに 19 世紀に生じており，近代化のためには避けがたい副作用にして必要条件だった[70]）。とはいえ，ソフトウェアそれ自体によって定義される仮想空間の存在論が，根本的に集積的であり，統一的な視点を持たないオブジェクト群の集合体であることは重要である。

　美術史家や文学・映画研究者たちは，伝統的に，文化的オブジェクトの構造を，より大きな文化的パターンの反映として分析してきた（たとえば，パノフスキーによる遠近法

の読解)。ニューメディアの場合，完成したオブジェクト
だけでなく，何よりもまずソフトウェア・ツールと，その
編成および初期設定に目を向けるべきだ[71]。ニューメディ
アでは，プロダクション・ツールとメディア・オブジェク
トの関係は連続する関係にあり，事実，両者の線引きが難
しいこともよくあるだけに，そのことはとりわけ重要であ
る。そういうわけで，私たちは，階層秩序と中央集権的な
支配をパラノイア的なまでに怖れるアメリカ民主主義のイ
デオロギーを，ウェブのフラットな構造——そこでは，ど
のページも同じ重要さの水準において存在し，ハイパーリ
ンクでつなげられるどんな情報源も同じ重みを持っている
——と結びつけてもよいだろう。同様に，ウェブ上の3D
仮想空間に関しても，合衆国の文化における統合的なパー
スペクティヴの欠如——アメリカの都市空間の場合であ
れ，ますます断片化の度合いを強めている公共的な言説空
間の場合であれ——を，統合された空間の代わりにオブジ
ェクトの集積を用いるVRMLのデザインと関連づけるこ
とができるだろう。

航行の詩学

　コンピュータによる3D空間の表象を分析するために，
私は美術史初期の理論を用いたが，同じようにうまく使え
る理論は他にもたやすく見つかるだろう。しかし，空間の
航行となると話は違う。美術史，地理学，人類学，社会
学，それに他のディシプリンが，静止した，客観的に存在

する構造としての空間を分析するためのアプローチを数多く提供してきたのに対して，空間の航行の詩学を考えるにあたって助けとなるような概念はそう豊富にあるわけではない。とはいえ，コンピュータ空間の主要な特徴がその航行可能性であるという主張が正しいとするなら，その特徴に理論的に取り組むことができなければならない。

　はじめの一歩として，航行可能なコンピュータ空間の古典をいくつか見ておいてもいいだろう。ニコラス・ネグロポンテ率いる MIT のアーキテクチャ・マシン・グループ（このグループは後に MIT メディアラボに発展した）による1978 年のプロジェクト《アスペン・ムービーマップ》は，最初の航行可能なインタラクティヴ仮想空間で，かつ一般公開された最初のハイパーメディア・プログラムであるとされている。このプログラムでは，ユーザーはコロラド州アスペンの市内を「運転する」ことができた。交差点に差しかかるたびに，ユーザーはジョイスティックを使って新しい方向を選ぶことができた。このプログラムを作成するために，MIT のチームは車でアスペンを通り抜けながら，3 メートルごとに写真を撮った。写真はヴィデオディスク一式に保存され，ジョイスティックからの情報に応じて，画面には適切な画像，あるいは一続きの画像が表示された。イスラエルの特殊部隊が 1976 年のエンテベ人質解放の襲撃の訓練に使った空港の実物大模型にインスピレーションを受けて作られた《アスペン・ムービーマップ》はシミュレータであり，したがってその航行の仕方は，車

に乗って移動するという実生活の体験を，そのあらゆる制限も含めてモデルとしていた[72]。とはいえ，そのリアリズムは一連の新しい美学的な可能性を開くものでもあった。残念ながら，後の航行可能な空間のデザイナーたちはそうした可能性をさらに探究することなく，空間の構築に際してインタラクティヴな 3D コンピュータグラフィックスに頼ってしまった。それに対して，《アスペン・ムービーマップ》のデザイナーたちは一連の写真画像を用いた。おまけに，画像は 3 メートルごとに撮られたので，結果として三次元空間の興味深いサンプリングが得られた。1990 年代にアップルの QuickTime による VR テクノロジーによってこの技法がかなりアクセスしやすいものになったにもかかわらず，大規模な仮想空間を現実空間の写真やヴィデオから構築するというアイデアが体系的に試みられることは二度となかった——それは 3D コンピュータグラフィックスによっては到達できないような，独特の美学的可能性を開いていたのだが。

　ジェフリー・ショーの《読むことのできる都市》（1988-91）——コンピュータを使った航行可能な空間の例としては，この作品も有名で影響力がある——も，既存の都市に基づいている[73]。《アスペン・ムービーマップ》と同じように，航行の仕方もやはり現実の物理的な状況——この場合，自転車に乗るという状況——をシミュレートしている。しかし，その仮想空間は，物理的な現実のシミュレーションと結びついているのではなく，3D の文字でできた

架空の都市となっている。航行可能な空間ではたいてい，パラメータが恣意的に選ばれているのに対して，《読むことのできる都市》（アムステルダムとカールスルーエのヴァージョン）の仮想空間のあらゆる値は，その空間が置き換えている実際の既存の物理的空間に由来している。仮想都市内の 3D の文字は，それぞれ，物理的な都市の実際の建物に対応しており，文字の比率や色彩や場所が，それが置き換えている建物に由来するものなのだ。空間を航行することで，ユーザーは文字によって作り上げられる文章を読むのだが，その文章は都市の歴史を記した古文書から引かれている。こうした写像（マッピング）を通じてショーが前景化しているのは──より正確に言うなら「舞台に乗せている」のは──，ニューメディアの，ひいてはコンピュータ時代全般の根本的な問題系の一つ，つまり仮想的（ヴァーチャル）なものと現実的（リアル）なものの関係である。ショーは他の作品でも，観客と画像のインタラクティヴな関係や，コンピュータ・ベースのあらゆる表象にみられる離散的な性質といった，ニューメディアの他の重要な側面を体系的に「舞台に乗せて」きた。《読むことのできる都市》は，それ自体として独自の航行可能な仮想空間として機能しているだけでなく，他のあらゆる航行可能な空間についての注釈にもなっている。この作品が示唆しているのは，実際の物理的な空間と何の関係もない仮想空間や，街やショッピング・モールといった既存の物理的な建造物を綿密にかたどった空間（これはほとんどの商業的な仮想世界や VR 作品について当てはまる）を作

るのではなく，中間の道を取ってもよいだろう，というこ
とだ。《読むことのできる都市》では，現実の都市の記憶
が，イリュージョニズムに屈することなく，注意深く保存
されている。仮想の表象がエンコードしているのは，都市
の遺伝子，つまり都市の表面よりもその深層構造なのだ。
こうした写像を通じて，ショーは仮想的なものの倫理学を
提案している。彼は，仮想的なものは少なくとも，それが
置き換える現実的なものの記憶を保存し，そのオーラとは
言わないまでも，その構造を新たな形態にエンコードする
ことができる，と示唆しているのだ。

　《読むことのできる都市》は，イリュージョン的な空間
ではなく象徴的な空間を提示した点で画期的な作品だった
が，その視覚的な外観——平べったい影を伴った形状が霧
によって和らげられている——は，SGI ワークステーショ
ン（この作品はその上で動いていた）のデフォルトのリアル
タイム・グラフィックスの能力を多くの点で反映したもの
だった。シャー・デイヴィスとソフトイメージ社の彼女の
開発チームは，インタラクティヴな VR インスタレーショ
ンの《浸透》(1994-95) で，航行可能な空間のための異
なった，より絵画的な美学を作り出すという目標に意識的
に取り組んできた[74]。近代美術史の観点からは，その結果
はとても新しいものとは言えない。《浸透》は，通常の
3D コンピュータグラフィックスにみられるハードエッジ
で，ポリゴンを使った，セザンヌのような外観の代わり
に，半透明のテクスチャーと流れる粒子によって作られ

る，よりソフトでぼかした感じの，ルノワールや後期モネのような環境を用いているだけだった。しかしそれでも，他の 3D の仮想世界との関連では，これは重要な前進だった。《浸透》の「ソフト」な美学をさらに支えているのは，十数個ほどの世界の間を移行するのに映画のゆっくりとしたディゾルヴが用いられていることである。《アスペン・ムービーマップ》や《読むことのできる都市》と同様，《浸透》の航行の仕方は，実生活の体験——この場合，スキューバダイビング——をモデルにしている。「没入者」は呼吸によって航行を制御する。身体は息を吸い込むことで上に向かい，息を吐き出すことで落ちていく。その結果，デザイナーたちによれば，仮想世界によくある飛行や運転ではなく，浮遊の体験が生じる。《浸透》の航行におけるもう一つの重要な側面は，その集団的な性格である。「没入」できるのは一度に一人だけだが，その人の仮想世界内での旅が巨大な投影スクリーン上に展開されるさまを，観客は目撃することができる。別の同じ大きさの半透明のスクリーンによって，観客は「没入者」の身体的な身ぶりをシルエットで観察することもできる。こうして，「没入者」は船長のような存在となり，観客を旅に連れて行く。船長と同じように，目に付きやすい象徴的に有標の位置を占め，観客の美学的な体験に対して責任を持つのである。

タマシュ・ヴァリツキーの《森》(1993) は，人間によって実行可能な航行の仕方——歩くこと，車を運転するこ

と，自転車をこぐこと，スキューバダイビングをすること——をシミュレートするという隷属状態からヴァーチャル・カメラを解放した。《森》では，カメラは果てしない白黒の森の中を，一連の複雑でメランコリックな動きをしながら滑っていく。MTV が体現する現代の視覚文化を映画のマニエリスム的な段階とみなせるとすれば——その洗練された撮影，演出，編集の技法を自意識過剰なまでに見せびらかし，それ自体として誇示しているという意味で——，ヴァリツキーのフィルムは，もうすでに過ぎ去った映画の古典的時代に対する別の回答を提示している。このメタフィルムでは，映画装置の一部であるカメラが主人公となっている（その点で，《森》はまた別のメタフィルムである『カメラを持った男』と結びつく）。一見すると，カメラは，森から脱出しようと探索している人間の論理に従って動いているとみなせるだろう（実際には，樹木をとらえた１枚だけの写真が何度も繰り返されている）。だが，『ストリート・オブ・クロコダイル』などのブラザーズ・クエイのアニメーション・フィルムでもそうであるように，《森》のヴァーチャル・カメラは自然の知覚をシミュレートしているのでもなければ，映画のカメラの標準的な文法に従っているわけでもなく，それ自体として独特な体系を作り上げている。『ストリート・オブ・クロコダイル』では，カメラは突然離陸し，あたかもロボットの腕か何かに据え付けられているかのように，画像の面と平行かつ直線的にすばやく動き，同じくらい突然に停止して，空間の別の片隅を

フレームに収める。こうした動きを支える論理は明らかに人間のものではなく，これは何らかの宇宙生命体のヴィジョンである。それに対して，《森》ではカメラは決して停止せず，フィルム全体が中断のない単一のカメラの軌道となっている。《森》のカメラ・システムは，コンピュータ空間の根本的に両義的な性質についての注釈として読解できるだろう。一方では，コンピュータの空間は，物理的な現実や人間の身体とインデックス的に結びついていないため，等方性を持っている。つまり，人間の空間では，身体の垂直性と地平線の方向が二つの重要な方向であるのに対して，コンピュータの空間は特定の軸を特権視することがない。その意味で，コンピュータの空間は，エル・リシツキーの「プロウン」や，カジミール・マレーヴィチのシュプレマティスム的構成——地球の重力や人間の身体の重さに妨げられない，抽象的なコスモス——に似ている（よって，ゲームの《スペースウォー！》は，重力をシミュレートした点で間違っていたのだ！）。ウィリアム・ギブソンが小説の中でサイバースペースのことを呼ぶのに使った「マトリックス」という用語も，この等方性という性質をうまくとらえている。さて他方では，コンピュータの空間は人間の居住者の空間，つまりユーザーが使用し，通過するものでもあり，そのユーザーは水平性と垂直性というおのれの人類学的な枠組みを持ち込んでくる。《森》のカメラ・システムは，コンピュータの空間が持っているこのような二重の性格を前景化している。このフィルムでは人物像やア

バターはいっさい登場せず，地面や空が見せられることもないが，人間主体の代役として1本の樹木が中心に据えられている。カメラは，フィルム全体を通じて垂直の次元に沿って絶え間なく動いているが——地面があると思われる場所に近づくこともあれば，空に向かって（とはいえ重ねて言えば，実際には空はいっさい示されない）動いていくこともある——，それは等方性を持った空間と，人間の人類学的空間——つまり，地面の水平性や，人間の身体の水平および垂直の次元を伴った空間——を折衝する試みとして解釈できるだろう。《森》における航行可能な空間は，こうして人間の主観性と，コンピュータというかなり異なった，究極的にはまるで異質な論理——私たちの時代の究極的かつ遍在する〈他者〉——の媒介となっているのである。

　これまで論じてきた作品はすべて，航行可能な仮想空間を作り出しているのに対して，ジョージ・ルグラディのインタラクティヴなコンピュータ・インスタレーション《移行の空間》(1999) は，仮想的なものから物理的なものに回帰する。ルグラディは既存の建築という航行可能な空間（ミュンヘンのジーメンス本社ビル）を見出して，その空間を，3つの映画的な投影のきっかけを作り出す「原動力」に変容させる。社員や訪問客たちがメイン・エントランス部分と二階の出入口となる通路を通り抜ける際，彼らの動作はカメラにとらえられ，投影の制御に使われるのだ。ルグラディはインスタレーションの企画書にこう書いている。

544

この空間内にいる個人個人の〔歩く〕速さ，場所，タイミング，そして人数が，投影されるシークェンス群の順序やタイミングを制御するので，観客はシステムを「演じる」機会，つまり，カメラによる読み取りとインタラクトすることで意識的な関わり合いを持ち，インスタレーションのナラティヴの流れを制御する機会を得ることになるだろう。

　3つの投影はすべて，「移行の空間」という観念とナラティヴの進展に対する注釈となるだろう。映像のシークェンスは，さまざまな移行の状態を表すことになる——ノイズで覆われた状態からノイズのない状態へ，からっぽの状態から充満した状態へ，開かれた状態から閉ざされた状態へ，闇から光へ，焦点が外れた状態から合った状態へ[75]。

ルグラディのインスタレーションは，ある状態から別の状態への移行という，航行可能な空間という「文字体系」が持つ「語　彙」のうちの一要素を探究し始めている（この文字体系が持つ他の潜在的な要素として挙げられるのは，軌道を描くという特性や，ユーザーの動きのパターン——たとえば，《ドゥーム》の動きはすばやく幾何学的であるのに対して，《ミスト》では当てもなくさまよう——や，ユーザーと空間のあいだに存在しうるインタラクション——たとえば，ヴァリツキーの《庭》(1992) ではキャラクターが遠近法の中心として機能する——や，もちろん，空間のアーキテクチャそれ自

体などである）。先に私はバルによるナラティヴの定義を引き合いに出したが，ニューメディアとの関連では，それは限定的にすぎるかもしれない。ルグラディは文学理論家ツヴェタン・トドロフによる別の，ずっと幅広い定義を引いている。トドロフによれば，ミニマルなナラティヴとは，「ある均衡から別の均衡へ」（つまり言い換えれば，ある状態から別の状態へ）の推移を伴うものだという。ルグラディのインスタレーションが示唆しているのは，主体が空間内のある「安定した」地点から別の地点へ移動すること（たとえば，ロビーから建物へ，そしてオフィスへの移動）をナラティヴとみなせるということ，さらにそこからの類推で，ニューメディアのオブジェクトのある状態から別の状態への移行（たとえば，ノイズの多い画像からノイズのない画像への移行）もミニマルなナラティヴとみなしてもよいだろう，ということだ。私は，後者の類推は最初のものよりも疑わしいと思う。なぜなら，文学のナラティヴに比べて，典型的なニューメディアのオブジェクトにおいては何が「均衡状態」を構成しているのかを言うのが難しいからだ。とはいえ，ルグラディのインスタレーションが実際にはナラティヴを作り出していないと結論づけるよりも，むしろそれをニューメディアのアーティストたちにみられる傾向全体——ニューメディアでは，最低限，何があればナラティヴが成立するのかを探究すること——の重要な例として認めるべきだろう。

　《アスペン・ムービーマップ》から《森》まで，これま

で論じてきたコンピュータ空間はそれぞれ，それ自体として明確な美学を打ち立てている。しかし，大多数の航行可能な仮想空間は，既存の物理的な現実を真似ているだけで，首尾一貫した美学的な綱領を提示していない。航行可能な空間のデザイナーたちは，どのような芸術的・理論的伝統に頼れば，空間をより興味深いものにできるのだろうか？　その明らかな候補は，近代・現代の建築である。〔コンスタンチン・〕メーリニコフやル・コルビュジエやフランク・ロイド・ライトから，アーキグラムやベルナール・チュミに至るまで，近現代の建築家たちは，ユーザーが航行する空間の構造化・概念化に向けてさまざまな計画を練り上げてきた。たとえば，1925 年のソ連パヴィリオン（メーリニコフ），サヴォワ邸（ル・コルビュジエ），ウォーキング・シティ（アーキグラム），ラ・ヴィレット公園（チュミ）に目を向けることができる[76]。よりいっそう適切なのは，「紙上の建築」の伝統である――建てられることを意図していないので，作者が素材や重力や予算の制約という妨げを感じないような設計図のことだ[77]。もう一つの大いに適切な伝統は，〔セットなどの〕映画建築である[78]。「文化的インターフェースの言語」のセクションで論じたように，コンピュータ空間に対する標準的なインターフェースは，人間の肉眼による視覚をシミュレートしたものというよりは，映画のカメラをかたどったヴァーチャル・カメラである。何と言っても，映画建築とは，映画のカメラによる航行と探険のために設計された建築なのだ。

航行可能な空間のデザイナーたちは，建築の伝統だけで
なく，近代・現代の美術のなかにも適切なアイデアを豊富
に見出せるだろう。たとえば，美術と建築のあいだに位置
する近現代の芸術家たちの作品，紙上の建築のプロジェク
トと同じように，有用性と経済の諸問題から解き放たれ
た空間的想像力を掲げているような作品を考慮に入れても
よいだろう――ジャン・デュビュッフェのねじ曲がった世
界，アレクサンダー・カルダーのモビール，ロバート・ス
ミッソンのアースワークス，ジェニー・ホルツァーの動く
文章による空間などである。近現代の多くの芸術家たちが
現実の空間に3Dの構造物を作らざるをえないと感じてい
た一方で，仮想世界を描くことに満足を覚える者もいた。
たとえば，ジョルジョ・デ・キリコのメランコリックな市
街の光景や，イヴ・タンギーによる生物を思わせる世界
や，アルベルト・ジャコメッティの簡潔なワイヤーフレー
ムによる構造物や，アンゼルム・キーファーの実存的な風
景を考えてみるとよい。近代の絵画は，想像上の空間の実
例を，抽象的なものでも具象的なものでも数多く与えてく
れるだけでなく，さらに2つの点で，航行可能な仮想空間
のデザインに関連する。第一に，ニューメディアは絵画と
同様，矩形のフレームを介して体験されることがほとんで
あるとすれば，ヴァーチャルな建築家は，画家がどのよう
に矩形という制約の範囲内で空間を組織していたのかを研
究することができるだろう。第二に，私が「媒体としての
空間の伝統」と呼ぶものに属する近代の画家は，均質で高

密度な広がりとしての空間，つまりあらゆるものが同一の
「材料」から作られるような空間の概念を練り上げた──
それに対して，建築家はつねに，建てられる構造とからっ
ぽの空間という基本的な二項対立に基づいて仕事をしなけ
ればならない。そして，これまで実現されてきた仮想空間
は，リジッドなオブジェクト群とその間の真空という〔建
築家と〕同じ二項対立を受け入れているのだが（《浸透》は
例外かもしれない），素材の組織化のレベルでは，マッタや
ジャコメッティやポロックといった近代の画家たちにみら
れる一元論的な存在論と本来的に関わり合っている。とい
うのも，仮想空間内のあらゆるものもまた，同じ素材──
表面のレベルではピクセル，3D 表象のレベルではポリゴ
ンやボクセル──から作られているのだから。このように
コンピュータの仮想空間は，構造という観点からは近代の
建築よりも絵画に近いのである。

　航行可能な仮想空間のデザインにとりわけ関連性のある
近代・現代の美術ジャンルには，絵画に加えてインスタレ
ーションもある。ニューメディアの文脈からみれば，多く
のインスタレーションを高密度のマルチメディア情報空間
とみなすことができる。それらはレイアウトされた空間内
に，画像，ヴィデオ，文章，グラフィックス，3D の要素
を組み合わせている。たいていのインスタレーションで
は，それらの要素にどの順序で「情報アクセス」するかと
いう決定は観客に委ねられているのに対して，最もよく知
られたインスタレーション・アーティストの一人，イリ

ヤ・カバコフは，観客が彼の空間を航行していくやり方を構造化する戦略を体系的に練り上げた[79]。カバコフによれば，たいていのインスタレーションで「観客が完全に自由であるのは，観客やインスタレーションの周囲にある空間と，その空間に囲まれているインスタレーションが，互いにまったく無関心なままだからだ[80]」。カバコフはそれに対して，美術館やギャラリーのより大きな空間内に，広さや色彩や照明が念入りに選ばれた，独立した，囲い込まれた空間を作り出すことで，観客を自分のインスタレーションの内部に完全に「没入」させようとする。彼はこのインスタレーションの類型を「トータル・インスタレーション」と呼ぶ。

　カバコフにとって，「トータル」なインスタレーションは二重のアイデンティティを持っている。一方では，絵画，彫刻，建築といった，不動の観客によって見られるようにデザインされた造形美術に属しており，他方では，演劇や映画といった，時間に基づく芸術にも属しているのだ。航行可能な仮想空間についても，同じことが言えるだろう。カバコフの別の概念で，仮想空間のデザインに直接適用できるものと言えば，彼がインスタレーションの空間的な構造と，そのドラマトゥルギー——すなわち，観客がインスタレーションの中を移動することによって作り出される時間 – 空間の構造——のあいだに打ち立てている区別が挙げられる[81]。カバコフのドラマトゥルギーの戦略には，インスタレーション全体の空間を2つ以上の連結した

空間に分割して，空間内に明確な道筋を作り上げ，観客が
みずからさまようのを排除することなく，とはいえ観客に
迷ったとか退屈したとか感じさせないようにする，という
やり方が含まれる。そのような道筋を作るために，カバコ
フはオブジェクトどうしの間に回廊や突然の開口部を作っ
たり，奇妙な場所にオブジェクトを置いて通行を妨げたり
する。「トータル・インスタレーション」の別の戦略は，
それ自体として空間化につながるような種類のナラティヴ
を選ぶというものだ。すなわち，インスタレーションの中
心となる主要な出来事のまわりで複数のナラティヴが生じ
るのである。「［インスタレーションの］始まりは［ナラティ
ヴの］主要な出来事を引き起こすもので，他方，最後のパー
トは出来事がすでに起こった後に存在するものだ」。さ
らに別の戦略としては，インスタレーションの空間内に，
観客の注意と航行を編成する手段として，文章を配置する
ことが挙げられる。たとえば，空間のある特定の地点に数
ページの文章を置くことで，航行のリズムに意図的な休止
が作り出される[82]。最後に，カバコフは観客が特定の細部
とインスタレーション全体に代わる代わる焦点を合わせる
ように「指示」している。彼はそのような2種類の空間へ
の注意の向け方（リーグルたちが理論化した触覚的および視
覚的な知覚と関連づけることもできる）を，次のように言い
表している。「さまようこと，空間におけるトータルな
（「総体的な」）状況判断──そして，部分的なもの，小さな
もの，予期せぬものの積極的な，うまくねらいを定められ

た「取り入れ」」, と[83]。

　以上のような戦略はどれも, 航行可能な仮想空間（およびインタラクティヴ・マルチメディア全般）のデザインに直接適用できる。カバコフはとりわけ, 自分のインスタレーションの観客に, そこに含まれるかなりの量の文章をじっくり読ませることに成功している——このことはニューメディアのデザイナーにとっては絶えざる挑戦の対象である。彼がつねに気にかけているのは, 観客が自分の出会うものにどのように注意を向け, 反応するかということだ。「インスタレーション内を移動している間の観客の反応は, デザイナーの主たる関心事である。(…) 観客の注意が失われてしまってはインスタレーションも終わりである[84]」。カバコフが観客に焦点を合わせていることは, ニューメディアのデザイナーたちにも重要な教訓を与えてくれる——彼らは往々にして, 自分がデザインしているものが, オブジェクトそれ自体ではなく, 時間と空間における観客の体験であるということを忘れてしまうからだ。

　私はカバコフの技法に言及するにあたって, 戦略という言葉を意図して用いてきた。ミシェル・ド・セルトーの『日常生活の実践』の用語法を引き合いに出すなら, カバコフは戦略（ストラテジー）を使って, 空間, 時間, 体験, 意味の特定のマトリックスを観客に押しつけ, 今度は観客が「戦術（タクティクス）」を使って, そのマトリックス内で自分自身の軌道（これはセルトーが実際に使っている用語である）を作り出すのだ。カバコフは航行可能な空間の最も熟達した設計者であるか

もしれないが，だとすればセルトーはおそらくその最良の理論家だろう。カバコフ同様，彼もコンピュータ・メディアを直接扱うことはない。にもかかわらず，『日常生活の実践』にはニューメディアに直接適用できる多くのアイデアが含まれている。人々がどのような仕方で「戦術」を用いて，他人によって定義された空間内に自分自身の軌道を作り出すのか（譬喩的に，かつ，空間に関する戦術の場合は文字通りに）についての彼の分析は，コンピュータ・ユーザーが自分で設計したわけではないコンピュータ空間内をどのように航行していくのかを考えるにあたって，よい手本を提供している。

> 〔消費者の作り出す〕軌道は，すでに確立された言語（テレビや，新聞や，スーパーマーケットや，美術館の配列の言語）の語彙によって組み立てられているし，あらかじめ定められた統辞論的な形式（予定表の時間的な様態や，空間の範列的な秩序など）に従属したままであるにもかかわらず，それが展開する場所であるシステムによって規定も捕捉もされないような，他の関心や欲望に基づくたくらみを描き出しているのだ[85]。

航行者と探険家

航行可能な空間はなぜニューメディアでこれほど一般的な構築物なのだろうか？　この形態の歴史的な起源や先例は何だろうか？

1863 年の有名なエッセイ「現代生活の画家」で，シャルル・ボードレールは遊歩者という，都市を歩く近代の新たな男性主体を記録にとどめる[86]（視覚文化，映画理論，文化史，サイバーカルチャーについての最近の著作は，遊歩者の形象をあまりにも頻繁に引き合いに出してきた。私がそれをここで再び引き合いに出すのは，それを新たなやり方で取り扱いたいからだ）。匿名の観察者としての遊歩者は，群衆のひしめくパリの空間内を航行し，通行人の顔と姿を心の中で記録にとどめてはただちに消し去っていく。時おり，彼のまなざしは通りすがりの女のまなざしと出会い，彼女をほんの一瞬のヴァーチャルな情事に引き込むが，次の女性の通行人が出現するや心変わりすることになる。遊歩者が本当にくつろいでいるのは一つの場所でのみ，群衆の中を移動しているときだけである。ボードレールはこう書いている。「完全な遊歩者にとって，情熱的な観察者にとって，数の中に，波打つものの中に，運動の中に，うつろい易いものと無限なるものの中に住いを定めることは，涯しもない歓楽である。わが家の外にいて，しかも，どこにいてもわが家の気持ちでいること。世界を見ながら，世界の中心にいながら，世界に対して身を隠したままでいること」。ここには航行可能な仮想空間の理論が隠されていて，その明確化のためにはヴァルター・ベンヤミンに頼ることができるだろう。ベンヤミンによれば，遊歩者の航行は都市空間を変容させる。「群衆とはヴェールであり，見慣れた都市は 幻 像 と化して，このヴェール越しに遊歩者を招

き寄せるのである。幻像（ファンタスマゴリー）のなかで，都市はあるとき
は風景となり，またあるときは部屋となる[87]」。このよう
に航行可能な空間とは，その構造（アーキテクチャ）が主体の動きや感情
に応じて変容するような，主観的な空間である。物理的な
都市の中を移動する遊歩者の場合，この変容はもちろん，
遊歩者の知覚においてのみ生じるが，仮想空間内を航行す
る場合，空間はユーザーの主観性の鏡となって，文字通り
変化することもある。そのような原則に基づいて作られた
仮想空間は，ヴァリツキーの《庭》や，商業的な映画『ダー
クシティ』（〔アレックス・〕プロヤス，1998）にも見出せ
る。

　ヨーロッパ的な伝統に従って，遊歩者の主観性は集団と
のインタラクションによって定められる——それが見知ら
ぬ者たちの集団であっても。小規模で伝統的な社会におけ
る緊密な結びつきの共同体（ゲマインシャフト）の代わり
に，私たちはいまや近代社会の匿名的な結びつき（ゲゼル
シャフト）を手にしている[88]。遊歩者の振る舞いは，その
ような歴史的な転換に対する反応として解釈できる。遊歩
者はあたかも，自分の集団との親密な関係を失った埋め合
わせとして，おのれを匿名的な群衆の中に入り込ませよう
としているかのようなのだ。彼はこうして，ゲマインシャ
フトからゲゼルシャフトへの歴史的な転換を体現している
のであり，彼が見知らぬ者たちから成る群衆の中でのみく
つろぎを感じるということは，近代化のためにどれほど心
理的な代価が支払われたかを示している。それでもやは

り，遊歩者の主観性は，本質的には間主観性——彼と他の人間とのあいだの視線の交換——なのである。

空間の航行——および，主観性——のまったく異なったイメージが，ジェイムズ・フェニモア・クーパー（1789-1851）やマーク・トウェイン（1835-1910）といった19世紀アメリカの作家の小説に提示されている。クーパーの小説の主人公，荒野の斥候ナッティ・バンポー，またの名をレザーストッキングは，文化ではなく自然の空間を航行する。同様に，トウェインの『ハックルベリー・フィンの冒険』のナラティヴは，2人の少年主人公がミシシッピ川を下っていく旅を中心に組織されている。パリの遊歩者の環境である都市の密集した群衆の代わりに，こうしたアメリカ小説の主人公たちは，都市から離れて荒野にいるときに最もくつろいでいる。彼らは森林や河川を航行し，障害を乗り越え，敵と戦う。主観性が構築されるのは，主体と自然，主体と敵たちの間の軋轢を通じてであって，集団内の対人関係を通じてではない。この構造は，西部劇というアメリカ特有の形式，およびその主人公であるカウボーイ——ほんの時々，酒場で一杯飲むために街に姿を現す孤独な探険家——のうちに，その究極の表現を見出す。街は，遊歩者にとっては憩いの場所を提供するが，カウボーイにとってはそうではなく，むしろ最終的に避けがたい対決に突入してしまうような，諍いにまみれた好ましくない場所である。

遊歩者と探険家はどちらも，ニューメディアのユーザー

のさまざまな主体の立場，あるいは表現型のうちに現れる。メディア理論家にしてアクティヴィストのヘアート・ロフィンクは，彼が「データ・ダンディ」と呼ぶような，現代のメディア・ユーザーとネット・サーファーの人物像を描き出している。ロフィンクが参照しているのはボードレールではなくオスカー・ワイルドだが，彼の言うデータ・ダンディは，「データ遊歩者」と呼んでもいいような振る舞いを示している。「電子的なダンディにとってのネットは，かつての歴史的なダンディにとっての大都市の街路と同じである[89]」。審美家の中の審美家であるデータ・ダンディは，自分の私的でまったく不適切なデータ・コレクションを他のネット・ユーザーたちにひけらかすことを好む。「新しいダンディは，極上の事実と最もばかげた仕掛けにくるまれて，情報＝金の管理者たちの時間経済の統制を乱す（…）。街路にいる匿名の群衆が，大通りを歩くダンディの観客だったとするなら，ログインしたネット・ユーザーたちはデータ・ダンディの観客なのだ[90]」。データ・ダンディはダンディズムをひけらかす一方で，群衆よりも上位にいることを望んでいるわけではなく，ボードレールの遊歩者と同じように，その集団に埋没し，マスメディアのイコンやテーマやトレンドがもたらす意味論的ベクトルに突き動かされたいと思っている。ロフィンクが指摘するように，データ・ダンディは「アイデンティティを持たない者としてのみ，ネット上のルールと戯れることができる。差異化の時代において，排他的であることとは何

か？ （…）データ・ダンディズムは，それ自体がサブカルチャーへと追いやられてしまうことへの反感から生まれる[91]」。ロフィンクはデータ・ダンディをもっぱらデータ空間だけに位置づけているが（「オーデコロンとピンク色のストッキングに，大事なインテル〔のチップ〕が取って代わった」），データ・ダンディには確かに特有のドレスコードがある。その見かけは1990年代のニューメディアのアーティストのあいだで一般的だった——レーベルがなく，明確なデザインもなければ，鮮やかな色彩や意匠を凝らした形もない，要するに，アイデンティティを持たないということなのだが，にもかかわらずスタイルとして誇示され，実際にも念入りに作り上げられているのだ（私はそのことを1997年のベルリンで，ロシアのネットアーティスト，アレクセイ・シュルギンとショッピングしたときに学んだ）。このスタイルを1990年代に最もよく体現したのはヒューゴ・ボスとプラダであり，その抑制されたスタイルなきスタイルは，過剰な時代である1980年代のスターだったヴェルサーチとグッチの豪奢さと好対照を成している。アイデンティティを持たないという新しいスタイルは，ネットの興隆とぴったり対応する。ネットでは，果てしなく続くメーリングリスト，ニュースグループ，サイトが，どんな単一の話題，イメージ，アイデアをも惑わせる。「ネットでひとかたまりとなって現れるものは，情報そのものだけだ。（…）今日，登場した新しいテーマは，明日には23ものニュースグループで論じられる[92]」。

ネット・サーファーが，メーリングリストやニュースグループに投稿し，際限なくデータを集め続けるという点でボードレールの遊歩者の生まれ変わりであるとすれば，仮想空間を航行するユーザーは，19世紀の探検家，クーパーやトウェインの登場人物の位置を引き受けている。これはコンピュータゲームにおける航行可能な空間に特によく当てはまる。ゲームにおいて空間の探険が支配的であることは，個人が空間内を移動することによってみずからのアイデンティティを発見し，人格を陶冶するというアメリカの古典的な神話の例証である。それに関連して，アメリカの多くの小説や短編（O・ヘンリー，ヘミングウェイ）でも，ナラティヴは登場人物が屋外の空間を移動することによって駆動されている。逆に，19世紀ヨーロッパの小説では，心理的な空間でアクションが生じるため，物理的な空間での移動が特徴的であることはあまりない。この観点からすれば，コンピュータゲームはたいてい，ヨーロッパよりもアメリカのナラティヴの論理に従っている。主人公たちは成長を遂げず，彼らの心理も表現されない。しかし，空間内を移動して，敵を打ち負かし，資源と，より重要なこととして技能を獲得するにつれて，彼らは「人格を陶冶して〔キャラクターを築いて〕」いるのである。これはロールプレイングゲーム（RPG）——そのナラティヴは，自己陶冶である——に特によく当てはまるが，ユーザーにキャラクターの指揮を執らせるような，他のゲームのジャンル（アクション，アドベンチャー，シミュレータ）にも当

てはまる（《ドゥーム》,《マリオ》,《トゥームレイダー》）。キャラクターがゲーム内を進んでいくにつれて，ゲームのプレイヤーは新しい技能と知識を獲得する。《ドゥーム》のさまざまなレベルに潜んでいるミュータントをどう出し抜くか，《トゥームレイダー》で蹴りを何度か入れるだけで敵を打ち負かすにはどうするのか，《マリオ》の陽気な世界の謎をどう解くか，等々を学ぶのである[93]。

　人格を陶冶する手段として空間内を移動することがアメリカのフロンティア神話の一つのテーマであるとすれば，もう一つのテーマは未知の空間を探険し，「耕す」ことである。このテーマもコンピュータゲームの構造に反映されている。ゲームではよく，大きな未知の空間のどこかの地点が出発点となる。ゲームが進行するにつれて，プレイヤーは地形をきちんと地図化し，秘密を解明しながら，その空間を探険しなければならない。《ドゥーム》のようにそれぞれ独立した別個のレベルに分けられたゲームの場合は，プレイヤーは所与のレベルの全空間を体系的に調査して初めて次のレベルに移動できるようになる。他のゲームで，単一の広大な領域が舞台となっている場合は，ゲームが進行するにつれて関わり合いのある範囲がしだいに広がっていく（《アドベンチャー》,《ウォークラフト》）。

　このセクションでは，私は文字通りの意味における空間の航行，すなわち 3D 仮想空間内の移動に焦点を合わせているが，この概念はニューメディアの概念化にあたっても重要なメタファーである。1980 年代のサイバースペース

の概念から，Netscape Navigator などの1990年代のソフトウェアに至るまで，コンピュータ化されたデータやメディアとのインタラクションは，一貫して空間に関する用語で言い表されてきた。コンピュータ科学者もそのメタファーを採用した。3D 仮想空間によるインターフェースはありふれた方法というわけではないのだが，彼らは**航行**という用語を使って，ハイパーメディアを組織化し，それにアクセスするさまざまな方法を指し示している。たとえば，ピーター・グロアは『ハイパーメディア・デザインの諸要素』の中で，「データ空間の航行のための7つのデザイン・コンセプト」として，リンク，検索，配列化，階層化，類似性，マッピング，ガイドおよびエージェントを挙げている[94]。このように，「インターネットの航行」には，ハイパーリンクをたどり，ウェブサイトが普通に提供しているメニューを用い，サーチエンジンを使うことが含まれている。この空間的メタファーを受け入れるのであれば，19世紀ヨーロッパの遊歩者とアメリカの探険家の両方が，ネット・サーファーという形象のうちに生まれ変わっていることになる。この2つの歴史的形象を，2つの最も一般的なウェブブラウザの名前と関連づけさえしてもよいだろう。ボードレールの遊歩者が Netscape Navigator で，クーパー，トウェイン，ヘミングウェイの描く探険家が Internet Explorer なのだ。もちろん，名前を別にすれば，2つのブラウザは機能面ではよく似ている。しかし，どちらもより共同的な体験というよりは単独のユーザーが

ウェブサイトを航行することに焦点を合わせているのだから——ニュースグループ，メーリングリスト，テキストベースのチャット，IRC〔インターネット・リレー・チャット〕など——，遊歩者よりも探険家を特権視していると言えるだろう。何らかの集団——それが見知らぬ者たちの群衆から成る集団であるとしても——のメンバーというよりも，単独のユーザーが未知の領域を航行するのだ。そして，さまざまなソフトウェア・ソリューションが開発されて，インターネット上の航行をより社交的な体験にしてきたとはいえ——たとえば，リモート・ユーザーたちが一緒かつ同時に，同じウェブサイトを航行できたり，ある特定の文書に誰がすでにアクセスしたかをユーザーが閲覧できたりするなど——，1990年代末には，個人が「履歴を残さずに」データ内を航行するのがなお標準的だったのである。

映画-眼とシミュレータ

　これまで，遊歩者からネット・サーファーへ，そして19世紀アメリカの探険家から航行可能な仮想空間の探険家へという2つの歴史的な軌道を提示してきたが，もう一つの軌道，つまりパリの遊歩者から航行可能なコンピュータ空間につながる軌道を描くこともできる。映画史家のアン・フリードバーグは『ウィンドウ・ショッピング』で，彼女によれば近代・現代の映画文化，テレビ文化，さらにはサイバーカルチャーを特徴づけている知覚様式の考古学を提示している。彼女が「移動性を持った仮想の視線[95]」

と名づけるその様式は、「表象を介して受け取る知覚」と、「想像上の別の場所や時間を通り抜ける想像上の遊歩」における旅という2つの条件を組み合わせたものである[96]。フリードバーグの考古学によれば、この様式が出現したのは、19世紀の新しい仮想表象のテクノロジー――写真――が、観光旅行や、都市での買い物や、遊歩における移動性を持った視線と結合したときだった[97]。ここから見て取れるように、フリードバーグはボードレールの遊歩者を、近代の他のさまざまな実践と結びつけている。「遊歩者をアーケードに向かわせ、舗道を徘徊させ、靴底をすり減らさせたのと同じ衝動が、買物客をデパートへ、観光客を博覧会へ、観客をパノラマ、ディオラマ、蠟人形館へ、そしてついには映画館へと向かわせたのであった[98]」。こうした19世紀の主体のうち、遊歩者は、知覚を空間内の移動と組み合わせるという欲望を最も力強く体現していたため、特権的な位置を占めていた。「移動性を持った仮想の視線」にたどり着くために残っているのは、この知覚を仮想化することだけだった――そのことは、19世紀の最後の10年間に映画が成し遂げた。

フリードバーグの説明はテレビとともに終わっており、ニューメディアを考慮に入れていないが、航行可能な仮想空間という形態は、彼女の描き出す歴史的な軌道にぴったりと適合する。コンピュータゲームの場合であれ、モーション・シミュレータ、データの視覚化、3Dのヒューマン・コンピュータ・インターフェースの場合であれ、仮想

空間内の航行は，「移動性を持った仮想の視線」の論理に従っている。パリの街路，ショッピング・ウィンドウ，そして通行人たちの顔の代わりに，ヴァーチャルな遊歩者は，仮想の街路，ハイウェイ，複数のデータ平面を通り抜けていく。異性の通行人とのほんの一瞬のヴァーチャルな情事がもたらすエロティシズムは，ある特定のファイルを探り当てて開いたり，ヴァーチャルなオブジェクトにズームしたりする際の興奮に道を譲る。ボードレールの遊歩者と同様，ヴァーチャルな遊歩者も，あるオブジェクトから別のオブジェクトへとクリックして回ったり，部屋から部屋へ，レベルからレベルへ，データ・ボリュームからデータ・ボリュームへと動き回ったりしながら，忙しく立ち回っているときが最も幸せなのだ。

　そういうわけで，データベースという形態が「データベース・コンプレックス」——あらゆるものを保存したいという非合理的な欲望——の現れとみなしうるのとちょうど同じように，航行可能な空間も単に純粋に機能的なインターフェースであるわけではなく，何らかの心理的な欲望，状態，主体の立場——いやむしろ，主体の軌道——の現れにして，それらを満足させるものでもある。近代社会の主体が，現実世界の混沌からの避難所を，絵画の静的な構図の持つ安定性とバランスのうちに，そして後に映画の映像のうちに探し求めたとすれば，情報社会の主体は，ボタンをクリックすることでひとかけらのどんな情報でも探し当てたり，ファイルシステムやネットワーク内にズームした

りしながら，自分がデータの果てしない領域を滑走できるという認識のうちに安らぎを得る。形状や色彩の均衡によってではなく，多種多様なデータ操作のオペレーションの制御によって慰められているのである。

このことは，私たちが，フリードバーグの描き出した軌道の終わりに到達したことを意味するのだろうか？　コンピュータ文化では今なお特権的な場所を占めているとはいえ，遊歩はもはや年代ものの概念である。ここで，GUI（グラフィカル・ユーザー・インターフェース）の歴史との対比を試みることができるだろう。ゼロックス・パークで1970年代に開発され，1980年代初頭にアップルによって商品化されたGUIは，典型的なユーザーのハードドライブに含まれているファイル数が，数十か，せめて数百だったときには適切なものだったが，ユーザーが何百万ものファイルにアクセスするネットベースのコンピュータ使用という次の段階ではもはや十分ではない[99]。ユーザーは，ファイルのグラフィカルな表示・航行の能力を顧慮せずに，テキストベースのサーチエンジンに頼るのだ。同様に，フリードバーグが描き出す「移動性を持った仮想の視線」は，より早い時期のもっと静的なデータ組織とアクセスの方法（静止画像，文章，カタログ，図書館）に対してはかなりの前進だったが，情報時代にはその「帯域幅」はあまりにも限られている。しかも，物理的な空間内の移動を単にシミュレートするだけでは，コンピュータが持っているデータアクセスとデータ操作の新しい可能性の数々は活用さ

れないことになる。したがって，ヴァーチャルな遊歩者にとっては，検索，セグメンテーション，ハイパーリンキング，視覚化，データマイニングといったオペレーションこそが，物理的な空間のシミュレーション内を単に航行することよりも満足のいくものなのである。

すでに 1920 年代に，ジガ・ヴェルトフはそのことを非常によく理解していた。『カメラを持った男』は，ボードレールの遊歩から《アスペン・ムービーマップ》，《ドゥーム》，VRML の世界へと至る軌道における重要な地点だが，それは単にヴェルトフの映画作品が，カメラによる都市空間の積極的な探険を中心に構造化されているからではないし，カメラの移動性を物神化しているからというだけでもない。ヴェルトフは，人間の視覚と人間の空間内の移動の限界を乗り越えて，より効率のよいデータアクセスの手段に到達することを望んでいたのだ。しかしながら，彼が取り組んだデータは，生の，目に見える現実であって，コンピュータのメモリに数字としてデジタル化され保存された現実ではなかった。同様に，彼のインターフェースは映画のカメラ，つまり人間の視覚を擬人化したシミュレーションであって，コンピュータのアルゴリズムではなかった。このように，ヴェルトフはボードレールの遊歩者と今日のコンピュータ・ユーザーの中間に位置している。もはや単に街路を歩く歩行者ではないが，データマイニングのアルゴリズムで武装して，純粋なデータにズームするような，ギブソンのデータ・カウボーイではまだないのである。

ヴェルトフは,「映画-眼によるインターフェース」と
呼びうるものについて研究する過程で, 人間の視覚の限界
であると思えた事柄を乗り越えるための方法を体系的に試
みた。カメラを建物の屋上や走行中の車に据え付けたり,
フィルムの速度を遅めてみたり速めてみたり, いくつもの
画像を時間と空間の中で一緒に重ね合わせたりしたのであ
る(時間的モンタージュと, ショット内モンタージュ)。『カ
メラを持った男』は, 1920 年代の都市生活や, 諸々の映
画技法や, 視覚的認識論の新たなオペレーション群のデー
タベースであるだけでなく, 人間による物理的空間の単な
る航行を相携えて超え出ることを目指す新しいインターフ
ェース・オペレーション群のデータベースでもあるのだ。
　19 世紀の都市という航行可能な空間から, コンピュー
タによる航行可能な仮想空間への軌道において, 『カメラ
を持った男』と並んで重要なもう一つの地点は, フライ
ト・シミュレータである。ヴェルトフが自作に取り組んで
いるのと同時期に, アメリカの若い技師, E・A・リン
ク・ジュニアが最初の商用フライト・シミュレータを開発
した。意義深いことに, リンクは 1930 年にシミュレータ
の特許を申請したとき, それを「見習い飛行士の訓練装置
と娯楽器具を組み合わせたもの」と呼んだ[100]。このよう
に, フライト・シミュレータのテクノロジーを消費者エン
ターテイメントに適用するという 1990 年代に起こった事
態は, 後知恵というよりも, すでに発明者によって構想さ
れていたのだ。リンクが設計したのは, パイロットのコッ

クピットをそのあらゆる制御装置も含めてシミュレートしたものだったが，現代のシミュレータとは違って画像部分がなかった。要するに，それはムービーのないモーション・ライドだったのだ。1960年代には，新しいヴィデオ・テクノロジーを用いて画像が付け加えられた。部屋ほどの大きさの空港の模型の上に置かれた可動式のアームに，ヴィデオカメラが据え付けられたのだ。カメラの動きはシミュレータの制御装置と同期され，画像はコックピットのヴィデオ・モニターに送られた。このアプローチは便利だったが，実際の模型のセットという物理的現実に基づいているため，限界があった。「合成」のセクションで見たように，物理的な建造物よりも，撮影・編集された画像の方がシミュレーションのテクノロジーとしてより好ましく，コンピュータ制御のヴァーチャルな画像であればなおよいのである。インタラクティヴな3Dコンピュータグラフィックスのテクノロジーが開発されてすぐに，開発者の一人がそれをシミュレータ向けの画像制作に応用したのは意外なことではない。アイヴァン・サザランド——彼はすでにコンピュータ支援によるインタラクティヴなデザイン（「スケッチパッド」，1962）や，仮 想 現 実（1967）の草
ヴァーチャル・リアリティ
分けだった——は，1968年に，コンピュータ・ベースのシミュレータを制作する会社を設立した。シミュレータは1970年代と1980年代には，リアルタイムの3Dコンピュータグラフィックスのテクノロジーの主な応用例の一つであり，そのため，このテクノロジーの発展の仕方をかなり

大きく決定していた。たとえば、パイロットが眺める特定のよくある風景の特徴——平らな地面、山脈、雲のある空、霧——はどれも重要な研究課題となった[101]。また、インタラクティヴなグラフィックスのシミュレータへの応用は、このテクノロジーの新たな用い方に関する研究者たちの想像力をも形作ってきた。その結果、シミュレートされた空間的環境のフライスルーという特殊なイディオムに市民権が与えられた。

このように、空間化されたデータのフライスルーという、今日、コンピュータ文化で用いられている最もありふれた航行の形態の一つは、1970年代の軍事用シミュレータにまでさかのぼることができる。物理的な街路をぶらつくボードレールの遊歩者から、走行中の車に据え付けられたヴェルトフのカメラへ、さらには軍のパイロットの視点を表すシミュレータのヴァーチャル・カメラへの移行があるのだ。冷戦の終結は、それが唯一の要因ではないにせよ、軍事的な知覚の様式を全般的な文化へと広げるにあたって重要な役割を演じた。エヴァンス&サザランド、ボーイング、ロッキードといった会社は、1990年までは数百万ドルもするシミュレータの開発に忙しかったが、軍からの注文が途絶えたので、自分たちの持っているテクノロジーの消費者向けの応用例を探し求めざるをえなくなった。1990年代を通じて、上述の会社や他の会社は、自分たちの作る高価なシミュレータを、アーケード・ゲームや、モーション・ライドや、他のロケーション・ベースド・エン

ターテイメントの形態に転用した。90年代末には，エヴァンス＆サザランドの製品リストには，軍事用シミュレータや航空シミュレータで使用するための画像生成プログラム，テレビの制作に用いるヴァーチャル・セットのテクノロジー，ネットワーク型の軍事用シミュレータを元に作られた，ネットワーク型ゲーム・ステーションのシステムであるサイバー・ファイター，没入型のロケーション・ベースド・エンターテイメントのステーションであるヴァーチャル・グライダーなどが含まれていた[102]。軍事予算が減り続け，エンターテイメント予算が急増するにつれて，エンターテイメント産業と軍は，しばしば同じテクノロジーを共有し，同じ視覚的形態を用いるようになった。ニューメディアの軍事部門と文民部門において，テクノロジーと想像力の循環的な移転が進行中であることを最も鮮やかに示す例は，おそらく《ドゥーム》である。1993年に元々コンシューマーゲームとして，インターネット上でイド・ソフトウェアによって開発されリリースされた《ドゥーム》は，すぐさま合衆国海兵隊の目にとまり，海兵隊はそれを集団戦闘の訓練用の軍事シミュレータにカスタマイズした[103]。数百万ドルもするシミュレータを用いる代わりに，軍隊はいまや50ドルのゲームで兵士たちを訓練することができるのだ。修正に携わった海兵隊は，カスタマイズされた《ドゥーム》を商用ゲームとして市場に出すために，自分たちの会社の設立に踏み切った。

　航行可能な空間という形態の軍事的な起源についての議

論を完成させるには，ポール・ヴィリリオの草分け的な仕事を引き合いに出さなければならないだろう。ヴィリリオは 1984 年の見事な本『戦争と映画』で，軍による空中からの監視と映画撮影において，ともに空間内を動いていく移動性を持ったカメラが使われているといった，20 世紀の軍事文化と映画文化の間にみられる数多くの並行関係を示した[104]。ヴィリリオは続けて，空間が 19 世紀の主要なカテゴリーであるのに対して，20 世紀の主要なカテゴリーは時間であると示唆する。すでに論じたように，ヴィリリオにとって，遠距離通信のテクノロジーは，地球のあらゆる地点を——少なくとも理論的には——他のどの地点とも同じくらい近づきやすくするため，空間のカテゴリーをすっかり除去してしまう。このテクノロジーはリアルタイムの政治にも通じる——それは光速で伝達される出来事に即時に反応することを求め，究極的には，人間の介入なしで互いに応答し合うコンピュータだけが効率よく処理できるのかもしれない。ポスト冷戦のパースペクティヴからは，ヴィリリオの理論は，軍事部門から文民部門への想像力の移転のさらなる例とみなすことができる。この場合，いつどの瞬間にも互いを，あるいは地球上の任意の地点を攻撃できる 2 つの超大国間で核兵器の均衡が保たれているという冷戦期のテクノ政治は，空間に対してリアルタイムが勝利を収めるような，文化の根本的に新しい段階とみなされる。

　ヴィリリオはコンピュータ・インターフェースについて

書いたわけではなかったが，彼の著作の論理は以下のこと
を示唆している。つまり，リアルタイムの政治の文化にと
って理想的なコンピュータ・インターフェースは，『博士
の異常な愛情　または私は如何にして心配するのを止めて
水爆を愛するようになったか』（キューブリック，1964）に
出てくる，将軍たちとパイロットたちの間に直接の連絡線
があるウォールームや，コマンドとそれに対する応答が軍
隊的秩序を伴う DOS のコマンドラインであって，よりス
ペクタクル的ではあるけれども非効率な VRML の世界で
はない，ということだ。不経済で非効率であるにもかかわ
らず，航行可能な空間のインターフェースはニューメディ
アのあらゆる領域で繁栄している。この人気をどう説明で
きるのだろうか？　単なる文化的な惰性の結果？　19世
紀の残り物？　コンピュータの究極的には異質な空間を擬
人化し，パリの遊歩のシミュレーションを抽象的データに
重ね合わせることによって，人間と相容れるものにする方
策？　冷戦文化の遺物？

　どの答えもその通りなのだが，航行可能な空間を単にあ
る歴史的な軌道の終わりとみなすだけでは不十分だろう。
それは新たな始まりでもある。ここで論じたいくつかのコ
ンピュータ空間は，その形態が孕んでいる美学的な可能性
の一端を指し示しているし，近代・現代の画家，インスタ
レーション・アーティスト，建築家の作品にはさらに多く
の可能性が含まれている。理論的な観点からも，航行可能
な空間は新たな挑戦である。静的な空間のトポロジー，幾

何学，論理だけを考察するよりも，空間がコンピュータ文化において機能する新たな仕方を考慮に入れなければならない——空間は主体が通り抜けるものであり，領域というよりも軌道なのである。だが，航行可能な空間というカテゴリーの使用が意味をなすのは，コンピュータ文化の分野だけに限られているわけではない。そこで今度は，「航行可能な空間の想像力」のさらなる例を見出せる他の２つの分野——人類学と建築——に目を向けることにしたい。

　フランスの人類学者マルク・オジェは，その著書『非‐場所——スーパーモダニティの人類学に向けて』で，「スーパーモダニティは数々の非‐場所を，すなわち，それ自体は人類学的な場所ではなく，またボードレール的なモダニティとは違って，それ以前の場所と融合することがないような空間を生み出す」という仮説を提示する[105]。場所とは，人類学者たちが伝統的に研究してきたものであり，安定性がその特徴である。つまり，安定したアイデンティティ，関係，歴史の支えとなっている[106]。オジェが場所を空間——あるいは非‐場所——と区別するとき，その主たる典拠はミシェル・ド・セルトーである。「彼にとって，空間とは「よく訪問される場所」，「移動する身体の交差点」である。つまり，街路（街の計画者たちによって，幾何学的に場所として定義されている）を空間に変容させるのは，歩行者」なのであり，移動する身体の動きによって，ある場所を活気づけることなのである[107]。このように，ある観点からすれば，場所は文化生産者の産物として理解

できる一方で，非－場所はユーザーによって作られるものである。言い換えれば，非－場所とは，ある個人が何らかの場所を通り抜けるその軌道のことである。別の見方をすれば，スーパーモダニティにおいては，伝統的な場所は，同じくらい制度化された非－場所によって置き換えられている——すなわち，ホテルチェーンや不法占拠された建物，ホリデークラブや難民キャンプ，スーパーマーケット，空港，高速道路といった通過と非永続性の新たな建築によって。非－場所こそが，新しい基準にして，生存の新たな方法となっているのだ。

　オジェがスーパーモダニティの条件を体現する主体として，パイロットや，フライト・シミュレータのユーザーではなく，それに相対するもの——つまり，航空会社の乗客——を選んでいるのは興味深い。「孤独でありながら，多数のうちの一人である非－場所のユーザーは，その非－場所と契約によって関係を結んでいる」。その契約のおかげで，彼はみずからを決定している通常の諸要素から解放される。「彼は，乗客，顧客，運転手といった役割の中で自分がなすことや経験すること以上のものではなくなる[108]」。オジェは「人類学的な場所が有機的な社会体を作り出すのと同じように，非－場所は契約による孤独な関係性を作り出す」と結論づける。これは，社会学の伝統的な対象とはまさに正反対のものだ。彼は言う。「ロワシー〔シャルル・ド・ゴール空港〕のトランジット・ラウンジをデュルケームのように分析することを想像できるだろう

か！[109]」

　建築は，定義からして，秩序，社会，規則の側にあるため，社会学に対応するものである——社会学は規則的なもの，規準，（セルトーの用語を用いると）「戦略」を取り扱うのだから。とはいえ，建築の根底にそのような想定があることを意識することによって，現代の多くの建築家たちは，とりわけ，ユーザーが自分たちの「言語行為」を通じて「社会文化的な生産の諸技法によって組織された空間を再びみずからのものとする[110]」（セルトー）ような活動に注意を向けるようになった。建築家たちは，みずからの設計する構造がユーザーの活動によって変更されるだろうということ，そしてそのような変更が建築の本質的な一部を成すということを受け入れるようになっている。彼らはまた，「ロワシーのトランジット・ラウンジのデュルケームのような分析」という挑戦に応じて，空港（レンゾ・ピアノによる大阪の関西国際空港），鉄道ターミナル（ニコラス・グリムショーによるロンドンのウォータールー国際ターミナル），高速道路の管理所（アシムトート・アーキテクチャ・グループによるスティール・クラウド，すなわちロサンゼルス・ウェストコースト・ゲートウェイ）といった非 - 場所の設計に，自分たちのエネルギーと想像力を投入した[111]。おそらく，非 - 場所の建築のうち究極的なものは，100 万平米にわたるユーラリール・プロジェクトだろう。このプロジェクトは，フランスのリール市街を大陸とロンドンのトランジット・ゾーンとして再定義したもので，現代の最も興

味深い建築家たちを引きつけた——レム・コールハースが
マスタープランを設計し、ジャン・ヌーヴェルは、鉄道ター
ミナルに隣接し、ショッピング・センター、学校、ホテ
ル、住居を含むユーラリール・センターを建てた。大陸と
イングランドを結ぶ鉄道車両用の地下トンネルである英仏
海峡トンネルへの入り口、およびリール、ロンドン、ブリ
ュッセル、パリ間を移動する高速鉄道のターミナルを中心
としたユーラリールは、卓越した航行空間にして、巨大な
非‐場所である。《ドゥーム》のネットワーク上のプレイ
ヤーと同じように、ユーラリールのユーザーたちは、列車
や車から現れ出て、みずからの軌道を通じて定義されるゾ
ーン、「ただその中を歩き回るだけの」環境（ロビン・ミラ
ー）、「移動する身体の交差点」（セルトー）に一時的に住み
着くのである。

《EVE》と《プレイス》

　私たちは、《スペースウォー！》（1962）と《コンピュー
タ・スペース》（1971）以後、かなり長い道のりを歩んで
きた——少なくとも、グラフィックスの面では。これら初
期のコンピュータゲームは、《クエイク》（1996）や《アン
リアル》（1998）のフォトリアリズム的な表現よりも、マ
レーヴィチやモンドリアンの抽象絵画との共通点の方が多
い。こうしたグラフィックスにおける発展に付随して概念
的な発展もあったかどうかは、また別の問題である。美術
家、建築家、映画作家、美術史家、人類学者が発展させて

きた近代の空間の概念が持っている豊かさに比べると，私たちのコンピュータ空間にはまだたどるべき長い道のりが残っている。

前に進むための方法は，しばしば，後ろに戻ることである。このセクションで示唆してきたように，仮想空間のデザイナーたちは，20世紀の美術や建築や映画などの芸術に目を向けることで適切なアイデアを豊富に見出すこともあるだろう。それと同じように，《スペースウォー！》や《アスペン・ムービーマップ》といった最初期のコンピュータ空間のいくつかには，いまだ探究されていない美学的な可能性が含まれている。締め括りとして，私はジェフリー・ショーのさらに2つの作品を論じるつもりだ。彼はおそらく，空間の構築と表象に関するさまざまな文化的伝統を，他のどのニューメディアのアーティストよりも体系的に活用している。

移動性を持った仮想の視線というフリードバーグの概念は，パノラマ，映画，ショッピングといった，空間的な航行のいくつかのテクノロジーと実践の間にある結びつきを見せてくれる点で有用だが，それらの間の重要な差異を見えなくすることもある。それに対して，ショーの《EVE》（1993- 現在）と《プレイス——ユーザーズ・マニュアル》（1995）は，多様な航行のテクノロジー間の類似性と差異の両方を強調している[112]。ショーはこの2つの作品で，パノラマ，映画，ヴィデオ，VRの航行の方法を呼び起こす。だが，彼は異なったテクノロジーを一つに折りたたむ

のではなく，それらを並べて「層状にする」，すなわち，あるテクノロジーのインターフェースを，別のテクノロジーのインターフェースのうちに文字通り囲い込むのである。たとえば，《EVE》の場合，訪問者は19世紀のパノラマを思わせる巨大な半球の中にいる。球体の中央に設置されたプロジェクターが，半球の内側の表面に矩形の映像を投げかける。このように，映画のインターフェース（矩形のフレームに囲まれた映像）が，パノラマのインターフェース（半球の囲まれた空間）の内部に置かれているのである。《プレイス――ユーザーズ・マニュアル》では，別の「層状化」が生じている。パノラマのインターフェースが，典型的なコンピュータ空間のインターフェース内部に置かれているのだ。ユーザーは，VRや，コンピュータゲームや，コンピュータ上の航行可能な空間一般に特有の一人称のパースペクティヴを用いながら，ヴァーチャルな風景を航行する。この風景の内部には，表面に写真が写像された11本の円柱がある。ユーザーがそれらの円柱の1本の内部に入っていくと，パノラマの伝統に典型的な知覚の様態に切り替わるのである。

　単一の作品の内部に，異なったテクノロジーのインターフェースを隣り合わせに配置することによって，ショーは各々に特徴的な，見ることをめぐる独自の論理や，空間的なアクセスの仕方や，ユーザーの振る舞いを前景化する。フレームに収められた画像の伝統，すなわち観客を含むより大きな物理的空間の内部に存在する表象（絵画，映画，

コンピュータの画面）が，「トータル」なシミュレーションや「没入」の伝統，すなわち観客を囲い込むシミュレートされた空間（パノラマ，VR）と出会うのである。

　ショーが舞台に乗せているもう一つの歴史的な二項対立は，画面上で展開する芸術における集団的な鑑賞と個別化された鑑賞の伝統という二項対立である。前者の伝統は幻燈ショーから20世紀の映画にまで及び，後者の伝統はカメラ・オブスクラ，ステレオスコープ，キネトスコープから，VRのヘッドマウントディスプレイへと至るが，どちらにも相応の危険がある。前者の伝統では，大衆によって引き起こされる反応のうちに個人の主観性が消失するかもしれないし，後者では，孤立した主体とオブジェクトとのインタラクションによって主観性が定義されるため，間主観的な対話が蔑ろにされる。《浸透》を論じたときに特筆したように，観客がコンピュータ・インスタレーションとインタラクションをする場合には，かなり新しい何かが出現し始めている——個別化された観客のありようと，集団的な観客のありようが組み合わされているのだ。ある一人の観客による作品との（ジョイスティックや，マウスや，ヘッドマウント・センサーを通じた）インタラクションが，それ自体，いわば作品という競技場の中にいる他の観客たちに向けた新たなテクストとなる。そのことは，〔インタラクションをする〕観客の振る舞いにも作用する。この観客は，他の観客たちの欲望の代理人として振る舞い，いまや彼らの欲望と作品の両方に適応させられるのだ。

《EVE》は西洋のシミュレーションの全歴史を列挙する際に，転倒したプラトンの洞窟のようなものとして機能する。つまり，訪問者たちは，現実の世界からシミュレーションの空間に進み，そこで単なる影の代わりに，通常の知覚よりもリアルにみえる，テクノロジーによって高められた（立体視を介した）画像を与えられるのだ[113]。同時に，《EVE》の囲まれた半円形は，完璧で自足したユートピア——視覚のユートピア（19世紀のパノラマ）であれ，社会のユートピアであれ——を構築したいという近代の根本的な欲望へと私たちを連れ戻す（たとえば，ロシアの建築家G・I・ギドニは1917年の後，何千人もの観客を収容できる半透明の球という形で，革命のモニュメントを設計した）。といっても，訪問者たちは，《EVE》の囲まれた空間に入るとき，観客のいる現実空間とは何の関係もないシミュレーション世界を提示されるのではなく（通常のVRではそうなのだが），自分たちが今まさしく後にしたばかりの外側の現実を《EVE》の装置が見せてくれていることに気づく。その上，彼らは単一の集団的なヴィジョンに溶け込まされるのではなく（全体芸術作品，映画，大衆社会），主観的で一部分だけの視界に向き合う。訪問者たちが見るのは，ヘッドマウント・センサーを装着したある一人の人物が彼らに見せるべく選んだものだけなのだ。つまり，彼らは文字通りこの人物の視点に制限されている。それに加えて，彼らが見るものは360度の視界ではなく，小さな矩形の画像——外側の世界のサンプルにすぎないもの——である。セ

ンサーを装着し，そのために文字通り残りの観客のための眼として振る舞うこの訪問者は，一度にいくつもの立場を占める——主人としての主体，観客に見るに値するものを見せる幻視者，そして（同時に）単なるオブジェクト，観客と外側の現実のインターフェース，すなわち他人のための道具でもある。同時にプロジェクターであり，光であり，反射板なのである。

　データベースと航行可能な空間という，ニューメディアの鍵を握る形態(フォーム)をこうして調査してみると，両者がコンピュータ文化において特権的な役割を果たしていること自体が，より広範な文化的変化の一つの徴候なのではないかと考えたくなる。オジェによるモダニティとスーパーモダニティの区別を用いるなら，次のような図式を打ち立てることができるだろう。

1. モダニティ——「スーパーモダニティ」
2. ナラティヴ（＝階層秩序(ヒエラルキー)）——データベース，ハイパーメディア，ネットワーク（＝階層秩序の平板化）
3. 客観的な空間——航行可能な空間（空間内の軌道）
4. 静的な建築——「リキッド・アーキテクチャ[114]」
5. 文化・社会の分析に向けた理論的モデルとしての幾何学とトポロジー——理論的カテゴリーとしての軌道，ベクトル，フロー

この図式から見て取れるように，データベースと航行可能な空間という２つの「スーパーモダン」な形態は，モダニティの形態に及ぼす影響という点では互いに補足し合うものである。一方で，ナラティヴは「平板化」されてデータベースになる。つまり，出来事そして／あるいは時間を通じた軌道が平坦な空間になるのである。他方で，建築やトポロジーの平坦な空間は，ナラティヴ化されて個人のユーザーの軌道の支持体となる。

　だが，これはありうる図式の一つでしかない。とはいえ明白なのは，私たちがモダニティを去って何か別のものに向かったということだ。私たちはそれを記述するための名前をまだ探している最中だが，これまでに思いついた名前——「スーパーモダニティ」，「トランスモダニティ」，「第二のモダン」——は，どれもこの新たな段階が古い段階と連続しているという感覚を反映しているようにみえる。1980年代の「ポストモダニズム」の概念がモダニティとの断絶を含意していたとすれば，私たちはいまや，文化史を，一つの概念的・美学的空間内の連続した軌道とみなすことを好んでいるようなのだ。20世紀を生き抜いてきた私たちは，「過去と断絶すること」や，「ゼロから築き上げること」や，「新たに作り出すこと」や，他の似たような主張——美学的，道徳的，社会的なシステムのどの場合であれ——が支払ってきた人間的な代償をいやというほど知らされた。ニューメディアは完全に新しくあるべきだという主張は，上記のような主張を記載した果てしないリスト

の一項目にすぎないのだ。

　そのような連続的な軌道という観念は，人類学や現象学ともより相性がよい。人間の身体が連続的な軌道を描いて物理的空間を移動するのと同じように，歴史を連続的な軌道とみなすという考えは，私の見解では，一つの時代から次の時代への認識論的断絶やパラダイム・シフトを仮定する考えよりも好ましい。ミシェル・フーコーやトーマス・クーンによって1960年代に表明された後者のような考えは，エイゼンシュテインやゴダールのモダニズム的なモンタージュの美学にこそぴったり合うのであって，合成，モーフィング，航行可能な空間によって体現されるような，私たち自身の連続性の美学にはなじまないのである[115]。

　彼らのような思想家たちは，歴史の通時的な面に，自分たちの時代のトラウマ的な共時的分割——すなわち，資本主義の西側と共産主義の東側の分裂——を投影してきたようにもみえる。だが，1990年代にこの分裂が公式に（とはいえ必ずしも実際にではなく）崩壊するとともに，私たちは歴史がどのようにして，強力かつ危険な仕方で，その連続性を再び主張したかを目の当たりにしてきた。ナショナリズムと宗教の復活や，共産主義体制と結びつくあらゆるものを消去し，過去——1917年以前のロシアと1945年以前の東欧——に戻ろうとする欲望は，そうした過程を表す徴候のうち特に劇的なものの一部にすぎない。過去とのラディカルな断絶には代償が伴う。歴史の軌道は，中断されたとしても，潜在的なエネルギーを蓄積し続けており，つい

にある日，新たな力とともに頭をもたげ，突如，明るみに出て，その間に作り出された新しいものを何であれ押しつぶすのである。

　本書では，ニューメディアとオールドメディアの連続性，歴史の反復と革新の相互作用を強調することを選び取ってきた。ニューメディアがどのように，さまざまなメディア——とりわけ映画——の古い形態や慣習をみずからのものにしているのかを示したかったのである。文化史とは川の流れのようなもので，その進路を突然変えることはできない。その動きは，地点と地点を結ぶ直線の集合というよりは，スプライン曲線の動きである。要するに，私は文化史という空間内に，やがてニューメディアを通り抜けていくことになるような複数の軌道を作り出し，かくして先行するもののうちにニューメディアを基礎づけたかったのである。

原註

1. http://www.adweek.com.

2. http://www.plumbdesign.com/thesaurus/.

3. ジャネット・マレーによれば，デジタルの環境には，手続き的，参加的，空間的，百科事典的という4つの本質的な特性がある。お分かりのように，空間的と百科事典的という特性は，私がここで述べた航行可能な空間とデータベースという2つの形態（フォーム）と関連づけられるだろう。Janet Murray, *Hamlet on the Holodeck: The Future of Narrative in Cyberspace* (Cambridge, Mass.: MIT Press, 1997), 73.〔ジャネット・マレー『デジタ

ル・ストーリーテリング——電脳空間におけるナラティヴの未来形』有馬
哲夫訳、国文社、2000年、116頁〕

4. Sigfried Giedion, *Mechanization Takes Command: A Contribution to Anonymous History* (New York: Oxford University Press, 1948). 〔ジークフリート・ギーディオン『機械化の文化史——ものいわぬものの歴史』GK研究所・榮久庵祥二訳、鹿島出版会、1977年〕

5. 「データベース」の項。*Encyclopædia Britannica Online*, http://www.eb.com: 180/cgi-bin/g?DocF=micro/160/23.html.

6. Jean-François Lyotard, *The Postmodern Condition: A Report on Knowledge*, trans. Geoff Bennington and Brian Massumi (Minneapolis: University of Minnesota Press, 1984), 3. 〔ジャン゠フランソワ・リオタール『ポスト・モダンの条件——知・社会・言語ゲーム』小林康夫訳、書肆風の薔薇／水声社、1986年、13頁〕

7. 早くも1985年には、グロリエ社が文章だけの *Academic American Encyclopedia* をCD-ROMで発行した。最初のマルチメディア百科事典は、1989年に出版された *Compton's MultiMedia Encyclopedia* である。

8. データベース美学をめぐる特集号の *AI & Society* 14, no. 2 (June 2000), ed. Victoria Vesna (http://arts.ucsb.edu/~vesna/AI_Society/)、および *SWITCH* 13, no. 1 (2000), "The Database Issue" (http://switch.sjsu.edu/) を見よ。

9. http://www.teleportacia.org/anna.

10. 1998年9月16日のジョージ・ルグラディとの個人的な会話による。

11. ボードウェルとトンプソンは、映画における動機づけを次のように定義している。「映画は人間が作るものなので、作品の構成要素はどんなものでも、そこに存在する正当な理由があると想定できる。この理由が、その要素の動機づけである」。動機づけの例をいくつか挙げておこう。「トトが気球から飛び降りて猫を追いかけるとき、このアクションは、それがいかにも猫がそばにいるときに犬がとりそうな行動だという、一般的な見方によって動機づけられる」。「アクションを追いかけ、フレームのなかにその人物をとどめようとするキャメラの動きは、部屋を動き回るその人物によって動機づけられているだろう」。Bordwell and Thompson, *Film Art*, 5th ed., 80. 〔ボードウェル／トンプソン『フィルム・アート』、58頁〕

12. McGowan and McCullaugh, *Entertainment in the Cyber Zone*, 71.

13. これは手続き型のプログラミングのパラダイムについて言えることで、

Java や C++ などのコンピュータ言語に代表されるオブジェクト指向のプログラミングのパラダイムでは、アルゴリズムとデータ構造は一緒くたにオブジェクトとしてモデル化される。

14. *Mediamatic* 8, no. 1 (Summer 1994), 1860.

15. Bob Laird, "Information Age Losing Memory," *USA Today*, October, 25, 1999.

16. http://www.amazon.com/exec/obidos/subst/misc/company-info.html/, http://www.oracle.com/database/oracle8i/.

17. http://artnetweb.com/guggenheim/mediascape/shaw.html.

18. Graham Harwood, *Rehearsal of Memory*, CD-ROM (London: Artec and Bookworks, 1996).

19. http://www.telepresence.com/MENAGERIE.

20. http://jefferson.village.virginia.edu/wax/.

21. http://myboyfriendcamebackfromth.ewar.ru.

22. Mieke Bal, *Naratology: Introduction to the Theory of Narrative* (Toronto: University of Toronto Press, 1985), 8.

23. 有標性の理論は当初、音韻論に関連してプラハ学派の言語学者たちによって展開されたが、その後、言語学的分析のあらゆる水準に適用された。たとえば、「雄鳥〔rooster〕」は有標の項であり、「鶏〔chicken〕」は無標の項である。「雄鳥」が雄にだけ用いられるのに対して、「鶏」は雄にも雌にも適用できるからだ。

24. Fredric Jameson, "Postmodernism and Consumer Society," in *The Anti-Aesthetic: Essays on Postmodern Culture*, ed. Hal Foster (Seattle: Bay Press, 1983), 123.〔ジェームソン「ポストモダニズムと消費社会」、227頁〕

25. Barthes, *Elements of Semiology*, 58.〔バルト「記号学の原理」、157頁〕

26. Ibid., 58 に引用。〔邦訳 158頁〕

27. Christian Metz, "The Fiction Film and its Spectator: A Metapsychological Study," in *Apparatus*, ed. Theresa Hak Kyung Cha (New York: Tanam Press, 1980), 402.〔クリスチャン・メッツ『映画と精神分析』《新装復刊》、鹿島茂訳、白水社、2008年、251頁〕

28. Rosalind Krauss, "Video: The Aesthetics of Narcissism," in *Video Culture*, ed. John Hanhardt (Rochester: Visual Studies Workshop, 1987), 184.〔ロザリンド・クラウス「ヴィデオ——ナルシシズムの美学」石岡良治

訳，三輪健仁・蔵屋美香編『ヴィデオを待ちながら』東京国立近代美術館，2009年，191頁〕

29. この分析は，多くのインタラクティヴなコンピュータ・インスタレーションにも当てはまる。そうしたインスタレーションのユーザーは，自分自身の画像を差し出される。ユーザーはその画像と戯れることができ，また自分の動きがどのようにさまざまな効果を引き起こすのかを観察することもできる。〔クラウスとは〕異なった意味において，ほとんどのニューメディアは，ユーザーに対してユーザー自身の画像を描き出すかどうかにかかわらず，ユーザーに対してユーザー自身のアクションとその帰結を描き出しているのだから，ナルシシズム的な状況を活性化していると言いうるだろう。言い換えれば，ニューメディアは，人間の画像だけでなく，人間の活動をも反映する新しい種類の鏡として機能しているのだ。これは違った種類のナルシシズムである——受動的な観照ではなく，アクションなのだ。ユーザーは画面のあちこちにカーソルを動かし，アイコンをクリックし，キーボードのキーを叩く，等々。コンピュータ画面は，こうした活動の鏡として機能する。しばしば，この鏡は単に反映するだけでなく，ユーザーのアクションを大いに増幅する——伝統的なナルシシズムとの第二の違いである。たとえば，フォルダのアイコンをクリックすることで，音声を伴ったアニメーションが作動する。あるいは，ゲームパッドのボタンを押すことで，キャラクターを山に登らせる，等々。だが，たとえこうした増幅がなくても，現代のGUIは，画面のあちこちを動き回るカーソルのかたちでつねにユーザーの画像を描き出しているので，鏡として機能している。

30. Sam Hunter and John Jacobus, *Modern Art: Painting, Sculpture, Architecture*, 3rd ed. (New York: Harry N. Abrams, 1992), 326 に引用。

31. Frank Dietrich, "Visual Intelligence: The First Decade of Computer Art (1965-1975)," *IEEE Computer Graphics and Applications* 5, no. 7 (July 1985), 39.

32. Gene Youngblood, *Expanded Cinema* (New York: E. P. Dutton, 1970), 210.

33. Peter Greenaway, *The Stairs: Munich Projection* (London: Merrell Holberton, 1995), 21.

34. David Pascoe, *Peter Greenaway: Museums and Moving Images* (London: Reaktion Books, 1997), 9-10 に引用。

35. http://www.tem-nanterre.com/greenaway-100objects/.

36. Greenaway, *The Stairs: Munich Projection*, 47–53.

37. Mikhail Kaufman, "An Interview," *October* 11 (Winter 1979): 65.

38. ヴェルトフは，データベースのレコード群をある特定の順序で据えることでそれらに意味を付与するという点で，「クレショフ効果」を用いていると言えるだろう。

39. 言語学，記号論，哲学は，メタ言語の概念を用いている。メタ言語とは，オブジェクト言語の分析のために使われる言語である。したがって，メタ言語は，ある別の言語についての言語であるとみなせるだろう。メタテクストとは，オブジェクト言語内のテクストについての，メタ言語内のテクストである。たとえば，ファッション雑誌の記事は，衣服というテクストについてのメタテクストである。あるいは，HTML ファイルは，ウェブページというテクストを記述しているメタテクストである。

40. 多種多様な時間的モンタージュの技法が，1920 年代にはいまだ新奇なものだったことを思い起こすべきである。それらの技法は，当時の観客にとって，3D のキャラクターといった「特殊効果」が今日の観客に対して持つのと同じ地位を持っていたのだ。ヴェルトフ作品の最初の観客たちは，おそらく，それを一つの長い特殊効果のシークェンスとして経験したのである。

41. Ibid., 55.

42. David Bordwell, "Classical Hollywood Cinema," in *Narrative, Apparatus, Ideology*〔デイヴィッド・ボードウェル「古典的ハリウッド映画」杉山昭夫訳，『「新」映画理論集成 2』所収，189 頁〕

43. Herz, *Joystick Nation*, 90, 84.

44. Ibid., 150.

45. Michel de Certeau, *The Practice of Everyday Life*, trans. Steven Rendall (Berkeley: University of California Press, 1984), 129.〔ミシェル・ド・セルトー『日常的実践のポイエティーク』山田登世子訳，ちくま学芸文庫，2021 年，307 頁〕

46. Bal, *Narratology*, 130. バルはファーブラを「行為者たちが引き起こすか経験する，論理的かつ時系列的に関連づけられた一連の出来事」(Bal, *Narratology*, 5) と定義している。

47. スコット・マクラウドは『漫画を理解する』で，日本の漫画が，西洋の漫画とは対照的に，ナラティヴの展開に直接的に動機づけられていない

588

「描写」にどれほど多くの時間を費やしているかということに注目している。同じ対立は，古典的ハリウッド映画の言語と，タルコフスキーや是枝の作品といった，多くの「東洋」の映画作品の間にも当てはまる。そのような一般化が危険であることはよく分かっているが，叙述と描写の対立を，伝統的な西洋と東洋の存在のあり方や哲学の間のより大がかりな対立——外側の世界を知り，征服しようとする西洋の主体の衝動に対する，瞑想と静止状態の仏教的な強調——と結びつけるのは魅力的である。Scott McCloud, *Understanding Comics: The Invisible Art* (New York: Harper Perennial, 1994).〔スコット・マクラウド『マンガ学——マンガによるマンガのためのマンガ理論』岡田斗司夫訳，美術出版社，1998 年〕

48. Bal, *Narratology*, 130-132.

49. McGowan and McCullaugh, *Entertainment in the Cyber Zone*, 120.

50. Herz, *Joystick Nation*, 155-156 に引用。

51. モーション・シミュレータをめぐる現象の批判的な分析に関しては，Erkki Huhtamo, "Phantom Train to Technopia," in *ISEA '94. The 5th International Symposium on Electronic Art Catalogue*, ed. Minna Tarkka (Helsinki: University of Art and Design, 1994); "Encapsulated Bodies in Motion: Simulators and the Quest for Total Immersion," in *Critical Issues in Electronic Media*, ed. Simon Penny〔エルキ・フータモ「カプセル化された動く身体——シミュレーターと完全な没入の探求」堀潤之訳，『Inter-Communication』NTT 出版，52 号，2005 年 春，75-84 頁，53 号，2005 年夏，71-84 頁〕を見よ。

52. www.cybergeography.com を見よ。

53. Stuart Card, George Robertson, and Jock Mackinlay, "The Information Visualizer, an Information Workplace," in *CHI '91: Human Factors in Computing Systems Conference Proceedings* (New York: ACM, 1991), 181-186; available online at http://www.acm.org/pubs/articles/proceedings/chi/108844/p181-card/p181-card.pdf.

54. http://www.artcom.de/projects/t_vision/.

55. http://www.acm.org/sigchi/chi95/proceedings/panels/km_bdy.htm.

56. William Gibson, *Neuromancer* (New York: Ace Books, 1984).〔ウィリアム・ギブスン『ニューロマンサー』黒丸尚訳，早川書房，1986 年〕

57. Marcos Novak, "Liquid Architectures in Cyberspace," in *Cyberspace: First Steps*, ed, Michael Benedict (Cambridge, Mass.: MIT Press, 1991),

225-254.〔マイケル・ベネディクト編『サイバースペース』NTT ヒューマンインタフェース研究所・鈴木圭介・山田和子訳，NTT 出版，1994年，234-264 頁〕

58. Mark Pesce, Peter Kennard, and Anthony Parisi, "Cyberspace," 1994, http://www.hyperreal.org/~mpesce/www.html.

59. Ibid.

60. マイケル・ベネディクトは，草分け的なアンソロジー *Cyberspace: First Steps* の序文で，サイバースペースの概念に対する，こうした学問分野のいくつかの妥当性を探究している。本書は今なお，サイバースペースの主題についての最良の本の一冊である。

61. Henri Lefebvre, *The Production of Space* (Oxford: Blackwell, 1991)〔アンリ・ルフェーヴル『空間の生産』斎藤日出治訳，青木書店，2000年〕; Michel Foucault, *Discipline and Punish: The Birth of the Prison* (New York: Pantheon Books, 1977)〔ミシェル・フーコー『監獄の誕生——監視と処罰』田村俶訳，新潮社，1977 年〕; Fredric Jameson, *The Geopolitical Aesthetic: Cinema and Space in the World System* (Bloomington: Indiana University Press, 1992); David Harvey, *The Condition of Postmodernity* (Oxford: Blackwell, 1989)〔デヴィッド・ハーヴェイ『ポストモダニティの条件』吉原直樹監訳，ちくま学芸文庫，2022 年〕; Edward Soja, *Postmodern Geographies: The Reassertion of Space in Critical Social Theory* (London: Verso, 1989)〔エドワード・ソジャ『ポストモダン地理学——批判的社会理論における空間の位相』加藤政洋・西部均・水内俊雄・長尾謙吉・大城直樹訳，青土社，2003 年〕

62. たとえば，Benedict, *Cyberspace: First Steps*〔ベネディクト編『サイバースペース』〕や，マーコス・ノヴァクの論文 (http://www.aud.ucla.edu/~marcos) を見よ。

63. http://icwhen.com/the70s/1971.html.

64. Heinrich Wölfflin, *Principles of Art History*, trans. M. D. Hottinger (New York: Dover, 1950).〔ハインリヒ・ヴェルフリン『美術史の基礎概念——近世美術における様式発展の問題』海津忠雄訳，慶應義塾大学出版会，2000 年〕

65. Erwin Panofsky, *Perspective as Symbolic Form*, trans. Christopher S. Wood (New York: Zone Books, 1991).〔エルヴィン・パノフスキー『〈象徴形式〉としての遠近法』木田元監訳，川戸れい子・上村清雄訳，ちくま

学芸文庫, 2009 年〕

66. 拙論 "The Mapping of Space: Perspective, Radar, and 3D Computer Graphics" を見よ。

67. Alla Efimova and Lev Manovich, "Object, Space, Culture: Introduction," in *Tekstura: Russian Essays on Visual Culture*, eds. Alla Efimova and Lev Manovich (Chicago: University of Chicago Press, 1993), xxvi に引用。

68. Gilles Deleuze, *Cinema* (Minneapolis: University of Minnesota Press, 1986-1989).〔ジル・ドゥルーズ『シネマ1』『シネマ2』法政大学出版局, 2008 年, 2006 年〕

69. Hartman and Wernecke, *The VRML 2.0 Handbook*.

70. Ferdinand Tönnies, *Community and Society*, trans. Charles P. Loomis (East Lansing: Michigan State University Press, 1957)〔テンニエス『ゲマインシャフトとゲゼルシャフト──純粋社会学の基本概念』上・下巻, 杉之原寿一訳, 岩波文庫, 1957 年〕を見よ。

71. 重要な例外は, 1970 年代に映画理論家たちによって発展させられた装置論だった。

72. Stewart Brand, *The Media Lab* (New York: Penguin Books, 1988), 141.〔スチュアート・ブランド『メディアラボ──「メディアの未来」を創造する超・頭脳集団の挑戦』室謙二・麻生九美訳, 福武書店, 1988 年〕

73. Manuela Abel, ed., *Jeffrey Shaw—A User's Manual* (Karlsruhe: ZKM, 1997), 127-129.《読むことのできる都市》の3つの異なるヴァージョンは, マンハッタン, アムステルダム, カールスルーエの地図に基づいて作成された。

74. http://www.softimage.com/Projects/Osmose/.

75. George Legrady, *Transitional Spaces* (Munich: Siemens Kultur Programm, 1999), 5.

76. アーキグラム・グループをコンピュータ・ベースの仮想空間という文脈で論じたものとして, Hans-Peter Schwarz, *Media-Art-History: Media Museum* (Munich: Prestel, 1997), 74-76 を見よ。

77. たとえば, Jean-Claude Lemagny, *Visionary Architects: Boullée, Ledoux, Lequeu* (Houston: University of St. Thomas, 1968); Heinrich Klotz, ed., *Paper Architecture: New Projects from the Soviet Union* (Frankfurt am Main: Deutsches Architekturmuseum, 1988) を見よ。

78. たとえば Dietrich Neumann, ed., *Film Architecture: Set Designs from*

Metropolis to Blade Runner（Munich: Prestel, 1996）を見よ。

79. Ilya Kabakov, *On the "Total Installation"*（Bonn: Cantz Verlag, 1995）.

80. Ibid., 125. この箇所とこれに続く部分でのカバコフのロシア語の文章からの翻訳は私自身による。

81. Ibid., 200.

82. Ibid., 200-208.

83. Ibid., 162.

84. Ibid., 162.

85. Certeau, *The Practice of Everyday Life*, xviii. 〔セルトー『日常的実践のポイエティーク』，30 頁〕

86. Charles Baudelaire, "The Painter of Modern Life," in *My Heart Laid Bare and Other Prose Writings*（London: Soho Book, 1986）.〔「現代生活の画家」，『ボードレール批評 2』阿部良雄訳，ちくま学芸文庫，1999 年，164 頁〕

87. Walter Benjamin, "Paris, Capital of the Nineteenth Century," in *Reflections*（New York: Schocken Books, 1986）, 156.〔「パリ——十九世紀の首都」，『ベンヤミン・コレクション 1』浅井健二郎編訳，久保哲司訳，ちくま学芸文庫，1995 年，346-347 頁〕

88. このようなゲマインシャフトとゲゼルシャフトの区別は，テンニースの *Community and Society*〔テンニエス『ゲマインシャフトとゲゼルシャフト』〕で詳しく説かれている。

89. Adilkno, *The Media Archive*（New York: Autonomedia, 1998）, 99.

90. Ibid., 100.

91. Ibid.

92. Ibid.

93. このような成熟のナラティヴは，イニシエーションの儀式という，伝統的にはあらゆる人間社会の一部をなしていた事柄の特殊なケースとみなすこともできる。

94. Peter Gloor, *Elements of Hypermedia Design*（Boston: Birkhäuser, 1997）.

95. Friedberg, *Window Shopping*, 2.〔フリードバーグ『ウィンドウ・ショッピング』，3 頁〕

96. Ibid.〔邦訳 3 頁〕

97. Ibid., 184.〔邦訳 234 頁〕

98. Ibid., 94.〔邦訳 122 頁〕

99. Don Gentner and Jakob Nielsen, "The Anti-Mac Interface," *Communications of the ACM* 39, no. 8（August 1996）: 70-82 を見よ。Available online at http://www.acm.org/cacm/AUG96/antimac.htm.

100. Benjamin Woolley, *Virtual Worlds*（Oxford: Blackwell, 1992）, 39, 43.

101. 3D コンピュータグラフィックスについてより詳しくは, 拙論 "The Mapping of Space: Perspective, Radar, and 3D Computer Graphics" を見よ。

102. http://www.es.com/product_index.html.

103. Elizabeth Sikorovsky, "Training Spells Doom for Marines," *Federal Computer Week*, July, 15, 1996, available online at http://www.fcw.com/pubs/fcw/0715/guide.htm.

104. Paul Virilio, *War and Cinema*（London: Verso, 1989）.〔ポール・ヴィリリオ『戦争と映画――知覚の兵站術』石井直志・千葉文夫訳, 平凡社ライブラリー, 1999 年〕

105. Marc Augé, *Non-places: Introduction to an Anthropology of Supermodernity*, trans. John Howe（London: Verso, 1995）, 78.〔マルク・オジェ『非‐場所――スーパーモダニティの人類学に向けて』中川真知子訳, 水声社, 2017 年, 104 頁〕

106. Ibid., 53.〔邦訳, 74 頁〕

107. Ibid., 79-80.〔邦訳, 106 頁〕

108. Ibid., 101, 103.〔邦訳, 130-131 頁〕

109. Ibid., 94.〔邦訳, 122 頁〕

110. Certeau, *The Practice of Everyday Life*, xiv.〔セルトー『日常的実践のポイエティーク』, 22-23 頁〕

111. Jean-Claude Dubost and Jean-François Gonthier, eds., *Architecture for the Future*（Paris: Éditions Pierre Terrail, 1996）, 171.

112. Abel, *Jeffrey Shaw*, 138-139, 142-145.

113. 私がここで記述しているのは, 1995 年 5 月にドイツのカールスルーエの展覧会「ムルティメディアーレ 4」で見た《EVE》の特定の応用例である。

114. Novak, "Liquid Architectures in Cyberspace" を見よ。

115. この非連続性のパラダイムに属するもう一つの観念は, ルネ・トムのカタストロフィー理論である。René Thom, *Structural Stability and Mor-*

phogenesis（Reading, Mass.: W. A. Benjamin, 1975）を見よ。

第6章　映画とは何か？
What Is Cinema?

映画とニューメディアの関係は，2つのベクトルで考えるのが有用である。まず，映画からニューメディアに向かうベクトルがあり，それが本書のバックボーンを成している。第1章から第5章までは，映画史と映画理論を活用しながら，ニューメディアの技法と様式の発展を駆動する論理を描き出してきた。また，ニューメディアのインターフェースにおいて——伝統的な HCI（オペレーティング・システムやソフトウェア・アプリケーションのインターフェース）のみならず，私が「文化的インターフェース」と名づけているもの，つまり人間のユーザーと文化的データのインターフェースも含めて——，映画言語が果たしてきた主要な役割もたどっている。

　次に，逆向きのベクトル，つまりコンピュータから映画に向かうベクトルがある。コンピュータ化はどのように，私たちが持っている動画像〔moving images〕の概念そのものに影響を及ぼしているのか？　コンピュータ化は映画言語に新しい可能性をもたらすのか？　それはまったく新しい形態の映画の発展につながってきたのか？　この最終章はそうした問題に当てられる。すでに「合成」のセクションや「イリュージョン」の章で，それらの問題を部分的に取り扱っているが，以前の章で焦点を合わせたのは，主にコンピュータ生成による〔静止〕画像の新しいアイデンティティだったので，調査の範囲を拡大して今度は動画像も含めるのが妥当である。

　先に進む前に2つのリストを提示したい。最初のリスト

は，コンピュータ化が本来の意味での映画に対してもたらした影響を要約したものである。

1. 伝統的な映画制作におけるコンピュータ技術の使用

    1.1　3D コンピュータ・アニメーション／デジタル合成。例：『タイタニック』（ジェームズ・キャメロン，1997)，『ロスト・チルドレン』（マルク・キャロ／ジャン＝ピエール・ジュネ，1995)

    1.2　デジタル絵画。例：『フォレスト・ガンプ』（ロバート・ゼメキス，1994)

    1.3　ヴァーチャル・セット。例：『クローン・オブ・エイダ』（リン・ハーシュマン，1997)

    1.4　ヴァーチャル俳優／モーション・キャプチャー。例：『タイタニック』

2. コンピュータ・ベースの映画の新しい形態

    2.1　モーション・ライド／ロケーション・ベースド・エンターテイメント。例：ダグラス・トランブルによるライド。

    2.2　モーション・グラフィックス，あるいは**タイポグラフィー映画**と呼びうるもの。映画＋グラフィック・デザイン＋タイポグラフィー。例：映画のタイトル・シークェンス。

    2.3　ネット映画。もっぱらインターネット上で配布するために作られた映画作品。例：デジタル短編映画

を紹介する最初期のオンライン・サイトである New Venue。1998 年に受けつけていたのは，5 メガバイト以下の QuickTime だけだった。

2.4　映画作品に対するハイパーメディアのインターフェース。それによって，異なるスケールでのノンリニアなアクセスが可能になる。例：《WAXWEB》（デイヴィッド・ブレア，1994-99），スティーヴン・マンバーによるヒッチコック『サイコ』に対するデータベース・インターフェース（マンバー，1996-）。

2.5　インタラクティヴ映画や，映画のようなシークェンスを中心に成り立っているゲーム。こうしたシークェンスは，伝統的な映画技法や（例：『ジョニー・ネモニック』〔邦題『JM』〕のゲーム），コンピュータ・アニメーション（例：『ブレードランナー』のゲーム）を使って作成できる（インタラクティヴ映画の草分けは，実験映画作家のグラハム・ワインブレンである。彼の『ソナタ』と『アール・キング』というレーザーディスクはこの新しい形態の真の古典である）。そのようなインタラクティヴ映画と他の多くのゲームは，なかなか厳密には線引きしにくいことに注意されたい。ゲームは，伝統的な映画のシークェンスを用いていないにしても，その構造において映画言語に基づく多くの慣習に従っているからだ。この見方からすれば，1990 年代のコンピュータゲームの大部分は，実際，インタラクティヴ映画とみなすことができる。

2.6 映画言語に従ったアニメーション，フィルム，シミュレーション，あるいはそれらが混ざり合ったシークェンスで，HCI，ウェブサイト，コンピュータゲームや，ニューメディアの他の領域のうちに登場するもの。例：《ミスト》の移行シーンや QuickTime ムービー，《トゥームレイダー》や他の多くのゲームの FMV（フルモーション・ヴィデオ）のオープニング。

3. 映画がポスト・プロダクションの過程でますますコンピュータ技術に頼っていることに対する映画作家の反応

    3.1 ドグマ 95 の運動による映画作品。例：『セレブレーション』（ヴィンターベア，1998）。

    3.2 安価な DV（デジタルヴィデオ）カメラによってもたらされた新しい可能性に焦点を合わせる映画作品。例：『タイムコード』（フィギス，2000）。

4. ニューメディアの諸々の慣習に対する映画作家の反応

    4.1 コンピュータ画面の慣習。例：『プロスペローの本』（グリーナウェイ）。

    4.2 ゲームのナラティヴの慣習。例：『ラン・ローラ・ラン』（ティクヴァ，1998），『スライディング・ドア』（ハウイット，1998）。

本章の最初のセクション「デジタル映画と動画像の歴史」では 1.1 から 1.3 に焦点を合わせ，第二のセクション「新

しい映画言語」では 2.3 から 2.6 で挙げた実例を用いることになるだろう[1]。

　注意してほしいのは，このリストには，デジタルによる映画上映や，ネットワークによる映画配給といった新しい配給のテクノロジー——すでに 1999 年にはハリウッドで実験的に用いられていた——が含まれておらず，またもっぱら映画作品の配布を行うますます多くのウェブサイトにも言及していないということだ[2]。こうした発展はどれも，映画制作・配給の経済学に間違いなく大きな影響をもたらすことになるが，映画言語に直接的な影響を与えているとは思えない——そして，ここで私が主に関心を寄せているのは映画言語なのである。

　二番目のリスト——かなり仮説的なリスト——は，コンピュータ・ベースの画像のはっきりした特質のいくつかを要約したものである。このリストは，本書でこれまで提示してきたさまざまな議論を取りまとめている。第 1 章で述べたように，私は，コンピュータ画像の新しい「物質的」な状態から論理的に引き出せる新しい特性だけでなく，コンピュータ文化において画像が実際にどう使われているかにも留意することが大切だと思っている。そのため，このリストに掲げた特性のなかには，画像がデジタルというかたちを取っているからこそ持ちうる何らかの「本質的」な特性というよりは，画像の典型的な使用法を反映しているものもある。また，以下の特性のいくつかは，「イントロダクション」で要約したような，表象の概念を定義づけて

いる諸々の対立の特殊な帰結であるとみなしてもよいだろう。

1. コンピュータ・ベースの画像は，ピクセルに分割されているため離散的であり，それによってより人間の言語に似たものになっている（ただし，はっきりとした意味のユニットを持つという記号論的な意味においてではない）。

2. コンピュータ・ベースの画像は，モジュール的である。画像は概していくつかのレイヤーから成っているからである。それぞれのレイヤーの内容は，画像のうちの有意味なパーツに対応していることが多い。

3. コンピュータ・ベースの画像は，表面上の外観とその根底にあるコード（それはピクセルの値や数学的な関数であるかもしれないし，HTMLコードであるかもしれない）という2つのレベルから成る。「表面」という観点からは，画像は他の文化的オブジェクトとの対話に加わる。コードという観点からは，画像は他のコンピュータ・オブジェクトと概念的に同列に存在する。（表面 – コードというペアは，シニフィアン – シニフィエ，土台 – 上部構造，無意識 – 意識といった他のペアと関連づけられる。だから，あるシニフィアンが，何らかの構造のなかで，言語の他のシニフィアンと一緒に存在しているのと同じように，ある画像の「表面」，つまりその画像の「内容」は，何らかの文化のなかで，他のあらゆる画像との対話を行っているのである。）

4. コンピュータ・ベースの画像は，概してJPEGのよう

な不可逆圧縮の技法を使って圧縮されている。したがって，（望ましからざる人工物や元々の情報の損失という意味での）ノイズが存在することは，コンピュータ・ベースの画像にとって偶発的ではなく本質的な特質である。

5. 画像は，インターフェースという新たな役割を手に入れる（たとえば，ウェブ上のイメージマップや，GUI におけるデスクトップ全体の画像）。かくして，画像は〈インターフェースとしての画像〉となる。こうした役割を果たすとき，画像は，中世の聖画像（イコン）や，近代の文学と映画における鏡（ポータル）のように，別世界への入り口として機能する。私たちは画像の表面にとどまるよりも，その「中に」入っていくことを期待する。実際，あらゆるコンピュータ・ユーザーはルイス・キャロルのアリスになるのである。画像がインターフェースとして機能しうるのは，それがプログラミング・コードに「接続される（ワイヤード）」からだ。そういうわけで，画像をクリックすれば，コンピュータ・プログラム（またはその一部）が起動するのである。

6. 画像が新たに手に入れた〈インターフェースとしての画像〉という役割は，表象としての画像というそれまでの役割と競合する。したがって概念的には，コンピュータ画像は，虚構世界へのイリュージョン的な窓とコンピュータ制御のための道具という対極的なあり方のあいだに位置づけられる。ニューメディアのデザインと芸術の務めは，画像が持つこの2つの競合する役割をどのように組み合わせればよいのかを学ぶことである。

7. この概念的対立は，視覚的には，深さと表面，虚構世界への窓と 制御盤(コントロールパネル) の対立として表現される。

8. 〈インターフェースとしての画像〉という機能に加えて，コンピュータ画像には〈道具としての画像〉という機能もある。〈インターフェースとしての画像〉がコンピュータを制御するものであるとしたら，〈道具としての画像〉によって，ユーザーは離れたところからリアルタイムで物理的な現実に影響を及ぼすことができるようになる。単なる行動にとどまらず「遠隔行動(テレアクト)」するというこの能力が，コンピュータ・ベースの新しい〈道具としての画像〉とその前身との違いである。加えて，地図のような旧来の〈道具としての画像〉が絵画のようなイリュージョン的な画像と明確に区別されていたのに対して，コンピュータ画像はしばしば両方の機能を組み合わせている。

9. コンピュータ画像はしばしば，他の画像やテキスト，あるいはその他のメディア要素とハイパーリンクで結びつけられている。それは自己完結した実体であるというよりも，何か他のものに向けて，それ自体の外側へとユーザーを向かわせ，導き，案内する。動画像もハイパーリンクを含む場合がある（たとえば，QuickTime フォーマットの場合）。ハイパーリンクされた画像，さらにはハイパーメディア一般は，無数の記号過程というパースの考えや，意味の無限の繰り延べというデリダの概念を「外面化」していると言えるだろう——といっても，だからといってこの「外面化」が自動的にそれらの概念を正当化するというわ

けではないが。私たちは「テクノロジーと批評理論の一致」を言祝ぐよりも，一般に受け入れられている批評的概念やモデルを問いただす機会として，ニューメディアのテクノロジーを活用すべきである。

10.　可変性と自動化というニューメディアの一般的な原則は，画像にも当てはまる。たとえば，コンピュータ・プログラムを使用するデザイナーは，サイズ，解像度，色彩，構図などがさまざまに変化する，同じ画像の無数のヴァージョンを自動的に生成することができる。

11.　私たちは，少し前の時期の「文化的ユニット」を代表していた単一の画像から，複数の画像のデータベースに移行している。したがって，アントニオーニの『欲望』(1966) の主人公が1枚の写真画像の中に真実を探し求めていたのに対して，コンピュータ時代においてそれに相当する操作は，多くの画像から成るデータベース全体を取り扱い，それらの画像を検索したり互いに比較したりすることである。(現代の多くの映画に画像検索のシーンがあるにもかかわらず，『欲望』が1枚の写真にズームしていくことによって行ったような仕方でそれを主題化している作品は皆無である。この見方からすれば，『欲望』の15年後に，『ブレードランナー』がコンピュータ・ベースの画像に関して，依然として「古い」映画的論理を適用しているのは興味深いことだ。ある有名なシーンで，主人公は声によるコマンドを使って，1枚の画像に対してパンやズームをするよう，未来のコンピュータ装置に指示を与えている。現実には，軍はすでに1950年代以

来，画像のデータベース群を頼みとする多様なコンピュータの技法を使って，ある1枚の画像に表象された対象を自動的に特定したり，画像が時間の経過とともにどのように変化するかを検知するなどといったことを行ってきた[3]。人々が見たがるどんな唯一無二の画像でも，おそらくすでにインターネットや他のデータベースに存在している。すでに記したように，今日，問題はもはや正しい画像をどのように作り出すかということではなく，すでに存在している画像をどのように見つけるかということなのだ。

コンピュータ・ベースの動画像は，そのアナログによる前身と同様，一続きの静止画像にすぎないのだから，以上の特性はすべて動画像にも当てはまる。コンピュータ・ベースの静止画像の新しい特質を描き出すにあたって，私はかつてごく一般的に用いられていた他のタイプの近代の画像——デッサン，地図，絵画，そして最も重要なものとして，静止した写真——との比較を行ってきた。コンピュータ・ベースの動画像についての議論を始めるにあたっても，今度はそれが取って代わる2つの最もありふれたタイプの動画像——映画の画像とアニメーションの画像——との関連づけを行うのが至極当然であろう。最初のセクション「デジタル映画と動画像の歴史」では，まさにそのことを試みる。私の問いかけは，コンピュータ・ベースの表象と生産の諸過程への転換が，どのように動画像のアイデンティティや，映画とアニメーションの関係を再定義してい

るかということだ。また，このセクションでは，コンピュータ・ベースのイリュージョニズムの問題を，アニメーション，アナログ映画，デジタル映画との関連で考察しながら取り扱う。続くセクション「新しい映画言語」は，コンピュータ化によって開かれた，映画言語にとっての——あるいは，より一般的に動画像の言語にとっての——いくつかの新しい方向性を示す例を提示する。私が取り上げる例は，デジタル映画，ネット映画，自己充足したハイパーメディア，ウェブサイトといった，コンピュータ・ベースの動画像が用いられているさまざまな領域に由来している。

デジタル映画と動画像の歴史

映画，インデックスの芸術

　コンピュータ時代の映画をめぐっては，インタラクティ
ヴ・ナラティヴがもたらす可能性ばかりが論じられてき
た。その理由を理解するのは難しいことではない。観客と
批評家の大部分が映画をストーリーテリングと同一視して
いるため，コンピュータ・メディアは，映画に新たな仕方
で物語を語らせるものとして理解されているのだ。しか
し，観客が物語に参加し，ナラティヴの空間内でさまざま
な道筋を選択し，登場人物たちとインタラクトするという
考えがいかに刺激的であれ，それが扱っているのは，映画
に固有でもなければ，多くの人が主張するとおり本質的で
もないような，ナラティヴという映画の一側面にすぎない。

　コンピュータ・メディアが映画に突きつける挑戦は，お
よそナラティヴの問題にはとどまらない。コンピュータ・
メディアは映画のアイデンティティそのものを再定義す
る。1996年春にハリウッドで行われたシンポジウムで，
ある参加者は挑発的にも，映画作品を「二次元映画（フラッティ）」，人

間の俳優を「有機化合物」，「柔らかくてけば立ったもの」[ソフト・ファジー]と呼んだ[4]。こうした用語が的確に示しているように，かつて映画の顕著な特徴だったものは，いまやデフォルト・オプションにすぎず，他の多くのオプションも利用可能である。ヴァーチャルな三次元空間に「入っていく」ことができる以上，スクリーンに投影された平坦な画像を見ることはもはや唯一のオプションではない。十分な時間とお金があればほとんど何でもコンピュータ上でシミュレートできるのだから，物理的な現実を撮影することは一つの可能性であるにすぎない。

こうした映画のアイデンティティの「危機」は，映画の過去を理論化するために使われている用語とカテゴリーにも影響を及ぼす。フランスの映画理論家クリスチャン・メッツは，1970 年代にこう書いた。「今日撮影されている大部分の映画は，傑作だろうと駄作だろうと，独創的だろうと凡庸だろうと，また《商業ベース》だろうと《非商業ベース》だろうと，とにかく物語を語るという点では，どれも共通した性格を持っている。この限りにおいては，すべて唯一の同じジャンルに属していると考えられる。そしてこのジャンルは，むしろ一種の《上位ジャンル》[sur-genre] とでも言った方がいいものである[5]」。フィクション映画を 20 世紀の映画の「上位ジャンル」であるとするとき，メッツはこのジャンルのもう一つの特徴には言及さえしなかった——当時，それはあまりに明白だったからだ。その特徴とは，フィクション映画が 実 写 [ライヴ・アクション] の映画

であるということだ。つまり，フィクション映画は，主と
して，現実の物理的空間で起こった現実の出来事の，修正
を施されていない写真的記録から成る。今日，フォトリア
リズム的な 3D コンピュータ・アニメーションとデジタル
合成の時代においてこの特徴を引き合いに出すことは，20
世紀の映画の特殊性を定義するにあたってきわめて重要な
こととなっている。後世の視覚文化の歴史家の見方からす
れば，古典的ハリウッド映画，ヨーロッパの芸術映画，ア
ヴァンギャルド映画（抽象映画を別にして）の違いは，レ
ンズを用いた現実の記録に頼るという共通の特徴よりも些
細なものにみえるかもしれない。このセクションで取り扱
うのは，フィクションで実写の映画作品という「上位ジャ
ンル」によって定義される映画に対して，コンピュータ化
がどのような影響をもたらしたのかということである[6]。

　映画の歴史を通じて，ありとあらゆる技法（照明，美
術，さまざまなフィルム・ストックやレンズの使用など）が，
映画装置によって得られる基本的な記録を修正するべく開
発されてきた。しかし，映画の画像が最も様式化されてい
る場合でさえ，その背後には 19 世紀初頭の写真が持って
いた素っ気なさ，不毛さ，凡庸さが認められる。様式面で
いかに複雑な刷新がなされようと，映画は現実が堆積した
もの，秩序立った散文的な過程によって得られたサンプル
であるという点にその基礎を見出してきた。映画は，自然
主義や，法廷の速記法や，蠟人形館を生み出したのと同じ
衝動から出現した。映画はインデックス〔チャールズ・サンダ
ース・パースによる

記号分類の一つで，指示対象と物理的・直接的な結〕の芸術である。そ
びつきを有する記号を指す。指標記号とも言う。
れは足跡から芸術を作り出す試みなのである。

　典型的な映画 – 画家であるアンドレイ・タルコフスキー
監督にとってさえ，映画のアイデンティティはそれが現実
を記録できるということにある。かつて，1970 年代のあ
る時，モスクワで行われた公開討議で，彼は抽象映画を作
ることに興味があるかどうか尋ねられた。そのようなもの
はありえない，というのが彼の答えだった。映画の最も基
本的な身ぶりは，シャッターを開けてフィルムを回し始
め，レンズの前にたまたま存在するものを何であれ記録す
ることだ。そのため，タルコフスキーにとって抽象映画な
どありえないのである。

　しかし，いまや，3D コンピュータ・アニメーションを
用いてもっぱらコンピュータ上でフォトリアリズム的なシー
ンを生成したり，デジタル描画プログラムの助けを借り
て個々のフレームやシーン全体を修正したり，デジタル化
されたフィルムの画像を切り刻み，折り曲げ，引き延ば
し，縫い合わせることで，実際に撮影されていなくても完
璧な写真的信憑性を備えたものに加工できるとすれば，映
画のインデックス的なアイデンティティには何が起こるの
だろうか？

　このセクションでは，映画制作の過程でこれらの変化が
何を意味するのかを，動画像のより広大な文化史という観
点から扱うつもりである。この文脈からみれば，デジタル
映画において画像が手作業によって構築されることは，19

世紀の前 - 映画的な諸実践——そこでは，画像は手で描かれ，手で動かされていた——への回帰を表している。20世紀初頭に，映画はそうした手作業的な技法をアニメーションに委ね，記録する媒体としてみずからを定義することになった。映画がデジタル時代に入るにつれて，そうした手作業的な技法が再び映画制作過程でありふれた事柄になりつつある。したがって，映画をアニメーションからはっきりと分かつことはもうできない。映画はもはやインデックス的なメディア・テクノロジーではなく，むしろ絵画のサブジャンルなのだ。

このような議論が，以下，二段階で展開されることになる。まず，動画像を作成するための19世紀の技法から20世紀の映画とアニメーションに至る歴史的な軌道をたどることにする。次に，現在，伝統的な映画のテクノロジーに取って代わりつつある多様なコンピュータ・ソフトウェアとハードウェアに典型的な特徴やインターフェース関連のメタファーを抽出することで，デジタル映画の定義へと至ることにする。そうした特徴やメタファーを合わせて検討すると，デジタル動画像のはっきりした論理が示唆される。この論理は写真的なものと映画的なものを，絵画的なものとグラフィカルなものに従属させ，メディア芸術としての映画のアイデンティティを消失させているのだ。次のセクション「新しい映画言語」の冒頭で，私はデジタル動画像をすでに用いているさまざまな制作のコンテクスト——ハリウッド映画，ミュージック・ヴィデオ，CD-

ROM を用いたゲーム，その他の独立したハイパーメディア——を吟味して，その論理がそもそも現れ始めているのかどうか，そして現れ始めているとすればどのようにしてなのかを見てみるつもりである。

動く絵の手短な考古学（アーケオロジー）

映画は，その元々の名前（キネトスコープ，シネマトグラフ，動く絵〔moving pictures〕）が示しているように，誕生以来，運動の芸術，つまり動的（ダイナミック）な現実の説得力のあるイリュージョンを作り出すことについに成功した芸術と理解されてきた。そのような仕方で映画にアプローチすれば（つまり，視聴覚的なナラティヴの芸術や，投影された画像の芸術や，集団的な観客の芸術などとしてではなく），映画がどのようにして，動画像の作成と表示のためのそれ以前の技法に取って代わったかを見て取ることができる。

映画以前の技法には，いくつかの共通の特徴がある。まず，それらの技法はすべて，手で塗られたり，手で描かれた画像に頼っていた。幻燈のスライドは少なくとも 1850 年代までは手描きだったし，フェナキスティスコープ，ソーマトロープ，ゾートロープ，プラクシノスコープ，コリュートスコープ，そして 19 世紀の他の多くの前 - 映画的装置で使われた画像もそうだった。1880 年代にマイブリッジがゾープラクシスコープを使って行った名高い講演でさえ，実際の写真ではなく，写真に基づいて描かれた彩色画が使われた[7]。

画像は手作業で作られていただけでなく，手作業で動か
されてもいた。1799年に最初の興行が行われた〔エティエ
ンヌ＝ガスパール・〕ロベールソンのファンタスマゴリア
では，幻燈機のオペレーターがスクリーンの裏側で移動し
て，投影された画像が前進，あるいは退却しているように
みせかけた[8]。上映者はたいてい，身体全体よりも自分の
手だけを使って画像を動かしていた。動画制作の技法に
は，いくつものレイヤーから成る機械式のスライドを使う
ものもあった。上映者は，レイヤーをスライドさせて，画
像に動きを与えたものだった[9]。他の技法としては，ばら
ばらの画像をいくつか含んだ横長のスライドを，幻燈機の
レンズの前でゆっくりと動かすというものがあった。個人
宅で楽しまれた19世紀の光学玩具も，運動を作り出すた
めに，手を使った行為――ソーマトロープの紐をくるくる
回したり，ゾートロープの円筒を回転させたり，ヴィヴィ
スコープのハンドルを回したり――を必要とした。

　画像の自動的な生成と自動的な投影は，19世紀の最後
の10年間になってようやく最終的に結びついた。機械の
眼が機械の心臓と対になった。つまり，写真がモーターと
出会ったのである。その結果，映画――ある非常に特殊な
可視的なものの体制――が生まれた。かつて動画像の興行
に否応なく付きまとっていた不規則性，不均一性，偶然的
なものをはじめとする人間の身体の痕跡は，機械による視
覚の均一性に取って代わられた[10]。機械はいまやベルトコ
ンベアのごとく画像を吐き出した――どの画像もあたかも

行進する兵士の列のように，同じ外観と同じ大きさを持ち，同じスピードで動くようになったのである。

映画はまた，動画像における空間と運動の両方にみられる離散的な性格を取り除いた。映画以前には，機械式のスライドショーや，〔エミール・〕レノーのプラクシノスコープ劇場（1892）の場合のように[11]，動く要素と静止した背景が視覚的に隔てられていた。運動そのものが生じる範囲は限られていたし，運動が影響を及ぼすのも，画像全体ではなく明確に定められた形象だけだった。そのため，飛び跳ねるボール，挙げられる手，上を向く目，うっとりした子供たちの頭上を行き交う蝶などが典型的なアクションとなる――静止した領域を横切って，単純なベクトルが図示されるのである。

映画に先立つ装置のうち直近のものには，他にも共通の要素がある。運動に対する19世紀の強迫観念が強まるにつれて，動かせる画像がほんの数枚にはとどまらない装置がますます人気を博すようになった。そうした装置――ゾートロープ，フォノスコープ，タキスコープ，キネトスコープ――はすべて，ループ，つまり繰り返し再生してもおかしくない完結したアクションをとらえた一連の画像に基づいていた。19世紀を通じて，ループはしだいに長くなっていった。両面に2つの異なる画像が描かれている円盤を，付属する紐をくるくると回すことによってすばやく回転させるというソーマトロープ（1825）は，つまるところ最もミニマルな形態のループだった――2つの要素が連続

して互いに置き換わるからだ。ゾートロープ（1867）とその数ある変種では、およそ1ダースほどの画像が円の周囲に配列されていた[12]。1890年代を通じてアメリカで人気のあったミュートスコープは、より多くの画像を車軸から放射状に配置することで、ループの持続時間を増大させた[13]。フィルムを用いた近代の最初の映画機械であるエディソンのキネトスコープ（1892-96）でさえ、相変わらず画像をループ状に配列した[14]。50フィートのフィルムは上映すればおよそ20秒の長さとなるが、このジャンルの潜在的な発展は、映画がより長時間にわたるナラティヴの形態を採用したときに中断させられた。

アニメーションから映画へ

　映画は、テクノロジーとして安定するやいなや、その巧みな術策という起源にまったく触れなくなった。20世紀以前の動く絵を特徴づけていたすべての事柄——手作業による画像の構築、ループに基づくアクション、空間と時間の離散的な性質——が、映画の偽りの親類、映画の補完物にして影、すなわちアニメーションへと委ねられた。20世紀のアニメーションは、映画が置き去りにした19世紀の動画像の技法が保管される場となったのである。

　アニメーションの様式と映画の様式の対立は、20世紀の動画像の文化を規定するものだった。アニメーションはその人工的な性格を前景化し、その画像が単なる表象にすぎないことをあからさまに認める。アニメーションの視覚

言語は，写真的なものよりはグラフィカルなものと同列である。アニメーションは離散的で，非連続的であることをみずから意識している——ぞんざいに描かれたキャラクターが，静止した詳細な背景をバックに動き，運動はまばらに，不規則にサンプリングされ（映画のカメラによる運動の均一なサンプリングとは対照的に——ジャン＝リュック・ゴダールが映画を「1秒に24コマの真実」と定義したことを思い起こしてほしい），空間は最終的には画像のばらばらのレイヤーから構築される。

　それに対して，映画はみずからの制作過程の痕跡を何としてでも消し去ろうとする。とりわけ，私たちが見ている画像が，単純に記録されたものではなくむしろ構築されたものかもしれないことを示唆するような痕跡を取り除こうとする。映画の示す現実が，フィルムに映された画像の内側にしか存在しないということはよくあるのに，映画はその事実を否定する——その画像が，模型や鏡やマット・ペインティングを用いて組み立てられた，それ自体，すでに不可能な空間を撮影することでようやく得られ，次いで光学焼き付けを通じて他の画像と組み合わされたものであっても。映画は，あくまでも既存の現実を単に記録したものであるように装うのだ——観客に対しても，映画それ自体に対しても[15]。映画の一般的なイメージは，フィルムに「キャプチャー」された現実のアウラを強調し，それによって，映画とは「決して存在していなかったもの」を特殊効果によって作り出すというよりは，カメラの前に存在し

たものを撮影することなのだと暗に訴えている[16]。リア・プロジェクションやブルースクリーン撮影，マット・ペインティングやガラス・ショット，鏡やミニチュア，増感現像，オプティカル効果といった技法——それらは映画作家たちが動画像を構築したり変更したりすることを可能にし，したがって映画が必ずしもアニメーションと異なるわけではないことを明らかにしえたのに——は，他ならぬそれらの技法の使い手や，映画史家，映画批評家たちによって，映画の周辺に押しやられていた[17]。

　1990年代には，コンピュータ・メディアへの転換に伴って，周辺に追いやられていたそうした技法が中心に移動したのである。

再定義された映画

　そのような転換の明らかな徴候として，1990年代のハリウッド映画産業で，CGによる特殊効果が新たな役割を演じるようになったことが挙げられる。多くのブロックバスター映画が，特殊効果によって駆動されてきた。その人気を糧として，ハリウッドは「メイキング」という新たなミニジャンル——特殊効果がどのように作られているのかを明かすヴィデオや書籍——を作り出しさえした。

　私は，1990年代のハリウッド映画における特殊効果を，デジタル映画制作がもたらすいくつかの可能性の例示として用いるつもりだ。つい最近まで，デジタル設備への投資や，デジタル効果の制作に伴う人件費をまかなえたの

は，ハリウッドのスタジオだけだった。しかし，デジタル・メディアへの転換が影響を及ぼすのは，ハリウッドだけでなく，映画制作全体にほかならない。伝統的な映画のテクノロジーがあまねくデジタル・テクノロジーに置き換えられていくにつれて，映画制作過程の論理も再定義されつつあるのだ。以下に記述することは，デジタル映画制作の新たな原則である。これらの原則は，個人による映画制作にも，集団による映画制作にも同じように有効だし，最も高価なプロ向けのハードウェアやソフトウェアを使っていようと，アマチュア向けの製品を使っていようと関係なく当てはまる。

　以下のようなデジタル映画制作の諸原則を考えてみよう。

1. いまや，物理的な現実を撮影するというよりも，3Dコンピュータ・アニメーションの助けを借りて，映画のようなシーンを直接コンピュータ上で生成できるようになっている。その結果，実写のフッテージは，もはや，それを使ってしか映画作品を構築できない唯一の素材という役割を持たなくなった。

2. 実写のフッテージは，ひとたびデジタル化されると（あるいは，直接，デジタルのフォーマットに記録されると），撮影に先立つ現実とインデックス的な関係があるという特権を失う。コンピュータは，写真レンズを介して得られた画像と，描画プログラムで作られた画像，あるいは3Dグラフィックス・パッケージで合成された画像を区別しな

い。どれもピクセルという同じ素材でできているからだ。そしてピクセルは、その由来に関わりなく、容易に変更したり、互いに置き換えたりすることができるのである。このように、実写のフッテージは、手作業によって作られた画像と何ら変わるところのない、単なるもう一つのグラフィックに還元させられる[18]。

3. 実写のフッテージは、伝統的な映画制作では手つかずのまま使われたが、いまやさらなる合成、アニメーション化、モーフィングの原料として機能する。その結果、映画作品は、写真的過程に特有の視覚的リアリズムを保ちながら、以前は絵画やアニメーションでのみ可能だったような可塑性を獲得する。広く使われているモーフィング・ソフトウェアの示唆的なタイトルを用いるなら、デジタル映画作家は「伸縮性のある現実」を取り扱っているのである。たとえば、『フォレスト・ガンプ』（ゼメキス、パラマウント・ピクチャーズ、特殊効果はインダストリアル・ライト＆マジック社、1994）の冒頭のショットは、羽が非常に込み入った仕方で飛んでいくのを異例ほど長くたどっている。このショットの作成にあたっては、ブルーの背景をバックに本物の羽がさまざまな位置で撮影されてから、その素材が、風景のショットを背景にアニメーション化され、合成された[19]。結果として、新しい種類のリアリズムが生まれた。「実際には起こりえないのに、あたかも実際に起こったかもしれないかのように正確にみえるもの」とでも描写できるようなリアリズムが登場したのである。

4. 伝統的な映画制作では，編集と特殊効果は厳密に切り離された活動だった。編集者は一続きの画像を順番に並べる作業に取り組み，画像の中身への介入はいかなる場合でも特殊効果の専門家たちの仕事だった。コンピュータはそのような区別を崩壊させる。個々の画像を描画プログラムやアルゴリズムに基づいた画像処理によって操作することは，一続きの画像を時間に沿って配列するのと同じくらい容易になった。どちらの場合も，「カット＆ペースト」をすればよいだけのことなのだ。この基本的なコンピュータ・コマンドが示している通り，デジタル画像（あるいは他のデジタル化されたデータ）の修正は，時間や空間の区別や縮尺の違いに関わりなく行われる。だから，一続きの画像を時間に沿って並べ替えたり，それらの画像を空間内で合成したり，個々の画像の一部分に修正を加えたり，個々のピクセルを変化させたりすることは，いずれも，概念的にも実際的にも，同じオペレーションになるのである。

　以上のような原則を与えられれば，デジタル映画作品は次のように定義できる。

　　　デジタル映画作品＝実写の素材＋絵画＋画像処理＋合成＋2Dコンピュータ・アニメーション＋3Dコンピュータ・アニメーション

実写の素材は，フィルムやヴィデオに記録されることもあ

れば，デジタル・フォーマットに直接記録されることもある[20]。絵画，画像処理，コンピュータ・アニメーションという言葉で指しているのは，新たな画像を作成するプロセスと並んで，既存の画像に修正を加えるプロセスである。実のところ，作成と修正の区別そのものは，フィルム・ベースのメディアではあれほどはっきりしていたのに（写真の場合は，撮影 vs 暗室で行われる処理，映画の場合は，制作 vs ポストプロダクション），デジタル映画にはもはや当てはまらない——それぞれの画像が，その起源に関わりなく，最終的な映画作品になる前に，いくつものプログラムを通り抜けるのだから[21]。

　以上の原則を要約してみよう。実写のフッテージは，いまや手によって操作される原料にすぎない——それはアニメーション化され，3D の CG シーンと合成され，塗りつぶされる。最終的な画像はさまざまな要素から手作業で構築され，しかもすべての要素はゼロから作られているか，手によって修正を加えられているのである。いまや，私たちはようやく「デジタル映画とは何か？」という問いに答えることができる。**デジタル映画とは，多くの要素の一つとして実写のフッテージを用いる，アニメーションの特殊なケースである。**

　このことを，先に略述した動画像の歴史に照らして再読することもできる。手作業によって画像を構築したり，動かしたりすることは，映画を生み出した後，周辺にまぎれ込んでいった。そして結果的には，デジタル映画の基礎と

して再び登場したのである。動画像の歴史は，こうして一巡する。アニメーションから生まれた映画は，アニメーションを周辺に追いやったが，最終的にはアニメーションのある特殊なケースになったのである。

「標準的」な映画制作と特殊効果のあいだの関係も，同じように逆転する。特殊効果は，機械によって記録されたフッテージに対する人間による介入であって，それゆえに映画史を通じて周辺に追いやられていたが，その特殊効果こそがデジタル映画制作の標準になっているのである。

同じ論理は，制作過程とポストプロダクションの関係にも当てはまる。映画は伝統的に，物理的現実を配列して，それをセットや模型，美術や撮影技術などを用いながらフィルムに収めてきた。時には，記録済みのフィルムに操作を加えることもあったが（たとえば，光学焼き付けによって），それはカメラの前の現実を広範囲にわたって操作することに比べれば取るに足らないことだった。デジタル映画制作の場合，ショットのフッテージはもはや最終地点ではなく，コンピュータ上で操作されるべき原料にすぎない——コンピュータ上でこそ，シーンは本当に構築されることになるのだ。要するに，制作過程はポストプロダクションの最初の段階にすぎなくなるのである。

このように，映画制作過程の2つの段階の間に新たな関係が生じていることを，次に挙げる例が物語っている。『スター・ウォーズ　エピソード1』（ルーカス，1999）の伝統的なセットでの撮影は，わずか65日で終了した。し

かし，ポストプロダクションは2年以上も続いた。この作品の95％（2200ショットのうち，およそ2000ショット）がコンピュータ上で作られたからだ[22]。

次に挙げるさらに2つの例も，現実を再配列することから，現実の画像を再配列することへの転換を物語っている。アナログ時代の例。ミケランジェロ・アントニオーニは，『砂丘』（1970）のあるシーンのために，とりわけ彩度の高い色を得ようとして草地にペンキを塗らせた。デジタル時代の例。『アポロ13』（ロン・ハワード，特殊効果はデジタルドメイン社，1995）の発射のシークェンスを作るために，スタッフはケープカナヴェラルの実際に発射が行われた場所でフッテージを撮影した。デジタルドメイン社のアーティストたちは，そのフィルムをスキャンし，コンピュータ・ワークステーション上で変更を加えた。最近の建造物を取り除いたり，発射台に草を付け加えたり，よりドラマチックに見えるように空に着色したりしたのである。変更を施されたフィルムは，3Dの平面に写像されて，ヴァーチャルなセットを作り出す。そして，そのセットは，飛び立つロケットを追いかける180度におよぶカメラのドリー移動にマッチするように動かされる[23]。

この最後の例は，デジタル映画の別の概念化の仕方へと私たちを導く。絵画としてのデジタル映画という考えである。ミッチェルは，デジタル写真論の中で，彼がデジタル画像の内在的な変更可能性と呼ぶものに読者の注意を促している。「デジタル情報の本質的性格は，コンピュータを

使えば簡単に，しかも高速に操作可能であることだ。なにしろ，元の数を新しい数に置き換えるだけでいいのだから。（…）画像を変形し，合成し，入れ替え，解析するための計算処理用ツールは，画家にとっての絵筆や顔料と同じように，デジタル・アーティストにとってなくてはならぬ道具である[24]」。ミッチェルが指摘する通り，このように内在的な変更可能性という見方をすれば，写真と絵画は区別されなくなる。映画作品は写真の連なりであるから，ミッチェルの議論をデジタルの映画作品にまで広げるのは妥当だろう。アーティストが，デジタル化されたフッテージを全体として，あるいはフレームごとに容易に操作できることを考えれば，一般的な意味での映画作品は絵画の連なりとなるのである[25]。

デジタル化されたフィルムのフレームを手塗りすること。コンピュータのおかげで可能になったこの作業は，おそらく映画の新たな状態を最もドラマチックに示す例だろう。映画はもはや，写真的なものに厳密に閉じ込められているのではなく，絵画的なものに向けて開かれている。デジタルによる手塗りは，映画がその19世紀の複数の起源に——この場合，手仕事によって作られた幻燈スライドの画像や，フェナキスティスコープや，ゾートロープに——回帰していることを最も明白に示す例でもある。

私たちは普通，コンピュータ化のことを自動化であると考えているが，ここではちょうど反対の結果が生じている。つまり，以前はカメラが自動的に記録していたもの

を，今では 1 フレームずつ塗らなければならないのだ――
しかも，19 世紀にそうだったようにほんの 1 ダースの画
像ではなく，何千もの画像を。初期のサイレント映画によ
くみられた慣行，つまりシーンの雰囲気に合わせて，映画
のフレームをさまざまな色合いに手作業で染める慣行との
類似を指摘することもできるだろう[26]。今日，視覚的に最
も洗練されたデジタル効果のなかには，しばしば，それと
同じ単純な方法を使って達成されているものもある。つま
り，何千ものフレームを手作業で丹念に変更していくので
ある。フレームが塗られるのは，マットを作り出すためで
あったり（「手描きによるマットの抽出」），画像にじかに手
を加えるためであったりする――たとえば，『フォレス
ト・ガンプ』で，ケネディ大統領に彼がこれまで話したこ
とのない文章をしゃべらせるとき，唇の形を 1 フレームず
つ変更しているのである[27]。原則としては，十分な時間と
お金を与えられれば，究極のデジタル映画作品となるはず
のものを作り出せるだろう。12 万 9600 のフレーム（90
分）が完全にゼロから手で描かれ，にもかかわらず見た目
では実写による写真と区別がつかないような作品である。

　絵画としてのデジタル映画という概念は，別のやり方で
も発展させることができる。アナログからデジタルへの映
画制作の転換を，初期ルネサンスにおけるフレスコ画やテ
ンペラ画から油絵への転換になぞらえてみたい。フレスコ
画を描く画家には，塗料が乾くまでに限られた時間しかな
い。そして，いったん塗料が乾くと，画像にさらなる変更

を加えることはできなくなる。それと同じように、伝統的な映画作家は、画像がいったんフィルムに記録されると、限られた手段でしかそれを修正できなかった。中世のテンペラ画法は、アナログ時代の映画における特殊効果の実践になぞらえることができる。テンペラ絵の具を使って作業をする画家は、画像を修正したり描き直したりすることができたが、その過程は骨の折れる緩慢なものだった。中世や初期ルネサンスの巨匠たちは、たった数インチの高さの絵を描くのに、6カ月におよぶ期間を費やしたものだった。油絵に切り替わったことで、画家は大いに解放された。というのも、画家はずっと大きな絵をすばやく作れるようになるとともに（たとえば、ヴェロネーゼやティツィアーノの作品を思い浮かべてみよ）、必要ならいくらでも変更を加えられるようになったからだ。ルネサンスの画家は、絵画のテクノロジーにおけるこのような変化に導かれて、新たな種類の構図、新たな絵画空間、新たなナラティヴを作り出すようになった。同様に、デジタル・テクノロジーのおかげで、映画作家はフィルムの画像を油絵のように取り扱うことができるようになり、それによって、映画でなしうることが再定義されるのだ。

　デジタル合成とデジタル絵画をセル・アニメーションの技法の拡張とみなせるとしたら（なぜなら、合成される複数の画像は、アニメーション・スタンド上のセルのように、奥行きの方向に向かって、互いに平行に積み重ねられるのだから）、コンピュータ・ベースのポストプロダクションとい

うより新しい方法によって，映画制作は別の仕方でアニメーションの部分集合になる。その方法では，実写のスチル写真，そして／あるいはグラフィックの諸要素が3D仮想空間に置かれ，監督はその空間内でヴァーチャル・カメラを自在に動かし，ドリーによる移動撮影やパンをすることができるようになる。こうして，映画撮影が3Dコンピュータ・アニメーションに従属させられるのである。この方法は，アニメーションのマルチプレーン・カメラの拡張とみなせるかもしれない。しかし，マルチプレーン・スタンドの上に取り付けられたカメラが，画像に対して垂直方向にしか動けなかったのに対して，いまやカメラは任意の軌跡を描いて動くことができるのだ。商業的な映画作品で，こうしたより新しい方法に頼っている例として，ディズニーの『アラジン』がある──ちなみに，この方法はいつの日か映画制作のスタンダードになるかもしれない（それが監督に最大の柔軟さをもたらすからである）。インディペンデントの作品で，この方法を伝統的な映画のリアリズムに従属させずに，その新しい美学的可能性を十全に探究している例としては，〔タマシュ・〕ヴァリツキーの《森》が挙げられる。

　私は「合成」のセクションで，デジタル合成は2D画像とコンピュータによる3D表象の中間的段階とみなせると指摘した。より新しいポストプロダクションの方法が表しているのは，完全にCGに基づく3D表象に向けた次なる論理的段階である。私たちはいまや，「伝統的」な合成に

よる 2D 空間の代わりに，3D 仮想空間に置かれた動画像の複数のレイヤーを手にしているのである。

デジタル映画がもたらす新しい可能性をめぐるこれまでの分析をたどってきた読者は，私がデジタル映画と 19 世紀の前 – 映画的な技法との類似性ばかりを強調し，20 世紀のアヴァンギャルド的な映画制作に言及しないのはどうしてなのかと不思議に思うかもしれない。アヴァンギャルドの映画作家たちは，そうした新しい可能性の多くをすでに探究していたのではなかったか？　絵画としての映画という考え方を例に取れば，抽象アニメーションの草分けの一人であるレン・ライは，早くも 1935 年にフィルムに直接ペイントしていたし，ノーマン・マクラーレンやスタン・ブラッケージも彼に追随した。ブラッケージは，ショットのフッテージを，ドットや引っ掻き傷や，飛び散った塗料や，染みや線で広範囲に覆い隠して，自分の映画作品を抽象表現主義の絵画に匹敵するものにしようとしていた。さらに一般的に言って，〔フェルナン・〕レジェからゴダールに至るアヴァンギャルドの映画制作のすべてを貫いている主要な衝動の一つは，映画的なもの，絵画的なもの，グラフィカルなものを組み合わせる——1 本の作品内，さらには単一のショット内で，実写のフッテージとアニメーションを使ったり，そのフッテージに多様な仕方で変更を加えたり，印刷された文章とフィルムに撮られた画像を並置したりすることによって——ことだった。

アヴァンギャルドの映画作家たちは，単一のフレーム内

で複数の画像をコラージュしたり，フィルムにペイント
し，引っ掻き傷を付けたり，別のやり方で映画のインデック
ス的なアイデンティティに反抗したりする際，まさに
「標準的」な映画制作の手続きと，映画のテクノロジーの
意図された通りの使い方に対抗して作業をしていた（フィ
ルム・ストックは，ペイントを施すようには作られていな
い）。そのため，彼らは美学的な観点からのみならず，技
法の側面から言っても，商業映画の周辺で活動した。

デジタル革命によってもたらされた一つの全般的な効果
は，アヴァンギャルドの美学的戦略が，コンピュータ・ソ
フトウェアのコマンドやインターフェース関連のメタファ
ーのうちに埋め込まれるようになったことである[28]。要す
るに，アヴァンギャルドはコンピュータのうちに物質化され
るようになったのである。デジタル映画のテクノロジー
が，まさしくその好例である。コラージュというアヴァン
ギャルド的な戦略が，「カット＆ペースト」のコマンドと
いう，デジタルデータについて実行しうる最も基本的なオ
ペレーションとして再登場し，フィルムにペイントを施す
という考え方が映画編集ソフトウェアのペイント機能に埋
め込まれるようになり，アニメーション，印刷された文
章，実写のフッテージを組み合わせるというアヴァンギャ
ルド的な措置が，アニメーション，タイトル生成，ペイン
ト，合成，編集システムがオールインワンのパッケージに
集約されるという事態のうちに繰り返されているのだ。最
後に，単一のフレーム内でいくつものフィルム画像を組み

合わせるという措置も（たとえば，レジェの『バレエ・メカニック』〔1924〕や，『カメラを持った男』），テクノロジーによって正当化されるようになっている。というのも，あらゆる編集ソフトウェア——Photoshop, Premiere, After Effects, Flame, Cineon など——が，デジタル画像はばらばらの画像レイヤーがいくつも重なってできているということをデフォルトで想定しているからだ。全般的に言って，伝統的な映画にとっては例外であったものが，デジタル映画制作においては，いたって標準的な，意図された技法，テクノロジーの設計そのものに埋め込まれた技法となっているのである[29]。

映画−眼（キノ・アイ）から映画−筆（キノブラッシュ）へ

20世紀に映画は同時に2つの役割を果たした。メディア・テクノロジーとしての映画の役割は，目に見える現実をキャプチャーし，保存することだった。いったん記録された画像は簡単には修正できなかったが，まさにそのことが映画の真正性を保証し，映画に記録としての価値を付与していた。その柔軟性のなさによって，映画はまた，実写のナラティヴという「上位ジャンル」の制限を課せられてきた。数多くの監督，デザイナー，撮影監督たちが努力を重ねてきた結果，映画はみずからのうちに多種多様な様式を抱えるようになったが，にもかかわらず，それらの様式には強い家族的類似性が備わっている。つまり，どの様式も，レンズと，規則的な時間のサンプリングと，写真的メ

ディアを用いる記録過程から生まれたもの，すなわち機械の視覚の所産なのである。

　デジタルデータの変更可能性は，映画による記録が持っている現実の記録としての価値を損なう。今から振り返れば，20世紀の映画による視覚的リアリズムの体制，つまり，視覚的現実を自動的に記録することの結果として築かれた体制は，視覚的表象の歴史においては一つの例外，孤立した偶然にすぎなかったということが分かる——手作業による画像の構築はつねになされていたし，今またそれが生じてきているのだ。映画は，絵画のある特殊な派生物となる——時間の中の絵画という派生物に。もはや映画–眼（キノ・アイ）ではなく，映画–筆（キノブラッシュ）なのである[30]。

　デジタル映画において手作業による画像の構築が演じている特権的な役割は，実のところ，前–映画的な動画像の技法の再来というより大きな趨勢の一例なのである。それらの技法は，20世紀における実写の物語映画の制度化によってアニメーションと特殊効果の領域に追いやられるという周辺化を被ったにもかかわらず，現在，デジタル映画制作の基礎として再登場しつつあるのだ。かつて映画を補足していたものが映画の規範になり，周辺に位置していたものが中心に入ってくる。コンピュータ・メディアは，映画において抑圧されていたものを私たちに返すのである。

　このセクションで挙げた例が示唆するように，20世紀初頭，近代の動画像の文化を映画が支配するようになったときに堰き止められた方向性が，今ふたたび探究され始め

ている。動画像の文化は，もう一度，再定義されようとしている。映画的リアリズムは，支配的な様態から，多くのオプションのうちの一つにすぎないものへと置き換えられつつあるのである。

新しい映画言語

映画的なものとグラフィカルなもの——シネグラトグラフィー

　3Dアニメーション，合成，マッピング，ペイントの修正——商業映画においては，こうしたラディカルな新しい技法も技術的な問題の解決のために使われるばかりで，伝統的な映画言語に変化を迫ることはない。撮影時に俳優を支えていたワイヤーを取り除くためにフレームが手塗りされたり，風景に鳥の群れが付け加えられたり，シミュレートされたエキストラの群衆で街路が埋め尽くされたりする。このように，いまやハリウッドの封切り作品には，たいていデジタル的に操作されたシーンが含まれている。にもかかわらず，コンピュータの使用はつねに注意深く隠される[31]。ハリウッドではいみじくも，伝統的な映画言語をシミュレートする慣習に，ある名前が付けられている——それは「目に見えない効果」という名前であり，定義するなら「ショットがロケーション撮影で生身の俳優を使って作られていると観客に信じ込ませるが，実際にはデジタルと実写のフッテージの寄せ集めでできているような，コン

ピュータによってエンハンスされたシーン[32]」ということになる。

商業的な物語映画は，古典的なリアリズムの様式に頼り続け，その画像はカメラの前で生じた出来事の未修正の写真的記録として機能している。そのため，ハリウッド映画は，コンピュータを使って幻想的でとてもありえない現実を作り出すときに，エイリアンやミュータントやロボットといった多様な非人間的キャラクターを導入する。そうしたキャラクターの派手な色をした身体が突然変異したり，目からエネルギーのビームが放射されたり，渦巻く粒子が翼から発せられたりしても，私たちはそれらにまったく根拠がないことは気に留めない。なぜなら，それらが知覚の上ではセットと調和しているから，つまり，それらが三次元の空間に存在したかもしれないもの，したがって撮影されることもありえたものにみえるからである。

だが，人間の身体や風景といったなじみのある現実を，私たちの世界において物理的にありえないものに変えるとき，映画作家たちはそれをどのように正当化するのか？そうした変容は，映画のナラティヴによって動機づけられる。『ターミネーター2』に出てくるターミネーターの光り輝く金属的な身体が可能なのは，ターミネーターが未来から送り込まれたサイボーグだからであり，『マスク』（〔チャールズ・〕ラッセル，1994）のジム・キャリーが弾性のある身体を持つことができるのは，彼が演じるキャラクターが魔法の仮面を身につけているからだ。同様に，『奇

蹟の輝き』（〔ヴィンセント・〕ウォード，特殊効果はマス・イリュージョンほか，1998）では，渦を巻くような筆づかいで描かれた幻想的な風景のもとに，死後，主人公が送られるのだが，それはこの〔天国という〕場所が持っている独特の地位に動機づけられている。

　映画は，コンピュータを生産性ツールとして受け入れておきながら，みずからに固有の映画的効果を捨て去ろうとしない——すなわち，クリスチャン・メッツが1970年代に行った透徹した分析で言うような，ナラティヴという形式，現実効果，映画の建築的な配列が相携えて作用することに基づく効果を保とうとする[33]。メッツは論文の終わりの方で，非物語映画の数は将来的にもっと増えるのだろうかと自問し，もしそうなれば，映画はもはや現実効果を作り出さなくてもよくなるだろうと言う。電子メディアとデジタル・メディアは，そのような変容をすでに引き起こした。1980年代以降，直線的なナラティヴを語らず，映画館よりもテレビやコンピュータ画面に表示され，同時に映画的リアリズムを放棄しているような新しい映画の形態の出現を私たちは目の当たりにしているのである。

　そのような形態とは何だろうか？　まず，ミュージック・ヴィデオがある。ジャンルとしてのミュージック・ヴィデオが，ちょうど電子的なヴィデオ・エフェクトの装置が編集スタジオに入りつつある頃に成立したのはおそらく偶然ではない。重要なのは，ミュージック・ヴィデオがしばしば取り入れるナラティヴが最初から最後まで直線的に

進むナラティヴではないのと同様，映画（あるいはヴィデオ）の画像に頼るときも，伝統的な映画のリアリズムの規範を超えて画像を変化させていることだ。ハリウッド映画では秘められた技法である手描きや画像処理による画像の操作が，テレビ画面上で明るみに出されるのである。同様に，雑多な出所からの画像の構築が，写真的リアリズムという目標に従属させられることなく，美学的な戦略として機能する。ミュージック・ヴィデオというジャンルは，写真の画像を操作するという，コンピュータのおかげで可能になった数々の新しい可能性——2Dと3D，映画撮影と絵画，写真的リアリズムとコラージュのあいだの空間に存在するいくつもの地点——を探究するための実験室として役立ってきた。要するに，それはデジタル映画にとっての生きた教科書，つねに拡張していく教科書なのである。

ミュージック・ヴィデオの画像（あるいは，より一般的に，電子時代の放送におけるグラフィックス）の発展は，別途，詳しく分析するに値するので，ここでは取り上げずにおく。その代わり，私は別の新しい映画的かつ非物語的な形態を論じるつもりだ。CD-ROMベースのゲームである。それはミュージック・ヴィデオとは対照的に，そもそもの最初から，保存と配布のためにコンピュータに頼ってきた。そして，ミュージック・ヴィデオのデザイナーたちが，伝統的な映画やヴィデオの画像から何か新しいものを意識的に生み出そうとしていたのとは違って，CD-ROMのデザイナーたちは，伝統的な映画を模倣（エミュレート）しようとして

636

いるうちに，期せずして新しい視覚言語に到達した。

　1980年代後半に，アップルはコンピュータ・マルチメディアという概念の普及を促進し，1991年には普通のパソコンでムービーを再生できるようにするソフトウェアであるQuickTimeをリリースした。最初の数年間は，コンピュータはこの新しい役割をあまりうまく遂行できなかった。まず，CD-ROMは，標準的な劇場用映画の長さに近いものをおよそ保持できなかったし，次に，ムービーが切手サイズよりも大きい場合は，コンピュータはそれを円滑に再生できなかった。最後に，ムービーを圧縮しなければならず，視覚的な外観が劣化した。コンピュータがフルスクリーンの大きさで写真のような細部を表示できるのは，静止画像の場合だけだった。

　こうしたハードウェアの制約のせいで，CD-ROMのデザイナーたちは別の種類の映画言語を発明しなければならなかった。その言語では，離散的な動き，ループ，二重写しといった一連の戦略――以前には，19世紀の動画像の提示，20世紀のアニメーションとグラフィック・シネマのアヴァンギャルド的な伝統で用いられていた――が，写真の画像や合成画像に応用された。この言語は，映画的なイリュージョニズムとグラフィック・コラージュの美学を統合したもので，独特の不均質性と非連続性を伴うものだった。写真的なものとグラフィカルなものは，映画とアニメーションが別々の道をたどったときに分離させられたが，コンピュータの画面上で再会したのである。

グラフィカルなものは，映画的なものにも出会った。CD-ROMのデザイナーたちは，20世紀の映画撮影術と映画編集の技法を知っていたが，それらをインタラクティヴな形態とハードウェアの制約に適合させなければならなかった。その結果，近代の映画のための技法と，19世紀の動画像の提示のための技法は，「シネグラトグラフィー」とでも呼びうるような新しいハイブリッドな言語のうちに合流した。

　この言語の発展は，いくつかのよく知られたCD-ROMタイトルの分析を通じてたどることができるだろう。ベストセラーとなった《ミスト》は，物語を厳密に静止画像のみによって展開するという，私たちを幻燈機のショーへと（さらにはクリス・マルケルの『ラ・ジュテ』へと[34]）連れ戻すような実践を行っている。だが，別の面では，《ミスト》は20世紀の映画の技法に頼っている。たとえば，このCD-ROMは，カメラの回転をシミュレートすることによって画像から画像への切り替えを行っているし，映画編集の基本的な技法を用いて時間を主観的に早めたり遅らせたりする。ゲームの進行中，ユーザーはマウスをクリックしながら架空の島を動き回る。クリックするごとにヴァーチャル・カメラが前進し，3D環境の新しい景観が開ける。ユーザーが地下の小部屋にまさに降りていこうとするとき，2つの連続した景観がもたらす視点間の空間的距離ははっきりと減少する。ユーザーは以前にはほんの数回のクリックで島全体を横切ることができたのに，いまや階段の

下まで降りるのに十数回もクリックしなければならないのだ！　別の言い方をすれば，伝統的な映画とちょうど同じように，《ミスト》は時間の速度を落として，サスペンスと緊張感を作り出しているのである。

　《ミスト》では，静止画像の中に時おりミニチュアのアニメーションが埋め込まれている。次に取り上げるベストセラーの CD-ROM である《セブンス・ゲスト》（ヴァージン・ゲームズ，1993）では，3D コンピュータグラフィックスで作られた静止した背景に本物の俳優が重ね合わされたヴィデオ・クリップがユーザーに提示される。クリップはループしており，動きのある人物像は背景からはっきりと浮き出ている。こうした特徴はどちらも，《セブンス・ゲスト》の視覚的言語を，映画のもたらす本当らしさよりも，19 世紀の前 - 映画的装置と 20 世紀のカートゥーンに結びつけている。だが，《ミスト》と同じように，《セブンス・ゲスト》も近代の映画的コードをまぎれもなく引き合いに出している。すべてのアクションが起こる環境（ある邸宅の室内）は広角レンズを使って表現されているし，ある景観から次の景観へと移動するとき，カメラはあたかも仮想のドリーに載せられているかのように，複雑な曲線をたどるのである。

　次に，《ジョニー・ネモニック〔JM〕》（ソニー・イメージソフト，1995）を検討してみよう。同タイトルのフィクション映画の補足として制作され，「ゲーム」ではなく「インタラクティヴ・ムービー」として売り出され，全編にわ

たるフルスクリーンのヴィデオを目玉とした同作品は，これまでの CD-ROM よりも映画的リアリズムに近いものになっているが，やはりそれとはかなり異なっている。すべてのアクションがグリーン・スクリーンを介して撮影され，グラフィカルな背景と合成されているので，《ジョニー・ネモニック》の視覚的な様式は，映画とコラージュのあいだの空間に存在している。

　このようなデジタル動画像の小史を，100 年前の映画の出現を再演するような目的論的な発展として読解することも許されるだろう。実際，コンピュータの処理速度は上がり続けているので，CD-ROM のデザイナーたちはスライドショーのフォーマットから，静止した背景に動きのある小さな要素を重ね合わせるようになり，最終的にはフルフレームの動画像に至ることができた。これは 19 世紀にみられた発展を反復している——つまり，静止画像の連なり（幻燈機によるスライドの提示）から，静止した背景の上を動くキャラクター（たとえば，レノーのプラクシノスコープ劇場）を経て，フルモーション（リュミエール兄弟のシネマトグラフ）に至る発展である。さらに言えば，1991 年に QuickTime が導入されたことは，1892 年にキネトスコープが導入されたことと比較しうるだろう。どちらも短いループを提示するのに用いられ，どちらもおよそ 2×3 インチの大きさの画像を取り扱い，どちらも集団に向けた展示よりも個人的な視聴を要求した。この 2 つのテクノロジーは，似たような文化的役割を演じているようにさえみえ

る。1890年代初頭に，公衆がキネトスコープ・パーラーに詰めかけて，のぞき穴の機械を通じて最新の驚異——短いループ状に配列された，ごく小さな動く写真——を目にしていたとするなら，ちょうどその100年後，コンピュータ・ユーザーは，コンピュータをフィルムの映写機——どれほど不完全であれ——に変容させた，ごくちっぽけなQuickTimeのムービーに同じく魅了されたのだ[35]。最後に，1895年に行われたリュミエール兄弟による最初の映画上映は，巨大な動画像によって観客に衝撃を与えたが，1995年にそれに匹敵するのは，動画像がようやくコンピュータの画面全体を埋め尽くすようになったCD-ROM（たとえば《ジョニー・ネモニック》）である。このように，映画は，公式に「誕生」したちょうど100年後，コンピュータの画面上で再発明されたのである。

　だが，これは一つの読解にすぎない。映画史はもはや，ある一つの言語へと直線的に発展していったり，ますます正確な本当らしさに向かって進化していったりするものとはみなされない。むしろ，それぞれ別個でありつつ同等の表現力を持つ複数の言語の継起とみなされるようになってきた。つまり，それぞれが独自の美学的な変数を持ち，それぞれの新しい言語が，それに先立つ言語が孕んでいた可能性のうちの一部を堰き止めてしまうのである——クーンが分析した科学的パラダイムと似たところもある文化的論理である[36]。同様に，初期のマルチメディア作品にみられる視覚的な戦略についても，それをテクノロジー上の制約

の結果として退けるのではなく，伝統的な映画的イリュージョニズムの代替案や，デジタル映画の新たな言語の始まりであると考えた方がいいかもしれない。

　コンピュータ産業やエンターテイメント産業にとっては，そのような戦略など一時的な制約にすぎず，克服すべき厄介な欠点でしかない。このことは，19世紀末の状況と20世紀末の状況のあいだの重要な違いである。つまり，かつて映画が，まだ多くの可能性を孕んだ開かれた地平に向けて発展していたとするなら，商業的なマルチメディアと，それに付随するコンピュータ・ハードウェア（圧縮ボードや，DVDなどの保存フォーマット）の発展は，映画的リアリズムを正確に複製するという明確に定められた目的によって駆動されていたということだ。そのため，コンピュータ画面がますます映画のスクリーンを模倣（エミュレート）しているのは偶然ではなく，コンピュータ産業とエンターテイメント産業が意図的に計画した結果なのである。だが，ニューメディアを古典的な映画言語のシミュレーションに転じさせようとする衝動──これは，「文化的インターフェースの言語」のセクションで述べたような，映画の技法がソフトウェアのインターフェースや，ハードウェアそれ自体のうちにエンコードされることと並行している──は，ニューメディアの発展にとっては，いくつもある方向性のうちの一つにすぎない。続いて，他のありうる軌道を指し示しているいくつかのニューメディアとオールドメディアのオブジェクトを吟味してみよう。

新たな時間性——物語のエンジンとしてのループ

　本書の根底にある想定の一つは，視覚文化とメディアの歴史，とりわけ映画の歴史に目を向けることによって，ニューメディアのデザインにとって適切な多くの戦略と技法を見出せるだろうという考えである。言い換えれば，ニューメディアの新たな美学を展開するためには，データを生成，組織化，操作，配布するコンピュータ特有の新しい可能性に対してだけでなく，それと同じくらい文化史にも注意を払うべきなのだ。

　文化史を走査するにつれて（そこには，本研究の時点までのニューメディアの歴史も含まれる），次の3種類の状況が，私たちにとりわけ関連の深いものとして浮かび上がってくるだろう。

- ある興味深い戦略や技法が，その潜在能力を十分に発展させないまま，見捨てられたり，「アンダーグラウンド」化を強いられたりする。
- ある戦略は，ニューメディアの場合と同様の，テクノロジー上の制限〔constraints〕に対する応答として理解できる（私は，よりイデオロギー的な含意のある「制約」〔limitations〕ではなく，わざと「制限」というより技術的な用語を使っている）。
- ある戦略は，ニューメディアのデザイナーが直面する状況と似たような状況で使われている。たとえば，モンタージュは，映画のモジュール性（どのように別々のショッ

トを結合するか？）に対処するとともに，映像と音など
の異なるメディア・タイプを連携させるという問題に対
処するための戦略だった。どちらの状況も，ニューメデ
ィアのデザイナーが再び直面している状況である。

私はすでにこれらの原則を用いて，19 世紀の前 – 映画的
な技法とニューメディアの言語との並行関係を論じてきた
し，これらの原則に導かれて，デジタル映画の基礎として
のアニメーション（20 世紀の映画の「アンダーグラウンド」）
について考察してきた。今度は，初期映画のテクノロジー
とニューメディアのテクノロジーの間にみられるある特定
の並行関係を利用して，ニューメディアにとって有用な，
別のさらに古い技法——ループという技法——に光を当て
てみたい。特徴的なことに，多くのニューメディアの製品
は，文化的オブジェクト（ゲームのような）であれ，ソフ
トウェア（QuickTime Player などの多種多様なメディア・プ
レイヤー）であれ，そのデザインにおいてループを用いつ
つ，それを一時的なテクノロジー上の制約とみなしてい
る。しかし，私はむしろ，ループをニューメディアにとっ
ての新たな可能性の源泉とみなしてみたい[37]。

　すでに前のセクションで触れたように，エディソンのキ
ネトスコープに至るまでの 19 世紀のあらゆる前 – 映画的
装置は，短いループに基づいていた。「第七芸術」が成熟
し始めるにつれて，ループは，教育映画，ポルノの
のぞき部屋，漫画映画といった低級芸術の領域に追いやら

れた。それに対して，物語映画は反復を避けて，西洋近代における虚構の形態一般と同じように，いくつもの独特な出来事を通じて人間存在が直線的に進歩していくという観念を前面に押し出している。

　映画がループという形態から誕生したということは，映画史で少なくとも一度は再演された。『カメラを持った男』のあるシーケンスで，ヴェルトフは走っている自動車の後部に立つカメラマンを見せる。彼は自動車によって前に運ばれながら，カメラのハンドルをクランクで回す。ハンドルの円環状の運動によって作り出されたループ，反復が，一連の出来事を生み出す——それはきわめて初歩的なナラティヴだが，同時に本質的に近代的なナラティヴでもある。つまり，空間内を進んでいくカメラが，その途中にあるものを何であれ記録していくのである。映画の原光景を参照しているように思えるこれらのショットには，動く列車のショットが差し挟まれている。ヴェルトフは，リュミエール兄弟の映画が観客にもたらしたと言われている恐怖を再び演出しさえする。彼はカメラをちょうど線路すれすれの位置に置くので，列車は私たちの視点をまたいで何度も走り，私たちに繰り返し衝突するのである。

　初期のデジタル・ムービーには，19世紀の前 - 映画的装置と同じように，ストレージの制約があった。おそらく，だからこそ QuickTime のインターフェースにはループ再生の機能が組み込まれていて，VCR 式の「再生」の機能と同じ重要性を与えられているのだ。したがって，映

画やヴィデオとは違って，QuickTime のムービーは再生され，逆再生され，ループされることになっている。コンピュータゲームもループに大いに頼っていた。あらゆるキャラクターをリアルタイムで動かすのは不可能だったので，デザイナーたちはキャラクターの動作——たとえば，行ったり来たりする敵の兵士やモンスター——を短くループさせたものを保存し，それをゲーム内の適切な時点で呼び出していたのである。インターネット上のポルノグラフィーも，ループに大いに頼っていた。多くのサイトが，長編映画や「ライヴ・フィード」をストリームすることになっている数多くの「チャンネル」を呼び物にしていたが，実際には，短いループ（1分くらい）が何度も再生されるのが普通だった。時には，2，3本の映画がいくつもの短いループに切り刻まれて，100チャンネル，いや500か1000のチャンネルのコンテンツになるということもあった[38]。

　ニューメディアの歴史は，ハードウェアの制約が決してなくならないことを教えてくれる。それらの制約は，ある領域で消滅したかと思うと，別の領域で再び現れるのだ。すでに言及した例として，1980年代の3Dコンピュータ・アニメーションの領域におけるハードウェアの制約がある。1990年代になって，それはインターネット上のリアルタイムの仮想世界という新たな領域で再発した。かつてはCPUの速度の遅さだったものは，帯域幅の遅さになった。その結果，1990年代にVRMLで作られた世界は，

10年前に作られていたプリレンダーのアニメーションに似ているのである。

　同様の論理はループにも当てはまる。初期のQuick-Timeムービーやコンピュータゲームは，大いにループに頼っていた。CPUの速度が増大し，CD-ROMやDVDといったより大容量のストレージ・メディアが使えるようになるにつれて，スタンドアロンのハイパーメディアでループが使われることは少なくなった。しかし，Active Worldsをはじめとするオンライン仮想世界は，幾何学的にみえるその世界の環境に何らかの「生命」のしるしを加えるための安価な手段（帯域幅とコンピュータ計算の観点から）を提供する際に，ループをふんだんに用いるようになった[39]。同様に，デジタルヴィデオが，携帯電話や，パームパイロットのような個人用のマネージャーや，他のワイヤレス通信装置の小型ディスプレイに映し出されるようになったら，帯域幅やストレージやCPUの制約のせいで，再び短いループ状に配置されるようになるという予想もできるかもしれない。

　ループは，コンピュータ時代にふさわしい新たなナラティヴの形態たりうるだろうか？[40] ループが生み出したのは，映画だけでなく，コンピュータ・プログラミングでもあることを思い起こすのは有意義である。プログラミングには，「if/then」や「repeat/while」といった制御構造を通じて，データの直線的な流れを変更することが付きものだが，ループはそのような制御構造の最も初歩的なもの

だ。コンピュータ・プログラムは，たいてい，決まった数の段階の繰り返しに基づいており，その繰り返しはプログラムのメイン・ループによって制御される。そのため，コンピュータからその通常のインターフェースを取り去って，典型的なコンピュータ・プログラムの実行をたどってみれば，コンピュータはフォード工場の別ヴァージョンとしての姿を現し，ループはそのベルトコンベアであることが分かるだろう。

コンピュータ・プログラミングの実践が示しているように，ループと逐次的な進行が互いに排他的であるとみなす必要はない。コンピュータ・プログラムは，最初から最後まで，一連のループを実行することによって進行する。この2つの時間的形式がともに作動するさまを示している別の例として，オランダの建築家チームのUNスタジオ／ファン・ベルケル＆ボスが設計したメビウスハウスがある[41]。この家では，機能の異なるいくつかのエリアが，メビウスの帯の形状で次々と配列され，ループを形成している。一日のナラティヴがある活動から次の活動へと進展するにつれて，住人たちはエリアからエリアへと動いていくのである。

伝統的なセル・アニメーションも同じようにナラティヴとループを組み合わせている。アニメーターは労力を省くために，キャラクターの足や眼や腕の動きといった多くの動作を短いループ状にアレンジし，それを何度も繰り返す。したがって，すでに前セクションで触れたように，20

世紀の典型的なカートゥーンでは，動作のかなりの部分にループが含まれている。リプチンスキーの『タンゴ』はこの原則を極限にまで押し進めたものだ。リプチンスキーは，実写のフッテージをアニメーションの論理に従わせて，それぞれのキャラクターが空間を動き回る軌道をループ状にアレンジする。それらのループはさらに合成されて，その結果，タイムベースの複雑で込み入った構造が出現する。同時に，この構造の全体的な「形状」は，いくつものナラティヴによって統括されている。映画は誰もいない部屋から始まり，次に，各々のキャラクターがこの部屋を動き回る軌道をループさせたものが一つずつ付け加わる。映画の終わりは始まりの部分を反映して，ループが逆の順番で一つずつ「削除」されていく。これは人生の成り行きのメタファーになっているのだが（私たちはひとりで生まれ，しだいに他の人間との関係を形成し，最終的にはひとりで死ぬ），そのことはまた別のナラティヴによっても支えられている。部屋に登場する最初のキャラクターが少年で，最後のキャラクターが老女なのである。

　ナラティヴを始動させる「エンジン」としてのループという概念は，ヘルシンキ芸術デザイン大学の大学院生たちが作ったすばらしいインタラクティヴ・テレビ番組《アクヴァーリオ》（水族館）の基礎となっている（監督はテイヨ・ペリネン，2000 年[42]）。ニューメディアの多くのオブジェクトが映画，印刷，HCI の慣習を組み合わせているのに対して，《アクヴァーリオ》は伝統的な映画の連続的な

流れを維持しながら，そこにインタラクティヴィティを付け加えている。より早い時期に作られたゲーム《ジョニー・ネモニック》や，1980 年代にグラハム・ワインブレンがレーザーディスクとコンピュータを用いて作った草分け的なインタラクティヴ・インスタレーションと並んで，このプロジェクトは，非インタラクティヴな部分とインタラクティヴな部分の往復というやり方に頼ることのない，ニューメディア・ナラティヴの稀有な例である。

　この番組は，たまごっち（1996-）のようなゲームですでによく知られている慣習を使って，テレビ視聴者に，虚構の人間のキャラクターの「面倒を見る」ことを求めている[43]。たいていのショットは，そのキャラクターが自分の部屋で夕食を取ったり，読書したり，遠くを見つめたりといった活動に従事するさまを示す。ショットは，映画やテレビの編集の標準的な慣習にしたがって切り替わる。その結果，一見したところでは，非常に長いとはいえ慣習的な映画のようにみえるものが出現する（この番組は数カ月にわたって毎日 3 時間放映される計画だった）——たとえ，それらのショットが，コンピュータ・プログラムによって数百のさまざまなショットのデータベースからリアルタイムで選ばれたものであるとしても。

　視聴者は，画面の下部につねに表示されている 4 つのボタンのいずれかを選ぶことで，キャラクターの行動の動機づけを制御する。ボタンを押すと，コンピュータ・プログラムによって，いま再生されているショットの次に来るべ

き特定のショットの連なりが選ばれる。視覚，空間，指向対象に関する非連続性は，標準的な編集によくみられるものであるため，結果的に視聴者はそのつながりを慣習的なナラティヴと解釈する。映画の観客やテレビの視聴者は，2つの連続したショットが同じ空間，あるいは時間的にすぐ後の瞬間を表示するとは必ずしも思っていないのだ。そのため，《アクヴァーリオ》では，コンピュータ・プログラムは，さまざまなショットを蓄えたデータベースからの選択によって際限なくナラティヴを「織り上げる」ことができるのである。結果として生じる「ナラティヴ」に十分な連続性を与えているのは，ほとんどすべてのショットが同じキャラクターを見せているということである。

　《アクヴァーリオ》は，私が前章で「データベース・ナラティヴ」と呼んだものの最初期の例である。言い換えれば，この作品は，データをデータベースとして組織することに付随する多くの特徴を十分に活用するナラティヴである。つまり，この作品は，私たちがデータベースのレコードをさまざまな次元に従って分類したり，レコードをソートしたり，任意のレコードをすばやく引き出したり，またいくつかの異なるレコードを次々と連続的に「ストリーム」できるということに頼っているのである。

　《アクヴァーリオ》では，ループが，直線的なナラティヴとインタラクティヴな制御の橋渡しをする方法となる。番組の最初では，いくつかのショットが交互に登場してループを成す。ユーザーがボタンを押してキャラクターの動

機づけを選択すると，このループはナラティヴに生成する。ショットは繰り返しを止めて，新しいショット群から成るシークェンスが表示される。ボタンが再び押されなければ，ナラティヴはまたループに戻り，いくつかのショットが何度も繰り返しを始める。《アクヴァーリオ》では，ナラティヴはループから生まれて，ループへと戻っていく。近代のフィクション映画が歴史的にループから誕生したという事実が，映画がインタラクティヴな形態として生まれ変わるための条件として回帰しているのだ。《アクヴァーリオ》でのループの使用は，古めかしい遺物や，映画の発展から退けられたものではなく，コンピュータ・ベースの映画にとっての新しい時間の美学を示唆するものなのだ。

　ジャン＝ルイ・ボワシエの《押し花》〔Flora petrinsularis〕は，ループという形態に含まれている可能性のいくつかを別のやり方で実現している[44]。この CD-ROM はルソーの『告白』に基づいており，番号の振られたリストを映した白い画面で幕を開ける。それぞれの項目をクリックすると，画面には横並びの２つのウィンドウが登場する。どちらのウィンドウにも，数ショットから成る同じヴィデオがループで映し出されている。２つのループは時間的に互いにずれているため，左のウィンドウに登場する映像が，すぐに右のウィンドウに再登場したと思うと，また右の映像が左に再登場する。あたかも目に見えない波が画面を通り抜けているかのようである。その波はやがて現実の

ものとなる——ウィンドウの内側をクリックすると，私たちは新しい画面へと連れて行かれて，その画面にもまた2つのウィンドウがあり，それぞれのウィンドウがリズミカルに振動する水面をループ状に見せているのだ。この水面のループは，位相のずれた2つの正弦波とみなすことができるだろう。そのため，この構造は最初の画面にみられる構造のメタテクストとして機能している。言い換えれば，水面のループは，最初の画面におけるショット間の相関関係を制御するループ構造のダイアグラムとして作動しているのだ。これは20世紀初頭に，マレーとギブソン兄弟がフィルムを使った研究で人間の動作をダイアグラム化したやり方と類似している。

　マウスをクリックするたびに別のループが姿を現すため，視聴者は編集者になる。といっても，伝統的な意味での編集者になるのではない。ここでは視聴者は，単一のナラティヴのシークェンスを構築して，使われなかった素材を捨てるのではなく，すべてがいっせいに生じているようにみえる多層的なループ状のアクション，ばらばらでありながら共存している多数の時間性を，一つずつ前面に立たせるのである。視聴者はカットではなく，リシャッフルしている。ループがナラティヴを発生させるヴェルトフのシークェンスとは逆に，《押し花》では視聴者が物語を作ろうとする試みがループを引き起こすのである。

　《押し花》のループ構造を，モンタージュ理論という観点から分析するのは有益である。その観点からすれば，2

つの隣接するウィンドウで映像を繰り返すことは，エイゼンシュテインが「リズミック・モンタージュ」と名づけたものの実例と解釈できる。ボワシエは同時に，モンタージュをいわば分解する。伝統的な時間的モンタージュではそれぞれ時間の中で続いていくショット群が，ここでは空間的に隣り合って登場するのだ。さらに言えば，それらのショットは，編集者によって一つのありうる構造だけに「物理的に組み込まれる」のではなく，ユーザーがウィンドウを横切ってマウスを動かすことによって活性化されるがゆえに，さまざまな組み合わせで出現しうる。

　この作品には，他の伝統的な時間的モンタージュの例を見出すこともできる。たとえば，女性がクロースアップで示される最初の画面から，水面を映す第二の画面へ，そして再び最初の画面へ移行するのは，伝統的な並行モンタージュと解釈できる。映画の場合，並行モンタージュでは2つの主題が交互に出てくる。たとえば，2台の車の追跡場面では，両方の車の映像のあいだを行ったり来たりするだろう。しかし，このボワシエの作品の場合，水の映像はつねに最初の一連の映像の「下」に存在している。そのため，ここでもまた，置き換えではなく共存の論理が働いているのだ。

　《押し花》の構造をいくつもの水準で規定しているループは，決して解決に至ることのない人間の欲望のメタファーになる。また，ループを映画のリアリズムについての注釈として読み解くこともできるだろう。現実の印象を作り

出すために必要な，最小限の条件とは何だろうか？ 草原の場合，あるいは植物や水の流れのクロースアップの場合，ボワシエが示しているように，ループ状になった数フレームだけで，生命や直線的に流れる時間のイリュージョンを作り出すには十分なのだ。

スティーヴ・ニールは，初期映画が，自然の動きを表現することによって，どのようにみずからの真正性を証明したのかを記述している。「[写真に] 欠けていたのは，リアルで自然な動きのインデックスそのものたる風であった。だからこそ同時代には，単に動きやスケールだけでなく，波や海面のしぶき，煙や水煙に対する異常なまでの執心が生じたのである[45]」。初期映画の最大の誇りにして達成だったもの——自然の動きを忠実に記録すること——は，ボワシエにとってはアイロニカルで憂鬱なシミュレーションの主題となる。わずかな数のフレームが繰り返しループするとき，実在しない風に草の葉がリズミカルに応えながらかすかに揺れるさまが目に入るのだが，それはコンピュータが CD-ROM からデータを読み込むときのノイズとほとんど区別がつかないのだ。

ここでは，おそらく意図せざる結果として，別の何かがシミュレートされてもいる。CD-ROM の作品を見ていると，安定したデータレートを維持できないため，コンピュータが時おりスムーズに動作しないことがある。その結果，画面上の映像がぎくしゃくとした動きをみせ，人間のような不規則さでもって速度が遅くなったり早くなったり

する。あたかも，デジタル機器によってではなく，150年前にゾートロープのハンドルをクランクで回していた人間の技師によって，それらの画像に生命が吹き込まれているかのように……。

空間的モンタージュとマクロ映画

　《押し花》は，ループを取り入れているだけでなく，私が空間的モンタージュと呼ぶつもりのものに向けた第一歩とみなすこともできる。ボワシエは，映画の伝統的な単一のフレームの代わりに，横に並べて置かれた2つの映像を同時に用いている。これは空間的モンタージュの最も単純なケースとみなせるだろう。一般的に言って，空間的モンタージュは，複数の画像——大きさや比率が異なる場合もある——が画面に同時に登場することを必須とする。もちろん，そのように並置するだけでは，モンタージュにはならない。どの画像が一緒に登場するのか，いつ登場するのか，さらにそれらが互いにどのような種類の関係を形作っていくのかを決める論理を構築するのが，映画作家の務めである。

　空間的モンタージュは，伝統的な映画における時間的モンタージュの代替案であり，時間的モンタージュの伝統的で逐次的な様態を空間的な様態に置き換えるものだ。フォードの組み立てラインは，生産過程を一連の単純活動の逐次的な繰り返しに分解することを当てにしていた。コンピュータ・プログラミングも，同じ原則によって可能にな

った。コンピュータ・プログラムは，タスクを一連の基本的なオペレーションに分割し，それが一度に一つずつ実行されていく。映画もまた，そのような工業生産の論理に従った。映画は他のあらゆる叙述の様態の代わりに，逐次的なナラティヴ——すなわち，一度に一つずつ画面に登場するショットの組み立てライン——を採用した。このタイプのナラティヴは，ヨーロッパの視覚文化で何世紀にもわたって顕著な役割を演じてきた空間的なナラティヴとはとりわけ相容れないことが分かった。ジョットがパドヴァのスクロヴェーニ礼拝堂に描いたフレスコ画連作から，クールベの《オルナンの埋葬》に至るまで，芸術家たちは，絵画という虚構の空間であれ，観者がただちに見渡せるような物理的空間であれ，単一の空間内に多数の独立した出来事が展開するさまを提示してきた。ジョットのフレスコ画連作をはじめ，他の多くのフレスコ画やイコン画の連作の場合，ナラティヴの一つ一つの出来事は別々にフレームに収められているが，一瞥するだけですべての出来事をいっせいに見渡せる。また，さまざまな出来事が単一の絵画空間内で生じているものとして描かれている場合もあるし，時には，一体となったナラティヴを形作るとはいえ時間的に隔たっているいくつかの出来事が1枚の絵の中に描かれることもある。もっともよくあるのは，絵画の主題がいくつかのばらばらな「ミクロナラティヴ」を示すための口実になっている場合である（たとえば，ヒエロニムス・ボスやピーテル・ブリューゲルの作品）。全体として，映画の逐次的な

ナラティヴと違って，空間的ナラティヴでは，観者はあらゆる「ショット」にただちにアクセスできるのだ。19世紀のアニメーションの場合と同じように，空間的なナラティヴは20世紀にすっかり消えてしまったわけではなく，むしろアニメーションと同じく西洋文化のマイナーな一形態——すなわち，漫画（コミックス）——に委ねられるようになった。

　空間的なナラティヴが周辺化して，逐次的な叙述の様態が特権視されるようになった時期が，人文科学において歴史的パラダイムが隆盛した頃と一致するのは偶然ではない。文化地理学者のエドワード・ソジャは，19世紀後半に歴史が隆盛するのと時を同じくして，空間的想像力と，社会分析の空間的な様態が衰えていったと論じている[46]。ソジャによれば，20世紀の最後の数十年間になってようやくその様態が力強く盛り返すようになり，そのことは「地政学」や「グローバリゼーション」といった概念がますます重要になっていること，また空間の分析がポストモダニズムの理論で主要な役割を果たしていることのうちに例証されている。実際，フロイト，パノフスキー，フーコーなどの20世紀最高の思想家たちのなかには，みずからの理論で歴史的な分析の様態と空間的なそれとを組み合わせることのできた者もいたとはいえ，彼らは典型というよりは例外である。同じことは映画理論についても言える。1920年代のエイゼンシュテインから1980年代のドゥルーズに至るまで，映画理論は，映画作品の空間的な構造よりも時間的な構造に焦点を合わせている。

20世紀における映画の実践は，異なる画像を時間の中で互いに置き換えるモンタージュの複雑な技術を練り上げてきた一方で，同時に共存する画像をいわば「空間的にモンタージュ」する可能性についてはあまり体系的に探究してこなかった（そのため，映画もまた，空間的想像力を犠牲にして，歴史的想像力へと委ねられているのだ）。注目すべき例外としては，1920年代にアベル・ガンスが『ナポレオン』で，また1960年代にアメリカの実験映画作家スタン・ヴァンダービークが使った分割スクリーンや，1960年代の「拡張映画（エクスパンデイド・シネマ）」の運動におけるいくつかの作品——いやむしろイベント——の例，そして，最後にもう一つ重要な例を出すなら，1967年の〔モントリオール〕万国博覧会のチェコスロヴァキア館に出品された，複数の画像を用いた伝説的なマルチメディア・プレゼンテーションが挙げられる。エミール・ラドックの《ディアポリエクラン》は，112〔14×8〕個の別々の立方体から成っており，それぞれの立方体には160もの異なる画像を投影することができた。ラドックは各立方体を別々に「監督」することができた。私の知る限り，それ以来，どんなテクノロジーであれ，これほど複雑な空間的モンタージュを作ろうとした者はいなかった。

　伝統的な映画とヴィデオのテクノロジーは，画面（スクリーン）を単一の画像で完全に埋め尽くすよう設計されていた。そのため，空間的モンタージュを探究するためには，映画作家はテクノロジーに「逆らって」作業をしなければならなかっ

た。空間的モンタージュを試みた人がこれほど少なかったのはそのためでもある。だが、1970年代に画面がビットマップ方式のコンピュータ・ディスプレイとなり、個々のピクセルが、コンピュータ・プログラムによって動的に更新されうるメモリの場所に相当するようになると、一つの画像に一画面が対応するという論理が崩れた。ゼロックス社のパロアルト研究センターがアルト・ワークステーションを開発して以来、GUIは複数のウィンドウを使ってきた。動画像に基づく文化的諸形態が、最終的にはそれに似た慣習を採用するようになるだろうと考えるのはもっともであろう。1990年代にはすでに、《ゴールデンアイ 007》(任天堂／レア、1997)のように、複数のウィンドウを使って、同一のアクションを異なる視点から同時に提示するコンピュータゲームが存在した。コンピュータ・ベースの映画は、最終的には同じ方向性をたどるのかもしれない——とりわけ、ひとたび通信帯域幅の制約が消え去って、ディスプレイの解像度が2000年の時点で標準的な1Kや2Kから、4K、8K、さらにはそれ以上にまで大幅に増大するならば。私は、次世代の映画——ブロードバンド映画、あるいは**マクロ映画**——の言語には、複数のウィンドウが加わると思っている。それが本当に起こったとき、20世紀の映画が抑圧した空間的なナラティヴの伝統が、再び浮かび上がってくることになるだろう。

　近代の視覚文化と芸術は、空間的なナラティヴがコンピュータでさらにどのように発展していくのかについて、多

くの着想を与えてくれる。だが，空間的モンタージュについてはどうだろうか？　言い換えれば，もし2つの異なる文化的伝統——すなわち，ルネサンスとバロックの画家の情報量の多い視覚的なナラティヴと，20世紀の映画監督たちの「注意を要求する」ショットの並置——を組み合わせるとしたら，何が起こるのだろうか？　モスクワの若いアーティスト，オリア・リアリーナによるウェブベースの作品《ボーイフレンドが戦争から帰ってきた》は，そのような方向性を探究したものとして読解できる[47]。リアリーナは，フレーム内フレームを作ることができるHTMLの特性を使って，まずは単一の画面で始まるナラティヴをたどらせる。この画面は，さまざまなリンクをたどるにつれて，徐々にさらに多くのフレームに分割されるようになる。全体を通じて，画面の左側にはいつも，カップルの画像とつねに明滅するウィンドウが表示されている。その2つの画像は，右側に表示される文章や画像——それらは，ユーザーが作品とインタラクトするにつれて絶えず変化する——と新たな組み合わせを取り結ぶようになる。ナラティヴが画面のあちこちの部分を活性化するにつれて，時間におけるモンタージュは，空間におけるモンタージュに道を譲る。言い換えれば，モンタージュが新たな空間的次元を獲得するとも言える。映画によってすでに探究されたモンタージュの諸次元（画像の内容，構図，動きにおける差異）に加えて，私たちはいまや新しい次元——すなわち，空間における画像どうしの位置関係——を手にしている。さら

に，画像は（映画の場合のように）互いに取って代わるということもなく，ムービーが続くあいだずっと画面にとどまっているので，新しく出現するそれぞれの画像は，単にそれに先立つ画像とだけでなく，画面上の他のすべての画像と並置させられる。

　映画に特有の交代の論理は，追加と共存の論理に道を譲る。時間は空間化され，画面上に分配されるようになる。空間的モンタージュでは，何も忘却しなくていいし，何も消去されない。ちょうど私たちがコンピュータを使って文章やメッセージや覚え書きやデータを果てしなく蓄積するのと同じように，また人生の歩みとともに人がますます多くの記憶を蓄え，未来よりも過去が徐々に重みを帯びていくのと同じように，空間的モンタージュは，ナラティヴの進行とともに出来事や画像をどんどん蓄積できる。主として知覚を記録するものとして機能する映画のスクリーンとは逆に，コンピュータの画面はここでは記憶を記録するものとして機能しているのだ。

　すでに触れたように，空間的モンタージュは，GUIにおけるユーザーのマルチタスクと複数のウィンドウの経験にふさわしい美学とみなすこともできる。「他者の場所」という講演の文章で，ミシェル・フーコーはこう書いている。「私たちは同時性の時代に生きている。それは，並列性，距離の遠近，横並び，分散したものの時代である。（…）世界は，時間とともにしだいに発展してゆく一つの大いなる生というよりむしろ，さまざまな地点を結びつ

け，さまざまな縺れを交錯させるネットワークとして体験される[48]。この文章を1967年に書いているフーコーは，インターネットをその典型とするネットワーク社会だけでなく（「さまざまな地点を結びつけるネットワーク」），GUIを予示しているようにもみえる（「同時性と（…）横並びの時代」）。GUIのおかげで，ユーザーはいくつものソフトウェア・アプリケーションを同時に動かせるようになるわけだが，GUIは重なり合う複数のウィンドウという慣習を使って，データと制御装置一式をともに提示する。デスクトップはユーザーに複数のアイコンを提供し，それらすべては同時に，絶えず「アクティヴ」であるが（どれもいつでも好きなときにクリックできるのだから），その構築は「同時性」と「横並び」という同じ論理に従っている。コンピュータ・プログラミングのレベルでは，この論理はオブジェクト指向のプログラミングに対応する。フォードの組み立てラインのように，一度に一つの命令文が実行される単一のプログラムの代わりに，オブジェクト指向のパラダイムでは，いくつものオブジェクトが互いにメッセージを送り合うのが特色であり，それらのオブジェクトはすべて同時にアクティヴなのである。オブジェクト指向のパラダイムとGUIの複数のウィンドウは一緒に作動する。実を言えば，オブジェクト指向のアプローチは，DOSにおける「一度に一つのコマンド」という論理を，複数のウィンドウとアイコンの同時性という論理で置き換えた，最初のマッキントッシュのGUIのプログラムを組むために使われ

たのである。

《ボーイフレンドが戦争から帰ってきた》の空間的モンタージュは，現代の GUI にみられる同時性の論理に従っている。GUI において同時にアクティヴな複数のアイコンやウィンドウは，このウェブ上のアート作品では同時にアクティヴな複数のフレームやハイパーリンクになっているのである。ちょうど GUI のユーザーがいつでもどのアイコンでもクリックでき，それによってコンピュータ環境の全般的な「状態」を変化させることができるのと同じように，リアリーナのサイトのユーザーも，さまざまなハイパーリンク——すべて同時に存在している——を活性化することができる。どのアクションも単一のフレームに収められた内容を変化させるか，あるいは一つまたは複数の新しいフレームを作り出す。いずれにせよ，画面全体の「状態」が影響を受ける。結果的に，通時的な次元が共時的な次元よりも特権視されることがもはやないような，新しい映画が生まれたのだ。そこではもはや，時間が空間よりも，逐次性が同時性よりも，時間におけるモンタージュがショット内モンタージュよりも，それぞれ特権視されることはないのである。

情報空間としての映画

先に論じたように，映画言語は，元々 3D 空間で展開されるナラティヴに対するインターフェースだったが，いまやあらゆるタイプのコンピュータ・データやメディアに対

するインターフェースになりつつある。私が論証してきたのは、矩形のフレーミング、移動性を持ったカメラ、画像から画像への推移、時間におけるモンタージュ、単一の画像内のモンタージュといった映画言語の諸要素が、どのように汎用のHCIや、ソフトウェア・アプリケーションのインターフェースや、文化的インターフェースに再登場しているかということだった。

　ニューメディアのインターフェースを映画との関連で考えるさらに別のやり方として、映画を情報空間として解釈してみよう。HCIがコンピュータ・データへのインターフェースであり、**書物が文章へのインターフェースだとすれば、映画は3D空間で展開される出来事へのインターフェース**とみなすことができる。ちょうど以前の絵画がそうだったように、映画は目に見える現実のありふれた画像——室内、風景、人間の登場人物——を、矩形のフレームに配列されたかたちで提示してくれる。こうした配列の美学は、極端な希薄さから極端な濃密さまでさまざまである。前者の例として、モランディの絵画や『晩春』（小津安二郎、1949）のショットが、後者の例として、ボスやブリューゲルの絵画（それに一般に北方ルネサンス絵画の多く）や、『カメラを持った男』の多くのショットが挙げられる[49]。こうした「絵画的な 陳 列（ディスプレイ）」の濃密さを、現代の情報の 表 示（ディスプレイ）の濃密さと関連づけるには、ちょっと飛躍するだけで十分だ——たとえば、ウェブポータルは何十ものハイパーリンクされた要素を含んでいることもあるし、一般向けのソフ

トウェア・パッケージも同じく何十ものコマンドを一度に
ユーザーに提供している。はたして，現代の情報デザイナ
ーたちは，濃密さの美学に従った映画や絵画，あるいは他
の視覚的諸形態といった，かつての情報の表示方法（ディスプレイ）から何
かを学び取れているのだろうか？

　こうした関連づけを行うために，ここで再び美術史家ス
ヴェトラーナ・アルパースの著作に頼ってみよう。彼女
は，イタリアのルネサンス絵画が主として叙述に関係して
いるのに対して，17世紀オランダの絵画の焦点は描写に
絞られていると主張している[50]。イタリアの画家たちは細
部をナラティヴ上のアクションに従属させ，観者が主要な
出来事に焦点を合わせるよう促していた。それに対して，
オランダ絵画では，特定の細部は――したがって，観者の
注意も――画像全体により均等に配分される。オランダ絵
画は，イリュージョン的な空間への窓として機能しなが
ら，さまざまな物体や，世俗的な外観や，精密な細部に描
き込まれた光の効果（たとえばフェルメールの作品）の愛情
深いカタログでもあるのだ。こうした絵画の濃密な表面
は，現代のインターフェースと容易に関連づけられるだろ
うし，それに加えて，将来，デジタル・ディスプレイがア
ナログ・テレビや映画の解像度をはるかに凌駕するように
なったときのマクロ映画の美学とも関連づけられるだろう。

　パリを拠点に活動する映画作家クリスチャン・ブスタニ
によるコンピュータ映画の三部作（グラフィックスとコンピ
ュータ・エフェクトはアラン・エスカルによる）は，そうし

た濃密さの美学を発展させている。ブスタニは，ルネサンス期のオランダ絵画と並んで古典的な日本美術からもインスピレーションを得て，デジタル合成を用いながら映画では先例のないほどの情報の濃密さを獲得している。その濃密さは，彼が参考にしているさまざまな伝統にとっては典型的なものだが，映画においてかつて獲得されたことはなかった。《ブリュッヘ》(1995) では，ブスタニはいかにも17 世紀のオランダ絵画にみられるような冬景色の映像を再現している。その次の映画作品《ヴィアジェム》(旅，1998) はさらなる情報の濃密さを実現している。この作品のいくつかのショットは，1600 におよぶ別々のレイヤーを使っているほどだ。

　こうした新しい濃密さの映画美学は，私たちの時代に大いにふさわしいようにみえる。都市の街路からウェブページに至るまで，私たちが高密度の情報平面に囲まれているとするなら，それと似たような論理を映画にも期待するのが適切なのだ。同様に，空間的モンタージュは，現代の別の日常的な体験——つまり，コンピュータ上で同時にいくつもアプリケーションを使って仕事をするという体験——を反映していると考えてもよいかもしれない。私たちがいまや，あるプログラムから別のプログラムへ，ある一連のウィンドウとコマンド群から別のウィンドウとコマンド群へとすばやく注意を切り替えることに慣れているとすれば，伝統的な映画の単一の流れよりも，複数の視聴覚的情報の流れが同時に提示されるということに，より多くの満

足を覚えることもありうるだろう。

　《ヴィアジェム》で最も濃密なショットのいくつかが，ルネサンスの市場を再現しているのは適切なことだ。ルネサンス絵画の新たな濃密さの要因には，おそらく出現しつつある資本主義があったのだが，市場はそれを象徴するものだった（たとえば，オランダの静物画が，見る者を圧倒して商品を買うように仕向けるディスプレイ・ウィンドウのごとく機能することを考えてみよ）。同様に，ウェブページの新たな濃密さの要因には，1990年代におけるインターネットの商業化があった。90年代末には，大企業のあらゆるホームページとインターネット・ポータルは，小さな字体のエントリーを何十も含む索引となっていた。画面のどんな小さな領域にも，実入りのよい広告，あるいはそれを伴うページへのリンクが潜在的に含まれているとすれば，空虚とミニマリズムの美学が生まれてくる余地は残っていない。したがって，情報が濃密で，記号と画像がせめぎ合うという，資本主義社会一般における視覚文化を特徴づける美学が，商業的なウェブにも共有されていることは，驚くべきことではない。

　リアリーナの空間的モンタージュが，HTMLのフレームと，フレーム内に現れる画像を活性化させるユーザーのアクションに頼っていたとすれば，ブスタニの空間的モンタージュはより純粋に映画的・絵画的である。彼はカメラの移動性とオブジェクトの運動という映画に特有の事柄と，あらゆるものに「焦点を合わせて」提示する古いオラ

ンダ絵画の「ハイパーリアリズム」を組み合わせる。アナログ映画では、「被写界深度」という免れがたい人工物のせいで、画像に情報が濃密に含まれるようにしたくても限界がある。ブスタニが達成したのは、あらゆる細部に焦点が合っており、それでいて全体がたやすく読解できるような画像を作り出すことだ。それはデジタル合成によって初めて可能になることだった。目に見える現実を数字に還元することで、コンピュータは、文字通り新しいやり方で見ることを可能にする。ベンヤミンにならって、20世紀初頭の映画がクロースアップを使って「事物を空間的にも人間的にも「もっと近く」にもたらす」こと、「対象物をすぐ近くで手に入れる」ことによって、結果的に事物の持つアウラを破壊したとすれば、ブスタニのデジタル合成は、対象物をそれが世界の中に占める位置から「引き出す」ことなく、見る者の近くにもたらしていると言えるだろう（もちろん、正反対の解釈をして、ブスタニのデジタルの眼が超人的であるとも言える。彼の視覚は、事物をどんな距離からでも同じようによく見ることができるサイボーグやコンピュータの視覚器官であると解釈しうるだろう）。

　ヴァルター・ベンヤミンは、モダニティのプロトタイプ的な知覚の空間——工場、映画館、ショッピング・アーケード——を吟味する過程で、知覚の経験が仕事場の内側と外側で隣接していることを強調する。

　ポーの通行人たちはまだ一見理由なしに眼を四方八方に

配っていたが，今日の通行人たちは，交通信号を確認するためにそうしなければならない。このようにテクノロジーは，人間の感覚器官に複雑な訓練を課した。刺激への新たな，切実な欲求に応じるものとして，映画が登場する日が到来した。映画においては，ショックのかたちをとる知覚が，形式原理として有効になる。ベルトコンベアーにおいては生産のリズムを規定するものが，映画においては受容のリズムの基盤になる[51]。

ベンヤミンにとって，眼が絶え間なく刺激を処理することを求められる，知覚的な労働という近代の体制は，仕事においても余暇においても同じように出現する。眼は，工場では工業的生産のリズムに足並みをそろえるように，工場の門の向こう側では複雑な視覚的記号圏を航 行するように訓練される。コンピュータ時代も，同じ論理に従うことになると考えるのが妥当だろう。つまり，仕事場でも家庭でも，コンピュータの画面上でも画面外でも，ユーザーは似たような仕方で構造化された知覚の体験を与えられるのである。実際，すでに指摘したように，私たちはいまや，仕事と余暇で同じインターフェースを使っている。その状況を最も劇的に体現しているのは，ウェブブラウザである。他の例としては，フライト・シミュレータや軍事用シミュレータ，それらのシミュレータに倣って作られたコンピュータゲームをする場合と，飛行機や他の乗り物を実際に制御する場合で，同じインターフェースが用いられるこ

とが挙げられる（湾岸戦争が一般に「ヴィデオゲーム戦争」と理解されたことを思い起こそう）。だが，産業社会の主体が前近代的な自由な知覚を失い，それがいまや工場や近代都市や映画によって編成されていることをベンヤミンが遺憾に思っているようにみえるのに対して，私たちはむしろ，自分自身の作業空間に含まれる情報の濃密さを，非難するよりは探究すべき新たな美学的挑戦とみなしてもよいだろう。私たちは同様に，ユーザーがコンピュータを使って体験すること——それは，現代生活の鍵を握る体験である——のあらゆる側面に含まれる美学的な可能性，すなわち，GUI によるダイナミックなウィンドウ，マルチタスキング，サーチエンジン，データベース，航行可能な空間などを探究すべきなのだ。

コードとしての映画

ワイヤレスの遠距離通信や，マルチタスクを行うオペレーティング・システムや，各種の情報機器の時代にふさわしいような，根本的に新しい文化的諸形態が到来するとき，それらはいったいどのようなものになるのだろうか？そうした文化的諸形態の到来が，そもそもどうやって分かるのだろうか？　未来の映画は『マトリックス』の「データ・シャワー」のように見えるのか？　ゼロックス社のパロアルト研究センターの有名な噴水——その水流は，インターネットを介してリアルタイムで到着するデータに応じて，株式市場の強弱を反映する——は，未来の公共彫刻を

代表しているのだろうか？

　こうした問いに対する答えを，私たちはまだ知らない。しかし，アーティストや批評家ができるのは，ニューメディアの新しい特性を──隠蔽するのではなく──舞台に乗せることによって，その根本的に新しい性質を指摘することだ。私が取り上げる最後の例として，ヴク・チョシッチのアスキー・フィルムを論じてみたい。この作品は実際に，コンピュータ・ベースの動画像の一つの特徴，すなわちそれがコンピュータ・コードとしてのアイデンティティを持っているという事実を舞台に乗せたものなのだ[52]。

　チョシッチのフィルムは，本書の冒頭でも引き合いに出したツーゼによる 1930 年代の「ファウンド・フッテージ映画」，およびその 60 年後に作られた，全編にわたってデジタルを用いた最初の長編映画であるルーカスの『スター・ウォーズ　エピソード1』の両方と関連づけるに値する[53]。ツーゼはフィルム上の画像にデジタル・コードを重ね合わせているのに対して，ルーカスは正反対の論理に従っている。彼の映画では，デジタル・コードは画像の「下に置かれて」いるのだ。すなわち，映画のほとんどの画像は，コンピュータ・ワークステーションで組み立てられたものであって，ポストプロダクションの過程では純然たるデジタルデータである。フレームは，身体や顔や風景によってというよりは，数字から作り出されたのである。したがって，この作品を長編商業映画で初めての抽象映画と呼ぶこともできるだろう──2 時間分のフレームが数字のマ

トリックスから作られているのだから。ただ，そのことは観客には隠されている。

　ルーカスが隠すものを，チョシッチははっきりと示す。彼のアスキー・フィルムは，デジタルデータとしてのメディアという新たな状態を「上演」している。ある画像がデジタル化されるときに生じるアスキー・コードが画面上に表示されるのだが，その結果は，詩的にも概念的にも満足のいくものだ。というのも，私たちが得るのは，二重の画像，見てそれと分かるフィルムの画像であるとともに，抽象的なコードでもあって，両方が同時に目に見えるのだ。こうして，ツーゼのフィルムのように画像を消去してコードを見せるのでも，ルーカス作品のようにコードを私たちから隠すのでもなく，コードと画像が共存しているのである。

　ゲープハルト・ゼンクミュラーによるビニール・ヴィデオのプロジェクトは，テレビ番組と映画を古いビニール盤に記録しているが[54]，それと同じように，チョシッチのアスキー・イニシアチヴ[55]は，メディア・コンテンツをある廃れたフォーマットから別のフォーマットへと変換する体系的なプログラムである。こうしたプロジェクトが思い起こさせてくれるのは，少なくとも1960年代以来，メディア変換というオペレーションこそが私たちの文化の根底にあったということだ。フィルムはヴィデオに変換され，ヴィデオはあるフォーマットから別のフォーマットへと変換される。さらにヴィデオがデジタルデータに，そのデジタル

データもあるフォーマットから別のフォーマットへと変換される——フロッピーディスクから Jaz ドライブへ，CD-ROM から DVD へ等々，無限に。アーティストたちは，早くからこの新しい文化の論理に気づいていた。すでに1960 年代までに，ロイ・リキテンスタインとアンディ・ウォーホルは，メディア変換を自分たちの芸術の基礎にしていた。ゼンクミュラーとチョシッチは，近代社会に本来的に備わっているメディアの頽廃という現象を取り扱うには，死んだメディアをアイロニカルに復活させることによるしかないということを理解して，ゼンクミュラーは古いテレビ番組をビニール盤に，チョシッチは古いフィルムをアスキーによる画像に変換するのだ[56]。

なぜ私はアスキーによる画像を廃れたメディア・フォーマットと呼ぶのか？　1980 年代末頃に，デジタル形式のラスター・イメージを出力できるプリンターが普及するようになる以前は，画像をアスキー・コードに変換して，ドットマトリックス・プリンターでプリントアウトするのが普通だった。驚いたことに，私は 1999 年になってもなお，自分の UNIX システム上に適切なプログラムを発見した。単純に「ToAscii」と呼ばれるそのコマンドは，そのプログラムについての UNIX システムのマニュアル・ページによれば，「インプットとして用いられた白黒画像を表すテキスト文字をプリントする」という。

コンピュータ使用の最初期を参照することは，チョシッチに限らず他のネットアーティストも行っていることであ

る。ヨアン・ヘームスケルクとディルク・パースマンスというアーティストのチームが作った有名なネットアートのプロジェクト，Jodi.org は，DOS のコマンドや，1980 年代のコンピュータ・ターミナルに特徴的な緑色をしばしば援用する[57]。ロシアのネットアーティスト，アレクセイ・シュルギンは，1990 年代後半に古い 386PC を使って音楽を演奏した[58]。だが，アスキー・コードの使用は，単にコンピュータ文化史の風変わりな挿話を喚起するだけでなく，メディアとコミュニケーションのテクノロジーのかつての形態をいくつも呼び覚ます。アスキーとは，「米国情報交換標準コード（American Standard Code for Information Interchange）」の頭文字である。このコードは，元々テレプリンターのために開発され，コンピュータに採用されたのは 1960 年代になってからのことだった。テレプリンターとは，20 世紀の電信システムで，タイプライターのキーボードからの入力をコード化された一連の電気刺激に変換し，今度はそれが通信線を介して受信システムに伝達され，そのシステムが刺激を解読し，紙テープか他の媒体にメッセージを印刷するというものだった。テレプリンターは 1920 年代に導入され，1980 年代までは幅広く使われていたが（テレックスが最も一般的なシステムだった），同じ頃，ファックスやコンピュータ・ネットワークにしだいに取って代わられていった[59]。

　アスキー・コードはそれ自体，ジャン＝モーリス＝エミール・ボドーが 1874 年に発明したそれ以前のコードを拡

張したものだった。ボード・コードでは，アルファベット
のそれぞれの文字は，電流が流れる／流れないという継続
時間の等しい信号を5ユニット組み合わせることによって
表される。アスキー・コードは，ボード・コードを拡張し
て，256の異なったシンボルを表すために，8ユニットの
組み合わせ（すなわち，8「ビット」あるいは1「バイト」）を
用いた。ボード・コード自体，1830年代に初期の電気に
よる電信システムのために発明されたモールス符号に改良
を加えたものだった。

　このように，アスキー・コードの歴史は，現代のデジタ
ルコンピュータへと至る（だが，それにとどまることはない
と私は確信している）いくつものテクノロジーや概念の発
展——暗号解読，リアルタイムによる通信，通信ネットワ
ークのテクノロジー，コーディングのシステム——を圧縮
したものである。チョシッチは，アスキー・コードを映画
の歴史と並置することで，いわば「芸術的な圧縮」を達成
している。すなわち，コンピュータ・コードとしての動画
像という新しい状態を舞台に乗せることに加えて，彼はそ
の画像のうちに，コンピュータ文化とニューメディア・ア
ートの多くの主要な問題を「エンコード」してもいるので
ある。

　本書でこれまで論じてきたように，コンピュータ時代に
おいて，映画は，他の確立した文化的諸形態ともども，実
際にまさしくコードになっている。映画は，いまやあらゆ

る種類のデータと経験を伝達するために用いられ，その言語はソフトウェア・プログラムのインターフェースやデフォルト設定，さらにはハードウェアそれ自体にも「エンコード」されている。しかし，ニューメディアは，映画言語も含めて，既存の文化の形態や言語を強化している一方で，同時にそれらを再定義に向けて開いてもいる。ニューメディアのインターフェースを構成する諸要素は，それらが伝統的に結びついていたデータの種類から切り離されるようになった。さらには，かつては背景や周辺にあった文化的な可能性が中心に入ってきている。たとえば，アニメーションは実写の映画に挑戦するようになっているし，空間的モンタージュが時間的モンタージュに，データベースがナラティヴに，サーチエンジンが百科事典に，そして最後にもう一つ重要な例を出すなら，オンライン上での文化の配布が伝統的な「オフライン」のフォーマットに，それぞれ挑戦するようになっているのだ。コンピュータ文化から借りた譬喩を用いるなら，ニューメディアは文化と文化理論の全体を「オープンソース」へと変容させる。文化の諸々の技法，慣習，形態，概念をこのように開くことは，究極的には，コンピュータ化の最も前途有望な文化的影響である――それは世界と人間を新しい仕方で，「カメラを持った男」には手の届かなかったようなやり方で見るための好機なのである。

原註

1. モーション・ライドの現象は，フィンランドのニューメディアの理論家・歴史家のエルキ・フータモによって，すでに詳しく論じられている。

2. 1999 年 10 月の時点でこうしたサイトの一部を挙げたリストに関しては，"Small-Screen Multiplex," *Wired* 7.10 (October, 1999), http://www.wired.com/archive/7.10/multiplex.html を見よ。

3. コンピュータ・ベースの画像分析の歴史については，拙論 "Automation of Sight from Photography to Computer Vision" を見よ。

4. スコット・ビラップスの発表。"Casting from Forest Lawn (Future of Performers)" panel at "The Artists Rights Digital Technology Symposium '96," Los Angeles, Directors Guild of America, February, 16, 1996. ビラップスは，1980 年代後半から 90 年代前半にかけて，アメリカ映画協会のアップル・ラボラトリーとアドヴァンスト・テクノロジー・プログラムを介して，ハリウッドとシリコン・ヴァレーを結び合わせた主要な人物だった。Paula Parisi, "The New Hollywood: Silicon Stars," *Wired* 3.12 (December, 1995), 142-145, 202-210 を見よ。

5. Metz, "The Fiction Film and Its Spectator," 402.〔メッツ『映画と精神分析』，251 頁〕

6. フィクションで実写の映画作品という「上位ジャンル」によって定義される映画は，伝統的な諸芸術とは逆に，その基本原理として現実の記録に頼るようなメディア芸術に属している。「メディア芸術」ほど一般的ではないにしても，より正確な別の用語として「記録芸術」がある。この用語の使い方に関しては，James Monaco, *How to Read a Film*, rev. ed. (New York: Oxford University Press, 1981), 7〔『映画の教科書』岩本憲児・内山一樹・杉山昭夫・宮本高晴訳，フィルムアート社，1983 年，18 頁〕を見よ。

7. Musser, *The Emergence of Cinema*, 49-50.

8. Ibid., 25.

9. Ceram, *Archaeology of the Cinema*, 44-45.〔ツェーラム『映画の考古学』，46-47 頁〕

10. 1890 年代における映画の誕生は，ある興味深い変容を伴っている。動く絵を発生させるものとしての身体が消滅する一方で，身体は同時にその新たな主題となるのである。実際，エディソンが作った初期の映画作品の主要なテーマの一つは，くしゃみをする男，筋肉を収縮させる有名なボデ

ィービルダーのサンドウ，宙返りをする運動選手，踊る女性といった，運動する人間の身体である。ボクシングの試合を映した映画作品は，キネトスコープが商業的に発展していく過程で重要な役割を演じている。Musser, *The Emergence of Cinema*, 72-79 および David Robinson, *From Peep Show to Palace: The Birth of American Film* (New York: Columbia University Press, 1996), 44-48 を見よ。

11. Robinson, *From Peep Show to Palace*, 12.

12. この配列は以前は幻燈の上映で用いられており，そのことはアタナシウス・キルヒャーの『〔光と影の〕大いなる術』の第2版に記述されている。Musser, *The Emergence of Cinema*, 21-22 を見よ。

13. Ceram, *Archaeology of the Cinema*, 140.〔ツェーラム『映画の考古学』，176頁〕

14. Musser, *The Emergence of Cinema*, 78.

15. この嘘がどれほどの範囲に及んでいたかということは，1960年代前半のアンディ・ウォーホルの映画作品群によってはっきりする――おそらくは，言語活動なき映画を作ろうとする唯一の真の試みであろう。

16. この特殊効果の定義は，David Samuelson, *Motion Picture Camera Techniques* (London: Focal Press., 1978) から借用した。

17. 次に挙げる例は，そのような特殊効果の否認を例証するものである。他の例も簡単に見つかるだろう。最初の例は，映画についての一般向けの言説から取ったものである。ケネス・W・リーシュの *Cinema* の「映画を作ること」と題されたセクションには，映画産業の歴史についての短い逸話がいくつかある。そうした逸話の主人公は，俳優，監督，プロデューサーであり，特殊効果のアーティストはたった一度しか言及されていない。二番目の例は，学術的な出所からのものだ。権威のある *Aesthetics of Film* の著者たちは，次のように述べている。「本書の目的は，フレーム対ショットといった経験的な観念（映画の技術者たちの語彙に由来する用語）や，製作スタッフの語彙に由来する用語や，批評の語彙によって作られた同一化の観念の理論的検証のさまざまな試みを，総合的かつ教育的な展望のもとに要約することである」。この文章が決して特殊効果の技法に言及していないことは，映画研究者たちが一般的に，このトピックに対して何の歴史的・理論的な関心も持ち合わせていないことを反映している。学部の映画のクラスで標準的な教科書として使われているボードウェルとトンプソンの *Film Art: An Introduction* は，500頁のうち3頁を特殊効果に

当てているので多少ましである。最後に，関連する統計の一例を挙げよう。カリフォルニア大学サンディエゴ校の図書館では，「映画」という主題のもとに4273冊の本が目録化されているが，「特殊効果撮影」のもとに目録化されているのはたった16冊である。映画理論家が特殊効果の持っているより大きな文化的意義に取り組んだ数少ない研究に関しては，ヴィヴィアン・ソプチャクとスコット・ブカットマンを参照のこと。ノーマン・クラインは目下，特殊効果の環境の歴史についての研究を行っている。Kenneth W. Leish, *Cinema* (New York: Newsweek Books, 1974); Jacques Aumont et al., *Aesthetics of Film*, 7〔オーモンほか『映画理論講義』，12頁〕; Bordwell and Thompson, *Film Art*〔ボードウェル／トンプソン『フィルム・アート』〕; Vivian Sobchack, *Screening Space: The American Science Fiction Film*, 2nd ed. (New York: Ungar, 1987); Scott Bukatman, "The Artificial Infinite," in *Visual Display*, eds. Lynne Cooke and Peter Wollen (Seattle: Bay Press, 1995).

18. 写真的なものがグラフィカルなものに包摂されるという議論については，Peter Lunenfeld, "Art Post-History: Digital Photography and Electronic Semiotics," *Photography After Photography*, eds. Hubertus von Amelunxen, Stefan Iglhaut, and Florian Rötzer (Munich: Verlag der Kunst, 1995), 58–66 を見よ。

19. ILMでこの映画作品に関わった人々の完全なリストについては，*SIGGRAPH '94 Visual Proceedings* (New York: ACM, 1994), 19 を見よ。

20. この点について，1995年はデジタル・メディアの最後の年と言いうるかもしれない。1995年の全米放送協会の年次総会で，アビッド社は，ヴィデオ・カセットではなくハードドライヴに直接記録するデジタル・ヴィデオカメラの作業モデルを発表した。デジタルカメラが広く使われるようになれば，デジタル化のプロセスが除去されることになるため，私たちはもはやデジタル・メディアについて語るいかなる理由も持たなくなるだろう。

21. ここにもう一つの，よりいっそうラディカルな定義がある。すなわち，デジタルの映画作品とは，f (x, y, t) なのである。この定義は，抽象的なアニメーションを擁護する者からは喜んで迎えられるだろう。コンピュータはあらゆるフレームをピクセルに分割するのだから，完成した映画作品は，それぞれのピクセルの水平的，垂直的，時間的なロケーションを与えられるとその色彩を返してくる関数として定義できる。コンピュータは実

際にそのように映画作品を表象しているのであり，その表象はある種のよく知られたアヴァンギャルド映画のとらえ方と驚くほど似通っているのだ！　コンピュータにとって映画作品とは，「ショット」「ナラティヴ」「俳優」によって構造化されているものというよりは，時間とともに変化する色彩の抽象的な配列なのである。

22. Paula Parisi, "Grand Illusion," *Wired* 7.05（May 1999），137.

23. Barbara Robertson, "Digital Magic: Apollo 13," *Computer Graphics World*（August 1995），20 を見よ。

24. Mitchell, *The Reconfigured Eye*, 7.〔ミッチェル『リコンフィギュアード・アイ』，7頁〕

25. 2D 空間に時間を写像することは，すでにエディソンの最初の映画装置に含まれていたが，いまやその利点がすっかり現実のものとなっている。時間とともに展開する出来事に変更を加えたければ一続きのフレームを単一の画像として扱いつつ，文字通りその上に描画すればよいのである。

26. Robinson, *From Peep Show to Palace*, 165 を見よ。

27. "Industrial Light & Magic Alters History with MATADOR," promotion material by Parralax Software, SIGGRAPH 95 Conference, Los Angeles, August 1995 を見よ。

28. 拙論 "Avant-Garde as Software" を見よ。

29. ライ，マクラーレン，ブラッケージによるフィルムにペイントするという実験に関しては，Robert Russett and Cecile Starr, *Experimental Animation*（New York: Van Nostrand Reinhold, 1976），65-71, 117-128; P. Adams Sitney, *Visionary Film*, 2nd ed.（Oxford: Oxford University Press, 1979），230, 136-227 を見よ。

30. ジガ・ヴェルトフは，映画装置が持っている「人生の諸々の現象を記録し，それをある全体，本質，結果へと組織化する」能力を記述するべく，1920 年代に「映画‐眼」という用語を作り出した。ヴェルトフにとって，それは，まさに映画の本性そのものを定義づけているような，唯物論的な証拠に基づいている限りでの，フィルムに撮られた「事実」を提示することだった。*Kino-Eye: The Writings of Dziga Vertov*, ed. Annette Michelson, trans. Kevin O'Brien（Berkeley: University of California Press, 1984）を見よ。上の引用は，元々は 1924 年になされた談話「芸術的なドラマと映画‐眼」（47-49, 47）から取った。

31. 『WIRED』1995 年 12 月号における報告で，〔ポーラ・〕パリシはこう

書いている。「10 年前は，ジョージ・ルーカスのインダストリアル・ライト＆マジック社に率いられた勇猛果敢な少数者だけが，クオリティの高いデジタル作業を行っていた。今では，コンピュータによる画像処理は，ほんの小規模なドラマから豪華絢爛きわまる視覚的なショーに至るまで，あらゆる映画作品にとって必要不可欠な生産ツールとみなされている」。Parisi, "The New Hollywood: Silicon Stars," 144.

32. Mark Frauenfelder, "Hollywood's Head Case," *Wired* 7.08 (August 1999), 112.

33. Metz, "The Fiction Film and Its Spectator."〔メッツ『映画と精神分析』，179-256 頁〕

34. 1962 年に作られたこの 28 分の映画作品は，ほとんどスチル・フレームだけで構成されている。文献資料としては，Chris Marker, *La Jetée: Ciné-roman* (New York: Zone Books, 1992) を見よ。

35. こうした並行関係は，私の映像作品「リトル・ムービーズ」(http://visarts.ucsd.edu/~manovich/little-movies) でさらに探究されている。

36. Kuhn, *The Structure of Scientific Revolutions*.〔クーン『科学革命の構造』〕

37. 私自身の「リトル・ムービーズ」はデジタル映画の美学を探究するもので，1890 年代の初期映画，1960 年代の構造映画の作家たちによる映画制作，1990 年代のニューメディアのあいだに並行関係を見出すものである。

38. http://www.danni.com.

39. http://www.activeworlds.com.

40. ナタリー・ブクチンの CD-ROM《日常生活のデータバンク》(1996) は，日常生活の構造としてのループを吟味している。このプロジェクトに関しては，私が撮影のほとんどとインターフェース・デザインの一部を担当したので，本文では論じないことにする。

41. Riley, *The Un-Private House*.

42. http://www.mlab.uiah.fi/

43. 私の分析は，1999 年 10 月に見たプロジェクトのプロトタイプに基づいている。完成したプロジェクトでは，男性と女性のキャラクターがいることになっている。

44. 《押し花》(1993) は *Artintact 1* (Karlsruhe: ZKM, 1994) という CD-ROM 作品集に収録されている。この CD-ROM や，ZKM の他の出版物は，http://www.zkm.de で入手できる。

45. Neale, *Cinema and Technology*, 52.

46. Edward Soja, keynote lecture at "History and Space" conference, University of Turku, Turku, Finland, October 2, 1999.

47. http://www.telepolis.de/tp/deutsch/kunst/3040?1.html. リアリーナの他の net.art のプロジェクトは，以下で見ることができる。http://www.teleportacia.org.

48. Michel Foucault, "Of Other Spaces," trans. Jay Miskowiec, *Diacritics* 16, no. 1 (Spring 1986): 22.〔「他者の場所——混在郷について」工藤晋訳，蓮實重彦・渡辺守章監修／小林康夫・石田英敬・松浦寿輝編『ミシェル・フーコー思考集成 X 1984-88 倫理／道徳／啓蒙』筑摩書房，2002年〕

49. アン・ホランダーの『ムービング・ピクチャーズ』は，絵画と映画において並行関係にある構図や舞台背景画法のさまざまな戦略を提示しており，現代の情報デザインの先駆けとして絵画と映画についてさらに考察する際に役立つだろう。Anne Hollander, *Moving Pictures*, reprint edition (Cambridge, Mass.: Harvard University Press, 1991). 両メディアにおける構図と舞台背景画法の戦略を体系的に比較する有益な研究として，他に Jacques Aumont, *The Image*, trans. Claire Pajackowska (London: British Film Institite, 1997) がある。

50. Alpers, *The Art of Describing*.〔アルパース『描写の芸術』〕

51. Walter Benjamin, "On Some Motifs in Baudelaire," in *Illuminations*, 175.〔ベンヤミン「ボードレールにおけるいくつかのモティーフについて」，450 頁〕

52. http:www.vuk.org/ascii.

53. 全編がデジタルによる最初の映画として，ピクサーによる最初の長編アニメーションである『トイ・ストーリー』(1995) ではなく，私が『スター・ウォーズ エピソード 1』に言及するのは，この映画が人間の俳優たちと現実のセットに頼り，それをコンピュータ・アニメーションで補っているという理由による。言い換えれば，この作品はコンピュータでシミュレートされた伝統的な実写映画であり，それに対して『トイ・ストーリー』が参照しているのはカートゥーン，およびコンピュータ・アニメーションの伝統である。

54. http://www.onlineloop.com/pub/VinulVideo.

55. http://www.vuk.org/ascii/aae.html.

56. ブルース・スターリングのデッド・メディア・プロジェクトも参照せよ。http://eff.bilkent.edu.tr/pub/Net_culture/Folklore/Dead_Media_Project/.

57. http://www.jodi.org.

58. http://www.easylife.org/386dx.

59. 「テレプリンター」の項。*Encyclopædia Britannica Online*, http://www.eb.com:180/bol/topic?thes_id=378047.

訳者あとがき

本書は，Lev Manovich, *The Language of New Media* (Cambridge, Mass.: MIT Press, 2001) の全訳である。「ニューメディア」という言葉が日本ではそれほど一般化していないことを踏まえ，また本書で論じられている主な対象を示すために，原著にはない副題「デジタル時代のアート，デザイン，映画」を付けた。ただし，本書ではそれらの対象が個別に論じられるというよりは，ハリウッド映画やメディアアートから，ウェブサイトやコンピュータゲームのインターフェース・デザインに至るまで，コンピュータ化された文化の広範囲にわたる現象が縦横無尽に取り上げられ，そのすべてに通底するようなデジタル時代の「文化的論理」が探られているということを，すぐさま付け加えておきたい。また，この副題には，本書でなされている分析が，学術的な議論に終始することなく，今後のさらなる文化の創造につながっていってほしいという希望も込められている。

著者のレフ・マノヴィッチは，ニューメディアの理論家・批評家・アーティストであり，1996 年から 2012 年までカリフォルニア大学サンディエゴ校の視覚芸術学科で教鞭を執っていたが，2013 年からはニューヨーク市立大学

大学院センターに研究・教育の拠点を移している。また，2007 年にソフトウェア・スタディーズ・イニシアティヴという研究所を設立し，現在もその所長としてコンピュータを活用した文化的データの分析を精力的に推進している。

　彼の名を一躍高らしめたのは，2001 年に上梓された本書『ニューメディアの言語』にほかならない。周知のように，20 世紀末のおよそ 20 年間，とりわけ 1990 年代には，文化のあらゆる局面におけるデジタル化が急速に進行し，またコンピュータをはじめとする各種デジタル機器やインターネットが爆発的に普及した。そのような激動の時期を経た 1990 年代末の段階におけるいわゆる「ニューメディア」の美学的な諸相を，その新しさをむやみに喧伝することなく冷静に，かつ広範囲にわたって体系的・総括的に論じた本書は，ただちに称賛をもって迎えられた。「この主題についての最初の厳密にして遠大な理論化」（ケイト・モンドロック），「次世代のメディア制作者たちにとっての最初の教科書」（ショーン・キュービット），さらには「本書は新しいデジタル・メディアのこれまでで最も厳密な定義を提示するとともに，それが注意を向ける対象〔ニューメディア〕をマーシャル・マクルーハンのメディア史以来，最も示唆的で広範囲にわたるメディア史のうちに位置づけている」（ウィリアム・B・ワーナー）といったメディア研究者たちの評言からも，刊行時に本書がもたらしたインパクトがうかがえる。それから 10 年以上の年月が経った現在でもなお，『ニューメディアの言語』はデジタル

時代の文化と芸術を論じる際の欠かせない参考文献であり続けている。その意味で，本書はすでに「21世紀の古典」の位置を占めていると言っても過言ではないだろう。

　マノヴィッチは，大まかに言って旧来のメディアとコンピュータが交叉する領域を指し示す術語である「ニューメディア」を論じるのにふさわしい経歴の持ち主である。本書のイントロダクションで活写されているように，モスクワ生まれのロシア人であるマノヴィッチは，すでに1975年から，画家を目指して古典的なデッサンのレッスンを受けるとともに，高校でコンピュータ・サイエンスを学んでいた。2年間の課程で一度もコンピュータを目にすることなく，ノートにALGOLでプログラムを書き，教師の添削を受けるという授業だったらしい。1970年代のコンピュータ・サイエンスが，滑らかな影の付いた3Dオブジェクトをいかに描画するかという課題に取り組んでいたときに，マノヴィッチは期せずしてコンピュータとデッサンという組み合わせを選択していたのである。

　マノヴィッチは1981年にニューヨークに移り，1984年からコンピュータグラフィックスの分野で，アニメーター，デザイナー，プログラマーとして仕事を始める。彼が働いていた老舗スタジオのデジタル・エフェクツ社は，映画やテレビのために3Dアニメーションを制作する会社で，CGを使った先駆的な映画『トロン』(1982)にも関わっていたことで知られている。マノヴィッチは，メインフレーム上で原始的な幾何学的形態を組み合わせて3D映像

を描画していく過程で，まだ十分に発展していないコンピュータの「万能メディア機械」としての可能性に対する確信を深めたに違いない。なお，彼はその頃から，アーティストとしても CG 作品を作り始めていたようである。

その後，マノヴィッチは 1988 年にニューヨーク大学で実験心理学の修士号を取り，続いてロチェスター大学で美術史，文学理論，映画理論，カルチュラル・スタディーズを学び，1993 年にコンピュータ・メディアの起源を 1920 年代のアヴァンギャルド芸術と関連づけた「構成主義からコンピュータに至る視覚の工学」で同大学から博士号を取得する。こうして，コンピュータによる CG 制作の実践的な経験に加えて広範な学術的知識を身につけたマノヴィッチは，以後，すぐれた着想に基づく論文を次々に発表し，それらを基にして 2001 年に『ニューメディアの言語』を上梓することになる。

本書は「ニューメディア」の体験をボトムアップ式にたどる明快な構成を取っている。第 1 章で「デジタル媒体」の存在論とも言うべき，ニューメディアの諸原則を列挙したあと，続く各章では，デジタルデータを人間にとって了解可能なものとする「インターフェース」（第 2 章），インターフェースを介在させることで初めて可能となる選択，合成などの「オペレーション」（第 3 章），そうしたオペレーションを通じて出現するデジタル画像の外観という意味での「イリュージョン」（第 4 章），そして「データベース」と「航行可能な空間」というデジタル・メディア特有

のより高次の「フォーム」（第5章）が論じられる。最終章「映画とは何か？」では、「オールドメディア」である映画に改めて目を向けて、CG をふんだんに使ったデジタル時代の映画の新しいアイデンティティが解明されるとともに——「デジタル映画とは、多くの要素の一つとして実写のフッテージを用いる、アニメーションの特殊なケースである」という定義はとりわけよく知られているだろう——、来たるべき映画言語の可能性が追究されている。各章でのマノヴィッチの議論は、さまざまなウェブサイトやQuickTime や Photoshop などのアプリケーション・ソフトウェアから、《ミスト》や《ドゥーム》といったコンピュータゲームや、『スター・ウォーズ』や『ジュラシック・パーク』などのよく知られたハリウッド映画を経て、ジェフリー・ショーやジャン＝ルイ・ボワシエらによるニューメディア・アートに至るまで、ニューメディアのあらゆる領域から取られたふんだんな実例とともに展開されているため——既存の理論を上から押しつけるのではなく、具体例に則した記述を下から積み上げるこのやり方を、彼自身は「デジタル・マテリアリズム」と名づけている——、概して明晰で分かりやすく、ここで改めて詳しい解説を施すにはおよばないだろう。以下ではその代わりに、『ニューメディアの言語』の全体および本書以降のマノヴィッチの仕事も視野に入れながら、まず「ニューメディア」という用語について、次にニューメディアを分析するにあたって「映画」とのつながりが特に強調されている点

について，そして最後にマノヴィッチの分析にややもするとみられる「歴史性」の消去という傾向について，それぞれ検討していくことにする。

*

「ニューメディア」とはいったい何か？　ひとまず，「ニューメディア」とは，デジタル・テクノロジーの進展がもたらす変容によって新しい段階に達した既存のメディア（映画や写真などの芸術的媒体からマスメディアまで），およびデジタル・テクノロジーのおかげで新しく登場したメディア（インターネット，コンピュータゲーム，仮想現実など）を包括的に指し示す用語であると言って差し支えないだろう。「デジタル・メディア」や「コンピュータ・メディア」が技術的な側面を強調し，「インタラクティヴ・メディア」，「ハイパーメディア」，「マルチメディア」といった言葉が新しいメディア環境の一部だけに焦点を合わせたものであるのに対して，「ニューメディア」という用語はその包括性を特色としている。それまでのメディアを「古い」ものとして名指し，それらとの断絶を強調するというコノテーションを否応なく内包してもいるこの用語は，おそらくまさにそれゆえに，デジタル・テクノロジーによって未曾有の変容を遂げつつあるメディア文化の現状を指し示すのにとりわけふさわしいものとして，1990年代末頃から，英語圏のアカデミズムを中心に広く流通するようになった（なお，日本でも1980年代に，INS［高度情報通信システ

690

ム］，キャプテンシステム，CS デジタル放送などの新しい情報
伝達システムを総称して「ニューメディア」と呼んでいたこと
があるが，インターネットの到来によって雲散霧消した感のあ
るその呼称とここでの「ニューメディア」には，直接的なつな
がりはない）。

　しかし，文字通りには「新しいメディア」を意味するこ
の一般的で包括的な用語には，それだけにかえって単純か
つ正確な定義を与えにくい。映画理論家の D・N・ロドウ
ィックのように，あまりの包括性ゆえにこの呼称が「誤解
を招きかねない」と考える者も多い（D. N. Rodowick, *The
Virtual Life of Film*, Cambridge, Mass.: Harvard University
Press, 2007, 94）。さらに極端に言えば，どんなメディアで
もそれが登場したときには「ニューメディア」だったと考
えることもできる。この拡張された観点からすれば，たと
えば，19 世紀後半の「電気の時代」という歴史的コンテ
クストに，電話をはじめとする「新しい」コミュニケーシ
ョン装置を置き直すというキャロリン・マーヴィンによる
1988 年の著作（『古いメディアが新しかった時』吉見俊哉・水
越伸・伊藤昌亮訳，新曜社，2003 年）なども遡及的に広義の
ニューメディア研究と言いうるだろうし，実際，似たよう
な発想に基づいて，電報や蓄音機などといったかつての
「ニューメディア」を取り上げた論集も刊行されている
（Lisa Gitelman and Geoffrey B. Pingree, eds., *New Media,
1740-1915*, Cambridge, Mass.: MIT Press, 2003）。

　また，「メディア」は英語では「媒 体」の複数形だが，

単数扱いの集合名詞として扱われることも多い。そのため，「ニューメディア」という用語も，論者によって，単数扱いされたり複数扱いされたりする。「ニューメディア」を複数扱いでとらえる場合，この用語が包含するさまざまな媒体（メディウム）やジャンルの多数性と個別性が際立たせられることになろう。逆に，マノヴィッチがそうしているように「ニューメディア」を単数扱いにすると，多種多様な複数の新しい媒体（メディウム）がコンピュータという単一のプラットフォームに載せられているという，メディアの収斂の状態が強調されると言えるかもしれない。実際，マノヴィッチは，一方でニューメディアのあらゆる領域に目を向けながら，それらすべてを貫く共通の特性に迫ろうとする。その意味で，マノヴィッチの探究は，新しいメディアの固有性（スペシフィシティ）をひとまず同定しようとするモダニズム的な傾向を帯びている。

では，マノヴィッチは具体的にどのようにニューメディアをとらえているのか？　まず，彼は「ニューメディア」を，19世紀前半以来のコンピュータ計算と各種メディア・テクノロジー（写真，映画，レコードなど）の2つの歴史がついに収斂する場とみなす（それを象徴する特権的な人物が，自身で作成したコンピュータの制御のために，廃棄された35ミリフィルムを穿孔して用いたコンラート・ツーゼである）。その地点において，既存のメディアの情報は，デジタルデータとしてコンピュータで操作・計算可能なものとなる。いわば，各種メディアはそのとき「ニューメディ

ア」になるのである。逆に言えば、「ニューメディア」とは、従来のメディアがコンピュータ化を経た段階を指す、一種のメタ的な概念であるということになる。もちろん、既存のメディアをデジタル化したものだけがニューメディアであるわけではなく、メディア史のうちに前例のない新しいジャンルも多数存在する（たとえば、仮想現実やコンピュータゲームなど）。しかし、後述するように、そうした「新しい」オブジェクトのうちにも旧来のメディア――とりわけ、映画――の慣習がふんだんに作動しているのを見て取るマノヴィッチは、「ニューメディア」の歴史的な見取り図を提示する際にも、そのオールドメディアとの絡み合いを強調しているのだ。

ともあれ、マノヴィッチは一般にニューメディア独自のものとされているいくつかの特性――マルチメディア、ランダムアクセス、インタラクティヴィティなど――を、必ずしも新しいものではないと退けて、「ニューメディア」の諸原則を以下の5点に要約する。①まず、**数字による表象**（numerical representation）。最初からコンピュータで作られようと、アナログデータから変換されようと、ニューメディアのオブジェクトはデジタルデータから成っている。②**モジュール性**（modularity）。ニューメディアのオブジェクトは、それぞれに独立した小規模なモジュールの組み合わせによって成り立っている。これはたとえば、ウェブサイトが小さなパーツの集合体であることを考えれば分かりやすい。③この2つから、ニューメディアにおける多

くのオペレーションの**自動化**（automation）が可能になる。その実例は，Photoshop などにおける映像制作の過程におけるフィルターから，「AIエンジン」によって自動的に動くゲームのキャラクターにまでおよぶ。④最初の２つの原則から生じるもう一つの帰結は，**可変性**（variability）である。ニューメディアのオブジェクトにおいては，モジュールを入れ替えることによって，多くの別ヴァージョンを容易に生成できる。カスタマイズ化されたウェブサイト，ウェブのバナー広告，スケールの変更（地図の縮尺の選択，サムネイルの自動生成，文書の自動要約），インタラクティヴィティを介した選択的なナラティヴ生成など，広い意味での可変性を利用した例は枚挙にいとまがない。⑤最後に，マノヴィッチが**トランスコーディング**（transcoding）と呼ぶ事態がある。コンピュータ化されたメディアは，一方で人間に了解可能な表象を提示している。しかし，他方でそれらはすべてコンピュータのデータであり，コンピュータ特有のデータ構造に従っている。この「文化のレイヤー」と「コンピュータのレイヤー」は互いに影響しあう。たとえば，「印刷されたページ」のインターフェースが「コンピュータのレイヤー」に応用されたり，逆に，元々コンピュータのデータ処理方式の一つだったデータベースがより広範囲にわたって人間の想像力を規定する新しい文化的形態に変　換されるというように。マノヴィッチによれば，この原則こそが，メディアのコンピュータ化の「最も本質的な帰結」（132 頁）であるという。

トランスコーディングの原則を説明する過程で，マノヴィッチは「ニューメディアの最も根本的で，歴史的に見ても先例のない特質」としての「プログラム可能性」に言及している（137頁）。ニューメディアはある水準では「デジタル化されたオールドメディア」として「もう一つのタイプのメディア」のような外観をしているが，別の水準ではソフトウェアによって「プログラム可能」なデジタルデータにすぎない。特定の物理的な支持体につなぎ留められている従来のメディアと違って，ニューメディアにおいてはデータとその媒体が分離している。その意味で，「ニューメディアはメディアに似ているかもしれないが，それは表面上そうであるにすぎ」ず，両者のあいだには根本的な断絶があるのである。こうした認識は，メディア，ないし媒体という概念そのものの再考を迫らずにはいないだろう。したがって，ニューメディアを考えるにあたっては，私たちは既存のメディア論の枠組みを超えて，コンピュータ・サイエンスの助けを借りた「ソフトウェア・スタディーズ」に移行しなければならないのである。これは本書に含まれる最も特徴的で，遠大な主張の一つである。このラディカルな理論的観点は，本書では必ずしも貫徹されているとは言いがたいものの（実際には，ニューメディアの「表面上」の特質を従来のメディアとの連続性においてとらえる記述がほとんどなので），マノヴィッチの最新の著作で，『ニューメディアの言語』の続編とも言える『ソフトウェアが指揮を執る』（*Software Takes Command*, New York: Bloomsbury Academic, 2013) の基本的な着想となっており，同書では情報化社会のあらゆる作用をそもそも可能にしている「ソフトウェア」というレイヤーに注目することの重要性が強調されている。

＊

『ニューメディアの言語』は，新しい段階を迎えたデジタル・テクノロジーのもたらす可能性が熱く議論され，ドットコム・バブルの最中でもあった 1990 年代後半という特定の時期に執筆されながらも，ニューメディアを扱った文章にありがちのいたずらな未来予測や浮ついた高揚感を避けて，徹底して「現在の理論」たらんとしている書物である。マノヴィッチは，文化のあらゆる局面でコンピュータ化が目に見えて進行し，ニューメディアの揺籃期と位置づけられる 1990 年代を，ちょうど 100 年前の「ニューメディア」たる映画が誕生したばかりの 1890 年代（あるいは，古典的な話法が成立しつつあった 1910 年代）に類似した状況にあると考える。独立したメディアとしてのアイデンティティを確立する以前の映画が，先行する 19 世紀のさまざまな文化形態（各種の視覚装置や，ミュージック・ホールなど）とのキマイラ的な混淆状態にあったのと同様に，1990 年代のニューメディアは依然として，先行するさまざまな文化形態と渾然一体になっている。その状況は，年月が経ってニューメディアが独自のアイデンティティを持ち始める頃には，忘れ去られてしまうかもしれない。そこ

で，過去とのつながりがまだ明瞭に見て取れる現在の地点から，「ニューメディアの言語」――「ニューメディアにおいて出現しつつある諸々の慣習，繰り返し出てくるデザインパターン，鍵となる諸形態」(70頁)――をより広範な視覚文化の歴史に位置づけることで，新旧のメディアの連続性と断絶を調査してみようというのがマノヴィッチの大まかな目論見である。本書が2000年代以降のデジタル文化の動向をいっさいフォローしていないにもかかわらず――1990年代には，言うまでもなく，iPadのようなタブレットも，スマートフォンも，YouTubeのような動画視聴サイトも，FacebookなどのSNSもまだ存在しておらず，Google社などが推進したクラウド・コンピューティングの流行も到来していなかった――，今でもなおこの分野における必読の参考文献であり続けているのは，1990年代という「現在」を，視覚文化の歴史を横切るいくつもの軌跡の結節点として描き出すというアプローチによるところが大きいだろう。

マノヴィッチがニューメディアの歴史的な系譜をたどるとき，特権的な参照項となっているのは「20世紀の鍵となる文化的形態」としての映画である。そのことは，上述のようにニューメディアの揺籃期が初期映画の時代になぞらえられていることからも，またプロローグでジガ・ヴェルトフのアヴァンギャルド映画の傑作『カメラを持った男』(1929)がニューメディアの言語の多くを先取りしていた作品としてエンブレム的に取り上げられていることか

らも明らかである（ちなみに，本書ではこの映画からのキャプチャー画像以外に，いっさい図版が用いられていない）。実際，マノヴィッチは映画史と映画理論を「ニューメディアに目を向ける際の主要な概念的レンズ」（64頁）として十全に活用し，とりわけ，ニューメディアの「文化的インターフェース」がいかに映画の慣習——「移動性を持ったカメラ，空間表象，編集の技法，物語上の慣習，観客の活動」など（186頁）——を反復しているかを力説している（第2章）。映画というオールドメディアの参照は，画面（スクリーン）の系譜をたどるときにも（第2章），デジタル合成という現象に目を向けるときにも（第3章），ニューメディアにおける合成的リアリズムを論じるときにも（第4章），さらには「データベース」や「航行可能な空間」といったニューメディア特有の形態を解剖するときにも（第5章），何度となく行われている。マノヴィッチは，ニューメディアの主要な「言語」は，映画によって提供されているとみなしているのだ。映画を介してニューメディアに向かうこうしたベクトルを反転させて，ニューメディアの観点から映画の変容を探る最終章「映画とは何か？」でも，当然，ニューメディア時代の映画の新しいアイデンティティが直接的な主題となっており，本書全体が「映画」の徴の下に置かれているという印象は否応なく高まる。もちろん，本書では映画史・映画理論にとどまらず，美術史，文学理論，文化理論などに由来する言説も盛んに援用されているし，ニューメディアの文化的インターフェースにおける

「印刷されたページ」の活用にも注意が向けられているほか，映画をはじめとする表象のテクノロジーのパラダイムに収まりきらない多種多様な現象——とりわけ，テレアクションや，さまざまなシミュレーションの伝統——もたっぷりと論じられている。それでも，全体としては，映画からニューメディアへと至る道筋がとりわけ重要視されていることは疑いえないだろう。なんといっても，「ニューメディアとしての映画」のセクションで述べられているように，マノヴィッチにとっては，100年以上前からデジタル的な（時間の）サンプリングやマルチメディアを実現していた映画は，いわばすでにニューメディアだったのだから。

このような「映画」のモデルの特権視は，本書の最大の特徴であると同時に，これまで時おり批判の対象ともなってきた。マノヴィッチの映画史・映画理論の理解がいささか粗雑であることは措くとしても，ニューメディアをとらえるにあたって，「映画」のモデルを使うことによって，かえって見えなくなってしまう部分もあるのではないだろうか？　たとえば，写真史家のジェフリー・バッチェンは，マノヴィッチが「映画」という「概念的レンズ」をあまりにも重視しすぎていることを批判して，メディアとコンピュータという2つの歴史的な軌跡は，マノヴィッチが言うようにツーゼが自分のコンピュータのために35ミリフィルムを用いた1930年代末に初めて収斂したのではなく，すでにその100年ほど前から複雑に絡み合っていたことを，チャールズ・バベッジの解析機関と，ウィリアム・

ヘンリー・フォックス・トルボットが彼に送ったレースの写真と，サミュエル・モースが発明した電信機を例に挙げつつ魅力的に示している（"Electricity Made Visible," in *New Media, Old Media: A History and Theory Reader*, eds. Wendy Hui Kyong Chun and Thomas Keenan, New York: Routledge, 2006, 27-44）。バッチェンは，「ニューメディア前史」の興味深いエピソードを丁寧に掘り起こすことで，実際にはもっと起伏に富んでいるメディア史が単一の「概念的レンズ」によって単線化されてしまいかねないことに注意を促しているのである。

　ニューメディア研究の重要な成果の一つである『ニューメディアのための新しい哲学』の著者マーク・ハンセンは，マノヴィッチが用いる「映画」のメタファーに対してより本格的な批判を展開する（Mark B. N. Hansen, *New Philosophy for New Media*, Cambridge, Mass.: MIT Press, 2004）。ハンセンは言う。マノヴィッチがデジタル視覚文化のうちに「映画」に基づく文化的インターフェースや外観の優位を見て取ることは「経験的な観察」としては正しいかもしれないが，それでは「デジタル画像」の新しい存在論的な地位を十分に理論化することはできない。「デジタル画像」は，それを前にして観客が映画館のような不動性を保つべきものでも，矩形のフレームに閉じ込められるべきものでもなく，本質的に多形的で流動的なデータなのだ。私たちはむしろ，「ニューメディアの映画的遺産」を批判し，前例のないオルタナティヴを積極的に探究すべきである，

と。こうした批判の背景には，ハンセン自身がベルクソンのイマージュ論／身体論の再読を通じて，フランシスコ・バレーラの認知神経学なども援用しつつ，ニューメディア・アートの体験における身体の関与を重視する立場を取っており，そのような観点から，「デジタル画像」を単なる表面的な外観としてではなく，身体化された体験を通じてそもそも情報が知覚可能になるプロセス全体としてとらえているという事情がある。ただし，マノヴィッチにおける「映画」のメタファーを批判するハンセンの議論もまた，身体性という彼自身の「概念的レンズ」に強固に規定されたものであることは事実である。その意味では，ハンセンの批判によって，『ニューメディアの言語』の記述が「経験主義的なバイアス」を帯びていることは確かだとしても，それが事象に即した柔軟で喚起力に富んだ記述でもあることがかえって鮮明になっているように思う。

*

　マノヴィッチは広大なメディア文化史の海を悠々と泳ぎながら，そこからニューメディアへと通じるいくつもの道筋——たとえば，ルネサンス絵画から映画，レーダー，VRに至る画面（スクリーン）の系譜，フレスコ画からディオラマ，パノラマ，VRに至るシミュレーションの歴史，ボードレールの遊歩者とネット・サーファー，アメリカ小説の探険家と仮想空間の航行者をつなぐ歴史的な軌道，等々——を鮮やかに提示する。しかし，このようなアプローチは，下手

をすると，ニューメディアの時代から遡及的に過去に対する恣意的な読み替えをほどこし，さまざまな現象が「現在」に収斂していくという目的論的な歴史叙述を行ってしまう危険性を孕んでいる。たとえば，1920年代のアヴァンギャルド映画作家のジガ・ヴェルトフをピーター・グリーナウェイと並んで「データベース映画作家」とみなすという観点は，当時の芸術史的なコンテクストを等閑視した還元的な歴史叙述と思われても仕方のないところがある。

　実際，美術史家のロザリンド・クラウスらの率いる『オクトーバー』誌は，刊行されて間もない『ニューメディアの言語』のプロローグに『カメラを持った男』が使われていることに冷ややかな関心を示し，マノヴィッチの名前を明示的に挙げることなく，ニューメディアの唱道者たちが「映画と写真は——そのインデックス的，アーカイヴ的な特性も含めて——，データベースという超‐アーカイヴ（*über*-archive）の中でコンピュータと同化していくという道筋の予備的な段階にすぎないと言いつのっている」ことに疑いのまなざしを向けている。つまり，ここでは，デジタル化によって映画や写真が単なるデータに一元化されるという見通しが批判されているのだ。「そのような目的論によっては，映画と写真にとってきわめて重要だったことのほとんどが拭い去られてしまうし，現代の芸術的実践で大いに批評的にみえるもののほとんどは，ちょうどそのような消去に反抗しているのだ」，と（"Introduction," *October* 100, Spring 2002）。

確かに，ニューメディア論の根本的な前提には，先行するメディアが「メタ・メディウム」（アラン・ケイ）としてのコンピュータ上で収斂することで計算可能なコンピュータ・データに還元されるという考え方がある。もちろん，これはニューメディアを対象としている限り，原理的に正しいし，ニューメディアの美学はその地点から構想される必要があるだろう。しかし，それをやみくもに過去の諸芸術にまでさかのぼって適用してしまうと，それぞれの媒体_{メディウム}がたどってきた歴史的な道のりが単に消去され，無化されることになってしまう。それでは単なる歴史の安易な忘却になってしまいかねない。

　「ポスト・メディアの美学」と題された文章で，マノヴィッチがデータ還元論的な発想に基づく新しい美学の構想をさらに発展させるときにも，同じ懸念が生じる（Lev Manovich, "Post-Media Aesthetics," 2001）。彼は，媒体_{メディウム}ごとに個別の美学や構造があるという20世紀的な考え方と手を切って，すべてをデータ，ないし情報の流れとしてとらえることを提唱する。その観点からすれば，文化の分析とは，「情報の振る舞い」を追跡すること，すなわち，ある文化的情報がどのように作り手から受け手に流れていき，そこにどのようにソフトウェアが介在しているかをたどるという作業となる。見逃せないのは，マノヴィッチがそうした見方を過去の芸術にも遡及的に適応すべきだと考えていることだ（「私たちはジョットとエイゼンシュテインを単に初期ルネサンスの画家とかモダニストの映画作家と呼ぶだけで

なく，重要な情報デザイナーと呼ぶこともできる」)。つまり，過去のあらゆる芸術作品は，その媒体（メディウム）が何であるかにかかわらず，何らかのかたちで組織化・構造化された情報にすぎないということになる。『カメラを持った男』を遡及的に「データセット」とみなす視点は，ここではあらゆる芸術作品に対して拡張すべきものとされているのだ。

マノヴィッチが「情報美学」(info-aesthetics) とも呼んでいるこうした分析の方向性は，確かに，ニューメディア時代の論理の究極的な帰結かもしれない。つまり，メタ・メディウムとしてのコンピュータはデータの来歴が何であるかに関心を持たず，あらゆるデータを平等に扱う機械なのだから，その論理を推し進めれば，それぞれの媒体（メディウム）が無効化されて，データの流れだけが残るのは当然であろう。また，あらゆるものがデジタル化され，情報空間を流通するようになりつつあるという，現在進行中の文化的プロセスに即応した方法論であることも間違いない。実際，近年のマノヴィッチは，自身が所長を務めるソフトウェア・スタディーズ・イニシアティヴで，「情報美学」の方法論をさらに拡張したような「カルチュラル・アナリティクス」と呼ばれるプロジェクトを主導している。これは，指数関数的に増大していく厖大な量のデジタルデータを定量的にコンピュータで半ば自動的に分析することによって，一定の文化的パターンを見出そうとするプロジェクトである（たとえば，ある時代の映画のショット転換の速さの定量的な分析など）。もちろん，限られた傑作という「点」だ

けを人間の手で分析するのではなく，無数の匿名的な作品を含めた「面」として芸術史の一時期をとらえることを可能にするこうしたダイナミックな情報処理演算によって，これまできちんと見えていなかった現象が明らかになることはあるだろうし，このプロジェクトでのマノヴィッチはそうした冒険に心躍らせているはずだ。しかし，過去の芸術作品が単なる「データ」に還元されてしまうとしたら，そうした分析の面白味も半減してしまうだろう。

マノヴィッチが新著『ソフトウェアが指揮を執る』で提示する「ハイブリッド・メディア」の概念は，そうした歴史の消去の問題をうまく回避する可能性を孕んでいる。過去のさまざまなメディア・テクノロジーは，いまやメタ・メディウムとしてのコンピュータ上でソフトウェアに実装されるようになり，その過程で以前は各々のメディアに独自に備わっていた技法やツールが総合的なソフトウェア環境に取り込まれていく。しかしそれによって，先行するさまざまな媒体が収斂して一つになったり，あるいは単に（標準的なウェブページがそうであるように）表面的に並置されたり，組み合わされたりするわけではない。むしろ，各媒体の構造や言語の次元といった深い水準にまでおよぶようなかたちでメディアの組み替えが行われ，その結果，コンピュータ上で初めて存在するような，いまだ発明されていない，新種の「ハイブリッド・メディア」が誕生するのである。マノヴィッチはその好例として，本書でも論じられている ART＋COM の《過ぎ去った事物の不可視のか

たち》に加えて，写真とヴィデオと GPS と 3D 仮想空間を組み合わせた藤幡正樹の《フィールド・ワーク＠アルザス》を挙げているが，本書で定義される「デジタル映画」もまた，実写映像とアニメーションをかつてないやり方で組み合わせた「ハイブリッド・メディア」であると言えるだろう。こうした新しいメディアの概念には，デジタル時代のメディアを，データ一元論に陥らずにとらえる可能性が残されている。過去の芸術媒体の構造や言語がソフトウェア環境に織り込まれているとするなら，そこから生み出される「ハイブリッド・メディア」にも，いまや解きほぐしがたく絡み合った各媒体のかすかな面影，その歴史のかすかな痕跡が透かし見えるはずだ。メディア史・芸術史の入り組んだ襞を単に忘却しないためにも，私たちはそのことに敏感であるべきだろう。

*

　訳者がマノヴィッチの名前を知ったのは，2001 年春，『ニューメディアの言語』刊行直後の頃だったと記憶している。映画研究者である訳者がこの本に興味を持ったのは，直接的にはそこで「デジタル映画」をめぐる議論がなされていたからだが，当時の日本で，勃興する電子情報社会におけるアートとテクノロジーをめぐる密度の濃い議論が盛んに行われていたという文脈も大きい。その中心になっていたのは，1990 年から準備され，1997 年に初台に開館した NTT インターコミュニケーション・センター

（ICC）であり，ICC が 1992 年から刊行していた『季刊 InterCommunication』であり（2008 年に 65 号で終刊），メディア論の新しい動向を積極的にフォローしていた NTT 出版だった。さらに個人的な事情を記せば，訳者はそれに先立つ 1990 年前後の数年間，まだ Windows もなかった MS-DOS の時代に，アセンブリ言語によるコンピュータ・プログラミングを趣味としており，とりわけ擬似マルチタスクを可能とする常駐終了型プログラム（TSR）を作っては，『I/O』というコンピュータ雑誌に掲載してもらっていた。そういうわけで，映画を研究するようになる以前からコンピュータ・テクノロジーには強い関心を抱いていたのである。コンピュータ計算とメディア・テクノロジーの合流点にニューメディアを据えるマノヴィッチの議論をたどることは，訳者にとっては，新旧の 2 つの関心領域を「合成」するような体験であった。

　本書の訳出作業を開始したのは，2009 年の初頭である。紆余曲折を経たとはいえ，刊行までにかなりの時間がかかってしまったことには，忸怩たる思いを禁じえない。訳出にあたっては，適宜，フランス語訳（*Le Langage des nouveaux médias*, trad. Richard Crevier, Dijon: Les presses du réel, 2010）を参照した。他の文献からの引用箇所については，既存の邦訳書を大いに活用させていただいたが，文脈の都合上，訳文を改変した箇所も多いことをお断りしておく。訳者による補足は，〔　〕で囲った。また，本書でふんだんに参照されている URL は，いまやリンク切れにな

っていることも多いが，特に修正を施すことはしなかった。翻訳作業中は，家族や同僚や友人をはじめとして，多くの方のご教示を得た。とりわけ，早くからマノヴィッチの活動に注目してこられた映像作家の伊奈新祐氏からは，第2章，第3章，第4章の試訳を提供していただき，訳文を彫琢する一助になった。また，映画研究者の畠山宗明氏には，ロシア語の表記に関してご教示いただいた。記して感謝したい。末筆ながら，原書刊行後しばらく間が空いていたにもかかわらず，本書の意義をすぐさま認められ，遅々たる歩みを忍耐強く見守りつつ，本書を完成まで導いてくださったみすず書房の小川純子氏に深く感謝申し上げたい。

2013年8月

堀　潤之

文庫版訳者あとがき

　1990年代後半に書かれ，2001年に刊行された『ニューメディアの言語』をおよそ四半世紀後のいま読み返すと，そのオプティミズムに満ちた筆致に，著者の気質の反映だけでなく，ある幸福な時代の刻印をも見て取らざるをえない。単行本の「訳者あとがき」にも記したように，本書は確かに「いたずらな未来予測や浮ついた高揚感を避けて，徹底して「現在の理論」たらんとしている書物」（本書696頁）であり，1990年代という「現在」を記録にとどめ，黎明期のデジタル文化のありようをより広範囲にわたる視覚文化の歴史のうちに位置づけようとする。だが，その努めて冷静であろうとする筆致には，デジタル文化が無数の可能性に開かれていた1990年代という時代そのものに備わる熱気が否応なく染み込んでいるように思われる。

　1990年代を体験した世代の読者は，デジタル化の進展による社会や文化の大がかりな変化をよく記憶していることだろう。パソコンの性能は毎年，指数関数的に向上していき，90年代半ばにインターネットが登場すると，パソコンは圧倒的に便利な情報端末にもなった。入手できる情報の量とスピードが飛躍的に増大することで，知的生産のあり方も変わっていく（いくつかのメーリングリストを活用

し，ただちにフィードバックを受け取りながら書かれた本書は，それ自体，デジタル時代の新たな執筆スタイルの成功例である）。音楽，写真，映画などの文化の生産，流通，消費にも，ますますコンピュータが介在するようになる。人々はこうして急速に普及していくデジタル・テクノロジーを，概して人間の活動の可能性をあらゆる面で拡張するものとみなし，来たるべき自由を言祝ぐことに熱中し，それがもたらしうるさまざまな負の側面にはまだあまり目を向けていなかった。

　本書で取り上げられている多種多様な「ニューメディアのオブジェクト」の事例も，未知のものへの期待感に溢れたものばかりである。私たちはニューメディア・アーティストの草分けの一人であるジェフリー・ショーの《読むことのできる都市》(1988-91) や《EVE》(1993) を実地に試してみることでヴァーチャル・リアリティが開こうとしている新しいメディア体験に心躍らせたものだし，《ドゥーム》(1993) や《ミスト》(1993) に限らず，そのずっと前から無数のコンピュータ・ゲームで遊びながら，その内容的な深まりやグラフィック性能の向上ぶりに目を見張っていた。また，『ジュラシック・パーク』(1993) を封切り時に見た人は，太古の恐竜が CG によってスクリーン上に蘇るさまに鈍い興奮を覚え，デジタル時代の映画が今後どのように発展していくのかについてあれこれ思いを巡らせたはずだ。

　こうした変革の予感に満ちた時代の産物である本書は，

もっぱらニューメディアの言語に関心を寄せるという非政治性によっても，そのオプティミズムの印象を強めている。しばしば批判の対象にもなるように，本書はニューメディアのオブジェクトが情報をいかに組織するかをめぐる美学的，詩学的，形式的な側面——「情報美学」とも言い表される（464頁）——にスポットライトを当てる一方で，デジタル革命が現実の社会，経済，政治等にもたらす甚大な影響についてはほとんど触れていない。たとえば，2004年に『プロトコル』（北野圭介訳，人文書院，2017年）を刊行して，デジタル社会の「管理／制御」の手段としての「プロトコル」に注目したアレクサンダー・R・ギャロウェイの先駆的な仕事と比べると，マノヴィッチのアプローチの非政治性が際立つだろう。そのギャロウェイが本書をめぐるすぐれた考察で述べるように，かつてスターリン体制下でフォーマリズムが抑圧されていた歴史に照らせば，形式への着目こそがソ連出身のマノヴィッチならではの「政治的身ぶり」であるとも言えるかもしれないが（Alexander R. Galloway, "What Is New Media? Ten Years After *The Language of New Media*," *Criticism* 53, no. 3 (Summer 2011): 382)，いずれにせよ，その身ぶりは20世紀の批評理論におけるときに陰鬱なイデオロギー批判とは無縁の風通しの良さをまとっている。

　かくして『ニューメディアの言語』は，時代そのもののオプティミズムと，デジタル・テクノロジーがもたらす美学的な可能性に対するマノヴィッチの絶大な信頼が共振す

ることで，時代を超えて読まれるべき基本文献になった。いまや懐かしさすら感じさせる 90 年代の沸騰するニューメディア文化の記録としても貴重であることに加え，90 年代までに基礎が形作られたデジタル文化の根本的な諸原則は，その後のメディア環境の目まぐるしい展開にもかかわらず基本的には変わっていないので（デジタルの技術的特性から導き出された諸原則が変わらないのはむしろ当然のことだ），デジタルメディア基礎論としての有効性もまったく失われていない。さらに，マノヴィッチが本書で展開する数々の論点——画面の新しい様態や選択の論理やデジタル合成をめぐる考察，データベースや航行可能な空間といったトポスの重要性，デジタル映画の論理，等々——もおおむね妥当性を保っているので，読者は適宜，2000 年代以降の新たな事例に照らして批判的な吟味を行いながら本書を読み進めることができるだろう。

　では，マノヴィッチは 2000 年代以降のニューメディアの状況をどのように捉えているのだろうか。以下に見るように，デジタル・テクノロジーが切り開く可能性をひたすら肯定的に捉え，メディア制作物の美学的分析を行うという彼の根本的なスタンスは，ニューメディアを取り巻く環境が変化しても一貫している。その一貫性を是とするのか，あるいはデジタル・テクノロジーに対して次第に懐疑的な目を向けるようになってきた時代との乖離が広がっていることを問題視するのかは，意見が分かれるところかもしれない。

すでに本書で「メディア理論」から「ソフトウェア理論」への移行の必要性を訴えていたマノヴィッチ（138頁）は、「訳者あとがき」でも少し触れたように、2013年の著書『ソフトウェアが指揮を執る』(*Software Takes Command*, New York: Bloomsbury Academic) では、メディア生産・編集に用いられる各種の「文化的ソフトウェア」の作用によって、1990年代から2000年代半ばくらいまでのデジタル文化においてどのような新しい視覚的言語が生み出されたのかを詳しく分析している。彼がとりわけ重視するのは、「メタメディウム」たるコンピュータ上のソフトウェア環境で、旧来の異なるメディウムに由来する技法が混ざり合って「ハイブリッド・メディア」とも言うべきメディア制作物の数々が登場するようになるという事態である（その論理がとりわけ明瞭に現れているのは、ミュージック・ヴィデオなどのモーション・グラフィックスの領域であるという）。このように、マノヴィッチは『ニューメディアの言語』に引き続き、デジタル・テクノロジーが切り開く可能性に大きな期待を寄せ、やはりその新しい雑種的な言語の解明を試みるのである（なお、『ソフトウェアが指揮を執る』には、文化的ソフトウェアの系譜を遡って1960年代から80年代の計算機科学者たちの着想を跡づけた第1章のみ邦訳がある。「カルチュラル・ソフトウェアの発明——アラン・ケイのユニバーサル・メディア・マシン」大山真司訳、伊藤守・毛利嘉孝編『アフター・テレビジョン・スタディーズ』せりか書房、2014年、110-152頁）。

こうして 2000 年代初頭のメディア制作環境を『ニューメディアの言語』と地続きの枠組みで捉えたマノヴィッチが次に注目するのは，2000 年代半ば以降，YouTube（2005 年開設）や Flickr（2004 年開設）などの写真・動画共有サービスの隆盛によって，万人がメディア制作者となり，厖大な量のデータがグローバルに流通するようになるという文化的状況である。そのような「モアメディア」の状況をデータ・サイエンス的な手法で分析するべく，2007 年に「カルチュラル・アナリティクス・ラボ」という研究室を立ち上げたマノヴィッチは，写真，絵画，映画，漫画，ゲームなどを対象に数々のビッグデータ分析と視覚化のプロジェクトを主導し，2020 年にはその方法論を著書『カルチュラル・アナリティクス』（*Cultural Analytics*, Cambridge, Mass.: MIT Press）にまとめている。

　この方法論がどのような威力を発揮するのかを知るためには，マノヴィッチのオンライン書籍『インスタグラムと現代イメージ』を参照するとよい（邦訳は以下に所収。久保田晃弘・きりとりめでる編『インスタグラムと現代視覚文化——レフ・マノヴィッチのカルチュラル・アナリティクスをめぐって』ビー・エヌ・エヌ新社，2018 年）。このプロジェクトは，無数の投稿者によって 2012 年から 15 年にかけて世界の 17 の都市でシェアされた 1500 万枚におよぶインスタグラム画像をデータ分析し，その美学的傾向を分類したものであり，「カルチュラル・アナリティクス」の代表的な成果の一つである。ソーシャルメディアのユーザーをも

っぱらメディア制作者とみなすマノヴィッチの取り組み
は，メディア研究の観点からは不十分であるとの誹りを免
れないかもしれないが，新しいメディアがどのような新し
い視覚的言語を可能にするのかという著者の一貫した関心
の反映でもある。

　なお，2010年代後半の文化の全般的状況においてマノ
ヴィッチが特に重視しているものの一つは，メディア制作
や解析において人工知能（AI）が果たす役割である。2018
年の小著『AI美学』（*AI Aesthetics*）では，本書でも論じ
られている「自動化」の原則の延長線上に AI を位置づ
け，それがどのようにメディア制作に影響を及ぼすか，そ
して「カルチュラル・アナリティクス」に AI をどのよう
に活用できるかを概説している。ここでも，AI が社会に
もたらしうる負の側面についてはほとんど触れられておら
ず，デジタル・テクノロジーに対する徹底したオプティミ
ズムが貫かれている。

＊

　最後に私事に触れさせていただくと，訳者は二度にわた
ってマノヴィッチと身近に接する機会を持ったことがある
（一度目は2003年に NTT インターコミュニケーション・セン
ターで《FUTURE CINEMA》展が開催されたときのシンポジ
ウム，二度目はヨコハマ国際映像祭2009のシンポジウムで）。
デジタル文化に対する彼の飽くなき好奇心と探究心を目の
当たりにしたことも手伝って，私のなかで彼の姿は，本書

で論じられる「データ遊歩者」や「データ・ダンディ」と重なり合うようになった（彼はシンポジウムの合間に実際に街歩きすることも好んでいた）。ボードレールの遊歩者が匿名の群衆に紛れ込むように、いまやマノヴィッチも「いかにして10億枚の画像を見るのか」（『カルチュラル・アナリティクス』の「序論」のタイトル）というメガロマニアックな課題を掲げながら「モアメディア」の海の中を遊泳している。その蛮勇とも言いたくなる精力的な活動には、理論としての若干の物足りなさを吹き飛ばすような迫力がある。

　この「あとがき」では『ニューメディアの言語』から現在に至るまでのマノヴィッチの活動の概略をたどってきたが、マノヴィッチのメディア論の展開をより詳しく解説した拙論がほどなく伊藤守編『メディア論の冒険者たち』（東京大学出版会、近刊）に収録されることになっているので、そちらも併せてご参照いただきたい。なお、文庫化に際しては、読みやすさに配慮して全体にわたって訳文の軽微な修正を行ったほか、原註の書誌情報を可能な限り整備するとともに、邦訳のある参照文献の書誌情報もアップデートした。末筆ながら、文庫としては例外的な分厚さになるにもかかわらず、涼しい顔で文庫化を決断し、煩雑な編集作業にあたってくださった筑摩書房の北村善洋氏に深く感謝申し上げたい。

2023年4月

堀　潤之

索引

本書は、二〇一三年九月二十日、みすず書房より刊行された。

「絢爛豪華」の神話都市ハリウッド。時代と不幸な関係をとり結んだ「一九五〇年代作家」を中心に、その崩壊過程を描いた独創的映画論。(三浦哲哉)

空前の映像作品「映画史 Histoire(s) du cinéma」のルーツがここに！　一九七八年に行われた連続講義の記録を全一冊で文庫化。(青山真治)

うちに秘めた理想への郷愁—。映画の可能性に応える詩的論理とは何か。映像の詩人がおよそ二十年に及ぶ思索を通し、芸術創造の意味を問いかける。

恐れることはない、とにかく「盗め！」。独自の視点より、八〇/九〇年代文化を分析総括し、多くのシーンに影響を与えた名著。(福田和也)

中世キリスト教信仰と自然崇拝が生んだ聖なるかたち。その思想をたどり、ヨーロッパ文化を読み直す。補遺としてガウディ論を収録した完全版。

音楽史から常にはみ出た異端者として扱われてきたサティとは何者か？　時にユーモラス、時にシニカルなエッセイ・詩を精選。(巻末エッセイ 高橋アキ)

江戸の風呂屋に抱えられた娼婦たちを描く一枚のミステリアスな絵。失われた半分には何が描かれていたのか。謎に迫り、日本美術の読み解き方を学ぶ。

「日本美術」は明治期、「絵画」他多くの用語とともに産みだされた概念だ。近代国家として出発した時代の思想と機構に切り込む先鋭的な書。(北澤憲昭)

鮮烈な衝撃を残して二〇世紀を駆け抜けた天オピアニストの生と死と音楽を透明なタッチで描く、最も（ドラマティックなグールド論。(岡田敦子)

民藝の歴史　志賀直邦

シェーンベルク音楽論選　アーノルト・シェーンベルク　上田昭訳

20世紀美術　高階秀爾

世紀末芸術　高階秀爾

鏡と皮膚　谷川渥

肉体の迷宮　谷川渥

武満徹　エッセイ選　小沼純一編

高橋悠治　対談選　高橋悠治　小沼純一編

モーツァルト　礒山雅

モノだけでなく社会制度や経済活動にも美しさを求めた柳宗悦の民藝運動。「本当の世界」を求める若者達のよりどころとなった思想を、いま振り返る。

十二音技法を通して無調音楽への扉を開いた作曲家・理論家が、自らの技法・信念・つきあげる表現衝動に向きあう。——現代音楽への扉（岡田暁生）

混乱した二〇世紀の美術を鳥瞰し、近代以降、現代すなわち同時代の感覚が生み出した芸術が、われわれにとって持つ意味を探る。増補版、図版多数。

伝統芸術から現代芸術へ。19世紀末の芸術運動には既に抽象芸術や幻想世界の探求が萌芽していた。新時代への美の冒険を捉える。（鶴岡真弓）

「神話」という西洋美術のモチーフをめぐり、芸術の認識論的隠喩としての身体・美学。鷲田清一氏との対談収録。

あらゆる芸術表現を横断しながら、捩れ、歪み、時には傷つき、さらけ出される身体と格闘した美術作品を論じる著者渾身の肉体表象論。（安藤礼二）

稀代の作曲家が遺した珠玉の言葉。作曲秘話、評論、文化論など幅広いジャンルを網羅したオリジナル編集。武満の創造の深遠を窺える一冊。

現代音楽の世界的ピアニストである高橋悠治。その演奏のような研ぎ澄まされた言葉と、しなやかな姿が味わえる一冊。学芸文庫オリジナル編集。

彼は単なる天才なのか？　最新資料をもとに知られざる真実を掘り起こし、人物像と作品に新たな光をあてる。これからのモーツァルト入門決定版。

増補 現代美術逸脱史　千葉成夫

限界芸術論　鶴見俊輔

ダダ・シュルレアリスムの時代　塚原史

奇想の系譜　辻惟雄

奇想の図譜　辻惟雄

幽霊名画集　辻惟雄監修

あそぶ神仏　辻惟雄

デュシャンは語る　マルセル・デュシャン　聞き手ピエール・カバンヌ　岩佐鉄男/小林康夫訳

音楽理論入門　東川清一

具体、もの派、美共闘……。西欧の模倣でも伝統への回帰でもない、日本現代美術の固有性とは。鮮烈な批評にして画期的な決定版!(光田由里)

盆栽、民謡、言葉遊び……芸術と暮らしの境界に広がる『限界芸術』。その理念と経験を論じる表題作ほか、芸術に関する業績をまとめた、増補決定版!(四方田犬彦)

人間存在が変化してしまった時代の〈意識〉を先導する芸術家たち。二十世紀思想史として捉える衝撃的なダダ・シュルレアリスム論。(巌谷國士)

若冲、蕭白、国芳……奇矯で幻想的な画家たちの大胆な再評価で絵画史を書き換えた名著。度肝を抜かれる奇想の世界へようこそ!(服部幸雄)

北斎、若冲、写楽、白隠、そして日本美術を貫く奔放な「あそび」の精神と「かざり」への情熱。奇想から花開く鮮烈で不思議な美の世界。(池内紀)

怪談噺で有名な幕末明治の噺家・三遊亭円朝が遺した鬼気迫る幽霊画コレクション50幅をカラー掲載。美術史、文化史からの充実した解説を付す。

白隠、円空、若冲、北斎……「奇想」で美術の常識を塗り替えた大家がもう一つの〈宗教美術史〉に迫る。(矢島新)

現代芸術において最も魅惑的な発明家デュシャン。謎に満ちたこの稀代の芸術家の生涯と思考・創造活動に向かって深く、広く開かれた異色の対話。

リクツがわかれば音楽はもっと楽しくなる!楽譜で用いられる種々の記号、音階、リズムなど、鑑賞や演奏に必要な基礎知識を丁寧に解説。

20世紀スペインの碩学が特に愛したプラド美術館を借りて披瀝した絵画論。「展覧会を訪れる人々への忠告」併収の美の案内書。（大高保二郎）

戦後を代表する写真家、土門拳の書いた写真選評やエッセイを精選。巨匠のテクニックや思想を余すところなく盛り込んだ文庫オリジナル新編集。

映像に情緒性・人間性は不要だ。図鑑のような客観的視線を獲得せよ！ 日本写真の幻の評論集。（八角聡仁）

ジェンダー、反ユダヤ主義、地方性……。19世紀絵画を、形式のみならず作品を取り巻く政治的関係から読み解く。美術史のあり方をも問うた名著。

機械中心ではなく、人間中心のデザインへ。数値のグラフ化や商品陳列棚、航空機コックピットの設計等を例に、認知とデザインの関係をとく先駆的名著。

「失敗の成功」を反復する映画作家が置かれ続けた孤独。それは何を意味するのか。ゴダールへのインタヴューなどを再録増補した決定版。（堀潤之）

西洋名画からキリスト教を読む楽しい3冊シリーズ。新約聖書篇は、受胎告知や最後の晩餐などのエピソードが満載。カラー口絵付オリジナル。

キリスト教美術の多くは捏造された物語に基づいていた！ マリア信仰の成立、反ユダヤ主義の台頭など、西洋名画に隠された衝撃の歴史を読む。

聖人100人以上の逸話を収録する『黄金伝説』は、中世以降のキリスト教美術の典拠になった。絵画・彫刻と対照させつつ聖人伝説を読み解く。

現代音楽の巨匠ブーレーズ。彼がバッハ、マーラー、ケージなど古今の名作曲家を個別に考察した音楽論14篇を集めたオリジナル編集。

写真の可能性と限界を考察し初期写真から同時代の作品まで通観した傑作エッセイ「写真小史」と、関連の写真図版・評論を編集。（金子隆一）

二十世紀を代表する画家ベイコンが自身について語った貴重な対談録。制作過程や生い立ちのことなど。『肉への慈悲』の文庫化。（保坂健二朗）

中国絵画の二大分野、山水画と花鳥画。そこに託された人々の思いや夢とは何だったのか。世界を第一人者が案内する。サントリー学芸賞受賞。

近代デザインの祖・モリスは晩年に、私家版印刷所を設立し、徹底して理想の本作りに没頭する。書物芸術を論じた情熱溢れるエッセイ講演集。

紋章の見分け方と歴史がわかれば、ヨーロッパの文化がわかる！基礎から学べて謎解きのように面白い紋章学入門書。巻頭言＝小松和彦。カラー含む図版約三百点を収録。

幕末明治の天才画家・河鍋暁斎の遺作から、奇にして怪なる妖怪満載の全頁をカラーで収録。暁斎研究の第一人者の解説を付す。

20世紀最大の天才ピアニストの遺した芸術的創造力の横溢。音楽の心象風景、文学や美術、映画への連想がいきいきと語られる。「八月を想う貴人」を増補。

現代イタリアを代表する美術史家ロンギ。本書は絵画史の流れを大胆に論じ、若き日の文化人達に大きな影響を与えた伝説的講義録である。（岡田温司）

ちくま学芸文庫

ニューメディアの言語
デジタル時代のアート、デザイン、映画

二〇二三年七月十日　第一刷発行

著　者　　レフ・マノヴィッチ

訳　者　　堀　潤之（ほり・じゅんじ）

発行者　　喜入冬子

発行所　　株式会社　筑摩書房
　　　　　東京都台東区蔵前二─五─三　〒一一一─八七五五
　　　　　電話番号　〇三─五六八七─二六〇一（代表）

装幀者　　安野光雅

印刷所　　株式会社精興社

製本所　　加藤製本株式会社